ÉTUDES SUR LE THÉÂTRE ET LES ARTS DE LA SCÈNE
COMITÉ DE DIRECTION
Pascale Alexandre-Bergues, Christian Biet,
Florence Naugrette et Jean-Pierre Sarrazac
1

L'Émergence
de la notion de mise en scène
dans le paysage théâtral français
(1789-1914)

Roxane Martin

L'Émergence de la notion de mise en scène

dans le paysage théâtral français
(1789-1914)

PARIS
CLASSIQUES GARNIER
2013

Entre absence et disparition

Spécialiste du théâtre français du XIXᵉ siècle, Roxane Martin est maître de conférences HDR à l'université de Nice–Sophia-Antipolis. Elle est notamment l'auteur de *La Féerie romantique sur les scènes parisiennes, 1791-1864* (Paris, 2007) – ouvrage récompensé par l'Académie française – et dirige l'édition critique des *Mélodrames* de Pixerécourt (Paris, 2013).

ISBN 978-2-8124-2114-3 (livre broché)
ISBN 978-2-8124-2115-0 (livre relié)

[annotation manuscrite en haut : problème épistémologique → une mis en scène n'est plus la notion pertinente pour analyser les pratiques scéniques contemporaines mais la pratique scénique a su se déployer pendant des siècles sans avoir eu besoin d'un concept]

INTRODUCTION

[annotation manuscrite en marge : Sophie Marchand → théâtre du XVIIIe → sans mise en scène / avec une mise en scène "défaillante"...]

Les études théâtrales sont aujourd'hui confrontées à un problème épistémologique majeur. La notion de « mise en scène », pierre angulaire des réflexions sur l'art du théâtre depuis plus d'un siècle, ne semble plus pertinente pour analyser les pratiques scéniques contemporaines. Le constat pourrait, de prime abord, paraître anecdotique : la pratique théâtrale a su se déployer pendant des siècles sans avoir eu besoin d'un concept pour définir ses enjeux. Comme le précise Sophie Marchand au sujet du théâtre français du XVIIIᵉ siècle : « Ce théâtre sans mise en scène ou à la mise en scène défaillante n'est pas un infra-théâtre, un théâtre en attente ou en manque de lui-même, mais un autre théâtre[1] ». De fait, l'absence de mise en scène n'est pas nécessairement le signe d'un défaut de théâtre et sa disparition actuelle, si elle doit être constatée, s'impose vraisemblablement comme la marque d'une rupture, d'une redéfinition de l'objet « théâtre » dans le champ culturel et d'un renouvellement de la relation entre l'œuvre spectaculaire et son public. C'est en tout cas ce que laisse entendre la revue *Critique* qui, dans un récent numéro, problématise le débat en choisissant pour titre : « *La mise en scène : mort ou mutation ?* » Soucieux d'identifier les fondements d'une crise dont la réalité semble approuvée à la fois par les artistes, les critiques et les publics, Philippe Roger, dans la préface, place la question au cœur de sa réflexion :

> Il y a pourtant, dans la crise d'aujourd'hui, quelque chose de nouveau qui signale peut-être un ébranlement en profondeur. Depuis au moins un demi-siècle, le théâtre le plus « moderne », le plus vivant en tout cas, a été dominé par la figure du metteur en scène – flanquée à partir des années 60-70 de celle du « dramaturge ». Or, c'est bien cette figure qui paraît aujourd'hui compromise ou dévaluée. C'est toute une manière de faire du théâtre et surtout de le « diriger » qui est mise en cause dans ce qu'on appelle parfois le *postdramatique*[2].

---

1 S. Marchand, « La mise en scène est-elle nécessaire ? », *in* M. Fazio & P. Frantz (dir.), *La Fabrique du théâtre, Avant la mise en scène (1650-1880)*, Paris, Desjonquères, 2010, p. 47.
2 Ph. Roger, *Critique*, n° 774 : *La mise en scène : mort ou mutation ?*, novembre 2011, p. 835.

Derrière la crise du théâtre se cache donc un changement de paradigme plus subtil. Le metteur en scène n'est plus cette figure dominante qui avait su, avec André Antoine, imposer son statut d'artiste. Maître du sens, c'est lui qui coordonnait jusque-là les éléments scéniques dans le but de proposer une interprétation de l'œuvre représentée. Compromettre la figure du metteur en scène revient donc, par ricochet, à remettre implicitement en cause la légitimité du théâtre en tant qu'art.

Et c'est là sans doute le défi lancé par les scènes contemporaines aux théoriciens du théâtre. Le concept de « mise en scène », dont la définition repose sur l'unification optique et la maîtrise du sens du spectacle confiées au metteur en scène, avait permis d'affirmer le rôle social, politique et esthétique d'un « théâtre d'art » qui devait prendre sa place dans un paysage culturel dominé par des contraintes marchandes. L'affirmation du metteur en scène comme artiste – c'est-à-dire comme « auteur » d'un spectacle pour lequel l'œuvre du poète dramatique devenait un support de la création au même titre que les autres éléments de la représentation –, fut une réponse à la liberté industrielle des spectacles, instituée par la loi impériale de 1864. En abolissant le système des privilèges dramatiques qui réglait la vie théâtrale française[1], cette loi faisait disparaître dans le même temps l'édifice des genres sur lequel se fondaient les appréciations esthétiques. Tragédie, drame, opéra-comique, comédie, ballet, opéra, vaudeville, mais aussi féerie, pantomime, cirque et revue pouvaient être indifféremment joués sur les théâtres de Paris et de province sans qu'aucune ligne de partage nettement définie ne puisse garantir le théâtre dit « littéraire » contre l'invasion du « grand spectacle ».

Dans la brochure du *Théâtre-Libre*, publiée en 1890, Antoine délimitait clairement le cadre de sa réforme :

> Il est intéressant de jeter un coup d'œil sur ce qui s'est passé de 1887 à 1890 sur les quatre scènes littéraires de Paris. (On ne doit guère s'occuper des autres théâtres parisiens dont les directeurs sont tributaires de questions commerciales et prisonniers d'intérêts financiers en face desquels il serait puéril de formuler une exigence quelconque[2]).

---

1   Le système des privilèges dramatiques fut aboli une première fois sous la Révolution, puis restitué par Napoléon Bonaparte en 1807.

2   *Le Théâtre-Libre*, Paris, Dentu, 1890, rééd. *in* J.-P. Sarrazac & Ph. Marcerou (dir.), *Antoine, l'invention de la mise en scène, Anthologie des textes d'André Antoine*, Paris, Actes sud-Papiers / Centre National du Théâtre, 1999, p. 67.

C'est bien sur le plan du théâtre « littéraire » que la fonction du metteur en scène devait être défendue. La scène occupait le cœur du processus d'écriture théâtrale depuis plus d'un siècle ; il était donc entendu que les théâtres privés, exposés à une rude concurrence fortifiée par la loi de 1864, fussent contraints de céder à la tentation du « spectaculaire » qui garantissait l'afflux des publics[1], et de bâtir les pièces nouvelles autour d'un ou de deux acteurs vedettes, quitte à sacrifier parfois la cohérence et l'unité du drame représenté[2]. Une certaine pratique de la mise en scène était donc admise sur les théâtres privés qui avaient hérité des conventions scéniques du (mélo)drame et de la féerie. Elle l'était moins en revanche sur les scènes subventionnées qui, comme le rappelle Antoine, avaient pour « mission de sauvegarder l'avenir de l'art dramatique et d'aider à son épanouissement » tout en prenant soin « de vulgariser [le] répertoire classique parmi les classes moyennes[3] ». Depuis la deuxième moitié du XIXe siècle, les débats sur la mise en scène se cristallisaient autour de la représentation des œuvres classiques. Appréciée parfois comme un moyen de moderniser le répertoire, rejetée d'autres fois parce qu'elle semblait dénaturer l'œuvre du poète, la mise en scène posait problème lorsqu'on la confrontait aux exigences de la politique culturelle qui régissait les théâtres d'État. De cet agôn, Antoine sortit vainqueur en publiant, en 1903, la fameuse « Causerie sur la mise en scène[4] » et en montant, l'année suivante, *Le Roi Lear* au Théâtre-Antoine

---

1   Le mot « spectaculaire » connaît d'ailleurs un essor de son utilisation, en lien avec les théorisations de la mise en scène des années 1900-1910. Il remplace ainsi définitivement le terme « spectaculeux » qui désignait jusqu'alors un usage excessif de la machinerie théâtrale. Le concept de « spectaculaire » englobe, en revanche, les conditions matérielles du spectacle et leur impact sur le public. Autant dire qu'il s'agit bien, au tout début du XXe siècle, de distinguer le spectacle qui donne sens (*via* la mise en scène) de celui qui cherche le débordement des sens (le spectaculaire). Sur ce point, voir : Ph. Roger, « Spectaculaire, Histoire d'un mot », *in* Ch. Hamon-Siréjols & A. Gardies (dir.), *Le Spectaculaire*, Lyon, Cahiers du GRITEC / Aléas, 1997 ; I. Moindrot (dir.), *Le Spectaculaire dans les arts de la scène du romantisme à la Belle Époque*, Paris, CNRS éd., 2006. Voir aussi notre article : « Quand le merveilleux saisit nos sens : Spectaculaire et Féeries en France (XVIIe-XIXe siècles) », *Sociétés et Représentations*, no 31, avril 2011, p. 19-33.
2   À ce propos, Antoine écrivait : « Partout, nous avons, en une soirée passée au théâtre, la joie d'un ou deux artistes de premier ordre autour desquels tout gravite et pour lesquels tout est réglé ; mais, avec un pareil état des choses, que deviennent, au point de vue strictement artistique, la pondération, l'équilibre, l'harmonie d'une œuvre dramatique ? » (A. Antoine, *op. cit.*, p. 81).
3   *Ibid.*, p. 67 et 69.
4   Le texte est paru dans *La Revue de Paris*, 1er avril 1903, p. 596-612.

qui lui ouvrit les portes de l'Odéon[1]. Ce texte théorique, accompagné du renouvellement des traditions scéniques qu'il introduisait sur une scène subventionnée, constitue, pour l'historiographie théâtrale actuelle, l'acte de naissance de la mise en scène « moderne ». À partir d'Antoine, il est clairement admis que l'élaboration d'un spectacle se divise en deux catégories distinctes : celle qui consiste à agencer les éléments de la représentation dans le simple but de produire un spectacle harmonieux ; celle qui leur confère du sens afin de générer une lecture originale de l'œuvre dramatique portée à la scène, plus en adéquation avec les enjeux sociaux, politiques et idéologiques de la société contemporaine.

Cette interprétation de la notion de « mise en scène » ne satisfait pourtant pas les historiens des spectacles antérieurs. Il demeure en effet difficile pour eux de dissocier l'acte d'organiser de celui de donner du sens ; un bon nombre d'exemples puisés dans l'histoire du théâtre européen permet d'identifier des auteurs et/ou directeurs de troupe capables de concevoir la scène comme un outil sémantique. Cette divergence entre historiens et « modernistes » a motivé l'organisation de deux colloques qui se sont tenus conjointement en 2008 : Mara Fazio et Pierre Frantz ont cherché à questionner la fabrique du théâtre avant l'avènement du metteur en scène ; Jean-Pierre Sarrazac et Marco Consolini ont souhaité confronter les deux écoles afin d'ouvrir de neuves perspectives d'analyse sur la notion de « mise en scène[2] ». L'essai que nous proposons ici s'inscrit

---

1 André Antoine dirigea l'Odéon entre 1906 et 1914 après avoir tenté de s'y imposer en 1896, date à laquelle il fut nommé codirecteur avec Paul Ginisty. Relégué aux fonctions de « directeur de la scène », appellation couramment employée à l'époque pour désigner celui qui faisait office de « metteur en scène », il ne pouvait aucunement décider du répertoire porté à l'affiche, ainsi que le confirme Paul Ginisty : « Vous avez la direction complète de la scène. Vous avez l'initiative des engagements d'artistes. Je me réserve seulement la faculté de vous en faire agréer quelques-uns, au commencement de la saison, dans des conditions naturellement agréables (mettons trois). Vous vous occupez de monter les pièces sans autres observations de ma part, le cas échéant, que des observations amicales, relatives principalement aux dépenses. Pour ma part, j'ai avec les relations avec les auteurs, l'initiative de la réception des pièces. Cependant, sans que j'abdique absolument le droit de discussion préalable, il est entendu que vous pourrez m'imposer un ouvrage sur quatre. » (Lettre de Paul Ginisty à André Antoine, 26 juin 1896, éditée dans A. Antoine, *Mes souvenirs sur le Théâtre Antoine et sur l'Odéon (première direction)*, Paris, Grasset, 1928, p. 33). La collaboration se passe mal ; Ginisty démissionne le 27 octobre 1896, mettant ainsi fin au privilège accordé aux deux directeurs. Immédiatement, Ginisty est renommé seul directeur de l'Odéon. Antoine lui succèdera en 1906.

2 Voir : M. Fazio & P. Frantz, *La Fabrique du théâtre, Avant la mise en scène (1650-1880)*, *op. cit.* ; J.-P. Sarrazac & M. Consolini (dir.), *Avènement de la mise en scène / Crise du drame :*

dans la continuité de ces travaux. Partant du constat que la datation
de la mise en scène posait problème selon qu'on l'interrogeait comme
art ou comme métier, nous avons choisi de poser la question sous un
angle différent : non pas « Quand la mise en scène ? », mais « Pourquoi
la mise en scène ? » L'apparition d'une notion nouvelle, à l'issue de la
Révolution, semblait mériter un examen attentif. D'autant que la langue
française disposait, en parallèle, d'un vocabulaire approprié : la « mise
au théâtre », la « direction de la scène », la « régie » s'imposaient comme
des termes adéquats pour qualifier le travail scénique ; les langues
européennes usaient d'ailleurs d'un vocabulaire construit sur la même
étymologie ; ce que les Anglais nomment *direction*, les Espagnols *dirección*,
les Allemands *Regie* et les Italiens *regia* est devenu en France « mise en
scène[1] ». Ce facteur semblait d'autant plus intéressant à interroger que
l'art du metteur en scène s'est développé, dans le contexte français et à
partir de Jacques Copeau, en opposition à celui du régisseur.

Cette étude ne cherche pas à construire une histoire exhaustive des
pratiques scéniques du XIXe siècle qui, de toute façon, ont toutes été
imprégnées par un art de la mise en scène revendiqué et promu par les
scènes du Boulevard dès 1801. Elle souhaite simplement contextualiser
les enjeux que soulève la dimension scénique des œuvres théâtrales entre
1789, date de représentation du *Charles IX* de Chénier, et 1914, qui
marque la fin de la direction d'Antoine au Théâtre de l'Odéon. Cette
période, offrant un cadre suffisamment large, permet de rencontrer
quelques-uns des auteurs, maîtres de ballet, acteurs, directeurs de théâtre
qui ont porté l'art de la mise en scène comme autant de réformes dont
la connaissance éclairera sans aucun doute le contexte théâtral de la fin
du XIXe siècle. S'appuyant sur des documents d'archives de nature variée
(registres comptables des théâtres, archives administratives, correspondances personnelles des auteurs et/ou metteurs en scène, manuscrits de
pièces, iconographies, maquettes de décors, articles de journaux, procès-verbaux des tribunaux et des séances de l'Assemblée consacrées aux
épineuses questions que soulève le droit d'auteur appliqué au metteur

---

continuités-discontinuités, Bari, Edizioni di Pagina, 2010. Voir aussi l'article de Christian
Biet qui dresse une synthèse de ces deux colloques : « Naissances de la mise en scène »,
Critique, op. cit., p. 836-845.

1   Dans son ouvrage *La Mise en scène contemporaine*, Patrice Pavis expose les divergences de
conception de la scène que révèlent ces termes dans les contextes européens (voir : chap. III :
« Mise en scène, performance : quelle différence ? », Paris, Armand Colin, 2007).

en scène), l'analyse cherche à circonscrire l'émergence d'une notion et ses multiples acceptions entre la Révolution française et la Grande Guerre. Un premier chapitre analyse la formation du vocable « mise en scène » en interrogeant le contexte révolutionnaire et les impératifs politiques imposés aux théâtres en matière de diffusion des valeurs et des images susceptibles d'aider à la fabrique d'un corps social homogène. Un deuxième chapitre présente la formation de la fonction de metteur en scène dans les théâtres du mélodrame jusqu'à la réforme romantique. Un troisième chapitre insiste plus particulièrement sur la façon dont la mise en scène a pu s'imposer, après 1830, comme un outil susceptible de brouiller les catégories génériques et d'abolir les frontières, édifiées par le système des privilèges dramatiques rétabli par Napoléon, entre les théâtres privés et les scènes subventionnées. Un dernier chapitre analyse le résultat des réformes dramatico-scéniques portées par les scènes « romantiques » une fois l'abolition des privilèges dramatiques définitivement entérinée par la loi de 1864. Il permet ainsi de contextualiser le besoin d'affirmer le metteur en scène, dont l'existence au sein du paysage théâtral est alors pleinement reconnue, comme un artiste autonome dont le rôle, du point de vue juridique et institutionnel, était encore à faire valoir. Cet ouvrage propose donc davantage l'histoire d'une notion qu'une historiographie des spectacles. Loin de réduire l'épineux problème que pose la « mise en scène » à une question de terminologie, il renouvelle les connaissances sur le paysage théâtral français des années 1789-1914 de façon à rendre opérant un concept qui devrait permettre d'analyser autrement les scènes passées, présentes et à venir.

histoire d'une notion!

DE « MIS EN SCÈNE » À « MISE EN SCÈNE », HISTOIRE D'UNE SUBSTANTIVATION

(1789-1807)

L'introduction d'un mot dans la langue ne traduit évidemment pas la naissance subite d'une réalité jusqu'alors inexistante. De tout temps, le théâtre a eu besoin d'un « coordinateur » du spectacle, d'une personne (généralement le dramaturge, et/ou le comédien, directeur de troupe) chargée de régler les éléments de la représentation théâtrale. Ainsi, lorsque La Grange évoque le coût des machines et des toiles peintes nécessaires à la « préparation » de *Psyché*[1] (1671), lorsque Marmontel se défend de vouloir retarder sciemment la « mise » de *Cléopâtre*[2] (1750), lorsque Beaumarchais prend soin dans l'édition des *Deux amis* (1770) de « partout indiqu[er] la pantomime[3] », ce sont bien des activités liées au travail scénique qu'ils désignent, indiquant par là qu'ils envisagent la fabrication des décors, le travail des répétitions et le réglage des mouvements des comédiens en scène comme des éléments appartenant au temps de ce que l'on nomme communément aujourd'hui la « mise en scène ». L'apparition soudaine du terme au sortir de la décennie révolutionnaire

---

1 Archives de la Comédie-Française, *Registre de La Grange (1658-1685)*, Paris, J. Claye, 1876, p. 124.

2 Voir la lettre de Marmontel à de La Porte, datée du 26 octobre 1784, *in* J.-F. Marmontel, *Correspondance*, J. Renwick (éd.), Clermont-Ferrand, Presses Universitaires Blaise Pascal, 1999, t. 2, p. 52.

3 Dans l'« Avertissement » des *Deux amis, ou le Négociant de Lyon*, Beaumarchais précise : « Cette attention de tout indiquer peut paraître minutieuse aux indifférents ; mais elle est agréable à ceux qui se destinent au théâtre, ou qui en font leur amusement, surtout s'ils savent avec quel soin les comédiens français les plus consommés dans leur art se consultent et varient leurs positions théâtrales aux répétitions, jusqu'à ce qu'ils aient rencontré les plus favorables, qui sont alors consacrées, pour eux et leurs successeurs, dans le manuscrit déposé à leur bibliothèque. C'est en faveur des mêmes personnes que l'on a partout indiqué la pantomime : elles sauront gré à celui qui s'est donné quelques peines pour leur en épargner ; et si le drame, par cette façon d'écrire, perd un peu de sa chaleur à la lecture, il y gagnera beaucoup de vérité à la représentation. » (*Œuvres complètes de Beaumarchais*, Paris, Furne, 1828, t. 1, p. 133).

mérite pourtant que l'on se penche sur la question. En effet, si les censeurs, critiques et rapporteurs du ministère de la police usent plus volontiers, sous le Directoire, du verbe « mettre en scène » conjugué, le vocable apparaît dans sa forme substantivée sur la quasi-totalité des brochures de pantomimes, de féeries et de mélodrames publiées à partir de 1801[1]. Quelques années auront suffi pour que le terme soit banalisé. Son entrée dans la langue fut suffisamment prompte pour qu'il pénètre jusqu'au vocabulaire juridique. Aussi l'article 6 du décret du 25 avril 1807, par lequel Napoléon rétablissait les privilèges dramatiques, spécifie-t-il :

> Lorsque les directeurs et entrepreneurs de spectacles voudront s'assurer que les pièces qu'ils ont reçues ne sortent point du genre de celles qu'ils sont autorisés à représenter, et éviter l'interdiction inattendue d'une pièce dont la *mise en scène* aurait pu leur occasionner des frais, ils pourront déposer un exemplaire de ces pièces dans les bureaux du ministère de l'intérieur[2].

1   L'habitude fut prise, à partir de cette date et pour ces trois genres exclusivement, d'indiquer le nom de l'« auteur » de la mise en scène sur la page de titre de l'imprimé. Cette pratique se fait plus rare après le décret napoléonien du 29 juillet 1807 qui voyait la fermeture de la plupart des théâtres du Boulevard. Voici quelques exemples : *Les Chevaliers du soleil, ou Amour et Dangers*, pantomime en 3 actes, à grand spectacle, par Bignon, « mise en scène et combats du cit. Gougibus aîné » (Paris, Barba, an 9) ; *Riquet à la houpe*, opéra-pantomime-féerie en 3 actes, de [J.-B. Dubois], « Mise en scène par Eugène Hus » (Paris, Martinet, an 11/1802) ; *La Naissance d'Arlequin, ou Arlequin dans un œuf* (1803), folie-féerie en 5 actes, à grand spectacle, par J.-B. Hapdé, « Mise en scène par l'Auteur » (Paris, Barba, an 13/1803) ; *Arlequin à Maroc, ou la Pyramide enchantée*, folie-féerie en 3 actes, sans entr'actes, à grand spectacle, par J.-B. Hapdé, « Mise en scène par l'Auteur » (Paris, Barba, an 12/1804) ; *Le Prince invisible, ou Arlequin prothée*, pièce féerie en 6 actes, à grand spectacle, par J.-B. Hapdé, « Mise en scène par l'Auteur » (Paris, Barba, an 12/1804) ; *Élisabeth du Tyrol, ou les Hermites muets*, pièce en 3 actes, à grand spectacle, « Paroles et mise en scène de M. Hapdé » (Paris, P. Lenoir, an 13/1804) ; *Le Désastre de Lisbonne*, drame héroïque en 3 actes, en prose, par [J.-N. Bouilly], « ballets et mise en scène de M. Aumer » (Paris, Barba, an 13/1804) ; *La Guerrière des sept montagnes, ou la Laitière des bords du Rhin*, mélodrame en 3 actes, à grand spectacle, « paroles et mise en scène par J.-B. Hapdé » (Paris, Fagès, 1805) ; *Ildamor et Zuléma, ou l'Étendard du prophète*, mélodrame en 3 actes, à grand spectacle, par Georges Duval, « Musique et mise en scène par M. Eugène Hus » (Paris, Fagès, 1805) ; *Le Gnôme, ou Arlequin tigre et bienfaisant*, pantomime-magico-bouffonne, à grand spectacle, en 3 actes, par Cuvelier, « mise en scène par M. Eugène Hus » (Paris, Barba, an 13/1805) ; *Pharaon, ou Joseph en Égypte*, mélodrame en 3 actes, à grand spectacle, paroles et musique de M. Lefranc, « Mise en scène par Ribié » (Paris, Maldan, 1806) ; *Monbars l'exterminateur, ou les Derniers Flibustiers*, mélodrame en 3 actes, en prose, à grand spectacle, paroles de Bosquier-Gavaudan et Aubertin, « Mise en scène de M. Eugène Hus » (Paris, Barba, 1807) ; *Les Pêcheurs catalans*, mélodrame en 3 actes, à grand spectacle, par A. Bernos et P. Carré, « Mise en scène par M. Marty » (Paris, Cavanagh, 1807).

2   *Bulletin des lois*, n° 101, 4ᵉ série, n° 1663, *in Circulaires, instructions et autres actes émanés du ministère de l'Intérieur ou relatifs à ce département, de 1797 à 1821 inclusivement*, t. 2, Paris, Imprimerie royale, 1822, p. 27. – Le texte est souligné par nos soins.

À cette date, l'expression désigne clairement le travail effectué pour régler la représentation d'une œuvre théâtrale. Reste alors à identifier les facteurs qui auront favorisé la création d'un terme neuf pour caractériser une activité somme toute assez courante. L'examen du contexte révolutionnaire pourra apporter des éléments de réponse ; devenu en partie l'organe d'un État qui, dès 1791, invente et instaure la pratique de la politique culturelle à des fins d'autolégitimation, d'identité nationale et d'instruction publique, le théâtre s'est édifié comme le lieu et l'enjeu de tous les affrontements. Libéré du système des privilèges dramatiques, il n'en restait pas moins sous le contrôle attentif des dirigeants révolutionnaires. Les artistes durent ainsi manier avec précaution les mots, les images et les sons, instaurant par ce biais une relation tout à fait nouvelle entre l'œuvre dramatique et sa représentation.

LA REPRÉSENTATION THÉÂTRALE AU PRISME DU POLITIQUE

Les rapports de police sur les spectacles, produits pendant toute la décennie révolutionnaire, regorgent d'anecdotes indiquant combien le public était en mesure de décoder l'actualité politique derrière les moindres faits et gestes des comédiens en scène. Aussi Paul Perrière, commissaire observateur local pour le département et la ville de Paris, pouvait-il écrire en 1793 :

> Au reste, il est un reproche commun à tous les spectacles, c'est qu'il n'en est presque point où il ne se joue des pièces qui ne sont que la dégoûtante peinture de la corruption et de la légèreté enfantées par le despotisme ; et celles mêmes à qui l'on ne peut faire cette objection, contiennent toujours quelque trait, quelque expression qui peut sortir innocente de la bouche d'un acteur, mais qui dans les circonstances où nous sommes, n'entre jamais telle dans l'oreille du spectateur[1].

Les tumultes occasionnés par la prononciation sur scène de répliques *a priori* innocentes sont bien connus des historiens. On sait, par exemple,

---

1   Lettre de Perrière à Paré, dimanche 8 septembre an 2, *in* A. Schmidt, *Tableaux de la Révolution française publiés sur les papiers inédits du département et de la police secrète de Paris*, Leipzig, Veit, 1869, t. 2, p. 112.

que les vaudevillistes Radet et Desfontaines furent arrêtés au terme d'une représentation de *La Chaste Suzanne*, donnée au Théâtre du Vaudeville au moment du procès du roi, parce qu'un personnage y disait : « Vous avez été ses dénonciateurs... Vous ne sauriez être ses juges[1] ! » De même, le Théâtre de la Nation fut fermé après avoir joué, le 2 septembre 1793, *Paméla, ou la Vertu récompensée* dans laquelle figuraient ces vers, appréciés comme antijacobins par une partie du public : « Ah ! les persécuteurs sont les seuls condamnables, / Et les plus tolérants sont les plus raisonnables[2]. » Louis-Abel Beffroi de Reigny, dit le Cousin Jacques, fut inquiété à l'issue d'une représentation de *Jean-Baptiste*, opéra-comique

---

1   La pièce fut jouée avec succès le 5 janvier 1793. Le 7, les *Affiches* publiaient un article élogieux : « Il règne un puissant intérêt dans cet ouvrage, qui offre d'ailleurs du spectacle, des situations déchirantes et des costumes très riches et très vrais. » (*Affiches, annonces et avis divers, ou Journal général de France*, 7 janvier 1793). La pièce fut encore jouée les 8, 12 et 13 ou 14 janvier. C'est vraisemblablement à l'issue de cette dernière représentation qu'elle fut interdite, tout comme l'était au même moment *L'Ami des Lois* de Laya au Théâtre de la Nation. Sage précaution sans doute : le jugement de Louis XVI commençait le 14 à la Convention ; le 20 était prononcée la mort sans sursis. Le 21, le roi était exécuté sur la place de la Révolution. Les *Affiches* annonçaient une 5ᵉ représentation de *La Chaste Suzanne* depuis le 15 janvier. Elle fut programmée le 24, puis le 25 janvier, et il n'en fut plus question jusqu'au numéro du 2 février, qui annonçait sa parution chez le libraire Maret. La pièce était désormais appréciée comme « la plus faible » que les auteurs du Vaudeville avaient produite (*Affiches*, 2 février 1793). Sur la brochure, la fameuse réplique n'apparaît plus que sous cette forme : « Accaron, Barzabas, vous ne pouvez pas être ses juges » ([Barré, Radet, Desfontaines], *La Chaste Suzanne*, pièce en 2 actes mêlée de vaudevilles, Paris, Maret, [1793], II, 3, p. 24). On ne retrouve aucune trace de cette réplique dans les différents rapports produits par la Convention en 1793 ; les tumultes occasionnés par sa prononciation sur scène furent toutefois évoqués dans le *Journal de Paris* le lendemain de la première représentation. La réplique était tirée du plaidoyer de Desèze, prononcé le 26 décembre 1792 : « Citoyens, je vous parlerai ici avec la franchise d'un homme libre : je cherche parmi vous des juges, et je n'y vois que des accusateurs ! » D'après les rapports de la Convention publiés dans *Histoire parlementaire de la Révolution française, ou Journal des Assemblées nationales depuis 1789 jusqu'en 1815* (par P.-J.-B. Buchez & P.-C. Roux, Paris, Paulin, 1836, t. 23, p. 454), l'arrestation des auteurs fut provoquée par ce couplet, chanté dans le vaudeville final : « Affecter candeur et tendresse, / Du plus offrant que l'amour presse, / Recevoir argent et présent, / C'est ce que l'on a fait à présent. / Refuser plaisir et richesse, / Pour conserver gloire et sagesse ; / De la mort souffrir le tourment, / Oh ! c'est de l'ancien testament » (*La Chaste Suzanne, op. cit.*, p. 34). La pièce fut remise à l'affiche à partir d'avril 1793. Sur cette pièce, nous renvoyons à notre étude : « Les bégaiements de Momus sous la Révolution, ou la répétition comme (ré)écriture de l'Histoire », *in* V. Heyraud & F. Naugrette (dir.), *Les Mécanismes de l'écriture vaudevillesque (XIXᵉ-XXᵉ siècles). Ficelles, gags, clous*, Paris, Minard, à paraître 2014.

2   F. de Neufchâteau, *Paméla, ou la Vertu récompensée*, comédie en 5 actes, en vers, Paris, André, an 8, p. 86. Sur la réception de cette pièce, voir : M. Nadeau, « Des héroïnes vertueuses : autour des représentations de la pièce *Paméla* (1793-1797) », *Annales historiques*

joué en juin 1798 au Théâtre Feydeau, pour un motif que le commissaire de police exposait clairement dans son rapport :

> La dernière pièce du Cousin Jacques continue de produire le plus mauvais effet sur l'esprit public. Bien encore le nombreux public du ci-devant dimanche a saisi avec avidité toutes les applications dont elle est remplie et qui seules en soutiennent le succès. C'est particulièrement au trait dirigé contre le Gouvernement et les Deux Conseils que la salle a retenti d'applaudissements : « Avant que d'être généreux / Messieurs, payez vos dettes. » Il ne faudrait pas quatre pièces de ce genre, ou le sentiment n'est que le vernis de l'esprit contre-révolutionnaire qui l'a dicté, pour achever de détériorer l'opinion[1].

Nul doute que la réception des œuvres dramatiques passait désormais par le prisme du politique. Le *Charles IX* de Chénier avait ouvert la voie : censurée en 1788, représentée avec succès en 1789, cette tragédie avait accordé au théâtre le pouvoir de donner corps à l'actualité en réfléchissant les événements politiques de manière immédiate[2].

---

de la Révolution française, n° 344, avril-juin 2006, p. 93-105. Voir aussi l'édition critique de la pièce par Martial Poirson (Oxford, Voltaire Foundation, SVEC, 2007 : 4).

1   Rapport du 30 prairial [an 6] (18 juin 1798), Archives Nationales (abrégés « AN » dans les notes suivantes), Fonds « Police des spectacles », F⁷ 3491. Le couplet exact, en tout cas tel qu'il a été publié, est le suivant : « On voit plus d'un riche à présent / Se faire honneur de leur aisance, / Et qui vous laissent cependant / Leurs créanciers dans l'indigence. / S'il est beau d'être généreux / Et bienfaisants comme vous l'êtes ; / Avant de faire des heureux, / Messieurs, payez vos dettes ! » (Cousin Jacques, *Jean-Baptiste*, opéra-comique en prose et en 1 acte, Paris, Moutardier, 1798, I, 12, p. 28). Le couplet vise directement les acquéreurs de biens nationaux et les spéculateurs sur les fournitures de guerre ou les assignats, soutenus désormais par les thermidoriens. Beffroi de Reigny a publié sa pièce en l'accompagnant d'une virulente préface contre le Directoire.

2   *Charles IX, ou la Saint-Barthélemy* fut représenté au Théâtre-Français le 4 novembre 1789, c'est-à-dire deux jours après le vote à l'Assemblée du décret qui convertissait les biens ecclésiastiques en biens nationaux. À son propos, Mara Fazio écrit : « À une époque où le Théâtre-Français était souvent à moitié vide et où il souffrait d'une baisse des recettes, il fit salle comble : mille cinq cents spectateurs. Le public du parterre accueillit la pièce avec des applaudissements frénétiques et des acclamations, demandant que l'on bisse les tirades qui évoquaient le plus l'actualité. Plus qu'aux allusions qui pouvaient mettre en question la figure du roi, le public fut sensible à celles qui mettaient en cause le pouvoir du clergé. » (M. Fazio, *François-Joseph Talma, Le Théâtre et l'Histoire de la Révolution à la Restauration*, trad. de l'italien par J. Nicolas, Paris, CNRS éd., 2011, p. 35). Sur la réception de cette pièce par les révolutionnaires, voir notamment : G. Ch. Walton, « Charles IX and the French Revolution : law, vengeance, and the revolutionary uses of history », *European Review of History*, vol. 4, n° 2, 1997, p. 127-146.

l'écrasement de l'illusion théâtrale par le référent politique ⟹ l'élément de réforme expliquant l'émergence de la 'mise en scène'

L'ÉCRASEMENT DE L'ILLUSION THÉÂTRALE
PAR LE RÉFÉRENT POLITIQUE

La collusion du politique et du théâtral a souvent justifié le manque d'intérêt des études littéraires pour les scènes révolutionnaires. Tout juste reconnu pour sa valeur historique, le théâtre de la Révolution est analysé du point de vue de ses positions militantes, de sa fonction de propagande, mais rarement sous l'angle de ses innovations artistiques. Pourtant, l'écrasement de l'illusion théâtrale par le référent politique semble précisément constituer l'élément de réforme qui explique l'émergence de ce que l'on nommera bientôt communément la « mise en scène ». Ce que propose le théâtre pendant la décennie révolutionnaire, c'est une rupture dans les modalités mimétiques. La représentation théâtrale ne repose pas sur une valorisation de la fiction dramatique, mais cherche, à travers elle, à traduire l'événement en symbole, c'est-à-dire à susciter l'adhésion des publics en favorisant leur inscription dans l'Histoire en train de s'écrire, autrement dit dans le temps de la Révolution.

On a souvent perçu le public révolutionnaire, brutalement élargi au populaire par la loi Le Chapelier de 1791[1], comme un ensemble de spectateurs peu habitués au protocole théâtral. Sa difficulté à saisir la différence entre monde réel et fiction dramatique est attestée par une série d'anecdotes que les critiques de l'époque se plaisent à relater, souvent par idéologie, comme pour mieux révéler l'échec de la loi sur la liberté des théâtres et le danger qu'elle faisait encourir à la stabilisation du corps social. Par exemple, l'intervention d'un spectateur lors de la première représentation des *Victimes cloîtrées* (1791) de Monvel est rapportée par Étienne et Martainville, dramaturges mais

---

1   Cette loi autorisait tout citoyen à « élever un théâtre public, et y faire représenter des pièces de tous les genres, en faisant préalablement à l'établissement de son théâtre, sa déclaration à la Municipalité des lieux. » (*Loi nº 426, relative aux spectacles, donnée à Paris, le 19 janvier 1791*, décret de l'Assemblée Nationale, du 13 janvier 1791, art. 1). La ville de Paris comptait 10 théâtres en 1789, 35 en 1792 (voir P. Frantz, « Théâtre et fêtes de la Révolution », *in* J. de Jomaron [dir.], *Le Théâtre en France*, Paris, Armand Colin, 1992, p. 515). Le public s'était donc considérablement élargi, ainsi que le remarque l'*Almanach général de tous les spectacles de Paris et des provinces pour l'année 1791* : « À présent [...], toutes les classes de citoyens visitent jusqu'au plus petit spectacle ; le public est partout le même, et ce qui l'amuse et l'instruit dans une salle de trente pieds quarrés [*sic*], a tout autant de valeur aux yeux du philosophe, que ce qui l'amuse ou l'instruit dans une salle de cinquante. » (Paris, Froullé, 1791, p. 6).

trope => à la fois la hantise et le fantasme de la censure.

aussi antirévolutionnaires, dans leur *Histoire du théâtre français depuis le commencement de la Révolution* :

> [...] au moment où le Père Laurent fait entraîner Dorval, un murmure d'horreur s'éleva, et un homme, placé à l'orchestre s'écria : *Exterminez ce coquin-là.* Tous les yeux se fixent sur lui ; il avait l'œil égaré, le visage décomposé. Quand il eut repris ses sens : « Pardon messieurs, dit-il, c'est que j'ai été moine ; j'ai, comme Dorval, été traîné dans un cachot, et dans le père Laurent, j'ai cru reconnaître mon supérieur[1]. »

« Édifiante anecdote », écrit Sophie Marchand à son sujet, « qui semble dire l'efficacité de l'illusion suscitée par la fable ». Mais, ajoute-t-elle :

> [C]'est compter sans la démystification apportée par Louis Moland, qui précise que « l'interruption avait été préparée et que l'ex-moine de l'orchestre avait été aposté par Monvel ». Dès lors, ce n'est plus la puissance illusionnante de la fable, que fait valoir la mise en scène, et au-delà d'elle l'anecdote qui la fixe, mais l'inscription et l'utilité sociales du spectacle, le processus de reconnaissance mutuelle qui lie la scène et le public à l'occasion d'un événement singulier[2].

---

1   Ch.-G. Étienne, A.-L.-D. Martainville, *Histoire du théâtre français depuis le commencement de la Révolution jusqu'à la réunion générale*, Paris, Barba, 1802, t. 2, p. 56-57. – L'anecdote est rapportée différemment dans la *Chronique de Paris* du 30 mars 1791 : « Cette représentation a offert une scène qui ajoutait à l'intérêt de la pièce ; au moment où le P. Laurent faisait arrêter Dorval, un homme a crié du parterre : *en enfer le misérable gueux !* Cet homme est un religieux qui a éprouvé le même traitement que Dorval dans la chartreuse de Grenoble ; nous l'invitons à publier son histoire. Ce fait prouve assez contre ceux qui prétendent que le drame de M. Monvel est invraisemblable. » (Cité par S. Marchand dans son édition des *Victimes cloîtrées*, London, The Modern Humanities Research Association, 2011, p. 19). Ces variantes prouvent assez combien de telles anecdotes pouvaient soutenir des positions politiques radicalement différentes. Étienne et Martainville proposent une tout autre interprétation de l'anecdote en concluant : « Quelle honte pour le siècle de la philosophie, que des portraits aussi atroces aient pu avoir des modèles ! » (Ch.-G. Étienne, A.-L.-D. Martainville, *op. cit.*, p. 57). Précisons que Martainville fut l'un des membres les plus en vue de la Jeunesse dorée ; fondateur du journal *Le Drapeau blanc* sous la Restauration, il formula son attachement au royalisme dès la Révolution (sur les idées politiques de Martainville, voir l'étude de Barbara T. Cooper : « Martainville, journaliste et auteur de théâtre [1776-1830], ou la politique entre presse et scène », *in* O. Bara & M.-E. Thérenty [dir.], *Presse et scène au XIXᵉ siècle*, revue en ligne, http://www.medias19.org). Les idées politiques d'Étienne s'exprimèrent plus timidement sous la Révolution. Opposé au régime de Robespierre, il fréquenta Oudinot et Davout, ce qui lui valut d'être nommé secrétaire de Maret par Napoléon en 1804. Étienne resta ensuite très attaché à la politique de l'Empereur. Il fut élu à l'Académie française en 1811, et proscrit en 1816 par le comte de Vaublanc, alors ministre de l'Intérieur.

2   S. Marchand, « La mise en scène est-elle nécessaire ? », art. cit., p. 47. La citation de Moland est tirée du *Théâtre de la Révolution ou Choix de pièces qui ont fait sensation pendant la période révolutionnaire*, Paris, Garnier frères, 1877, p. XI.

Cette connivence avec le public, recherchée et parfois orchestrée, est un facteur déterminant pour comprendre le fonctionnement de la représentation théâtrale à l'époque révolutionnaire et les modifications qu'elle a engendrées dans l'écriture et dans le jeu.

LA REPRÉSENTATION COMME OUTIL D'ACTUALISATION DU DRAME

En analysant de plus près les quelques exemples de tumultes mentionnés plus haut, on s'aperçoit qu'ils ne furent pas nécessairement le fruit du hasard ou l'indice révélant que le spectacle, modelé par le seul jugement du parterre, aurait échappé à la fois aux politiques et aux artistes dramatiques. À propos de la phrase malheureuse de *La Chaste Suzanne*, Pierre Frantz précise bien que « cette pièce, au mois de mai [1793], servit de ralliement aux Girondins et aux royalistes bordelais et fut jouée à Bordeaux, alternativement au Théâtre de la République et au Théâtre de la Place-Nationale[1]. » De même, les vers de *Paméla* furent sans doute moins la cause que le prétexte de la fermeture d'un théâtre estimé par la censure jacobine comme un foyer de réaction contre-révolutionnaire[2]. Enfin, le rapport de police rédigé à propos de *Jean-Baptiste* fut davantage motivé par une volonté de nuire à son auteur, dont le passé montagnard pouvait inquiéter les thermidoriens, que par les tumultes occasionnés par ses représentations :

> Il est bien, sans doute – ajoute le commissaire dans ce même rapport –, de crier contre les assassineurs [*sic*] ainsi que le fait, dans sa pièce, le ci-devant intime de Carnot, mais était-ce par excès de sensibilité ou d'humanité que le Citoyen Beffroy de Régny [*sic*] acceptât la place de membre de la Chambre ardente et réactionnaire de la Section de Guillaume-Tell, d'où il faisait pleuvoir, par sa prépondérance, les incarcérations et les désarmements jusque sur des républicains vertueux. C'est ce dont on fournirait la preuve s'il était besoin[3].

---

1   P. Frantz, « Théâtre et fêtes de la Révolution », art. cit., p. 512.
2   Depuis la scission de la Comédie-Française en deux factions, le Théâtre de la Nation (qui abritait les « noirs », c'est-à-dire les comédiens favorables au roi) était suspecté de modérantisme. *Paméla* offrit l'occasion toute choisie pour exiger la fermeture du Théâtre, ainsi que le suggère Barère dans son rapport à la Convention : « le comité [...] se rappela de l'incivisme marqué dans d'autres occasions par les acteurs de ce théâtre, et qu'ils étaient soupçonnés d'entretenir des correspondances avec les émigrés, et fit attention que le principal vice de la pièce de *Paméla* était le modérantisme ; il crut qu'il devait faire arrêter les acteurs, et les actrices du Théâtre de la Nation » (séance du 3 septembre 1793, *Gazette nationale, ou le Moniteur universel*, n° du 5 septembre 1793).
3   Rapport du 30 prairial [an 6] (18 juin 1798), *op. cit.* – Guillaume-Tell était une section révolutionnaire parisienne correspondant au quartier Notre-Dame des Victoires.

L'agitation du parterre n'est donc pas assimilable à une « enfance » du spectateur qui aurait, contre le gré des artistes et des dirigeants révolutionnaires, politisé le répertoire de manière totalement aléatoire[1]. La scène est en réalité placée sous une triple influence : celle des publics, qui, loin d'être unanimes, restent modelés par l'esprit de faction ; celle des acteurs, qui, parfois de concert avec les auteurs (ce sont du reste souvent les mêmes), se servent du jeu pour créer des connotations immédiatement intelligibles[2] ; celle des politiques, qui comprennent

---

1   De nombreux exemples pourraient être mentionnés afin de soutenir cette hypothèse. Difficile par exemple d'imaginer que le caractère politique de ces répliques du *Somnambule*, comédie d'Antoine de Fériol de Pont-de-Veyle rejouée en 1796 au Théâtre de la République, ait pu échapper aux comédiens : « LA COMTESSE. Je crois bien qu'il y a plus de vingt terrasses dans votre jardin. / LE BARON. Comment donc ! c'est une magnificence... / LA COMTESSE. Cependant vous n'avez guère de vue. / LE BARON. Ah ! sans la montagne, elle serait admirable. [...] / LA COMTESSE. Oui ; mais la montagne ne changera pas de place. / LE BARON, *confidemment.* Je ne dis mot ; mais elle sautera. » (A. de Fériol de Pont-de-Veyle, *Le Somnambule*, comédie en 1 acte, *Répertoire général du Théâtre Français*, Paris, Ménard & Raymond, 1813, t. 43, p. 301-302). – Après le 9-Thermidor, une telle réplique ne pouvait paraître anodine. Au reste, sa réception par le public ne manqua pas d'être signalée par le commissaire Houdeyer : « Au théâtre de la République, [...] on a joué la pièce du Somnambule, où il est question d'un jardin anglais, dans le plan duquel il se trouve une montagne ; comme cette montagne cache une belle vue, l'acteur annonce que cette montagne sautera ; à ces paroles des applaudissements nombreux se font entendre fort longtemps. » (Rapport du 10 pluviôse an 4 [30 janvier 1796], *in* A. Schmidt, *op. cit.*, 1870, t. 3, p. 78). Autant dire que les salles de théâtre s'imposaient comme le meilleur endroit pour sonder l'opinion. Il est certes impossible de généraliser à partir de quelques exemples le sens politique de ces tumultes, mais il serait inexact de les interpréter comme l'expression inopinée d'un public échauffé par les assemblées révolutionnaires. Le chahut est souvent utilisé comme une arme politique qu'il s'agit de décoder en analysant au plus près le type de répertoire joué par le théâtre, la couleur politique des acteurs et des auteurs, et les relations qu'ils entretiennent avec les dirigeants en place. Le climat politique instable de la décennie révolutionnaire force à considérer avec attention les rapports entre publics, artistes et politiques et leurs variations entre la Constituante et le Consulat. Par exemple, il est très probable que *Le Somnambule*, porté au répertoire du Théâtre de la République depuis 1791, fut utilisé en 1796 par le clan des « rouges » Comédiens-Français comme un moyen de se démarquer des Montagnards. Précisons que Talma avait été incriminé en tant que « terroriste » quelques mois plus tôt. Le rapporteur Houdeyer ne se trompa du reste pas en interprétant ce tumulte comme un signe rassurant.

2   On pourrait citer l'exemple de Pierre Gaveaux qui parut sur la scène du Théâtre Feydeau vêtu d'une écharpe blanche lors d'une représentation de *Toberne, ou le Pêcheur Suédois* (opéra-comique en 2 actes, paroles de Patras, musique de Bruni, vendémiaire an 4 [septembre-octobre 1795]). Son arrestation fut contestée par les directeurs du Théâtre, qui justifièrent l'usage du blanc par l'emploi du costume suédois. Le royalisme de Gaveaux ne fait pourtant aucun mystère ; auteur de la musique du *Réveil du Peuple* (chant de ralliement des antijacobins et des royalistes), il fut sifflé le 23 nivôse (13 janvier 1796) et renvoyé en coulisse par les cris « À bas les chouans » (voir : *Rapport sur ce qui s'est passé au Spectacle de*

rapidement l'efficacité du théâtre pour façonner l'opinion et favoriser, à coup de décrets successifs, l'épanouissement d'un répertoire à proprement parler « révolutionnaire ». Face à ces enjeux, le statut de la représentation devait nécessairement changer. La scène, désormais inscrite au centre du dispositif théâtral, mobilisait son propre langage ; celui-ci n'était plus envisagé comme le prolongement ou l'ornementation d'un drame écrit en amont de la représentation, mais comme un moyen de transposer l'œuvre dans la réalité sociale et politique contemporaine. L'actualisation de la fiction dramatique par l'événement politique devait redistribuer les données de l'écriture théâtrale.

Selon RM : la scène devenu moyen de transposer l'œuvre dans la réalité sociale & politique contemporaine... redistribue les données de l'écriture théâtrale...

LA SCÈNE AU CŒUR DE L'ÉCRITURE

On constate en effet, sous la Révolution, une inversion du processus d'écriture. Le texte dramatique n'est pas l'élément premier à partir duquel s'élabore la représentation ; simple matériau, il se modèle en fonction des impératifs d'un art théâtral qui accorde à la scène un pouvoir social et politique. Dans cette perspective, on comprend mieux les caractéristiques d'un répertoire dont les historiens du théâtre ont souvent déploré la médiocrité[1]. Mais c'est oublier que la prévalence accordée au texte dramatique conditionne souvent le regard d'une critique littéraire habituée à estimer la qualité des œuvres du côté de la langue, rarement du côté du jeu et de la réception du jeu. Ces facteurs sont pourtant prédominants dans la fabrique même du théâtre sous la Révolution. Parmi le répertoire révolutionnaire, on peut, en définitive, repérer trois catégories de pièces, et, avec elles, trois stratégies dans leur représentation. Celles-ci correspondent d'ailleurs parfaitement aux modalités de la loi relative à la propriété des auteurs, votée puis affinée à l'Assemblée en 1791[2] :

---

la rue *Feydeau le 23 nivôse* [*an 4*], AN, F⁷ 3491). Ce jour-là, Feydeau avait donné *Toberne* ; le *Réveil du peuple* avait été interdit par le Directoire 5 jours auparavant.

1   Martial Poirson fait l'épistémologie des études historiques sur le théâtre de la Révolution dans son « Introduction » au *Théâtre sous la Révolution, politique du répertoire (1789-1799)* (Paris, Desjonquères, 2008, p. 11-61).

2   Voir : *Loi* (n° 426) *relative aux spectacles, op. cit.*, promulguant le décret de l'Assemblée Nationale du 13 janvier 1791 (dite loi Le Chapelier), et *Extrait du Procès-Verbal de l'Assemblée*

les pièces d'auteurs morts depuis plus de cinq ans, les pièces d'auteurs vivants écrites et reçues au Théâtre-Français avant la promulgation du décret, les pièces nouvelles.

LA LIBERTÉ DES THÉÂTRES ET LE DROIT D'AUTEUR

Car il ne faut pas oublier que la liberté des théâtres fut en définitive l'instrument juridique nécessaire à l'application d'une loi dont le but premier était la reconnaissance du droit des auteurs dramatiques. Le 24 août 1790, une députation de dramaturges s'était présentée à l'Assemblée[1] afin de mettre fin à l'exploitation, jugée abusive, des œuvres portées au répertoire de la Comédie-Française avant la Révolution. Il s'agissait de faire reconnaître que « les comédiens attachés à ce théâtre ne [fussent] plus, ni par le droit ni par le fait, les possesseurs exclusifs des chefs-d'œuvre qui ont illustré la scène française[2] ». Pour soutenir leur position, les auteurs dramatiques ne manquèrent pas de rappeler les procédés malhonnêtes avec lesquels les Comédiens-Français faisaient tomber une pièce « dans les règles », c'est-à-dire dans leur répertoire en orchestrant sa chute par les moyens de la scène ou de la cabale[3]. Aussi fallait-il encourager, selon La Harpe,

> l'établissement de nouvelles troupes de comédiens, autorisées à représenter cette foule de chefs-d'œuvre de tout genre, dont une nombreuse succession d'auteurs devenus classiques, [ont] enrichi depuis cent cinquante ans une seule troupe, qui, à la faveur d'un privilège exclusif, se prétend encore seule héritière de ce genre de richesses, reconnues dès longtemps par tous les gens sensés pour être, par sa nature, une propriété publique et nationale[4].

Nationale, du 19 juillet 1791, édité dans *Copie conforme et littérale de toutes les lois relatives aux spectacles et à la Propriété des auteurs*, s. l. n. d.

1 Ducis, Lemierre, Chamfort, Mercier, Sedaine, Maisonneuve, Cailhava, Chénier, Florian, Blin, Sauvigny, Forgeot, Palissot, Framery, Murville, Fenouillot de Falbaire, et La Harpe à leur tête.

2 Assemblée nationale constituante, *Rapport par M. Chapelier, séance du 13 janvier 1791, in Choix de rapports, opinions et discours prononcés à la Tribune Nationale depuis 1789 jusqu'à ce jour*, t. 3 : années 1790 et 1791, Paris, Eymery, 1818, p. 3.

3 Le règlement de 1697, renouvelé en 1719, avait fixé le principe. Si les recettes n'atteignaient pas un certain seuil au bout de quelques représentations, la pièce « tombait dans les règles », c'est-à-dire devenait la propriété des Comédiens, qui n'avaient alors plus à verser la moindre redevance aux auteurs lors de la « remise » à la scène.

4 *Discours sur la liberté des théâtres prononcé par M. de La Harpe le 17 décembre 1790 à la Société des amis de la Constitution*, Paris, Imprimerie Nationale, 1790, p. 3.

Ce ne fut pas tant l'abolition des privilèges dramatiques que les auteurs visaient ; ceux-ci avaient de toute façon disparu la nuit du 4 août 1789 avec les droits féodaux, ainsi que l'avaient rappelé les Comédiens-Français dans leurs *Observations sur la pétition adressée par les auteurs dramatiques à l'Assemblée Nationale*[1]. L'enjeu était plutôt d'encourager le débat sur la notion de « propriété littéraire ». Le problème était épineux puisque, s'il ne faisait aucun doute que « la plus sacrée, la plus légitime, la plus inattaquable, […] la plus personnelle de toutes les propriétés [était] l'ouvrage, fruit de la pensée d'un écrivain[2] », il fallait aussi prendre en compte les doléances des Comédiens-Français qui faisaient eux aussi valoir leur propriété des œuvres acquises, moyennant rétributions, avant la Révolution :

nou-
veau

> Mais d'imaginer – s'indignait ainsi le Comédien Molé –, que parce que [l]e privilège se trouve détruit, tout ce qui a été fait pendant qu'il existait n'a plus aucune valeur, qu'on est libre de revenir aujourd'hui sur tous les contrats, d'enfreindre toutes les conventions, de se soustraire à tous les marchés ; qu'on a le droit de rétracter ce qu'on a consenti, de reprendre ce qu'on a vendu, d'anéantir ce qu'on a exécuté, c'est une folie qui, certes, ne mérite pas qu'on s'y arrête, et qu'on justifierait presque en la réfutant[3].

Favorable aux auteurs, Mirabeau prépara une loi qui reprenait l'essentiel des idées du projet présenté au préalable par Sieyès à l'Assemblée[4]. Se faisant son rapporteur, Le Chapelier insista toutefois moins sur les droits

1   « Le privilège des Comédiens français a été détruit lorsque les Représentants de la nation ont détruit tous les privilèges. Ils ne demandent point eux-mêmes à le conserver. Ils ne demandent point qu'on le fasse revivre. » (Molé, Dazincourt, Fleury, fondés de pouvoirs des Comédiens Français ordinaires du Roi, *Observations pour les Comédiens Français, sur la pétition adressée par les auteurs dramatiques, à l'Assemblée Nationale*, Paris, Prault, 1790, p. 11).

2   *Rapport par M. Chapelier*, séance du 13 janvier 1791, *op. cit.*, p. 11.

3   *Observations pour les Comédiens Français, sur la pétition adressée par les auteurs dramatiques*, *op. cit.*, p. 11.

4   Première tentative révolutionnaire d'accorder aux auteurs une reconnaissance légale de leur droit, le projet de loi de Sieyès cherchait avant tout à rendre les auteurs propriétaires, c'est-à-dire responsables de leurs écrits. Aussi devenait-il possible de les condamner pour délit, l'enjeu étant de limiter les publications licencieuses qui se répandaient en province par la voie de la presse. Dans son texte, Sieyès envisage la notion de « propriété limitée » qui allait constituer le fondement de la loi Le Chapelier : « Toutes les personnes convaincues d'avoir imprimé un livre, pendant la vie, ou moins de six ans après la mort de l'auteur, sans le consentement de cet auteur, ou de ses ayant-cause, seront déclarées contrefacteurs […] ». (*Projet de loi contre les délits qui peuvent se commettre par la voie de l'impression, et par la publication des écrits et des gravures*, présenté par Sieyès à l'Assemblée Nationale, le 20 janvier 1790, *in Réimpression de l'Ancien Moniteur, seule histoire authentique et inaltérée de la Révolution française depuis la réunion des États-Généraux jusqu'au Consulat*, Paris, Henri Plon, 1860, t. 3, p. 186).

[annotation manuscrite: △ Le Chapelier → déplace la question insistant que l'oeuvre appartient au public (non pas à l'auteur encore moins au théâtre)]

des auteurs que sur ceux du public. Partant du postulat que la propriété littéraire était «d'un genre tout différent des autres propriétés», il pouvait prétendre :

> Quand un auteur a livré son ouvrage au public, quand cet ouvrage est dans les mains de tout le monde, que tous les hommes instruits le connaissent, qu'ils se sont emparé des beautés qu'il contient, qu'ils en ont confié à leur mémoire les traits les plus heureux, il semble que dès ce moment l'écrivain a associé le public à sa propriété, ou plutôt la lui a transmise tout entière ; cependant, comme il est extrêmement juste que les hommes qui cultivent le domaine de la pensée tirent quelque fruit de leur travail ; il faut que pendant toute leur vie et quelques années après leur mort personne ne puisse, sans leur consentement, disposer du produit de leur génie ; mais aussi, après le délai fixé, la propriété du public commence, et tout le monde doit pouvoir imprimer, publier les ouvrages qui ont contribué à éclairer l'esprit humain[1].

Le principe d'une propriété littéraire limitée dans le temps fut ainsi entériné[2]. Il constitua le fondement d'une juridiction française qui prenait clairement le parti des auteurs ; créateurs de connaissances, éclaireurs de la nation, ceux-ci devenaient, dans le droit fil des Lumières, les serviteurs du bien, de l'utilité et de la propriété publics, à l'opposé des Comédiens-Français et des directeurs de théâtre dont les doléances pouvaient désormais être considérées comme caduques, puisqu'elles étaient uniquement motivées par l'intérêt privé[3].

---

1 *Rapport par M. Chapelier*, séance du 13 janvier 1791, *op. cit.*, p. 11-12.
2 Le délai de propriété des auteurs fut d'abord fixé à cinq ans après leur mort, puis allongé à dix ans par le décret (n° 1255) de la Convention Nationale du 19 juillet 1793. Il ne cessa ensuite d'être modifié, jusqu'à la loi du 14 juillet 1866, qui porta cette durée à 50 ans. Cette loi mettait fin à une longue série de débats sur lesquels nous aurons à revenir, puisqu'ils eurent des répercussions fortes sur la définition de la mise en scène comme art, et du metteur en scène comme artiste dans les dernières décennies du XIXe siècle.
3 À la suite des Comédiens-Français, ce fut au tour des directeurs de théâtre de province de porter leurs réclamations à l'Assemblée. Le motif de leur demande était de pouvoir continuer à représenter gratuitement les pièces imprimées (y compris celles des auteurs vivants). Beaumarchais protesta, mais l'Assemblée concéda ce droit. Marie-Joseph Chénier critiqua vivement la mesure et les débats furent relancés. Le Comité d'Instruction publique lui demanda d'établir une loi, qui fut votée le 19 juillet 1793 (voir : *Pétition à l'Assemblée Nationale par Pierre-Auguste Caron Beaumarchais, contre l'usurpation des propriétés des Auteurs, par les Directeurs de spectacles, lue par l'Auteur, au Comité d'institution* [sic] *publique, le 23 décembre 1791*, impr. de Du Pont, s. d. ; *Rapport approuvé par le Comité d'instruction publique de l'Assemblée législative, sur les réclamations des Directeurs de théâtre, & la propriété des Auteurs dramatiques, par Antoine Quatremère* [*de Quincy*], impr. de Lottin, 1792). La loi de 1791 avait consacré le droit de représentation, celle de 1793 consacrait

la patrimonialisation du répertoire théâtrale
public —> propriétaire des chefs-d'œuvres....

L'AUTEUR : MAÎTRE DU SPECTACLE ?

La liberté des théâtres se fit donc sur la base d'une patrimonialisation du répertoire[1]. « Le public – précisait encore Le Chapelier – devait avoir la propriété de ces chefs-d'œuvre ; [...] chacun devait être maître de s'emparer des ouvrages immortels de Molière, de Corneille et de Racine, pour essayer d'en rendre les beautés et de les faire connaître[2]. » Dès lors, on comprend le rôle qu'allait prendre la représentation théâtrale dans l'actualisation de ces chefs-d'œuvre. Il s'agissait, comme le proposait le rédacteur du *Journal des Théâtres* à propos de *L'Avare* de Molière, de moderniser par le biais de la scène un répertoire devenu patrimoine, c'est-à-dire chose du peuple[3]. Et pour que ce peuple puisse s'approprier cet ensemble d'œuvres dont le régime monarchique l'avait privé, il fallait l'inscrire dans le temps présent, lui accorder une historicité dans laquelle tous les citoyens pouvaient prendre leur place. En d'autres termes, il fallait faire participer le public en révélant le caractère actuel de ces pièces quitte à leur faire dire autre chose que ce qu'elles disaient en leur temps, et leur attribuer, par le biais de la représentation, une valeur prophétique[4]. Bref, il s'agissait de faire entrer le répertoire « classique » dans l'Histoire[5].

(universel devient symbole et donc particulier

le droit de reproduction et étendait le monopole d'exploitation aux « auteurs d'écrits en tout genre, les compositeurs de musique, les peintres et dessinateurs ». Du point de vue juridique, la représentation théâtrale devenait définie comme une « édition » de l'œuvre. Nous aurons l'occasion de revenir sur ce point lorsque nous aborderons les conflits qui opposeront auteurs et metteurs en scène dans la deuxième moitié du XIXe siècle.

1   Sur ce point, voir l'étude de Maud Pouradier : « Le débat sur la liberté des théâtres : le répertoire en question », *in* M. Poirson (dir.), *Le Théâtre sous la Révolution, op. cit.*, p. 65-76.

2   *Rapport par M. Chapelier*, séance du 13 janvier 1791, *op. cit.*, p. 4.

3   Dans le *Journal du Théâtre* du 12 germinal de l'an 3 (1er avril 1795), on lit en effet : « C'est une contradiction peu soutenable dans la représentation de quelques pièces de Molière, de voir les personnages ridicules y conserver la vieille manière de s'habiller, tandis qu'aucun des autres acteurs n'y suit cet ancien usage. Avec quelques changements convenus dans le dialogue de ces comédies, on ferait disparaître ce contresens, et leur effet moral ne pourrait qu'y gagner. Harpagon, vêtu comme un de nos avares, ferait plus d'impression sur nous. » L'actualisation, par le costume, des personnages moliéresques est donc indispensable à la diffusion de l'œuvre sous la Révolution.

4   On pense, notamment, aux tragédies de Voltaire reprises au Théâtre de la République en 1792 : *Brutus* (26 février), *Tancrède* (1er mars), *Mahomet* (17 mars), *La Mort de César* (1er avril), *Sémiramis* (23 avril). Sur la programmation de ce théâtre sous la Révolution, voir : B. Daniels, J. Razgonnikoff, *Patriotes en scène. Le Théâtre de la République (1790-1799), un épisode méconnu de l'histoire de la Comédie-Française*, Vizille, Musée de la Révolution française, 2007.

5   C'est d'ailleurs le principe même de la réforme proposée par Talma, à propos duquel Mara Fazio précise : « C'est donc au cours des toutes premières années de la Révolution

Les inventaires des pièces jouées sous la Révolution montrent très clairement une prédominance du répertoire d'Ancien Régime[1]. Ce constat s'explique par deux facteurs : d'une part une volonté de diffuser largement un ensemble d'œuvres restreintes au préalable à une élite sociale, d'autre part un besoin de maintenir un taux de programmation suffisamment élevé pour affronter une concurrence accrue par la multiplication des salles de spectacle. L'écriture de pièces nouvelles ne suffisait pas à combler les attentes d'un public considérablement élargi, même si celle-ci fut particulièrement encouragée par la Convention montagnarde dès le printemps 1793. La loi sur la liberté des théâtres, portée en partie par les Girondins, confronta rapidement ceux qui l'avaient inspirée, c'est-à-dire les auteurs empreints des idées des Lumières[2], à des difficultés imprévues. Tandis que l'Assemblée votait la loi rédigée par Chénier pour affermir le droit des auteurs[3], elle s'apprêtait dans le même temps, après avoir purgé la Convention de sa faction girondine, à décréter l'épuration du répertoire. Le 2 août 1793 fut ainsi décidé :

---

qu'il traça son programme, son rêve, l'utopie de toute sa carrière : rendre bourgeoise la tragédie, concilier un genre élevé, noble, privilégié et traditionnellement aristocratique comme l'était la tragédie française avec les vertus civiques et bourgeoises d'une société rénovée : la liberté, la vérité, l'immédiateté, le "naturel". » (M. Fazio, *François-Joseph Talma*, *op. cit.*, p. 59).

1 Voir : E. Kennedy *et al.*, *Theatre, Opera, and Audiences in Revolutionary Paris : Analysis and Repertory*, Westport, Greenwood Press, 1996 ; A. Tissier, *Les Spectacles à Paris pendant la Révolution, Répertoire analytique, chronologique et bibliographique*, Genève, Droz, 2 vol., 1992 et 2002.

2 Précisons que les signataires de la pétition portée par La Harpe à l'Assemblée étaient tous auteurs du Théâtre-Français et membres de la société des auteurs dramatiques formée par Beaumarchais en 1777. D'autres dramaturges, travaillant plus particulièrement pour les théâtres privés, présentèrent également une pétition à l'Assemblée, intitulée *Pétition des auteurs dramatiques qui n'ont pas signé celle de M. de La Harpe* (Lille, L. Potier, 1790). Ceux-ci défendaient le droit des auteurs, mais demandaient que les Comédiens-Français restent propriétaires de leur ancien répertoire. Les signataires étaient Parisot, Desforges, Desfontaines, Aude, de La Chabeaussière, Hoffmann, Dancourt, Dantilly, Radet, Rauquit, Lieutaud, Fiévée, Barré, Lamontagne, Landrin, Piccini fils, Ducray-Duminil, Picard, Pujoulx, Boutillier, Patral, Dubreuil, Poinsinet de Sivry, d'Arnaud, de Boissy. La nationalisation du répertoire provoquait l'ébranlement des hiérarchies sur lesquelles était fondée la pratique théâtrale sous l'Ancien Régime ; certains auteurs, qui travaillaient de concert avec les directeurs des théâtres de la Foire et du Boulevard, pouvaient y voir une menace d'ordre simplement financier.

3 *Décret* (n° 1255) *de la Convention Nationale du 19 juillet 1793*. Sur ce point, voir *supra*, p. 25, n. 3. – Cette loi fut élaborée avant l'éviction des Girondins de la Convention ; Lakanal s'en fit le rapporteur, et elle fut votée sans discussion.

> Tout théâtre sur lequel seraient représentées des pièces tendant à dépraver l'esprit public, et à réveiller la honteuse superstition de la royauté, sera fermé, et les directeurs arrêtés et punis selon la rigueur des lois[1].

L'accent fut une nouvelle fois porté sur la représentation scénique, au détriment des auteurs dramatiques auxquels le contrôle de la scène échappait de nouveau. En cela s'expliquent les regrets évoqués par certains au sujet de la politisation du répertoire. La girondine *Chronique de Paris*, par la voix de Millin de Grandmaison, n'eut de cesse d'insister sur la nécessité de confier la pratique théâtrale aux « grands écrivains » uniquement[2] ; Beaumarchais avait exprimé une idée similaire aux lendemains des premières représentations de *Charles IX* :

> Quant à vous, Mesdames et Messieurs [les Comédiens-Français], si vous ne voulez pas qu'on dise que tout vous est indifférent pourvu que vous fassiez des recettes, si vous aimez mieux qu'on pense que vous êtes des citoyens autant et plus que des comédiens, enfin si vous voulez que vos produits se multiplient sans offenser personne, sans blesser aucun ordre, aucun rang, méditez le conseil que mon amitié vous présente, et considérez-le sous tous ses différents aspects. La pièce de *Charles IX* m'a fait mal sans consolation, ce qui en éloignera beaucoup d'hommes sages et modérés, et les esprits ardents, Messieurs, n'ont pas besoin de tels modèles ! Quel délassement de la scène d'un boulanger innocent pendu, décapité, traîné dans les rues par le peuple il n'y a pas huit jours, et qui peut se renouveler, que de nous montrer au théâtre Coligny ainsi massacré, décapité, traîné par ordre de la cour ! Nous avons plus besoin d'être consolés par le tableau des vertus de nos ancêtres qu'effrayés par celui de nos vices et de nos crimes[3].

La réforme de l'écriture dramatique proposée par les philosophes des Lumières reposait sur une conception de la représentation théâtrale comme totalité sémantique. La notation de la pantomime, la description scénographique répondaient à une volonté de s'accaparer la scène afin d'élaborer une dramaturgie qui, pour faire sens, devait incorporer les

---

1   *Décret relatif à la représentation des pièces de théâtre*, art. 2.
2   Voir le n° du 20 mars 1791.
3   Beaumarchais, Lettre adressée au semainier du Théâtre-Français, Paris, 9 novembre 1789, citée par L. de Loménie, *Beaumarchais et son temps, Études sur la société en France au XVIIIe siècle d'après des documents inédits*, Paris, Michel Lévy frères, 1856, t. 2, p. 437. – Gaspard de Coligny est un personnage historique, mis en scène dans la tragédie de Chénier. Adhérant à la Réforme protestante, il fut assassiné lors du massacre de la Saint-Barthélemy.

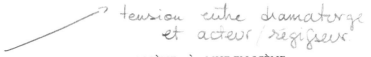
tension entre dramaturge et acteur/régisseur

différentes formes de langages scéniques, jusqu'à l'interprétation des comédiens. Pierre Frantz souligne clairement cet aspect :

> Ce n'est certes pas un hasard si Beaumarchais, qui s'engagera si fermement dans le combat des auteurs pour faire reconnaître leurs droits vis-à-vis des éditeurs et des comédiens, est de ceux qui indiquent le plus précisément les détails de mise en scène. [...] Plus brutalement, Mercier entend bien mener le jeu et la mise en scène à la place des Comédiens-Français, ses « bêtes noires », trop bêtes : « Ne voyons-nous pas le feu, l'éloquence du personnage détruits par l'acteur qui a voulu mettre son esprit à la place de l'auteur ? Les comédiens, gens illettrés, ne sauraient ni s'habiller ni décorer la scène si le poète ne venait à leur secours[1]. »

Les réclamations des auteurs dramatiques, portées par La Harpe à l'Assemblée, n'étaient pas uniquement motivées par l'intérêt financier. C'est un projet esthétique autant que politique et idéologique qu'ils entendaient faire reconnaître institutionnellement. La lutte contre les Comédiens-Français était donc celle d'une prise de pouvoir sur la représentation. Il fallait que l'auteur prenne toute sa place dans la réalisation scénique de manière à porter la réforme de l'écriture jusqu'au bout. La politique culturelle menée par la Convention montagnarde posa un premier frein à cette ambition, mais il convient de noter que les débats sur l'écriture théâtrale et la place que la « mise en scène » devait prendre en son sein demeurèrent, pendant une bonne partie du XIXᵉ siècle, fortement imprégnés par cette volonté des Lumières de faire de l'auteur dramatique l'unique maître d'œuvre de la représentation.

LES POLITIQUES S'APPROPRIENT LA SCÈNE *→ sur tous les théâtres ? pas forcément*

Davantage soucieux d'instrumentaliser le théâtre à des fins politiques, les Montagnards exercèrent une surveillance attentive sur les œuvres et leurs représentations. Après avoir porté leur attention plus particulièrement sur les acteurs et les directeurs de théâtre en exigeant les fermetures et les arrestations nécessaires au maintien de l'ordre et en encourageant, financièrement, les salles de spectacle qui donnaient des représentations « pour et par le peuple[2] », ils étendirent leur contrôle aux

---

1   P. Frantz, *L'Esthétique du tableau dans le théâtre du XVIIIᵉ siècle*, Paris, P. U. F., 1998, p. 146-147. Le texte cité est tiré de L.-S. Mercier, *Du Théâtre, ou Nouvel essai sur l'art dramatique*, Amsterdam, E. van Harrevelt, 1773, p. 370-371.

2   *Décret du 4 pluviôse an 2* (23 janvier 1794) : « La Convention nationale décrète qu'il sera mis à la disposition du ministre de l'intérieur la somme de 100 000 livres, laquelle

textes dramatiques en rétablissant la censure préventive. Le 18 prairial de l'an 2 (6 juin 1794), le Comité de Salut public chargea la Commission de l'Instruction publique de « l'examen des théâtres anciens, des pièces nouvelles et de leur admission[1] ». Il s'agissait moins d'apposer un visa sur des œuvres partiellement remaniées (c'est-à-dire de restaurer la censure sur le modèle de l'Ancien Régime) que d'instituer, par le truchement de la Commission, un laboratoire d'écriture orienté vers la « régénération de l'art dramatique[2] ». Payan, dans son rapport du 5 messidor (23 juin 1794), formulait clairement cette intention :

> Jusqu'à présent les théâtres, abandonnés aux spéculations des auteurs, dirigés par les petits intérêts des hommes ou des partis, n'ont marché que faiblement vers le but d'utilité politique que leur marque un meilleur ordre de choses. Quelques-uns, il est vrai, surtout ceux que le despotisme avait condamnés à une nullité réfléchie, à une trivialité repoussante, à une immoralité hideuse, parce qu'ils étaient fréquentés par cette classe de citoyens que le despotisme appelait le peuple, et qu'il n'était pas utile au despotisme que le peuple soupçonnât sa dignité, quelques-uns, dis-je, ont paru sortir de leur léthargie aux premiers accents de cette liberté qui rappelait sur leur scène le bon sens et la raison. Si leurs efforts ont été en général plus constants qu'heureux ; si, malgré quelques étincelles fugitives, quelques phosphores éphémères, la carrière dramatique est restée couverte de ténèbres perfides, nous en connaissons les causes ; des préjugés d'auteurs caressés d'un certain public, accoutumés à un certain genre de succès, des sentiments plus bas encore, expliquent assez à l'observateur ce sommeil momentané des Muses.
> Bientôt nous irons chercher le mal jusque dans sa racine, nous en poursuivrons le principe, nous en préviendrons les funestes effets : pour ce moment, il suffit de préparer la régénération morale qui va s'opérer, de seconder les vues provisoires de l'arrêté du comité de salut public, de verser dans les spectacles le premier germe de la vie politique à laquelle ils ont été appelés par le plan vaste dont la commission d'instruction publique concertera l'exécution avec le comité de salut public.
> Les théâtres sont encore encombrés des débris du dernier régime, de faibles copies de nos grands maîtres, où l'art et le goût n'ont rien à gagner, d'intérêts qui ne nous regardent plus, de mœurs qui ne sont pas les nôtres.

---

sera répartie, suivant l'état annexé au présent décret, aux 20 spectacles de Paris, qui, en conformité du décret du 2 août (vieux style), ont donné 4 représentations pour et par le peuple. » Les pièces imposées pour ces représentations furent *Brutus* de Voltaire, *Caïus Gracchus* de Chénier et *Guillaume Tell* de Lemierre (décret du 2 août 1793, *op. cit.*).

1   Comité de Salut public, arrêté du 18 prairial an 2, art. 2, édité dans *Gazette nationale, ou le Moniteur universel*, n° 297, 27 messidor an 2 (15 juillet 1794).
2   *Ibid.*, art. 1.

Il faut déblayer ce chaos d'objets, ou trop étrangers à la révolution, ou peu dignes de ses sublimes efforts ; il faut dégager la scène, afin que la raison y revienne parler le langage de la liberté, jeter des fleurs sur la tombe de ses martyrs, chanter l'héroïsme et la vertu, faire aimer les lois et la patrie.
L'arrêté du comité de salut public, du 18 prairial, charge la commission d'instruction publique de ce travail.
De celui-là dépendent les succès de l'art dramatique ; il est la base et comme la première pierre du temple que la république élève aux Muses.
Pour le hâter, il faut le concours et des artistes qui exécutent, et des autorités qui surveillent. La commission appelle autour d'elle les hommes et les lumières, le patriotisme et le génie.
C'est aux artistes, directeurs, entrepreneurs de spectacles, dans quelques lieux que ce soit de la république, à faire passer à la commission l'état de leurs répertoires actuels, les manuscrits nouveaux qu'on leur présente.
[…]
Et vous, écrivains patriotes qui aimez les arts, qui, dans le recueillement du cabinet, méditez tout ce qui peut être utile aux hommes, déployez vos plans, calculez avec nous la force morale des spectacles ! Il s'agit de combiner leur influence sociale avec les principes du gouvernement ; il s'agit d'élever une école publique où le goût et la vertu soient également respectés.
La commission interroge le génie, sollicite les talents, s'enrichit de leurs veilles, et désigne à leurs travaux le but politique vers lequel ils doivent marcher[1].

Le « but politique » s'invitait au cœur de la relation entre pratique auctoriale et travail scénique. Tout l'ancien répertoire fut examiné : certaines pièces furent tout bonnement interdites (*Calas, Horace, Andromaque, Phèdre, Britannicus, Bajazet, Le Malade imaginaire, Le Jeu de l'amour et du hasard*…), d'autres furent réécrites (*Tartuffe, Le Cid, Le Misanthrope, Le Père de famille, Guillaume Tell*[2]…). Mais ce qu'encourageait particulièrement le Comité de Salut public, c'était l'écriture de pièces « patriotiques », à savoir susceptibles de faire entrer – parfois par la voie d'un fait historique remanié pour servir l'idéologie révolutionnaire – les événements du présent dans la postérité.

1   Commission d'instruction publique, 5 messidor an 2 (23 juin 1794), rapport de séance, signé Payan, commissaire, Fourcade, adjoint, édité dans *La Gazette nationale, ou le Moniteur universel, op. cit.*
2   Sur ce point, voir l'ouvrage d'Henri Welschinger : *Le Théâtre de la Révolution, 1789-1799, avec documents inédits*, rééd. Genève, Slatkine reprints, 1968.

LE THÉÂTRE DE L'URGENCE,
OU LA CRÉATION D'UN LANGAGE SCÉNIQUE INNOVANT

Ce « théâtre de l'urgence », comme le nomme Pierre Frantz[1], s'édifia comme un creuset de rénovation dramatique. Si l'on veut bien mettre à l'écart un moment l'idéologie autoritaire qui le conditionna, on s'aperçoit qu'il participa à la création d'un langage scénique innovant. Danses de la Liberté, fêtes révolutionnaires, évolutions militaires, chants républicains, mais aussi apothéoses dramatiques célébrant les martyrs de la Révolution ou ceux que l'on pouvait considérer comme ses inspirateurs (Marat, Voltaire, etc.), furent travaillés par les artistes dramatiques (auteurs, acteurs, directeurs de théâtre, maîtres de ballet qui, dans la plupart des cas, collaboraient) au point de dessiner une poétique scénique dont quelques genres ensuite, notamment le mélodrame, surent tirer profit. Dès lors, comme l'écrit André Tissier, le théâtre faisait « cause commune avec la Révolution par la transposition sur la scène, non plus sporadique mais presque systématique, d'un fait tiré de l'actualité[2]. » Apparurent ainsi des pièces « patriotiques » et « historiques », des drames « héroïco-nationaux », des « sans-culottides », des « drami-tragi-comédies », des « impromptus républicains », des « folies poissardes », des « opéra-ana-créontiques »… Comme le précise Martial Poirson à leur sujet :

> Au contact de ces mauvais genres, profondément marqués par les impératifs du plateau et les *ukases* du public, c'est donc tout le système de la dramaturgie aristotélico-classique qui est mis en échec, et à travers lui, les catégories littéraires et les principes d'autorités sur lesquelles elles se fondent ; mais c'est aussi indissociablement, par un regard rétrospectif, tout l'héritage du théâtre d'Ancien Régime qui se trouve réévalué, réécrit, retranché et pour tout dire, réinventé[3]…

Sous le poids du politique, la représentation théâtrale devait donc prendre le pas sur l'écriture dramatique. Des trois catégories de pièces que nous avons isolées précédemment, l'une fut tout simplement reléguée

---

1   Voir : « Théâtre et fêtes de la Révolution », art. cit.
2   A. Tissier, *Les Spectacles à Paris pendant la Révolution, op. cit.*, t. 1, p. 32. L'auteur rappelle également : « C'est au théâtre que le public parisien, ou illettré ou inhabitué à s'informer dans les journaux quotidiens, vient prendre connaissance, par le truchement des discours des personnages, des décisions les plus importantes de l'Assemblée, et par les sujets qu'on lui propose, des événements civils et militaires, et même des faits divers. »
3   M. Poirson, « Introduction », *Le Théâtre sous la Révolution, op. cit.*, p. 31.

pièces de circonstances...

au magasin des accessoires. Les pièces d'auteurs vivants, qui avaient participé à la promulgation de la loi Le Chapelier, furent provisoirement écartées[1]. Restaient donc les pièces d'auteurs morts, soumises à une réécriture tant scénique que dialogique en fonction de l'actualité politique, et les pièces nouvelles, délibérément orientée vers la nécessité, dictée par le régime robespierriste, de former le sens patriotique et citoyen. Dans tous les cas, l'écriture, ou la réécriture, était soumise au diktat de l'impératif révolutionnaire.

OÙ LA « MISE EN SCÈNE » APPARAÎT NOMMÉE

Si Thermidor fit en quelque sorte césure en favorisant le retour en grâce des pièces préalablement proscrites[2], le Directoire choisit de maintenir une politique culturelle privilégiant les pièces de circonstance. Les rapports de police produits entre la proclamation de la Constitution de l'an 3 (22 août 1795) et le 18-Brumaire (9 novembre 1799) sont assez éloquents sur ce point : *rapports de police 1795-99*

> On a joué [au théâtre] de Nicolet, hier, une pièce nouvelle, […] cet ouvrage renferme les sentiments du vrai républicanisme, et développe très adroitement les vues du gouvernement sur cette opération. Le public l'a accueilli avec

---

1   Hormis *Caïus Gracchus* (Chénier) et *Guillaume Tell* (Lemierre), pièces imposées aux théâtres par décret et qui furent plus particulièrement mises à l'affiche des théâtres de la République, de l'Opéra-Comique National et des Sans-Culottes sous la Terreur (souvent dans une forme remaniée), les œuvres des auteurs signataires de la pétition portée par La Harpe ne furent pas, ou très peu programmées entre l'été 1793 et l'été 1794 (voir les inventaires établis par A. Tissier, *op. cit.*, E. Kennedy, *op. cit.*, et B. Daniels & J. Razgonnikoff, *op. cit.*). Lorsque ce fut le cas, elles furent de toute façon l'objet d'une réécriture, souvent par l'auteur lui-même, comme *L'Habitant de la Guadeloupe*, de Mercier, joué au Théâtre national de Molière en août 1793.

2   Par exemple, on rejoue *Horace, Le Médecin malgré lui, La Surprise de l'Amour* ; lors de la reprise du *Misanthrope* au Théâtre Feydeau le 31 janvier 1795, de vives réactions s'expriment depuis la salle contre les corrections républicaines du texte. On voit aussi réapparaître à l'affiche du Théâtre de la République les œuvres de Mercier (*La Brouette du Vinaigrier* le 30 avril 1795, *L'Habitant de la Guadeloupe* le 5 juillet 1795) puis, après Thermidor, celles de Beaumarchais (en janvier 1797 : *Le Mariage de Figaro* au Théâtre Feydeau, *Le Barbier de Séville* au Théâtre Louvois et au Théâtre de la République ; en mai 1797 : *La Mère coupable* au Théâtre Feydeau).

transport, et il serait à désirer que les auteurs travaillassent dans ce genre vraiment patriotique, et qui ne ressemble nullement aux rapsodies, faites sous Robespierre, dans lesquelles on ne prodiguait que des plates louanges à tous les suppôts du terrorisme[1].

Fragilisé par des tensions internes entre royalistes et républicains mais aussi par une opinion qui, après l'inflation des assignats, assimilait le régime à une « république bourgeoise » ou de propriétaires, le gouvernement utilisa le théâtre pour façonner l'esprit public et créer un corps social homogène. Dans cette perspective, il décréta l'obligation pour les directeurs de spectacles « de faire jouer, chaque jour, par leur orchestre, avant la levée de la toile, les airs chéris des Républicains, tels que la *Marseillaise, Ça ira, Veillons au salut de l'Empire* et le *Chant du départ* ». En revanche, il interdit de « chanter, laisser ou faire chanter l'air homicide dit le *Réveil du peuple*[2] ». Il renforça la police des spectacles dont le pouvoir de contrôle dépendait désormais d'un ministère tout nouvellement créé[3]. Il élargit le cadre de la censure qui, à partir de l'an 6, s'exerçait sur l'ensemble des manuscrits des pièces produites sur le territoire[4]. Les Archives Nationales conservent la quasi-totalité de ces rapports de censure sur lesquels sont consignés les moindres détails concernant le

---

1   Rapport présenté au ministre de la police, 20 nivôse an 4 (10 janvier 1796), *in* A. Aulard, *Paris pendant la réaction thermidorienne et sous le Directoire, Recueil de documents pour l'histoire de l'esprit public à Paris*, t. 2 : *du 21 prairial an 3 au 30 pluviôse an 4 (9 juin 1795-19 février 1796)*, Paris, Léopold Cerf, Noblet, Quantin, 1899, p. 646. – La pièce en question était *Les Réclamations contre l'emprunt forcé*, comédie épisodique en 1 acte de Dorvigny, jouée au Théâtre d'Émulation à partir du 18 nivôse an 4 (8 janvier 1796). L'intrigue portait sur l'emprunt forcé, taxation des plus riches contribuables votée le 19 frimaire (10 décembre 1796) dans le but de résorber la dette de l'État. La mesure ne fut pas suffisante toutefois pour enrayer l'inflation monétaire. Le Directoire décida de supprimer l'assignat en février 1796.

2   *Arrêté du Directoire exécutif, concernant les spectacles*, 18 nivôse an 4, *in* J.-B. Duverger, *Collection complète des lois, décrets, ordonnances, règlements, avis du Conseil d'État (de 1788 à 1824 inclusivement, par ordre chronologique)*, Paris, Guyot & Scribe, 1835, t. 9, p. 29.

3   Le ministère de la Police générale de la République est créé le 12 nivôse an 4 (2 janvier 1796). Le 25 pluviôse (14 février 1796), un arrêté recommande aux officiers de police de tenir « sévèrement la main à l'exécution des lois et des règlements de police sur le fait des spectacles », de veiller « à ce qu'il ne soit représenté [...] aucune pièce dont le contenu puisse servir de prétexte à la malveillance, et occasionner le désordre », d'arrêter « la représentation de toutes celles par lesquelles l'ordre public aurait été troublé d'une manière quelconque », d'arrêter et de « traduire devant les officiers de police judiciaire compétents les directeurs desdits théâtres ». (*Ibid.*, p. 44-45).

4   Sur ce point, voir l'étude d'Odile Krakovitch : « Le théâtre de la République et la censure sous le Directoire », *in* M. Poirson, *Le Théâtre sous la Révolution, op. cit.*, p. 169-192.

texte des dialogues et des couplets chantés, les airs musicaux utilisés pour accompagner chants et pantomimes, les décors et les accessoires susceptibles de provoquer des tumultes pendant les représentations[1]. Cette surveillance incita les auteurs à grossir l'appareil didascalique de leurs pièces. Gestes, décors, costumes, mouvements scéniques furent rigoureusement décrits, au point sans doute de favoriser la banalisation du terme « mise en scène ».

LE RÔLE DES CENSEURS

Dans un premier temps, le vocable n'apparaît pas sur les rapports de censure dans sa forme substantivée. Les rapporteurs utilisent plutôt les expressions « mettre en scène » ou « mettre sur la scène » à propos d'un personnage, d'une pièce ou d'un sujet. Ainsi, le procès-verbal de *La Forêt de Sicile* daté du 11 germinal de l'an 6 (31 mars 1798) précise :

> Ce drame lyrique n'est autre chose que le second acte du *Moine*. Nous voyons avec peine que la nouvelle administration veuille ainsi faire de son théâtre une caverne de voleurs. Mais comment l'empêcher de *mettre sur la scène* la pièce qu'elle propose lorsque tant d'autres sur le même sujet attirent journellement la foule aux spectacles des boulevards[2].

Autre exemple avec cette lettre du Président du Directoire exécutif au Ministre de la Police générale :

> Le Directoire exécutif est informé, citoyen Ministre, que sur le Théâtre vulgairement dit de la Cité, se donne sous le titre de *Parc de Mousseaux*, une pièce où l'on fait revivre les qualifications féodales que la loi proscrit. Ce sont des événements récents qu'on y représente ; ce sont des personnages vivants qu'on *met en scène*, c'est sous leurs noms propres qu'on les y fait même figurer[3].

---

1   Par exemple, l'usage d'une planche en bois, dans la dernière scène des *Quatre Fils Aymons*, pantomime en 3 actes d'Arnould, est interdit parce que le dispositif scénique s'édifie comme « une machine semblable à une guillotine » (rapport aux administrateurs du Bureau Central, 12 thermidor [an 7] [30 juillet 1799], AN, F⁷ 3491). Ce procédé avait été imaginé lors de la création de la pièce, en 1779, au Théâtre de l'Ambigu-Comique.

2   Rapport de censure pour *La Forêt de Sicile*, drame lyrique de Pixerécourt, joué en avril 1798 au Théâtre des Variétés-Montansier, 11 germinal [an 6], AN, F⁷ 3492 (le texte est souligné par nos soins). – *Le Moine* est une comédie en 5 actes de Cammaille Saint-Aubin et Ribié, inspirée du roman homonyme de Lewis, représentée au Théâtre de la Gaîté à partir de décembre 1797.

3   19 thermidor an 6 (6 août 1798), AN, F⁷ 3491 (le texte est souligné par nos soins). – *Le Parc de Mousseaux, ou le Voyage aérien*, vaudeville en 1 acte, de J.-B. Hapdé, représenté au

Dernier exemple enfin avec ce rapport rédigé à propos de *L'Égarement de l'amour*, pièce en 2 actes qui montrait un homme acquitté par le tribunal après avoir malencontreusement tiré un coup de pistolet sur un juge de paix :

> Je me réfère – écrit à son propos le chef de la 1ʳᵉ division de police – aux observations que j'ai faites contre la représentation de cette pièce, dans la notice dernière que j'ai remise au Ministre des pièces examinées dans le cours de la 2ᵉ décade de thermidor. J'ajoute que les inconvénients de *mettre en scène* un pareil sujet sont bien plus graves depuis le jugement récent de Garin, dont la représentation dramatique d'un jugement contraire paraîtra n'être que la satire préméditée[1].

Le contrôle que le gouvernement faisait exercer sur les représentations par le biais de la censure préventive pourrait être perçu comme le fait d'un régime paranoïaque, soucieux de prévenir les réactions royalistes ou néojacobines dans les salles de spectacle[2]. La procédure censoriale était pourtant adéquate à la création théâtrale du temps. Lorsque l'on considère les œuvres produites pendant la période directoriale, on s'aperçoit que le politique pouvait s'exprimer par d'autres formes que celle de la pièce « patriotique ». Délaissant les allusions immédiates aux faits d'actualité, les auteurs privilégiaient les ressources de l'imaginaire pour édifier un théâtre où le merveilleux (mythologique, médiéval, exotique) offrait une matière propice pour développer d'autres stratégies de séduction, voire de manipulation des affects. L'espace-temps révolutionnaire se trouvait ainsi, en quelque sorte, intégré au cœur de la dramaturgie au point de faire voler en éclats les anciennes conventions d'écriture ; il s'agissait moins de transposer l'événement politique pour en faire un symbole (et transformer ainsi le théâtre en outil historiographique) que de traduire, par l'écriture, les grands bouleversements à l'œuvre dans la société, de symboliser, par

---

Théâtre de la Cité le 15 thermidor (2 août 1798).

1   Rapport de censure pour *L'Égarement de l'amour, et la fuite*, 12 fructidor an 6 (29 août 1798), AN, F⁷ 3491 (le texte est souligné par nos soins). – Cette pièce n'a pas été représentée. Garin fut condamné pour avoir frappé d'un coup de couteau le juge de paix Léon Toussaint Wisnick.

2   Notons que ces menaces étaient bien réelles : le Directoire eut à lutter à plusieurs reprises contre les royalistes d'abord, majoritaires dans les Conseils après les élections législatives d'avril 1797 invalidées par le coup d'État du 18 fructidor an 5 (4 septembre 1797), contre les néojacobins ensuite, dont la victoire aux élections d'avril 1798 fut abrogée par la loi du 22 floréal an 6 (11 mai 1798).

*intéressante interprétation
de l'engouement pour le roman
noir...*

la mise en branle d'une machinerie théâtrale intégrée aux soubresauts de l'intrigue, l'écroulement d'un monde et la genèse d'une nouvelle ère.

CONSTRUIRE, PAR LA SCÈNE, UN AUTRE MONDE

Cette écriture d'invention n'est évidemment pas nouvelle en 1795-1799 ; bon nombre de comédies, vaudevilles ou pièces de circonstance y ont recours depuis 1790 afin de traduire, sur le mode de l'allégorie ou de l'uchronie, les utopies que la Révolution permettait de nourrir[1]. Le recours à l'imaginaire est devenu plus prégnant sous le Directoire, sans doute parce que la Terreur avait détruit les rêves et créé le besoin d'exorciser les violences et les peurs. Là s'explique l'engouement pour le roman noir qui nourrit la majeure partie des pièces produites dans les années 1797-1799. Châteaux en ruine, labyrinthes, cachots délabrés fournissent alors le cadre idéal pour développer des intrigues mouvementées, construites dans la plupart des cas sur la thématique de la tyrannie et de la persécu-tion[2]. Mais au-delà du simple décor, c'est un véritable langage que cette topographie du gothique a permis d'élaborer. Jamais fixes, les éléments scénographiques s'accordent avec l'action et s'animent à son endroit le plus pathétique : incendie, volcan en éruption, mer déchaînée, tremble-ment de terre détruisent, à la fin du drame, les éléments du décor pour laisser place à des tableaux champêtres où, sur le mode de l'apothéose dramatique, est célébré le retour à la paix après le règne de la tyrannie. Sur ce canevas sont bâtis tous les drames, pantomimes et féeries[3] joués aux théâtres de la Cité, des Jeunes-Artistes, des Jeunes-Élèves jusqu'à leur fermeture exigée par le décret napoléonien de 1807. Ce canevas est aussi

---

1   La pièce qui traduit le mieux ce facteur reste *Nicodème dans la Lune, ou la Révolution pacifique* (1790) du Cousin Jacques.

2   Ces décors de cachots sont présents sur scène depuis la prise de la Bastille. Voir sur ce point : S. Marchand, « Représenter la claustration : les décors de couvents, entre idéologie et scénographie », *in* Ph. Bourdin & F. Le Borgne (dir.), *Costumes, décors et accessoires dans le théâtre de la Révolution et de l'Empire*, Clermont-Ferrand, Presses universitaires Blaise-Pascal, 2010, p. 41-55 ; O. Bara, « L'imaginaire scénique de la prison sous la Révolution. Éloquence et plasticité d'un *lieu commun* », *in* Ph. Bourdin & G. Loubinoux (dir.), *Les Arts de la scène et la Révolution française*, Clermont-Ferrand, Presses universitaires Blaise-Pascal, 2004, p. 395-418 ; P. Frantz, « L'espace dramatique de *La Brouette du vinaigrier* à *Cœlina* », *Revue des sciences humaines*, 1976-2, n° 162, p. 151-162.

3   On pourra voir analysés quelques exemples de pièces construites sur ce modèle dans notre ouvrage : *La Féerie romantique sur les scènes parisiennes (1791-1864)*, Paris, Honoré Champion, 2007, p. 54-104.

celui du drame lyrique, sorte de variante « noire » de l'opéra-comique qui a cherché à s'exprimer sur les théâtres Feydeau et Favart dans les dernières années du XVIII⁰ siècle mais qui, censurée, a fini par trouver refuge sur les scènes des boulevards en se transformant en (mélo)drame[1]. Dès lors, on comprend la vigilance des censeurs à l'égard de ces pièces et l'attention toute particulière portée sur les personnages de brigands, qui établissaient un lien direct avec le régime de Robespierre.

L'adaptation des *Brigands* de Schiller par Lamartelière en 1792 au Théâtre du Marais avait mis le type à l'honneur ; la pièce, intitulée *Robert, chef de brigands*, avait d'ailleurs été reprise au Théâtre de la République en juin 1793, c'est-à-dire au moment de l'apogée des Montagnards, et saluée comme « favorable au Républicanisme[2] ». Pour cette raison, sans doute, le personnage fut particulièrement décrié sous le Directoire, sur- tout après le coup d'État du 22 floréal de l'an 6[3]. Les censeurs, relayés par les critiques dramatiques, n'eurent alors de cesse de déplorer sa présence sur les différentes scènes parisiennes au point d'en envisager l'interdiction : « Si l'administration publique s'y croit autorisée, ne doit-elle pas en même temps interdire les représentations du *Diable*, du *Moine* et de quelques autres productions de ce genre ? » s'interrogeait un rapporteur[4] ; « Quel est l'homme assez barbare pour s'amuser à voir des brigands, des assassins méditer tous ces crimes ? Quelle instruction peut- on tirer d'un pareil spectacle ? » s'exclamait Édouard Lepan, rédacteur du *Courrier des spectacles*[5] ; « [...] les premiers théâtres de la capitale ne

---

1   Sur ce point, voir notre « Introduction » aux *Mélodrames* de René-Charles Guilbert de Pixerécourt, t. 1 : *1792-1800*, Paris, Classiques Garnier, 2013, p. 11-79.

2   Lettre de Perrière [commissaire observateur pour la ville de Paris] à Paré [ministre de l'Intérieur], datée du 8 septembre an 2. L'auteur précise en outre : « On donnait hier à ce spectacle [Théâtre de la République] la pièce tant courue de *Robert, chef de brigands*. On peut dire qu'il n'en existe point dont l'esprit soit plus conforme à notre situation politique actuelle ; elle respire la vertu, mais une vertu vraiment révolutionnaire et digne des fondateurs de Rome. » (*in* A. Schmidt, *op. cit.*, t. 2, p. 110).

3   Deuxième coup d'État du Directoire, il invalide les élections dans plusieurs départements afin de contrer la victoire jacobine.

4   *Rapport au Ministre sur les deux pièces intitulées l'une* La Forêt de Sicile, *l'autre* La Nonne sanglante, ou le Spectre, s. d., AN, F⁷ 3492. Les deux pièces évoquées ici sont : *C'est le Diable, ou la Bohémienne* de Cuvelier qui connaissait un fort succès au Théâtre de l'Ambigu-Comique depuis le 18 novembre 1797, et *Le Moine* de Cammaille Saint-Aubin et Ribié déjà évoqué *supra*. *La Nonne sanglante* est en réalité une pièce de Cailleau et Coupilly intitulée *La Nonne de Lindenberg, ou la Nuit merveilleuse* jouée au Théâtre des Jeunes-Artistes le 24 juin 1798.

5   *Courrier des spectacles*, 14 messidor an 6 (2 juillet 1798).

présentent, sous le titre de tragédie, de comédie, et même d'opéra, que des drames noirs invraisemblables» déplorait le même critique quelques mois plus tard[1]. En définitive, le personnage était clairement assimilé aux jacobins dans l'esprit de l'époque, ainsi que l'atteste cette pièce, au titre sans équivoque, jouée au Théâtre de la Cité en mars 1795 : *Les Jacobins du 9 Thermidor et les Brigands, ou les Synonymes*[2]. Toléré sur les scènes des boulevards, le brigand finit en revanche par être interdit sur les théâtres anciennement privilégiés, d'autant que le Directoire projetait la réunion des troupes des Théâtres Louvois, Feydeau et de la République depuis le printemps 1797[3]. Alexandre Duval en fit les frais ; son *Montoni*, inspiré des *Mystères d'Udolphe* d'Ann Radcliffe, se vit censuré pour un motif clairement formulé dans ce rapport de la police secrète de Paris :

> On a observé que cette pièce, qui contient quelques tableaux de brigandages et d'empoisonnement, avait été suspendue sous ce rapport d'immoralité. Le cruel Montony [*sic*], séditieux, chef de brigands et despote, ne périt que par la trahison d'un autre scélérat comme lui ; mais, surtout, il meurt content. On eût pu intituler cette pièce : le triomphe de la vengeance[4].

---

1   *Courrier des spectacles*, 25 brumaire an 7 (15 novembre 1798).

2   Vaudeville de Fabien Pillet, Claude-Bernard Petitot et Charles-Louis Lesur. L'assimilation du brigand au jacobin est très claire également dans *Le Brigand*, drame en 3 actes et en prose, de François-Benoît Hoffmann, musique de Kreutzer, joué au Théâtre Favart le 7 thermidor an 3 (25 juillet 1795). Sur les évolutions sémantiques du terme sous la Révolution, voir l'étude de Ph. Bourdin : «Le brigand caché derrière les tréteaux de la Révolution. Traductions et trahisons d'auteurs», *Annales historiques de la Révolution française*, 364 (avril-juin 2011), p. 51-84.

3   Cette exclusion du brigand (et avec lui de la thématique du roman noir qui imprégnait la dramaturgie des drames sombres) n'échappa vraisemblablement pas à Victor Hugo lorsqu'il proposa *Hernani* au Théâtre-Français. Les mots «brigand» et «bandit» (davantage présent dans le texte) sont de ceux qui suscitèrent les réactions du public en 1830, ainsi que l'atteste l'exemplaire de l'édition Manne-Delaunay annoté par Hugo pendant l'une des représentations (voir J. Gaudon, «Sur "Hernani"», *Cahiers de l'Association internationale des études françaises*, 1983, n° 35, p. 101-120). Ces vers des *Contemplations* le confirment : «J'ai, torche en main, ouvert les deux battants du drame ; / Pirates, nous avons, à la voile, à la rame, / De la triple unité pris l'aride archipel ; / Sur l'Hélicon tremblant j'ai battu le rappel. / Tout est perdu ! Le vers vague sans muselière ! / À Racine effaré nous préférons Molière ; / Ô pédants ! à Ducis nous préférons Rotrou. / Lucrèce Borgia sort brusquement d'un trou, / Et mêle des poisons hideux à vos guimauves ; / Le drame échevelé fait peur à vos fronts chauves ; / C'est horrible ! oui, brigand, jacobin, malandrin, / J'ai disloqué ce grand niais d'alexandrin.» (Livre premier : «Aurore», XXVI : «Quelques mots à un autre»). – Sur le projet de réunion des Comédiens-Français par le Directoire, voir B. Daniels & J. Razgonnikoff, *Patriotes en scène, op. cit.*, p. 36-41.

4   *Compte des opérations du Bureau Central du canton de Paris pendant le mois de thermidor an 7*, *in* A. Schmidt, *op. cit.*, t. 3, 1870, p. 416. – *Montoni, ou le Château d'Udolphe*, drame en

Le brigand évoquait le despote et, avec lui, Robespierre. Il fallait interdire sa représentation ou tout au moins surveiller la manière dont le spectacle pouvait lui donner sens. Car, comme l'indique ce rapport, la mort pouvait être représentée comme un triomphe et, de fait, transformer le condamné en martyr. Très conscients du pouvoir sémantique de la scène, les censeurs exigèrent une description précise des éléments du spectacle et ne se privèrent pas de suggérer aux auteurs les remaniements utiles pour servir les vues du gouvernement.

L'ÉCRITURE DU SPECTACLE : UNE DIRECTIVE MINISTÉRIELLE

La politique culturelle menée par le Directoire, continuée sous le Consulat, ne fut pas étrangère à l'émergence d'une « écriture du spectacle » que l'on finit par nommer « mise en scène ». Si le gouvernement autorise « avec peine » les pièces à sujet « romantique[1] », c'est aussi parce qu'elles laissent une large place aux scènes de combat et aux évolutions militaires, dont les représentations peuvent affirmer le patriotisme en évoquant les victoires récentes de l'armée française. La « mise en scène » de *Victor, ou l'Enfant de la forêt* par César Ribié se voit ainsi particulièrement saluée par le *Courrier des spectacles* après la première victoire de Bonaparte en Égypte :

> On a lu dans cette feuille l'analyse de *Victor, ou l'Enfant de la forêt*, pièce qui se joue avec succès au théâtre d'Émulation ; c'est cette même pièce que le cit[oyen] Ribié, propriétaire des deux salles, fit représenter hier sur ce théâtre

---

5 actes et en prose d'Alexandre Duval, avait été écrit pour Baptiste aîné, comédien du Théâtre de la République qui souhaitait renouveler le succès obtenu avec son interprétation du rôle-titre de *Robert, chef de brigands*. Reçue à ce théâtre, la pièce fut finalement abandonnée. Duval la publia, puis la fit jouer au Théâtre de la Cité en août 1798.

1   C'est-à-dire inspirées du roman noir. Le mot apparaît dans cette acception sous la plume de Lamartelière en 1798 : « Je suis persuadé, comme beaucoup de personnes instruites, qu'il est, sinon impossible, du moins très difficile de faire un bon Drame d'un sujet purement romantique : mais je suis bien éloigné de proscrire, à leur exemple et indistinctement tous les ouvrages de ce genre. » (J.-H.-F. Lamartelière, *Le Testament, ou les Mystères d'Udolphe*, drame en 5 actes, en prose, Paris, Fagès, an 6 [1798], p. 3). – Dans sa lettre adressée aux directeurs du Théâtre des Variétés-Montansier, le ministre de la police générale dit autoriser « avec peine » la représentation de *La Forêt de Sicile* et encourage les administrateurs à offrir « du secours aux spectateurs des lieux dans les traits de générosité, de bienfaisance, d'héroïsme et de dévouement plutôt que dans la chute fortuite des Brigands » (22 germinal an 6 [11 avril 1798], AN, F⁷ 3492). Sur ce point, voir la « Présentation de *La Forêt de Sicile* » par R. Martin et S. Robardey-Eppstein, *in* R.-Ch. Guilbert de Pixérécourt, *Mélodrames*, t. 1 : *1792-1800, op. cit.*, p. 339-364.

[Louvois]. Cette pièce avait attiré tant de monde, que beaucoup de personnes n'ont pu y trouver de place. On ne parlera point ici de l'ouvrage en lui-même qui est connu, mais on doit rendre justice à cet entrepreneur pour les efforts continuels qu'il fait pour offrir partout un spectacle imposant et nouveau ; les combats, les marches et évolutions militaires et les danses dont cette pièce est ornée, ont mérité les plus vifs applaudissements. Les évolutions militaires, exécutées par les Grenadiers du Corps Législatif, ont fait le plus grand plaisir ; on a surtout applaudi avec transport à la précision parfaite qu'ils ont mise dans un exercice qui occupe une partie du troisième acte. Les combats qui manquaient à cette pièce, ont présenté, dans le même acte, un spectacle qui a mérité les suffrages universels[1].

Ribié fut l'un des premiers à se faire valoir comme auteur de la mise en scène sur les brochures des pièces publiées à partir de 1801. Jean-Guillaume-Antoine Cuvelier de Trie, Jean-Baptiste Hapdé, Eugène Hus, Jean Aumer l'accompagnèrent dans cette démarche ; tous étaient passés maîtres dans l'art de régler ces numéros scéniques qui combinaient effets pyrotechniques, mouvements de décoration et combats chorégraphiés[2].

---

1   *Courrier des Spectacles*, 2 fructidor an 6 (19 août 1798). *Victor, ou l'Enfant de la forêt*, pièce en 3 actes de Gabiot, adaptée du roman homonyme de Ducray-Duminil, représentée pour la première fois au Théâtre d'Émulation le 12 mai 1798, reprise au Théâtre Louvois, avec une nouvelle « mise en scène », le 18 août 1798.

2   Jean-Guillaume-Antoine Cuvelier de Trie avait été nommé commissaire dans les départements de l'ouest en 1793, puis employé dans l'administration des armées. Au théâtre, il était surtout expert pour régler les pantomimes militaires qui constituaient l'essentiel de ses drames. *La Fille hussard, ou le Sergent suédois*, par exemple, fut jouée 250 fois consécutives en 1798. À cette date, il prit la direction du Théâtre de la Cité rebaptisé « Théâtre de la Pantomime Nationale » dont l'ambition artistique est clairement formulée dans cette lettre adressée au ministre : « Varier les plaisirs du public en multipliant ses jouissances, faire succéder à de grands ouvrages d'autres ouvrages montés avec soin, orner ces pièces de tout l'éclat dont elles sont susceptibles, enfin nationaliser la pantomime, tel est le but que se sont proposés les nouveaux administrateurs [...]. Qui peut retracer plus fortement les hauts faits de nos braves que ce genre de spectacle dont les peuples libres ont été idolâtrés dans tous les temps et qui a l'avantage d'instruire sans fatigue en parlant aux yeux de la multitude le langage du cœur ; qui peut plus aisément que la pantomime peindre avec énergie et rapidité les plus beaux traits de l'histoire en rappelant en quelque sorte à la vie les héros qui ne sont plus, pour les présenter de nouveau aux applaudissements des siècles ? » (18 germinal an 6 [7 avril 1798], AN, F[7] 3491). – Jean-Baptiste Hapdé débuta au théâtre avec *Le Commissionnaire de Saint-Lazare, ou la Journée du 10 thermidor* (1794), pièce antijacobine. Il se spécialisa ensuite dans le genre de la féerie qu'il agrémenta de scènes de combats violentes et spectaculaires. En 1800, il suspendit ses travaux dramatiques pour s'engager dans l'armée du Rhin. Les féeries qu'il monta ensuite au Théâtre des Jeunes-Artistes portaient la trace de cette expérience du combat militaire. – Eugène Hus fut danseur et maître de ballet au Théâtre de Bordeaux, dirigé par Dauberval. Il devint second maître de ballet à l'Opéra (1793) avant de s'engager comme maître de ballet

Après le 18-Brumaire, ce type de spectacle fut davantage encouragé, voire imposé par le gouvernement. Une lettre de Charles Dugas, directeur du Théâtre de la Porte-Saint-Martin, le révèle :

> Le Gal de Brigade, Grobert, m'avait présenté, au Théâtre de la Porte-Saint-Martin, une pièce ayant pour titre *La Bataille des Pyramides* : je l'acceptais avec transport, parce que c'était un hommage rendu à l'armée d'Égypte et à son illustre chef, et qui ne me permettait pas de calculer les grandes dépenses qu'elle devait entraîner. Je ne consultai que mon zèle ; mais faute de moyens assez puissants, je fus forcé de laisser languir la mise en scène de cet ouvrage. Le Ministre de l'intérieur crut devoir intervenir pour faire cesser ces longueurs ; l'honneur national s'y trouvait, disait-il, intéressé. Il m'ordonna de monter au plutôt [*sic*] cette pièce ; il me fixa un délai fort court, passé lequel mon théâtre devait être fermé jusqu'au jour de la représentation. Le Préfet de Police y ajouta la menace de l'incarcération. Je fis de nouveaux efforts. Je conclus des marchés onéreux et *La Bataille des Pyramides* fut représentée. Les Registres de l'administration font foi, Monseigneur, que cette pièce a coûté 50 mille francs en costumes, machines et décorations et qu'elle n'en a rapporté que 25. Il est également prouvé que pendant les trois mois qu'elle a été exclusivement en répétition, j'ai essuyé une perte encore plus grande. J'étais à cette époque propriétaire et administrateur. Je joins ici, Monseigneur, copie de la lettre du ministre et l'original de celle du secrétaire de l'instruction Publique, qui viennent à l'appui de ce que j'ai l'honneur d'exposer à votre excellence[1].

Ces lettres confirment que le spectacle fut exigé et étroitement surveillé par le Conseiller d'État ; elles indiquent en outre que la fermeture du théâtre fut demandée afin qu'il se livre exclusivement aux préparatifs

---

aux théâtres de la Gaîté, des Jeunes-Artistes, de l'Opéra-Comique. En 1802, il entra dans la troupe de danseurs formée par Jean Aumer à la Porte-Saint-Martin. Ce dernier, formé à l'école du Ballet de l'Opéra de Paris, avait rejoint Dauberval à Bordeaux. De retour à Paris en 1801, il se confronta à Pierre Gardel, farouche opposant aux théories de Noverre. Il choisit alors le Théâtre de la Porte-Saint-Martin pour lequel il composa la plupart de ses ballets. Jean Aumer fut l'un des premiers à introduire le romantisme sur la scène de l'Opéra, avec notamment *La Somnambule* (1827, musique de Ferdinand Hérold).

1 *Lettre de Charles Dugas à son excellence le Ministre de l'intérieur*, Paris, 16 septembre 1808, AN, F^21 1128. – *La Bataille des Pyramides, ou Zanoubé et Floricourt*, opéra-mélodrame en 4 actes, paroles de Jacques-François-Louis Grobert, musique de Jommcry, ballets de Jean Aumer, mise en scène d'Eugène Hus, fut représenté pour la première fois sur le Théâtre de la Porte-Saint-Martin le 28 germinal an 11 (18 avril 1803). Grobert fit partie de l'expédition d'Égypte en qualité de commandant de l'artillerie. Outre cette pièce, il écrivit quelques ouvrages sur l'Égypte et sur les moyens de déplacer des armes lourdes pendant les batailles.

de la mise en scène, et qu'un personnel nombreux fut mobilisé pour son exécution[1].

Le terme « mise en scène » faisait désormais partie du vocabulaire dramatique. À partir de 1801, on le trouve partout mentionné : sur les brochures des pièces préalablement citées, sur les rapports administratifs produits par les différents services de l'État, sur les documents conservés dans les archives des théâtres. Par exemple, les archives de l'Opéra contiennent cette lettre du directeur au ministre, datée du 10 messidor de l'an 9 (29 juin 1801) :

> Ces corrections et ces changements sont inévitables dans toutes les mises quelconques, car il n'y a aucun auteur qui soit assez sûr de ses effets pour qu'il n'y ait pas, toujours, des changements ou renversements dictés par les convenances théâtrales lors de la mise en scène[2].

Repérée par Pierre Fortassier en 1968, cette lettre ne modifia pas pour autant le regard des historiens, qui partageaient vraisemblablement à cette époque les analyses de Bernard Dort sur la mise en scène[3]. Pierre Fortassier le précise en note : « L'expression se prend encore uniquement au sens de "mise à la scène[4]". » Pourtant, l'auteur de

---

1 Dans sa lettre datée du 19 brumaire an 11 (10 novembre 1802), le secrétaire Saugier dresse l'inventaire du personnel dramatique mobilisé pour cette mise en scène ; il comprend le peintre décorateur, le peintre costumier, le tailleur costumier, le maître des ballets, le régisseur, le maître de la Pantomime, le machiniste, le copiste de la Musique (AN, F^{21} 1128). – Remarquons que la propagande des victoires de l'armée française fait partie des ambitions du gouvernement dès les lendemains du 18-Brumaire, ainsi que le confirme ce rapport de la police secrète de Paris du mois de nivôse an 8 (22 décembre 1799 – 20 janvier 1800) : « Pourquoi notre scène ne retentirait-elle pas des hauts faits des Français en Italie, en Allemagne, en Suisse, en Égypte etc. ? Les moyens nécessaires pour exécuter ce projet d'une manière prompte, avantageuse, durable, sont en la puissance du gouvernement. » (*in* A. Schmidt, *op. cit.*, t. 3, p. 480).

2 Lettre du Commissaire du Gouvernement auprès du Théâtre de la République et des Arts, au citoyen ministre de l'Intérieur, AN, AJ^{13} 55.

3 Celles, notamment, exposées dans son article : « La mise en scène, art nouveau ? », *Théâtre public*, Paris, Seuil, 1967, p. 277-284.

4 P. Fortassier, « Aspects de la mise en scène dans quelques ouvrages lyriques français du XVIIIe siècle », communication prononcée le 25 juillet 1968, éditée dans *Cahiers de l'Association internationale des études françaises*, 1969, n° 21, p. 105. La lettre du directeur de l'Opéra, datée du 10 messidor an 9, est citée dans cet article à la page 109. Pierre Fortassier commet une erreur de conversion entre les calendriers républicain et grégorien ; la date du 10 messidor an 9 est convertie en 19 juin 1800, date retenue par Alice Folco, dans *La Mise en scène théâtrale de 1800 à nos jours*, qui se fonde sur le même document (Paris, P. U. F., 2010, p. 15). On trouve, dans l'historiographie de l'opéra, des occurrences antérieures à

cette lettre utilise deux termes pour désigner l'opération qui consiste à régler les éléments de la représentation. D'une part, il parle de la « mise », mot usuel sous l'Ancien Régime, d'autre part il évoque la « mise en scène », terme qu'il semble utiliser comme un synonyme du premier. Le contexte de la lettre permet toutefois de nuancer cette première impression. Écrite au sujet de la création, en France, de *Die Zauberflöte* (*La Flûte enchantée*) largement remaniée et jouée sous le titre *Les Mystères d'Isis* le 25 thermidor de l'an 9 (13 août 1801), elle justifie les modifications imposées sur la partition et le livret allemands en se référant à la tradition de l'Opéra[1]. Si la « mise » permettait les « changements ou renversements dictés par les convenances théâtrales », la « mise en scène » le permettait également. Par cette habile rhétorique, le directeur cherchait vraisemblablement à faire face aux pressions d'un gouvernement soucieux de contrôler la représentation d'une œuvre qui plaçait son action en Égypte et, par ce biais, pouvait évoquer les récentes défaites de l'armée française[2]. La notion de « mise en scène », on le voit, est intimement liée à l'idée de réécriture, de refonte de l'œuvre en vue de lui accorder, entre autres choses, une résonance politique.

Or, c'est précisément ce que le gouvernement cherche alors à éviter. Dès les lendemains du 18-Brumaire, plusieurs arrêtés sont votés afin d'interdire tout remaniement qui n'aurait pas été au préalable validé par le ministre de l'Intérieur. Lucien Bonaparte distribue à ses préfets la

---

cette date. Par exemple, le mot est employé par Nicolas-Étienne Framery et Pierre-Louis Ginguené en 1791 : « Naturellement paresseux et livré au plaisir, il [Sacchini] se donnait du bon temps jusqu'aux approches du terme fixé pour la *mise en scène*. Alors, il s'enfermait, travaillait jour et nuit, s'excédait de fatigue, s'achevait aux répétitions […]. » (*Encyclopédie méthodique. Musique, publiée par MM. Framery et Ginguené*, Paris, Panckoucke, 1791, t. 1, p. 633). Il convient donc surtout de remarquer, pendant la décennie révolutionnaire, une banalisation du terme plutôt qu'une véritable innovation lexicale, due sans aucun doute à l'importance que revendique désormais la dimension scénique dans l'évaluation des œuvres théâtrales.

1   Plusieurs critiques parlent des *Mystères d'Isis* comme d'une « parodie » de l'opéra de Mozart. Le livret fut entièrement remanié par Morel de Chédeville ; la partition fut enrichie d'extraits étrangers à l'opéra : des morceaux tirés des *Nozze di Figaro*, de la *Clemenza di Tito* et de *Don Giovanni*, le début d'une symphonie de Haydn, des extraits d'une sonate de Pleyel, un morceau de l'opéra des *Prétendus* de Lemoyne. L'arrangeur d'opéra Louis-Wenceslas Lachnith procéda également à quelques modifications dans les airs en trio et les récitatifs.

2   L'armée britannique débarque près d'Aboukir le 8 mars 1801 ; s'ensuivent plusieurs défaites françaises, jusqu'à la capitulation le 31 août 1801.

liste des pièces susceptibles d'être représentées en province[1], Napoléon ordonne à Fouché de prendre toutes les mesures nécessaires pour qu'il ne soit « ni lu ni chanté, sur les théâtres, rien d'étranger aux pièces que l'on y joue[2] ». Progressivement s'impose l'idée de rétablir les privilèges dramatiques, de limiter le nombre des théâtres[3], et surtout de favoriser le rayonnement du répertoire de la Comédie-Française à laquelle serait confiée l'exploitation exclusive du patrimoine dramatique national. L'intérêt politique avait été souligné dès l'an 8 : « Les directions remettent au répertoire les chefs-d'œuvre des grands maîtres, et concourent heureusement par là à la renaissance du goût[4] ». Dans cette perspective, il fut demandé aux préfets, le 7 messidor de l'an 10, de « faire représenter, le plus que vous pourrez, les ouvrages anciens et modernes qui se jouent au Théâtre-Français » et d'écarter « les rapsodies des petits théâtres de Paris[5] » ; le 18 avril 1806, Napoléon ouvrait le conseil d'État par ces mots : « On doit empêcher qu'il y ait à Paris des théâtres trop voisins les uns des autres[6] » ; le 8 juin 1806 était décrété : « Les répertoires de

---

1   Voir la lettre du ministre de l'Intérieur [Lucien Bonaparte] aux Préfets, Paris, 22 germinal an 8 [12 avril 1800], *in Circulaires, instructions et autres actes émanés du Ministère de l'Intérieur, op. cit.,* t. 1, p. 89 : « Désormais les seuls ouvrages dont j'aurai autorisé la représentation à Paris, pourront être joués dans les départements. Vous recevrez incessamment la liste des pièces, tant anciennes que nouvelles, qui pourront être mises ou remises au théâtre, et vous veillerez à ce qu'aucune autre ne soit placée sur le répertoire des directeurs de spectacle. »

2   Lettre de Dubois, préfet de police, aux directeurs de théâtres, Paris, 4 prairial an 9 (24 mai 1801) ; voir aussi la lettre de Bonaparte au citoyen Fouché, ministre de la police générale, Paris, 2 prairial an 9 (22 mai 1801), *in* L.-H. Lecomte, *Napoléon et le Monde dramatique, étude nouvelle d'après des documents inédits,* Paris, Daragon, 1912, p. 38-39.

3   L'idée est déjà en germe dans ce rapport de la police secrète, datée du mois de nivôse an 8 (22 décembre 1799 – 20 janvier 1800) : « Les spectacles ont presque toujours été en opposition avec l'esprit du gouvernement. Toujours au-delà ou en-deçà ; ce qui annonce qu'ils sont sans principes, et n'ont d'autre calcul que leur intérêt [...]. Après le dernier événement de Brumaire, ils ont montré de la lâcheté, mais la défense du gouvernement de jouer des pièces propres à rallumer les animosités les a remis à leur place et a produit un excellent effet dans les esprits. Ces différentes oscillations, et ces défauts de principes dans les directions semblent demander impérieusement un changement dans leur organisation et leur mode d'existence. » (*in* A. Schmidt, *op. cit.,* t. 3, p. 480).

4   *Compte général de la situation morale et politique du département de la Seine pendant le mois de pluviôse an 8* [21 janvier – 19 février 1800], *présenté au ministre de l'Intérieur par le commissaire du gouvernement près l'administration centrale dudit département, in* A. Schmidt, *op. cit.,* p. 486.

5   Lettre du Conseiller d'État chargé de l'instruction publique aux préfets, Paris, 7 messidor an 10 (26 juin 1802), *in Circulaires, instructions et autres actes émanés du Ministère de l'Intérieur, op. cit.,* p. 209.

6   Conseil d'État du 18 avril 1806, cité par L.-H. Lecomte, *op. cit.,* p. 106.

l'Opéra, de la Comédie-Française et de l'Opéra-Comique, seront arrêtés par le ministre de l'Intérieur ; et nul autre théâtre ne pourra représenter, à Paris, des pièces comprises dans les répertoires de ces trois grands théâtres sans leur autorisation[1] » ; le 29 juillet 1807 était votée la fermeture de tous les théâtres secondaires de Paris, hormis quatre dont les répertoires devenaient restreints aux genres du mélodrame et des pièces à grand spectacle (théâtres de la Gaîté et de l'Ambigu-Comique), du vaudeville et des pièces dans le genre grivois, poissard ou villageois (théâtres du Vaudeville et des Variétés[2]). La réécriture d'une œuvre en vue de sa représentation n'était, en théorie, plus possible. Seules pouvaient se perpétuer les dramaturgies qui avaient intégré les éléments du spectacle et qui, soumises à l'examen de la censure, ne présentaient aucune allusion politique autre que celles souhaitées par le gouvernement. La « mise en scène » s'élaborait donc comme une pratique scénique codifiée, intimement liée aux conventions d'écriture du genre auquel elle s'appliquait.

Ce retour à une réglementation de la vie théâtrale similaire à celle de l'Ancien Régime ne doit pas occulter la réforme accomplie par les scènes révolutionnaires. Certes, à bien des égards, la pratique théâtrale se déploie à cette époque selon les modalités mises en place avant 1789. Le besoin d'accorder les éléments de la représentation avec la fiction dramatique avait été largement revendiqué depuis au moins 1748, date de publication par Voltaire de la Préface de *Sémiramis*[3]. De même, le spectacle continue à être vécu par le public sur le mode de l'événement ; il s'agit autant pour lui d'être subjugué par la fiction que sollicité par l'anecdote ou l'accident. Une bonne partie des tumultes repérés pendant les premières années de la Révolution s'explique, en partie, par cette disposition du spectateur qui perçoit le théâtre comme une pratique sociale. Ce mode de participation du public est une donnée avec laquelle les comédiens savent composer ; incidents techniques, interventions des spectateurs sont utilisés comme autant de moyens susceptibles de créer des effets

---

1   Cité dans *ibid.*, p. 107.
2   Voir *Décret du 29 juillet 1807*, cité dans *ibid.*, p. 113.
3   Après l'échec subit lors de la première représentation de sa tragédie *Sémiramis*, Voltaire publie une *Dissertation sur la tragédie ancienne et moderne*, plus connue sous le titre de Préface de *Sémiramis*, qui déclenche le débat sur le renouveau des salles de spectacle en France. Sur ce point, voir notamment l'ouvrage de Michèle Sajous d'Oria : *Bleu et Or, La Scène et la Salle en France au temps des Lumières (1748-1807)*, Paris, CNRS éd., 2007.

de distanciation avec la fable, ou au contraire de focaliser l'attention en transformant l'accident en clou scénique[1]. L'autonomie du comédien est précisément l'un des facteurs qui empêchent la concrétisation de la réforme dramatique proposée par les philosophes des Lumières dans la deuxième moitié du XVIIIe siècle ; les conflits d'intérêt entre ces deux corporations, en partie résorbés par la reconnaissance juridique du droit d'auteur en 1791, armeront les débats sur la mise en scène pendant tout le siècle à venir.

Pour autant, le contexte révolutionnaire a créé les conditions pour que soit envisagé autrement le rapport entre le monde réel et la fiction dramatique, entre l'événement politique et sa symbolisation par le biais de la scène. Comme l'écrit Mara Fazio : « c'est dans ce rapport entre l'événement nu et sa transfiguration que se créait ce court-circuit qui constituait l'essence même de l'Histoire[2] ». Convoqué au sein de la fable, l'événement politique devenait symbole, c'est-à-dire fixé, grâce à la médiation de la scène, dans la mémoire historique. À partir de la Révolution, la fabrique du théâtre a partie liée avec la fabrique de l'Histoire. Devenu le véhicule privilégié de la diffusion des idées politiques, le théâtre devait jouer un rôle dans l'élaboration du corps social. Dès lors, on comprend toute l'importance accordée à l'organisation des éléments scéniques dans le but de produire du sens et d'orienter l'interprétation du spectateur. L'apparition du terme « mise en scène », ou tout au moins sa banalisation, est né du besoin de maîtriser la représentation.

C'est pourquoi il serait erroné de percevoir la mise en scène uniquement comme une activité qui se borne à l'aspect « matériel » de la représentation. Cette définition ne peut tenir que si l'on considère le théâtre comme un art à deux temps, c'est-à-dire dont la genèse passerait par la création d'une œuvre dramatique d'abord, d'un spectacle ensuite. Or, la Révolution a permis de concevoir autrement le rapport texte/ scène. La mise en scène ne s'envisage pas comme une ornementation, mais comme une (ré)écriture. Pour comprendre ce que mise en scène veut dire à l'orée du XIXe siècle, il convient d'élaborer de nouveaux outils conceptuels, d'abandonner le couple texte/scène pour considérer la pratique théâtrale sous l'angle d'une relation triangulaire entre

---

1 Ce point est particulièrement développé par Sophie Marchand dans : « La mise en scène est-elle nécessaire ? », art. cit.
2 M. Fazio, *François-Joseph Talma*, op. cit., p. 6.

pratique auctoriale, travail scénique, et interprétation du spectateur. Car la relation nouvelle qui se fait jour sous la Révolution, c'est celle qui associe étroitement innovation esthétique et révolution politique. Les auteurs (et nous prenons ce mot au sens large car nombre de comédiens, maîtres de ballet, dramaturges pourront être reconnus comme tels grâce à la loi sur la propriété intellectuelle votée en 1791) conçoivent le théâtre comme un outil pour transformer la société. La mise en scène – envisagée soit comme écriture scénique intégrée à la dramaturgie, soit comme réécriture d'une œuvre ancienne – peut désormais jouer un rôle essentiel ; c'est avec ou contre les conventions scéniques en vigueur que se fonderont tous les projets de réforme théâtrale à venir.

Restait à savoir qui allait se rendre maître de la réforme, c'est-à-dire « auteur » du spectacle. À la veille du rétablissement des privilèges dramatiques par Napoléon, l'auteur du spectacle est incontestablement le maître de ballet. Le rédacteur du *Mercure de France* en janvier 1806 le confirme :

> Le dernier mélodrame représenté avec succès sur ce théâtre [Porte-Saint-Martin] a pour titre : Caroline et Dorville, ou la Bataille des Dunes. Les paroles sont de M. Leroi [*sic*], la musique de M. Demorange [*sic*]. Toutefois il est juste d'observer que le véritable auteur d'un mélodrame n'est point l'auteur des paroles, ni même celui de la musique, mais *le metteur en scène* ; et c'est M. Aumer qui a mis en scène la Bataille des Dunes[1].

Cette assimilation du maître de ballet au « metteur en scène » n'est pas surprenante à cette date ; elle confirme l'aboutissement des réformes entamées dans la première moitié du XVIIIe siècle et théorisées par Noverre dans ses *Lettres sur la danse* entre 1760 et 1807. L'idée qu'un coordinateur du spectacle puisse s'avérer nécessaire pour assurer l'unité de la représentation a d'abord émergé dans le cadre étroit de l'expression pantomimique. La description du maître de ballet tel que Noverre l'envisage présente d'ailleurs quelques points communs avec la définition du metteur en scène formulée par André Antoine un siècle plus tard :

---

1   *Le Mercure de France*, 18 janvier 1806, Paris, Imprimerie de Le Normant, 1806, t. 23, p. 129. Le texte est souligné par son auteur. *Caroline et Dorville, ou la Bataille des Dunes*, mélodrame en 3 actes, orné de danses, combats et évolutions militaires, paroles d'Alexandre-Joseph Leroy de Bacre, musique de M. de Morange, mise en scène et ballets de M. Aumer, joué pour la première fois sur le Théâtre de la Porte-Saint-Martin le 4 janvier 1806.

Si le peintre-décorateur, le musicien, et le maître de ballets se consultent et s'entendent, chose malheureusement inconnue ; ils pourront alors se vanter de présenter au public un tableau vraiment neuf et intéressant. Mais ce ballet ne peut être bien fait, si le maître n'a pas à toutes ses répétitions les terreins [*sic*], les plate-formes [*sic*] et les colines [*sic*] ; il ne s'agit pas d'en marquer les places avec du blanc ou du noir ; il faut pour qu'il opère juste, que tout soit en place, de manière à ce qu'il puisse former ses groupes, distribuer ses personnages et imprimer à chacun d'eux, le caractère, les attitudes et les mouvements qui leur conviennent[1].

[...]

Si la partie mécanique de la danse donne au maître de ballets tant de peines et de fatigues, si elle exige tant de combinaisons ; combien l'art du geste et de l'expression n'exige-t-il pas de travaux et de soins ? Cette répétition des mouvements, cette peinture animée des passions, cette action commandée par l'âme, cette agitation de toute la machine, enfin toutes ces transitions variées ne doivent-elles pas le mettre dans un état voisin du délire ? Si Agamemnon, Clitemnestre [*sic*], Achille et Iphigénie se trouvent en scène, voilà quatre rôles à enseigner ; chacun des acteurs à un intérêt séparé, des sentiments opposés, des vues différentes ; chacun d'eux doit avoir le caractère de la passion qui l'agite ; il faut donc que la maître de ballets se pénètre de la situation intérieure de ces quatre personnages ; il faut qu'il les représente tous, qu'il fasse les gestes qu'ils doivent imiter, que sa physionomie s'enflamme au degré juste des sensations que chacun d'eux éprouve ; il doit prendre le maintien, saisir l'âge et le sexe de ces quatre acteurs ; les emportements d'Achille, la fierté d'Agamemnon, le trouble, la douleur et les éclats de l'amour maternel ; l'obéissance, et la candeur d'Iphigénie prête à être sacrifiée.

D'après cette esquisse, vous devez être convaincu, Monsieur, que le maître de ballets toujours en agitation ne peut composer assis et le crayon à la main ; ce n'est point un petit tableau de fantaisie que le peintre doit offrir, c'est un tableau d'histoire ; tout doit y être grand, expressif et majestueux et entraîner le public à cette illusion vive qui lui fait prendre la chose imitée pour la nature même[2].

---

1 Dans « Causerie sur la mise en scène » (1903), Antoine écrit : « Il m'a paru d'abord utile, indispensable, de créer avec soin, et sans aucune préoccupation des événements qui devaient s'y dérouler, le décor, le milieu. – Car c'est le milieu qui détermine les mouvements des personnages, et non les mouvements des personnages qui déterminent le milieu. » (*Revue de Paris*, 1er avril 1903, rééd. *in* J.-P. Sarrazac & Ph. Marcerou [dir.], *Antoine, l'invention de la mise en scène*, Arles, Actes Sud-Papiers, 1999, p. 113). Nous aurons l'occasion de revenir sur cette définition dans le dernier chapitre de cet ouvrage.

2 J.-G. Noverre, *Lettres sur la danse, sur les ballets et les arts*, Saint-Pétersbourg, impr. Schnoor, 1803, t. 2, Lettre XIII, p. 130-132. – L'image du maître de ballet composant assis, le crayon à la main, doit être comprise comme une allusion au chorégraphe, dont la fonction a été introduite en France par Raoul Feuillet qui avait établi un système de notation de la danse avec *La Chorégraphie, ou l'art de décrire la danse par caractères, figures et signes*

À l'orée du XIXe siècle, la mise en scène est donc posée à la fois comme une donnée de la création scénique et comme un facteur de réflexion théorique. Le contexte révolutionnaire a sans nul doute précipité son épanouissement comme discipline artistique à part entière, méritant d'être réfléchie à l'aune des enjeux nouveaux qui conditionnent la pratique théâtrale après l'édit de 1791. La politique culturelle napoléonienne, en s'appuyant de nouveau sur le système des privilèges dramatiques, allait l'orienter vers de nouvelles formes d'expression, et l'associer solidement aux codes dramaturgiques des genres autorisés à survivre après 1807.

démonstratifs (Paris, 1700). Or, Noverre oppose le chorégraphe au maître de ballet, seul créateur original. On le voit, la problématique de l'artiste-auteur, créateur du spectacle, s'inscrit déjà dans une dichotomie entre la scène et l'écrit. Sur ce point, voir Hélène Marquié : « Chorégraphe au XIXe siècle, en France : une période charnière », disponible en ligne (http://www.choregraphesassocies.org).

LA MISE EN SCÈNE
COMME AGENT DE L'ÉCRITURE

(1808-1829)

La législation des théâtres mise en place par Napoléon a considérablement restreint le cadre des libertés acquises sous la Révolution. Le nombre de salles de spectacle est désormais limité, à Paris comme en province[1] ; les répertoires sont à nouveau soumis au système des privilèges ; la censure est renforcée par la création d'un double système de surveillance réparti entre deux ministères : les censeurs dépendent du Bureau de la Presse (3ᵉ division du ministère de l'Intérieur[2]) et rédigent les rapports sur lesquels s'appuie le ministre de la Police en personne afin d'autoriser, ou non, la représentation ; les commissaires de police se chargent ensuite du contrôle des spectacles et des publics. Dans ce cadre, il n'était plus possible d'envisager la mise en scène comme un langage

---

1 Le nombre et la répartition des théâtres et des troupes itinérantes dans les arrondissements de province sont réglementés par le décret du 25 avril 1807 (titres II et III). Leurs répertoires, dont la surveillance avait été confiée aux préfets sous le Directoire, sont désormais restreints aux pièces parisiennes, ce qui permet d'étendre le contrôle du ministère de l'Intérieur (et les modalités de la censure) à tout le territoire. Pour les villes qui possèdent deux théâtres, la répartition des répertoires se fait sur le modèle parisien. Le théâtre « principal » est destiné à jouer les pièces comprises dans les répertoires des grands théâtres (Théâtre-Français, Académie Impériale de Musique, Opéra-Comique, Théâtre de l'Impératrice) et l'autre théâtre jouit du droit de représenter les pièces des théâtres « secondaires » (Vaudeville, Variétés, Porte-Saint-Martin, Gaîté, Variétés étrangères selon le décret du 25 avril 1807 ; cette liste est modifiée par le décret du 29 juillet 1807 : Gaîté, Ambigu-Comique, Variétés, Vaudeville). La Restauration se contente, dans un premier temps, d'entériner cette législation, ainsi que l'atteste le décret d' « Instruction sur les théâtres » voté en mai 1815 (voir *Les Théâtres, Lois, règlements, instructions...*, Paris, Eymery & Delaunay, 1817, p. 261-267), puis elle affine l'organisation des troupes en province avec les ordonnances du roi de décembre 1824 (voir : J.-C. Yon, « La politique théâtrale de la Restauration », *in* M. Reid, J.-Y. Mollier & J.-C. Yon [dir.], *Repenser la Restauration*, Paris, Nouveau Monde éditions, 2005, p. 285-296).
2 Il prendra le nom de « Bureau des Théâtres » à partir de 1815 tout en restant logé au cœur du ministère de l'Intérieur.

scénique autonome, c'est-à-dire pouvant être conçu indépendamment des conventions d'écriture propres aux genres auxquels les théâtres étaient affectés par les décrets des 25 avril et 29 juillet 1807. Le jeu de l'acteur, l'utilisation des machines, le picturalisme des décors, l'usage de la musique de scène et le recours aux ballets relèvent désormais de pratiques d'écriture codifiées, que les censeurs peuvent rappeler au bon souvenir des directeurs de théâtre si les pièces soumises à leur examen paraissent s'en écarter[1]. Cette réglementation de la vie théâtrale française, maintenue sous la Restauration, rend la notion de « genre » déterminante pour la réflexion sur l'art de la mise en scène, et pour l'examen des réformes dramatiques à venir. En obligeant, pour des raisons politiques,

---

1   La censure préventive fut confiée à des gens de lettres, susceptibles d'exercer une surveillance tant politique que littéraire. Le bureau constitué par Fouché rassemblait des censeurs dont les expériences dramatiques permettaient de couvrir l'ensemble des genres autorisés à survivre après 1807. Ils étaient à même également de réécrire des passages entiers si les pièces soumises à leur examen laissaient entrevoir des insinuations politiques contraires aux vues du gouvernement. En 1807, le bureau de la censure théâtrale était composé de : Joseph-Alphonse Esménard, journaliste à la royaliste *Quotidienne* sous le Directoire, puis bonapartiste convaincu (il écrivit des opéras à la gloire de Napoléon, notamment *Trajan* [1808] dont le sujet avait été soufflé par Fouché ; il devint, en même temps que censeur, journaliste au *Journal de l'Empire* et chef de division au ministère de la Police) ; Pierre-Édouard Lemontey, monarchiste sous la Révolution et auteur de quelques opéras (il publia des textes en l'honneur de Napoléon à partir de 1804, ce qui lui valut d'être nommé censeur) ; Charles-Joseph Lœillard d'Avrigny, auteur de plusieurs drames et vaudevilles, puis de tragédies sous la Restauration ; Antoine-Marie Coupart, vaudevilliste et régisseur général au théâtre du Palais-Royal. Tous furent maintenus sous la Restauration, hormis Esménard, mort en 1811 ; il fut remplacé par Jean-Charles-Dominique de Lacretelle, cofondateur avec le censeur Suard du *Journal de Paris* au début de la Révolution, membre de la jeunesse dorée sous le Directoire. Ce dernier avait été nommé censeur une première fois par Napoléon, mais fut vite destitué pour son royalisme trop prononcé. En 1827, il s'opposa vivement à la « loi de justice et d'amour » destinée à museler la presse française et fut en conséquence destitué de ses fonctions de censeur. En novembre de la même année, Villèle perd la majorité aux élections : il démissionne et laisse sa place au ministère libéral modéré de Martignac (5 janvier 1828). De nouveaux censeurs sont nommés : le dramaturge Jean-Louis Laya (auteur, entre autres, de *L'Ami des lois* déjà évoqué) ; Charles Brifaut (auteur de plusieurs tragédies dont *Ninus II* [1813], reçue d'abord au Théâtre-Français sous le titre *Don Sanche* ; Brifaut fut contraint par la censure d'abandonner le cadre historique orignal de sa pièce parce qu'il évoquait de façon trop évidente la défaite française en Espagne ; Ninus, fondateur légendaire de l'empire d'Assyrie convenait sans doute mieux à ligne politique de Napoléon). – Sur le fonctionnement de la censure sous l'Empire et la Restauration, voir les études d'Odile Krakovitch : « La censure théâtrale sous le Premier Empire (1800-1815) », *Revue de l'Institut Napoléon*, n°s 158-159, 1992 (III), p. 9-105 ; « La censure théâtrale sous la Restauration », *Mémoires de la fédération des Sociétés historiques et archéologiques de Paris et de l'Île de France* (à paraître). Voir aussi l'ouvrage, plus ancien, du censeur Victor Hallays-Dabot : *Histoire de la censure théâtrale en France*, Paris, Dentu, 1862.

les scènes officielles à renouer avec les modèles du passé, Napoléon a finalement freiné les réformes initiées sous la Révolution. C'est ainsi que la collaboration entre Talma et Ducis autour des adaptations des drames de Shakespeare, par exemple, fut provisoirement interrompue alors qu'elle avait permis à l'acteur de renouveler à la fois le jeu et la dramaturgie tragiques. Si Talma continua d'innover après 1807, il ne put le faire que dans l'interprétation des œuvres dont Napoléon avait souhaité la représentation[1].

Les décrets de 1806-1807 avaient pourtant été pensés de manière à favoriser les théâtres impériaux. L'Opéra, en grande difficulté financière, fut même soutenu en 1811 par le rétablissement en sa faveur de la redevance imposée sur les recettes des théâtres privés[2]. Pour autant, l'intérêt du public continuait à se porter sur les productions des scènes secondaires. Le vaudeville fondait son originalité sur sa capacité à brocarder l'actualité sociale et politique en élaborant, dans les creux d'une trame théâtrale en apparence anodine, une intertextualité portée par le jeu de l'acteur, la structure musicale des airs chantés et le décalage que pouvait produire avec elle le texte des couplets[3]. Le mélodrame, dont la dramaturgie reposait sur une association judicieusement réfléchie entre le jeu en pantomime, l'écriture des dialogues, la musique de scène et le

---

1   Sur ce point, nous renvoyons à l'ouvrage de Mara Fazio (*op. cit.*) et à l'article de Florence Filippi : « Les comédiens contre le texte : acteurs en quête d'autorité dans le répertoire révolutionnaire » (*in* M. Poirson [dir.], *Le Théâtre sous la Révolution, op. cit.*, p. 155-168). Talma a joué Hamlet pour la dernière fois sous l'Empire en 1807, et Othello pour une représentation extraordinaire en faveur de Louise Contat le 6 mars 1809. L'accueil de la critique fut assez mauvais ; Geoffroy, notamment, publia d'acerbes articles dans le *Journal de l'Empire*. Ce qui gênait le critique, c'était précisément le mélange des genres, introduit dans le temple de la tragédie par le jeu « frénétique » de Talma, plus apte, à son goût, à s'épanouir dans le mélodrame. La menace d'une possible pénétration des codes mélodramatiques au sein de la représentation tragique constitue l'essentiel des débats qui nourrissent la presse dans les dernières années de l'Empire. Notons aussi que Talma se proposa comme « directeur de la scène » à la Comédie-Française en 1822, ce qui lui fut refusé (voir M. Fazio, *op. cit.*, p. 220).

2   Le *Décret sur la redevance au profit de l'Opéra* fut voté le 13 août 1811. Il renouvelait une pratique mise en place au XVIIIᵉ siècle (voir : S. Serre, « Monopole de l'art, art du monopole ? L'Opéra de Paris sous l'Ancien Régime », *Entreprise et Histoire*, n° 53, 2008, p. 80-90, disponible en ligne sur le site hal.inria.fr). Il fut abrogé par Louis-Philippe le 24 août 1831 (voir : O. Morand, « Vie et mort d'une redevance : le droit de l'Opéra (1811-1831) », *Revue de Musicologie*, 2007, t. 93, n° 1, p. 99-121).

3   Sur la dramaturgie du vaudeville antérieur aux années 1820, nous renvoyons à notre étude : « Les bégaiements de Momus sous la Révolution, ou la répétition comme (ré) écriture de l'Histoire », art. cit.

mouvement des décorations, s'offrait comme le genre le plus à même de répondre aux attentes, à la fois politiques et émotionnelles, du public postrévolutionnaire. Dans cette perspective, il n'est pas étonnant de constater que la notion de « mise en scène » soit presque exclusivement attachée à cette forme jusqu'aux dernières années de la Restauration. Ceci ne veut pas dire que l'Opéra, le Théâtre-Français, l'Opéra-Comique et l'Odéon n'ont pas pu être, ponctuellement, des lieux d'innovation en matière d'écriture, de jeu et de techniques de l'illusion ; mais le mélodrame s'est imposé, à cette époque, comme le genre qui a entériné les réformes scéniques et dramaturgiques de la décennie révolutionnaire en permettant à la fonction de metteur en scène de se constituer en métier. C'est ainsi que l'on trouve, dès les années 1820, des régisseurs « chargés de la mise en scène des mélodrames[1] » dans les théâtres de province. C'est aussi fort des expériences acquises dans la mise en scène mélodramatique que le baron Taylor s'impose, en 1825, à la direction du Théâtre-Français[2]. Autant dire que le mélodrame mérite un examen

---

1   Par exemple, le maître de ballet Huguet fils, nommé à cette fonction en 1826 au Théâtre des Célestins de Lyon, mais aussi Jean-Baptiste Tautin, célèbre « traître » du mélodrame pixérécourtien (il a créé, entre autres, Truguelin dans *Cœlina, ou l'Enfant du mystère*) qui finit sa carrière comme régisseur de la scène au Théâtre de Reims (à partir de 1823). Selon Edmond-Denis de Manne et Charles Ménétrier, la « mission de mettre en scène » fut même l'argument avancé par la nouvelle administration de la Gaîté pour débaucher Tautin de l'Ambigu-Comique en 1808 (voir E.-D. de Manne & Ch. Ménétrier, *Galerie historique des comédiens de la troupe de Nicolet*, Lyon, Scheuring, 1869, p. 253).

2   Isidore-Justin-Séverin Taylor, dit le baron Taylor (il est nommé baron par Charles X en 1825, en même temps qu'il devient Commissaire royal du Théâtre-Français), avait cofondé avec le peintre Jean-Pierre Alaux, en 1821, l'éphémère Théâtre du Panorama-Dramatique dont l'existence n'excéda pas 2 ans. La période fut suffisante toutefois pour engager l'art de la mise en scène vers la recherche d'un plus grand réalisme. C'est au Panorama-Dramatique et autour de Taylor et Alaux que se constitua l'équipe qui allait ensuite réformer la première scène française, comme on le verra plus loin. Parmi les fameux mélodrames de ce théâtre, mentionnons *Ali-Pacha* (1822) de Hyacinthe [de Comberousse] et Alfred [Pichat]. C'est avec une tragédie de Pichat, *Léonidas* (1825), que Taylor entama sa direction du Théâtre-Français (avec Talma dans le rôle-titre, et les décors de Ciceri). Il inaugura avec elle une révolution scénique dont *Henri III et sa cour* (1829, Dumas), *Le More de Venise* (1829, de Vigny) et *Hernani* (1830, Hugo) allaient bientôt profiter. Au sujet de Taylor comme metteur en scène, on lit dans le *Bulletin de l'alliance des arts* : « M. Taylor est au moins pour moitié dans le mélodrame d'*Ali-Pacha*, par Hyacinthe (Comberousse) et Alfred (Pichat). Ce mélodrame fut imprimé dans sa nouveauté, en 1822. M. Taylor, ami de Pichat, ne s'est pas contenté de faire jouer le *Léonidas*, brillante tragédie de ce poète, il en a remanié complètement le cinquième acte, qui a décidé de la vogue de la pièce. Il a eu part aussi au *Mazeppa*, dernier mélodrame de Cuvelier. » (*Bulletin de l'alliance des arts*, sous la direction de Paul Lacroix, 2ᵉ année, n° 20, 10 avril 1844).

attentif si l'on veut circonscrire le développement et les caractéristiques d'un art qui, entre 1825 et 1829 (date de fondation de la Société des auteurs dramatiques qui tentera de remettre le dramaturge au cœur de la création scénique) pénètre tous les théâtres de Paris. Très solidement associée à la grammaire scénique que le mélodrame a élaborée en premier lieu, la mise en scène s'est édifiée ensuite comme un outil adéquat pour engager les pratiques scéniques des théâtres subventionnés vers de nouvelles voies.

LE MÉLODRAME : UNE GRAMMAIRE SCÉNIQUE CODIFIÉE

Les caractéristiques de l'écriture mélodramatique demeurent mal connues des chercheurs. En dépit des travaux précurseurs de Jean-Marie Thomasseau[1], la dimension scénique du genre n'est pas toujours analysée à sa juste mesure. Du mélodrame des vingt premières années du XIXe siècle, on retient la structure en trois actes, l'utilisation de la musique de scène, l'élaboration d'un personnel dramatique codifié selon une répartition très nette entre bons et méchants, le primat accordé aux valeurs morales et religieuses, le recours aux motifs narratifs du roman noir. Mais l'association étroite que les mélodramaturges ont su bâtir entre les expressions musicale, corporelle, verbale et scénographique n'est pas toujours suffisamment considérée. Deux raisons peuvent expliquer ce manque. D'une part, l'importance considérable que les historiens du théâtre ont accordée au drame romantique a souvent nui à l'analyse du mélodrame en tant que forme singulière. Pris à partie dans des argumentations cherchant parfois à légitimer, d'autre fois à contredire l'originalité de la dramaturgie hugolienne en particulier, le mélodrame

---

1   Par ordre de publication : *Le Mélodrame sur les scènes parisiennes de Cœlina (1800) à L'auberge des Adrets (1823)*, Lille, Service de reproduction des thèses, 1974 ; *Le Mélodrame*, Paris, P. U. F., coll. « Que sais-je ? », 1984 ; *Mélodramatiques*, Saint-Denis, Presses Universitaires de Vincennes, 2009. Sur le mélodrame, mentionnons aussi les ouvrages suivants : P. Brooks, *L'Imagination mélodramatique, Balzac, Henry James, le mélodrame et le mode de l'excès*, Paris, Classiques Garnier, 2011 ; M.-P. Le Hir, *Le Romantisme aux enchères : Ducange, Pixerécourt, Hugo*, Amsterdam, John Benjamins, 1992 ; J. Przybós, *L'Entreprise mélodramatique*, Paris, José Corti, 1987.

s'est vu résumé à quelques-uns de ses aspects utiles pour ce type de démonstrations. Ensuite, le genre a souffert de l'historiographie construite par René-Charles Guilbert de Pixérécourt dans les années 1835-1843. Pour des raisons à la fois idéologiques et personnelles, le dramaturge s'est attaché, à la fin de sa vie, à inscrire le mélodrame dans une poétique aristotélicienne en choisissant, parmi son répertoire, les œuvres qui satisfaisaient les conventions académiques afin de constituer un *Théâtre choisi* conçu comme œuvre testamentaire. Sous sa plume, et celle de son ami Charles Nodier, le mélodrame du Consulat et de l'Empire s'est ainsi montré revêtu du péplum classique afin de cacher les pourpoints, les poignards sanglants et les visages ulcérés que l'on pouvait toujours voir sur les scènes romantiques[1]. Plongé au cœur des querelles littéraires des années 1830, le mélodrame s'est alourdi de l'épithète « classique » pour se définir et a mis en avant la structure en trois actes et le respect des unités de temps et d'action comme ses principales caractéristiques.

UNE ÉCRITURE DU MOUVEMENT

Pour autant, si ces éléments sont bien constitutifs de la dramaturgie mélodramatique, ils doivent être perçus comme des outils structurels favorables pour concentrer l'action et lui assurer une efficacité dramatique maximale. Car la singularité du mélodrame réside avant tout dans le façonnement d'une intrigue mouvementée qui, pour remplir les objectifs pédagogiques et politiques du genre, doit conduire le pathétique à son point d'extrême violence afin de faire jaillir, dans le flot des émotions

---

1   Sur ce point, nous renvoyons à notre « Introduction » aux *Mélodrames* de René-Charles Guilbert de Pixérécourt, t. 1 : *1792-1800, op. cit.* – Dans les « Dernières réflexions de l'auteur sur le mélodrame », son ultime texte théorique, Pixérécourt affirmait clairement : « Ce n'est [...] pas moi qui ai établi le genre romantique ». (*Théâtre choisi de G. de Pixérécourt, précédé d'une introduction par Ch. Nodier*, Paris, Nancy, Chez l'auteur, 1843, t. 4, p. 499). – Nous empruntons l'image des costumes classique et romantique à Émile Zola qui, dans *Le Naturalisme au théâtre*, avait résumé les querelles littéraires des années 1830 par ces mots : « Entre les personnages en péplum qui se promènent avec des confidents et discutent sans fin leurs passions, et les personnages en pourpoint qui font les grands bras et qui s'agitent comme des hannetons grisés de soleil, il n'y a pas de choix à faire, les uns et les autres sont aussi parfaitement inacceptables. Jamais ces gens-là n'ont existé. Les héros romantiques ne sont que les héros tragiques, piqués un mardi gras par la tarentule du carnaval, affublés de faux nez et dansant le cancan dramatique après boire. À une rhétorique lymphatique, le mouvement de 1830 a substitué une rhétorique nerveuse et sanguine, voilà tout. » (É. Zola, *Le Naturalisme au théâtre*, Ch. Meyer-Plantureux [éd.], Bruxelles, Éditions Complexe, 2003, p. 32).

débordantes, les qualités humaines fondamentales à la reconstruction du corps social après la Révolution. C'est sans doute l'une des raisons pour lesquelles le mélodrame fut décrié à partir des années 1830, et le terme nettement moins utilisé par les auteurs : la forme de mélodrame qui a vu le jour sous la Révolution et qui s'est maintenue à l'affiche jusqu'aux années 1820 s'est construite sur les attentes d'un public désireux de renouer avec les valeurs morales et soucieux de voir émerger, sur les ruines de la Terreur, un monde nouveau fondé sur les principes de justice et d'équité. Cette ambition innerve les pièces de Pixerécourt en particulier, mais aussi celles de Louis-Charles Caigniez, de Jean-Guillaume-Antoine Cuvelier de Trie, et, dans une moindre mesure, de Jean-Baptiste Hapdé qui, après être devenu directeur des hôpitaux de la Grande-Armée, se fit un virulent contempteur du mélodrame en le dénonçant comme un outil de propagande napoléonienne[1]. Que le mélodrame ait pu servir les vues politiques de l'Empereur ne fait aucun doute ; ce facteur ne peut cependant expliquer à lui seul l'empressement des spectateurs à son égard et le succès colossal de pièces dont la plupart ont largement dépassé la centaine de représentations, à Paris comme en province[2].

L'engouement du public pour le mélodrame s'explique par l'originalité d'une dramaturgie qui fait se superposer les langages pantomimique,

---

1   Voir sa brochure intitulée : *Plus de mélodrames ! Leurs dangers considérés sous le rapport de la religion, des mœurs, de l'instruction publique et de l'art dramatique* (Paris, Dentu, 1814). Bonapartiste convaincu, Hapdé avait composé plusieurs spectacles en l'honneur de l'Empereur, dont *L'Union de Mars et de Flore, ou les Bosquets de lauriers* (1810), tableaux allégoriques à grand spectacle, joués à l'occasion du second mariage de Napoléon, et *L'Homme du destin* (1810), tableaux historiques et allégoriques composés en l'honneur des fêtes de leurs majestés impériales. Cette seconde pièce retraçait les exploits du conquérant ; l'acteur Chevalier, qui interprétait Bonaparte, avait parfaitement saisi sa caricature au point que l'Empereur se rendit au spectacle. En 1812, Hapdé obtint la place de directeur des hôpitaux militaires de la Grande-Armée. Cette expérience, vraisemblablement, changea son point de vue. Dès 1814, il publia *Les Sépulcres de la Grande Armée, ou Tableau des hôpitaux pendant la dernière campagne de Buonaparte*, dans lesquels il attaquait vivement l'Empereur. Pendant les Cent-Jours, Hapdé s'enfuit en Angleterre puis édita, dès son retour en France, plusieurs brochures en l'honneur des Bourbons. Il apparut dès lors comme le champion exalté de la légitimité. Il devint successivement membre de la Légion d'honneur, chevalier de l'Éperon d'or et du pape, membre de la Société académique de Paris. Ce retournement politique lui valut de figurer dans le *Dictionnaire des Girouettes, ou Nos contemporains peints d'après eux-mêmes* (Paris, Eymery, 1815).

2   Sur les études du répertoire joué en province, voir la « Bibliographie de la vie théâtrale en province au XIXe siècle » établie par Christine Carrère-Saucède, *in Bibliographies*, Publications numériques du CÉRÉdI, « Ressources », 2012, consultable en ligne (ceredi. labos.univ-rouen.fr).

verbal, musical et scénographique. Ces langages, codifiés à l'extrême, se lient les uns aux autres de façon à former la matière d'une intrigue qui se déploie selon une alternance entre des accélérations brutales et des ralentissements conduisant parfois l'ensemble du dispositif scénique à se figer dans le silence et l'immobilité[1]. L'écriture mélodramatique est avant tout une écriture du mouvement. Les modulations rythmiques peuvent d'ailleurs se lire à tous les niveaux du drame : dans les corps en scène dont les déplacements – toujours chorégraphiés et construits selon une combinaison d'évolutions rapides et d'attitudes figées – sont réglés de manière qu'ils révèlent le jeu des sentiments[2] ; dans les échanges verbaux entre personnages qui font alterner de denses répliques chargées de périphrases avec des dialogues brefs composés dans un style haché ; sur le plan sonore puisque la musique de scène a recours aux modulations rythmiques et tonales pour traduire le drame des émotions que les comédiens viennent ponctuer de leurs cris aux moments utiles[3] ; sur

---

1   Selon le fameux procédé du « Tableau », analysé par Pierre Frantz dans *L'Esthétique du tableau dans le théâtre du* XVIII*e siècle*, Paris, P. U. F., 1998.

2   Non seulement les acteurs usent d'une grammaire mimique et corporelle établie de manière à couvrir la gamme des émotions – « la douleur placera une main sur le front ; le désespoir s'arrachera les cheveux » ironisaient à ce propos les auteurs du parodique *Traité du mélodrame* (*par A ! A ! A !* [J.-J. Ader, A. Malitourne, A. Hugo], Paris, Delaunay, Pélicier & Plancher, 1817, rééd. *in Orages, Littérature et Culture 1760-1830*, n° 4 : « Boulevard du crime : le temps des spectacles oculaires », O. Bara [dir.], mars 2005, p. 178) –, mais les mouvements des corps en scène sont aussi réglés à la manière d'un ballet et proposent une lecture « visuelle » des soubresauts de l'action, surtout dans les moments les plus pathétiques. On trouvera une analyse détaillée de ce procédé dans notre « Présentation du *Château des Apennins* », éditée dans R.-Ch. Guilbert de Pixerécourt, *Mélodrames*, t. 1 : *1792-1800, op. cit.*, p. 687-706. Remarquons aussi que les codes du jeu mélodramatique sont encore présents dans la mémoire des spectateurs américains dans les années 1930, puisque W. C. Fields en fait le fondement d'une drolatique parodie dans son film *The Old Fashioned Way* (Paramount Pictures, 1934) mettant en scène une troupe itinérante d'acteurs de mélodrame. C. W. Fields avait commencé sa carrière dans une troupe de vaudeville, dont les tournées le conduisirent jusqu'en Europe, et plus particulièrement aux Folies Bergère où il fit la connaissance de Sarah Bernhardt qui, séduite par son jeu burlesque, le convia à effectuer une représentation à Buckingham Palace pour le roi Édouard V. *The Old Fashioned Way* offre une mise en scène assez précise de la façon dont pouvait se jouer le mélodrame, même si les ficelles sont considérablement grossies pour les besoins de la parodie.

3   De nombreux exemples pourraient être mentionnés afin d'illustrer cette technique propre au mélodrame qui consiste à allier les ressources émotionnelles du geste, de la voix du comédien et de la musique. Citons ce passage de *La Place du Palais* de Pixerécourt, qui, mettant en scène les délires de l'héroïne avec des accents très ophéliens, condense à lui seul tout ce que nous venons de décrire : « EUGÉNIE, *d'un air étonné, et riant*. Vous m'offrez des consolations, mes amis ; je n'en ai pas besoin. Je suis heureuse, très heureuse !... Édouard

le plan scénographique car les éléments du décor, statiques pendant les premières scènes d'un acte, finissent la plupart du temps par s'animer grâce au procédé du changement à vue[1]. Imbriqués les uns aux autres,

---

arrive aujourd'hui, ce matin... Il me l'a écrit... J'ai sa lettre... Voyez plutôt. (*Elle tire de son sein une lettre ouverte, qu'elle donne à M. Gerval.*) Il a réussi dans tous ses projets... La fortune lui a été constamment favorable, il pourra satisfaire tous ses goûts et les miens, nous allons vivre dans l'opulence et les plaisirs. (*À Édouard.*) Viens, mon enfant! viens cueillir avec moi les fleurs qui composeront ta couronne, je veux la tresser moi-même. (*Elle se lève et conduit rapidement son fils devant des arbustes fleuris, où elle fait une ample moisson de fleurs de toutes espèces. L'orchestre joue l'air : Jeunes amants cueillez des fleurs.*) Paix! je viens d'entendre une voiture... j'ai reconnu sa voix... Allons au-devant de lui... (*L'orchestre joue à moitié l'air : Aussitôt que je t'aperçois! puis : Heureux moment! Bonheur suprême!...* La pantomime d'Eugénie a successivement exprimé les sentiments que la musique a voulu peindre, et ses regards se sont portés vers la grille. C'est par là qu'elle croit voir arriver son amant. En se tournant à droite, elle voit Marianne qu'elle prend pour sa mère.) Te voilà, ma bonne mère... Viens partager mon bonheur... [...] Dieu! quels regards sévères! y lirai-je donc toujours le reproche ou l'indignation? (*Elle se précipite aux pieds de Marianne.*) [...] Oui, j'osais t'accuser d'une odieuse tyrannie... Hé bien, je l'ai secoué ce joug insupportable, et j'ai consommé tout à la fois ma perte, la tienne, celle d'Édouard, et d'une innocente créature, dont je n'ose m'avouer la mère. (*Son délire s'accroît.*) Malheureux Édouard!... tu viens de le voir passer... Il était là... au milieu de ce peuple féroce, et confondu avec d'obscurs scélérats... on le traîne au supplice... et je vois, sans mourir, l'échafaud préparé... Tiens!... regarde, ma mère. (*Elle parcourt le Théâtre.*) Il y monte... Arrêtez... par pitié. (*Elle pousse un cri déchirant.*) Ah! je me meurs!... (*Elle tombe évanouie, on la relève, et on l'emporte dans la maison.* [Musique à l'orchestre.]) » (R.-Ch. Guilbert de Pixerécourt, *La Place du Palais*, mélodrame en 3 actes et en prose, Théâtre de la Gaîté, 26 mars 1824, Paris, Quoy, 1824, II, 10, p. 48-50.)

1   Un bel exemple est donné dans le final du *Colosse de Rhodes, ou le Tremblement de terre d'Asie*, de Jean-Baptiste Hapdé : « [...] *un combat à outrance s'engage : au milieu de ce combat des flammes s'élèvent, la mer s'agite et devient bientôt écumante, la terre tremble de nouveau, des arbres se déracinent et tombent. Les combattants s'enfuient sans pour cela quitter leur adversaire ; on voit dans le fond les édifices et quelques maisons de la ville de Rhodes se détruire et s'engloutir au milieu des feux souterrains : sur le devant de la scène, la terre se soulève en deux ou trois endroits. Au milieu de cet affreux désordre, Sophronie reparaît seule, elle semble égarée et cherche son père ; apercevant le fort où elle l'a vu entraîné, elle va s'y précipiter, mais, au même instant, le fort, l'arcade et la tour d'oubli s'écroulent ; Sophronie s'évanouit, en s'écriant : mon père ! Au même moment, le dernier et le plus gros des grands palmiers se déracine, tombe sur Sophronie étendue, mais il reste incliné à huit pieds de son corps. Cet effet doit être rendu de manière à faire croire, au moment où l'arbre s'élance, qu'il va écraser Sophronie. De tous côté accourent des hommes, des femmes, des enfants, des mages, fuyant la ville, cherchant sur les bords de la mer à se mettre à l'abri de la chute de leurs habitations et des monuments publics. Les uns portent des cassettes, d'autres des coffrets, des vases précieux, les mages, leurs autels et leurs dieux, et font des sacrifices ; quelques femmes tiennent des enfants dans leurs bras. Deux jeunes filles, apercevant Sophronie, s'empressent à lui prodiguer des soins. Les mages se mettent à genoux et invoquent le ciel : tout le monde les imite. Une secousse terrible se fait ressentir, et chacun est renversé dans différentes attitudes. Foule de tableaux. Cette secousse fait sortir du sein de la mer des rochers calcinés de diverses formes et grandeurs. Un d'entre eux porte sur son extrémité des débris de vaisseaux naufragés et des matelots expirants. Quelques-uns d'entre eux sur des pointes de rochers sont entraînés rapidement au fond des eaux par l'éboulement de ces mêmes rochers. Le Colosse*

ces langages forment l'assise d'une dramaturgie dont la structure s'agence sous la forme de paliers successifs. La montée progressive du pathétique s'opère par un système d'alternance entre scènes violentes et relâchements soudains, entre mouvements et suspensions, entre surcharge sonore et silences.

LES ÉLÉMENTS SCÉNIQUES, PARTIE PRENANTE DE LA DRAMATURGIE

Dans cette perspective, on comprend le rôle que devait jouer le « metteur en scène » dans l'agencement du spectacle mélodramatique. Les éléments scéniques sont intégrés à la dramaturgie à tel point qu'ils sont envisagés dès le premier jet d'écriture. Les manuscrits de Pixerécourt – l'un des rares auteurs du Boulevard pour lequel nous disposons d'un fonds réunissant des mélodrames à leur état pré-scénique[1] – confirment cette hypothèse : schémas des décors, descriptions du jeu en pantomime et des mouvements de scène, interventions de l'orchestre sont précisés dès l'ébauche du drame. Cette contiguïté entre la scène et l'écrit est d'autant plus importante à considérer que les mélodrames étaient joués sur des scènes, somme toute, assez exiguës. Les théâtres de la Gaîté et de l'Ambigu-Comique, bien que machinés, ne disposaient pas sous l'Empire et le début de la Restauration d'un espace scénique suffisamment grand pour accueillir les décors imposants, les larges mouvements de groupe et les effets visuels qui formeront la spécificité des drames, des opéras et des féeries sous la monarchie de Juillet et le Second Empire[2].

---

s'ébranle, s'enfonce jusqu'à moitié du corps environ, le reste se rompt et tombe dans la mer. Au même moment une montagne s'élève derrière la ville en ruine, elle occupe la partie à gauche du public et dans le fond ; aussitôt un volcan s'ouvre sur sa cime, son éruption et la lave qui coule bientôt en sillonnant les flancs de la montagne, éclairent vivement et d'une clarté rougeâtre toute cette scène lugubre. » (J.-B. Hapdé, *Le Colosse de Rhodes, ou le Tremblement de terre d'Asie*, mélodrame historique en 3 actes, Théâtre de la Gaîté, 27 mai 1809, Paris, Barba, 1809, III, 24, p. 55-56.)

1   Le fonds « Pixerécourt » rassemble les manuscrits de l'auteur, quelques manuscrits du souffleur (reconnaissables par leur mise en page, par les corrections portées par l'auteur lui-même au moment des répétitions, et par la date d'autorisation de la censure figurant sur la page de titre), des lettres de ses collaborateurs, des documents relatifs à sa famille et à ses affaires personnelles. Fonds privé, il appartient à la Société d'Histoire de la Lorraine et du Musée Lorrain (abrégé SHLML dans les notes qui suivent) et est consultable, sur demande, au Musée Lorrain de Nancy. On pourra voir quelques reproductions de pages tirées de ces manuscrits dans notre édition des *Mélodrames* de l'auteur (*op. cit.*).

2   Ce n'est que dans les années 1826-1835 que les théâtres du mélodrame purent élargir le cadre de leur scène et disposer d'une machinerie leur permettant de rivaliser avec l'Opéra. Les théâtres de l'Ambigu-Comique et de la Gaîté, seuls autorisés à représenter

Pour pallier ce manque, les mélodramaturges ont inventé un langage scénique original : les acteurs prennent des pauses outrées, adoptent des mimiques grimacières en jouant avec l'éclairage des quinquets qui illuminent leur visage par le dessous, modulent leur voix, roulent les *r*, grincent des dents et frappent du talon au moment de leur entrée en scène ; les décors sont imaginés de façon à élargir au maximum le cadre de scène en combinant plusieurs espaces entre lesquels on communique par le biais des portes, grilles, escaliers qui savent jouer un rôle utile aux moments opportuns de l'action[1] ; les interventions de l'orchestre agissent en tant que décor sonore par le recours à toutes les techniques

le mélodrame selon le décret napoléonien de 1807, disposent alors d'une scène, respectivement, de 11 x 13 m et de 13 x 13 m (mesures prises de la toile du fond à la rampe pour la profondeur, des coulisses de gauche et de droite pour la largeur). L'ouverture de scène forme un cadre de 9 m de large sur 9 m de hauteur. À la même époque, l'Opéra (de la rue de Richelieu) offre un espace scénique de 22 x 32 m et le Théâtre-Français de 25 x 18 m (voir : A. Donnet, *Architectonographie des théâtres de Paris, ou Parallèle historique et critique de ces édifices, considérés sous le rapport de l'architecture et de la décoration*, Paris, impr. Didot l'aîné, 1821). Les incendies qui détruisirent l'Ambigu-Comique (en 1827) et la Gaîté (en 1835) permirent d'engager de lourds travaux de rénovation. Sous la monarchie de Juillet, précise Jacques-Auguste Kaufmann : « Le théâtre [de l'Ambigu] a 17 mètres en largeur, sur 14 mètres 50 centimètres de profondeur ; les plans sont au nombre de huit, et il est pourvu de toutes les machines nécessaires pour les pièces à grand spectacle » ; « Le théâtre [de la Gaîté] a plus de profondeur que l'ancien ; il se compose maintenant de huit plans et d'un lointain assez vaste et libre pour servir avec avantages aux effets théâtrals [*sic*]. Il a été équipé avec beaucoup de soin par M. Constant, machiniste en chef de l'Opéra, et se prête aux représentations à grand spectacle. » (J.-A. Kaufmann, *Architectonographie des théâtres, ou Parallèle historique et critique de ces édifices, considérés sous le rapport de l'architecture et de la décoration, seconde série : Théâtres construits depuis 1820*, Paris, L. Mathias, 1840, p. 147 et p. 272-273). Parmi les théâtres du mélodrame, il faut compter aussi celui du Cirque-Olympique qui, ouvert en 1807 rue du Mont-Thabor, fut autorisé à représenter des pièces à grand spectacle. Victime d'un incendie en 1826, il fut reconstruit sur le boulevard du Temple avec une profondeur de scène bien plus grande. Le Théâtre de la Porte-Saint-Martin, rouvert en 1814, fut autorisé à jouer le mélodrame. Construit initialement pour l'Opéra (qui l'occupa de 1781 à 1793), il disposait d'une scène assez large déjà (18 x 25 m, avec une ouverture de scène de 10 m ; on pourra se rendre compte des enjeux, et des vives critiques qu'a suscitée l'utilisation de cette salle pour la représentation du mélodrame au moment de l'inauguration du théâtre, en 1802, dans la « Présentation de *Pizarre* », par Sylviane Robardey-Eppstein, *in* R.-Ch. Guilbert de Pixerécourt, *Mélodrames*, t. 2 : *1801-1803*, Paris, Classiques Garnier, 2014). L'architecture de ces théâtres a donc été pensée, dans les années 1820-1830, pour servir avec plus de soin la partie matérielle de la représentation. On verra l'importance de ce changement un peu plus loin dans l'étude.

1   Il s'agit là d'un procédé dont Pixerécourt use en particulier. À titre d'exemples, on pourra consulter le dernier acte de *La Forêt de Sicile* (réédé. *in* R.Ch. Guilbert de Pixerécourt, *Mélodrames*, t. 1 : *1792-1800*, *op. cit.*, texte et musique édités par R. Martin & S. Robardey-Eppstein, p. 337-563) et le troisième acte de *La Place du Palais* (Paris, Quoy, 1824) dont

de la musique imitative. C'est pourquoi il paraît si nécessaire d'envisager l'analyse du mélodrame en réintégrant au cœur des pièces les partitions d'orchestre. Sans la musique, il est impossible de percevoir par exemple que *Les Ruines de Babylone* (1810) commencent par un combat militaire, uniquement traduit par l' « Ouverture » jouée rideau baissé, qui a toute son importance pour le développement de l'action[1]. Il est difficile aussi de mesurer la place occupée par les scènes pantomimées, résumées en quelques lignes sur les brochures, dont la musique élargit l'ampleur en illustrant tout ce qui ne peut pas être figuré sur scène. L'esthétique mélodramatique est contraire sur de nombreux points au réalisme scénique qui fondera les réformes dramatiques d'un bon nombre d'auteurs dans les années 1830. On a souvent fait valoir une continuité entre le mélodrame de l'Empire et le drame de la monarchie de Juillet en mettant en perspective les thèmes, les personnages et les motifs narratifs communs aux deux genres. Si ces points de convergence sont réels, il existe toutefois une rupture esthétique fondamentale entre les deux formes lorsqu'on les considère du point de vue de leurs codes scéniques, comme on le verra plus loin. Le mélodrame a inventé un langage dramatique qui crée l'émotion par le relai de la parole, du geste, de la mimique, et du son. C'est pourquoi le jeu de l'acteur est si essentiel au bon fonctionnement de la représentation. De fait, il n'est pas surprenant que le comédien Frédérick Lemaître ait choisi cette pierre de touche pour démanteler les conventions mélodramatiques en parodiant les codes de jeu du traître dans *L'Auberge des Adrets* (1823[2]). La dédicace qu'il porte

---

le décor, structuré en plusieurs espaces, joue un rôle essentiel dans le développement de l'action.

1   R.-Ch. Guilbert de Pixerécourt, *Les Ruines de Babylone, ou Giafar et Zaïda*, mélodrame historique en 3 actes, en prose et à grand spectacle, Théâtre de la Gaîté, 11 janvier 1810, Paris, Barba, 1810 ; [Girardin-Lacour], *Les Ruines de Babylone*, partition d'orchestre manuscrite, s. d., 578 f⁰, BnF, Département de la Musique, Mat TH 7.

2   Sur ce point, voir : J.-M. Thomasseau, « *L'Auberge des Adrets* (1823) et *Robert Macaire* (1834) ou l'art des mélos à double-fond », *in Mélodramatiques, op. cit.*, p. 117-134 ; O. Bara, « Le rire subversif de Frédérick Lemaître. Robert Macaire, ou la force comique d'un théâtre d'acteur », *Insignis*, n⁰ 1, p. 9-23. – Frédérick Lemaître était, à cette date, connaisseur des codes du jeu mélodramatique. Après des débuts aux Variétés-Amusantes et aux Funambules, il fut engagé au Cirque-Olympique (1816) où il occupa les rôles secondaires d'un bon nombre de pantomimes de Cuvelier (par exemple le gondolier Mallorno dans *Le More de Venise, ou Othello*, pantomime entremêlée de dialogues, en 3 actes, imitée de la tragédie anglaise, 1818). Il quitta le Cirque pour l'Odéon en 1820 où il interpréta les petits rôles du répertoire (Narcisse dans *Britannicus* de Racine, Timagène dans

sur une lithographie le représentant en Robert Macaire souligne bien la particularité de l'écriture mélodramatique : « 1ère Bataille Livrée au Mélo-Drame Rococo ! » écrit-il, usant de l'orthographe ancienne pour signifier l'association du *melo* et du *drame*, c'est-à-dire pour révéler les caractéristiques d'une écriture théâtrale qui fait reposer l'intérêt dramatique sur un langage scénique pluriel et codifié[1].

UNE « CURE » À ACCOMPLIR

Les éléments scéniques n'en restent pas moins des composantes essentielles de la dramaturgie. Réglés de manière précise, ils permettent au genre de remplir une fonction cathartique. Charles Nodier avait clairement souligné cet aspect en 1835 :

> C'est que je les ai vues [les compositions de Pixerécourt], dans l'absence du culte, suppléer aux instructions de la chaire muette, et porter, sous une forme attrayante qui ne manquait jamais son effet, des leçons graves et profitables dans l'âme des spectateurs ; c'est que la représentation de ces ouvrages vraiment *classiques*, dans l'acception élémentaire du mot, dans celle qui se rapporte aux influences morales de l'art, n'inspirait que des idées de justice et d'humanité, ne faisait naître que des émulations vertueuses, n'éveillaient que de tendres et généreuses sympathies, et qu'on en sortait rarement sans

---

Rodogune de Corneille, Érox dans *Mérope* de Voltaire, entre autres). Puis il rejoint, en 1823, la troupe de l'Ambigu qui lui confie ses premiers rôles principaux. Il débute dans *L'Homme à trois visages* de Pixerécourt (reprise, rôle de Vivaldi), puis enchaîne avec *Les Francs-Juges, ou les Temps de barbarie*, mélodrame historique de Lamartelière (reprise, rôle de Conrad de Turinge), *Les Remords*, mélodrame en 3 actes de Chandezon (création, rôle de Sir Edward Mac-Dougall), *Le Pèlerin blanc* de Pixerécourt (reprise, rôle de Castelli), *La Bataille de Pultawa*, mélodrame historique en 3 actes de Frédéric et Boirie (reprise, rôle de Charles XII). Après *L'Auberge des Adrets*, 5e pièce qu'il interprète sur ce théâtre, Lemaître joue encore dans de nombreux mélodrames (des créations comme des reprises) jusqu'à son engagement à la Porte-Saint-Martin en 1827, où il débute dans *Trente ans, ou la Vie d'un joueur* de Ducange et Goubaux. Je remercie Marion Lemaire, qui prépare une thèse sur *Robert Macaire : la construction d'un mythe, du personnage théâtral au type social, 1823-1848* (Paris 8, Isabelle Moindrot & Roxane Martin [dir.]) de m'avoir communiqué ces informations.

1   Cette lithographie bien connue de Langlumé est conservée au Musée Carnavalet sous le titre : *Frédérick Lemaître dans l'*Auberge des Adrets, *mélodrame d'Antier, Saint-Amand et Polyante*. Elle est signée et dédicacée sur la planche : « À mon ami Levy Sully / Frédérick Lemaître » et sur la marie-louise : « L'Auberge des Adrets ! ! !... / 1ère Bataille Livrée / au / Mélo-Drame Rococo ! / Juillet 1823 / Frédérick », (cote : inv. G. 38964 [Portrait GC XI]). Elle est reproduite dans le catalogue de l'exposition *Théâtres romantiques à Paris, Collections du musée Carnavalet*, Musée de la vie romantique, Paris musées, 2012, p. 62.

> se trouver meilleur ; c'est qu'à cette époque difficile où le peuple ne pouvait recommencer son éducation religieuse et sociale qu'au théâtre, il y avait dans l'application du mélodrame au développement de principes fondamentaux de toute civilisation une espèce de vue providentielle[1].

L'émotion est utilisée par les mélodramaturges comme un outil de transformation sociale et politique. C'est pourquoi le réalisme des décors et la vérité historique comptent moins que l'authenticité des sentiments. De nombreux mélodrames ont affiché leur prétention « historique » en puisant dans le passé les éléments utiles à la construction de leur intrigue. Pour autant, l'Histoire se présente avant tout comme une matière romanesque apte à transcender les violences et les inquiétudes provoquées par les événements politiques et sociaux du monde contemporain : elle offre les situations dramatiques propices pour traduire l'oppression du riche sur l'indigent, du monarque sur son peuple, de l'occupant sur l'occupé, du vice sur la vertu[2]. Car ce jeu d'oppositions permet de placer la question des valeurs humaines au premier plan ; la douleur, le sentiment d'injustice, l'empathie ne peuvent pas être mieux ressentis par le public que lorsqu'il est placé devant le spectacle de l'innocence persécutée. En agençant les événements historiques selon une logique providentielle, le mélodrame se fait l'agent d'une réforme puisqu'il transmue un monde injuste en une société fondée sur le triomphe de la vertu. L'émotion est l'arme privilégiée de cette transformation : elle est le moteur qui pousse les héros à agir et à confondre la tyrannie ; elle est l'ingrédient par l'intermédiaire duquel le théâtre peut agir sur la société. Les éléments du spectacle doivent être minutieusement réglés afin que le drame puisse remplir cet objectif.

---

1   Ch. Nodier, « Du mouvement intellectuel et littéraire sous le Directoire et le Consulat – Influence réciproque de la société sur le théâtre, et du théâtre sur la société », *Revue de Paris*, Bruxelles, L. Hautman et Cⁱᵉ, 1835, t. 4, p. 52-53. Le texte est souligné par son auteur. Nodier reprend cet article, avec quelques variantes, dans son « Introduction » au *Théâtre Choisi de G. de Pixerécourt*, *op. cit.*, t. 1, p. I-XVI.

2   Sur le traitement de l'Histoire dans le mélodrame, voir : J.-M. Thomasseau, « Le mélo et l'histoire dans le temps des révolutions (1799-1848), *in Mélodramatiques*, *op. cit.*, p. 57-69. Voir aussi le 2ᵉ tome des *Mélodrames* de R.-Ch. Guilbert de Pixerécourt (*op. cit.*).

QUAND METTRE EN SCÈNE DEVIENT UN MÉTIER

L'ambition pédagogique du mélodrame et l'unité nécessaire que doit afficher la représentation ont rapidement conduit les mélodramaturges à s'imposer comme « metteurs en scène ». Ce positionnement était d'autant plus essentiel que le succès des pièces reposait en grande partie sur les moyens du spectacle ; le directeur de théâtre, le régisseur, le maître de ballet, l'acteur qui avaient participé à modeler le drame au moment des répétitions pouvaient, de fait, prétendre toucher une part sur les droits d'auteur. La propriété littéraire et artistique, mise en place par les lois de 1791 et de 1793 et renforcée par le décret impérial du 22 mars 1805[1], est un facteur important pour comprendre les raisons qui auront poussé les théâtres de province à enrichir leur personnel d'un « régisseur de la scène » à partir des années 1820. Elle aide aussi à définir les stratégies utilisées par certains dramaturges pour s'imposer comme les uniques maîtres d'œuvre de la représentation.

LE METTEUR EN SCÈNE : UN COLLABORATEUR

Le positionnement des auteurs à l'égard de la mise en scène a varié selon les ambitions et le talent de chacun. Certains n'ont pas hésité à collaborer, comme il en était de coutume sous l'Ancien Régime, avec l'acteur, le maître de ballet, le directeur de théâtre dont les qualités en matière de mise en scène étaient suffisamment reconnues pour garantir le succès d'une pièce confiée entre leurs mains. C'est le cas, vraisemblablement, de Cuvelier dont on sait qu'il pouvait participer activement au réglage des scènes de combat, mais qui n'offrait aucune résistance lorsqu'il s'agissait de recourir aux talents d'un « metteur en scène », quitte à partager avec lui la moitié de ses droits d'auteur. Ses pièces jouées au Théâtre du Cirque-Olympique dans les années 1810-1820 ont ainsi largement bénéficié du savoir-faire des Franconi, troupe d'écuyers d'origine italienne qui s'était établie à Paris en 1783[2]. Antoine Franconi

---

1 *Décret* [n° 143] *impérial concernant les droits des propriétaires d'ouvrages posthumes*, 1ᵉʳ germinal
   an 13 (22 mars 1805).
2 Cuvelier affirme explicitement son rôle de coordinateur des combats sur la brochure de
   C'est le Diable, ou la Bohémienne : « drame en 5 actes à grand spectacle, mêlé de pantomime,

avait récupéré le manège des frères Astley (partis pour Londres) pour y fonder le théâtre qui porta d'abord son nom avant de se transformer en Cirque-Olympique lorsqu'il fut transporté rue du Mont-Thabor en 1807[1]. L'établissement, confié à ses deux fils Laurent et Henri (surnommé Minette), élargit alors son répertoire (initialement restreint aux scènes équestres) au mimodrame et au mélodrame. Passés maîtres dans le façonnement de spectacles qui alliaient les prouesses de l'acrobatie équestre aux scènes d'affrontements guerriers, ils prirent une part active dans la mise en scène de toutes les pièces portées à l'affiche de leur théâtre. C'est pourquoi leur nom apparaît parfois mentionné sur les brochures au titre de co-auteurs du drame[2], mais il ne faut pas se méprendre sur la teneur exacte de leur contribution. Enfants de la balle, et par conséquent privés d'une éducation lettrée, ils n'eurent pu que de loin collaborer à l'écriture

---

évolutions, combats, chants et danses, *paroles et combats de J. G. A. Cuvelier*, représenté pour la première fois sur le théâtre de l'Ambigu-Comique, à Paris, le 28 brumaire, an 6 de République française » (Paris, Barba, an 6 [1798], p. 1 [nous soulignons]). Dans un article publié dans le *Journal de Paris*, Martainville souligne toutefois le rôle essentiel de Franconi : « Je ne terminerai pas cette annonce sans réparer une erreur involontaire que j'ai commise en ne citant que M. Cuvelier comme auteur de *l'Entrée d'Henri IV à Paris*. M. Franconi jeune a droit de revendiquer la moitié de ce succès ; ce n'est pas l'amour-propre d'auteur qui réclame, c'est le cœur qui ne veut rien perdre. » (n° du 26 mai 1814). L'édition Barba de 1814 confirme son propos : « *L'Entrée de Henri IV à Paris*, tableau historique en deux actes, avec un prologue, paroles de M. Cuvelier de Trie, action pantomime par Franconi jeune, représenté au Cirque-Olympique le 30 avril 1814 ». Le *Catalogue général des œuvres dramatiques et lyriques faisant partie du répertoire de la Société des Auteurs et Compositeurs dramatiques* (Paris, Guyot & Peragallo, 1863) atteste que les droits d'auteur furent équitablement répartis entre Cuvelier et Franconi. – Sur Cuvelier, voir : S. Robardey-Eppstein, « Décors et accessoires dans les didascalies de J. G. A. Cuvelier de Trie : écriture du spectaculaire et spectacle de l'écrit », *in* Ph. Bourdin & F. Le Borgne, *Costumes, décors et accessoires dans le théâtre de la Révolution et de l'Empire*, Clermont-Ferrand, Presses Universitaires Blaise-Pascal, 2010, p. 89-102.

1   Sur ce théâtre, voir : N. Brazier, *Histoire des petits théâtres de Paris depuis leur origine*, nouvelle édition, corrigée et augmentée de plusieurs chroniques, Paris, Allardin, 1838, t. 1, p. 83-99 : J.-C. Yon, « Le Cirque-Olympique sous la Restauration : un théâtre à grand spectacle », *Orages, Littérature et Culture 1760-1830*, n° 4, *op. cit.*, p. 83-98. Et sur les Franconi, voir l'article de Pierre Larousse dans le *Grand dictionnaire universel du XIXe siècle*, rééd. Genève, Slatkine, 1982, t. 8.

2   Par exemple : *Gérard de Nevers et la belle Euriant*, scènes pantomimes équestres et chevaleresques, en trois parties, imitées du roman de Tressan, par MM. Cuvelier et Franconi cadet, musique arrangée par M. d'Haussy, chef d'orchestre du Cirque, représentées, pour la première fois, à Paris, au Cirque-Olympique, le 11 février 1810, Paris, Barba, 1810. – Dans le *Dictionnaire des coulisses, ou Vade-mecum à l'usage des habitués des théâtres* publié en 1832, on lit encore : « M. Adolphe Franconi passe pour un des metteurs en scènes les plus habiles de Paris » (Paris, chez tous les libraires, 1832, p. 76).

des dialogues. La même remarque peut être formulée à l'égard de César Ribié à propos duquel Pierre Larousse précise : « On a accusé avec raison Ribié de n'avoir donné que le canevas des ouvrages représentés sous son nom, car il était dénué de l'instruction la plus élémentaire et ne savait même pas écrire[1]. » Fils d'un marionnettiste, Ribié commença sa carrière en tant qu'aboyeur à la porte du théâtre de Nicolet sur les foires Saint-Germain et Saint-Laurent. Engagé dans la troupe, il s'imposa rapidement comme l'un des meilleurs acteurs comiques de la Foire, puis du Théâtre de la Gaîté dont il devint le directeur en 1805. Si son rôle de metteur en scène est spécifié sur les brochures d'un bon nombre de pièces jouées sur ce théâtre[2], il figure aussi parfois comme co-auteur, voire comme auteur principal[3]. Ces constats révèlent combien la notion d'auteur reste floue pendant les premières années du XIXᵉ siècle. L'édit libérateur de 1791 a

---

1 P. Larousse, entrée « Ribié », *Grand dictionnaire universel du XIXᵉ siècle*, *op. cit.*, t. 13.

2 Par exemple, sur la brochure de *Pharaon, ou Joseph en Égypte* déjà mentionnée (voir *supra*, n. 1, p. 14), mais aussi sur celles de : *Jean Sobieski roi de Pologne, ou la Lettre*, mélodrame en 3 actes, Théâtre de la Gaîté, mai 1806, paroles de Mme Barthélemy Hadot, musique de Taix, ballets de M. Adam, mis en scène par M. Ribié, administrateur du Théâtre de la Gaîté (Paris, Maldan, 1806) ; *Le Fantôme de Bérezule, ou les Deux Hermites*, mélodrame à spectacle, en 3 actes, en prose, Théâtre de la Gaîté, juin 1805, paroles de M. A. B*** [Bernos], musique de M. Leblanc, ballets de M. Hus, mis en scène par M. Ribié (Paris, Fagès, 1805) ; *La Forteresse de Cotatis, ou Zelaïde et Pharès*, mélodrame en 3 actes, à grand spectacle, Théâtre de la Gaîté, juin 1805, par Pierre Villiers, ancien capitaine au 3ᵉ régiment de Dragons, musique de M. Taix, ballets de M. Hus, mis en scène par M. Ribié (Paris, Fagès, 1805) ; *Maclovie Comtesse de Warberg, ou la Peine du talion*, mélodrame historique en 3 actes, à grand spectacle, orné de chants, danses, pantomimes, évolutions militaires, etc., Théâtre de la Gaîté, novembre 1804, paroles de Mme Barthélemy Hadot, musique de M. Tobie, ballets de M. Hus, mis en scène par M. Ribié (Paris, Fagès, 1804).

3 Selon le *Catalogue des œuvres dramatiques et lyriques faisant partie du répertoire de la Société des Auteurs et Compositeurs Dramatiques* (Paris, Guyot & Peragallo, 1863), Ribié touche des droits pour une bonne partie des pièces portées à l'affiche de la Gaîté sous le Consulat et l'Empire. Il est, par exemple, le seul auteur de *Geneviève de Brabant*, mélodrame en 3 actes, en prose et à grand spectacle (Paris, Fagès, 1804). Il fut aussi l'heureux collaborateur du *Pied de Mouton* (1806), mélodrame-féerie en 3 actes qui connut un fort succès jusqu'à la fin du siècle. La pièce avait été écrite avec Martainville. Lorsque Pixerécourt prit la direction du Théâtre de la Gaîté, il continua de programmer *Le Pied de Mouton*. Les registres du théâtre confirment que seul Martainville était alors rétribué (voir *Ordonnances de payement*, 3 dossiers cartonnés, ms., 250 x 190 mm, 248, 301 et 121 feuillets, Bibliothèque Municipale de Nancy, fonds « Gaîté », cote : 1117-1119[580]). Ceci semble confirmer notre hypothèse : Ribié a perdu ses droits dès lors que la mise en scène a été remaniée, sans doute par Pixerécourt lui-même qui, à cette époque, se versait un salaire de 300 francs pour « mise en scène » (voir *Ordonnances de payement*, *op. cit.*). Mais il est vrai que la perception des droits d'auteurs n'était pas bien administrée sous l'Empire et la Restauration ; il fallut attendre la fondation de la Société des auteurs dramatiques par

finalement permis à un ensemble de comédiens et de directeurs forains d'accéder au statut d'auteur tout en demeurant illettrés. C'est pourquoi nombre d'entre eux ont pu tour à tour revendiquer le titre de dramaturge ou de metteur en scène : peu importe finalement puisque les éléments scéniques étaient partie prenante de la dramaturgie, et la collaboration profitable à tous dans la mesure où les droits d'auteur, comme les salaires, étaient calculés sur les recettes. Se perpétue donc sous l'Empire et la Restauration un fonctionnement des théâtres privés similaire à celui de l'Ancien Régime. Auteurs, acteurs, maîtres de la pantomime, régisseurs, directeurs – qui sont souvent les mêmes – concourent ensemble à la réussite de leur entreprise en programmant le mélodrame à grand spectacle qui garantissait alors l'afflux des spectateurs.

L'AUTEUR-METTEUR EN SCÈNE

Deux dramaturges furent réticents à ce système. Leur démarche est intéressante à considérer car elle est sans doute en partie responsable de la réorganisation des fonctions et des métiers que l'on voit poindre au sein des troupes théâtrales dans les années 1820. Jean-Baptiste Hapdé et René-Charles Guilbert de Pixerécourt eurent à cœur de s'imposer à la fois comme metteur en scène et auteur unique de leurs drames. Chacun, pour des raisons différentes, envisageait le mélodrame avec une conscience politique affirmée. Doué d'une bonne instruction, Hapdé débuta très jeune au théâtre avec *Cange, ou le Commissionnaire de Saint-Lazare* (1794) dont le sujet, puisé dans l'actualité, révélait son opposition aux Jacobins[1]. Évidemment, ce positionnement politique était incontournable dans les derniers mois de l'année 1794, mais Hapdé continua à exploiter cette veine en écrivant des pièces à grand spectacle centrées sur le thème de la tyrannie. Joués sous l'intitulé générique « féerie » et sur le Théâtre des Jeunes-Artistes exclusivement, ses drames

---

Eugène Scribe en 1829 pour que le prélèvement des droits sur les recettes des théâtres s'effectue de façon plus rigoureuse.

1   Joseph Cange, commissionnaire à la prison Saint-Lazare pendant la Terreur, avait aidé un détenu en servant d'intermédiaire entre lui et sa femme. Cet acte de générosité, qui aurait pu lui coûter la vie, fut popularisé par les *Petites Affiches* dès les lendemains du 9-Thermidor. Cange devint un modèle de la résistance au régime robespierriste ; les théâtres s'emparèrent du sujet, notamment celui des Jeunes-Artistes qui mit à l'affiche la pièce de Hapdé, alors âgé de 15 ans. On compte pas moins de huit pièces sur le même sujet à Paris en 1794 (voir A. Tissier, *Les Spectacles à Paris pendant la Révolution, op. cit.*, t. 2).

associaient violence et pathétique par le déploiement d'un faste scénique éblouissant : destruction d'une arène par une pluie de feu dans *Le Petit Poucet, ou l'Orphelin de la Forêt* (1798), effondrement d'une pyramide dès le lever de la toile dans *Arlequin à Maroc, ou la Pyramide enchantée* (1804), engloutissement d'une armée entière dans une mer écumante dans *Le Prince invisible, ou Arlequin Prothée* (1804[1]). Après la fermeture des Jeunes-Artistes en 1807, Hapdé proposa quelques drames sur les théâtres de la Gaîté et du Cirque-Olympique[2], puis réussit à obtenir un privilège en 1810 pour rouvrir le Théâtre de la Porte-Saint-Martin sous le nom de Salle des Jeux-Gymniques. Il s'agissait du théâtre le plus vaste du Boulevard[3] ; Hapdé put ainsi élargir le champ de ses expérimentations scéniques en proposant des « tableaux dans le genre de Servandoni[4] » dans lesquels le pathétique continuait à s'exprimer par des clous scéniques étourdissants. Furent ainsi programmés : *La Reine de Persépolis, ou la Femme et le Malheur* (1810), tableau en quatre actions, à grand spectacle ; *L'Apothéose du duc de Montebello*, tableaux à grand spectacle précédés d'une pompe funèbre (1810) ; *Le Passage du Mont Saint-Bernard* (1810) et *La Peyrouse, ou le Voyageur autour du monde* (1810), tableaux historiques en trois actions[5]. On comprend la persis-

---

1   *Le Petit Poucet, ou l'Orphelin de la forêt*, mélodrame-féerie en 3 actes, écrit en collaboration avec Cuvelier, Théâtre des Jeunes-Artistes, mars 1798 ; *Arlequin à Maroc, ou la Pyramide enchantée,* folie-féerie en 3 actes, Théâtre des Jeunes-Artistes, juillet 1804 ; *Le Prince invisible, ou Arlequin Prothée*, pièce féerie en 6 actes à grand spectacle, Théâtre des Jeunes-artistes, février 1804. Sur ces pièces et les particularités de la dramaturgie féerique sous le Consulat, voir notre ouvrage : *La Féerie romantique sur les scènes parisiennes, op. cit.*, p. 23-126.

2   Par exemple : *Le Colosse de Rhodes* déjà évoqué (*supra*, n. 1, p. 59), et *La Bataille d'Aboukir, ou les Arabes du désert*, en collaboration avec Cuvelier, action militaire en 2 parties jouée au Cirque-Olympique en septembre 1808.

3   Rappelons que la salle fut construite, à l'origine, pour l'Opéra.

4   Sur cette appellation générique, voir : M. Sajous d'Oria, « Le "genre de Servandoni" au Théâtre des Jeux Gymniques (1810-1812) », *in* Ph. Bourdin & F. Le Borgne, *Costumes, décors et accessoires dans le théâtre de la Révolution et de l'Empire, op. cit.*, p. 77-87. – Le privilège restreignait le répertoire à la pantomime et n'autorisait pas plus de deux acteurs parlants sur scène. Il fut accordé à Dugas mais c'est Hapdé qui s'occupa d'administrer le théâtre. Sa programmation fut composée aux trois quarts par ses propres pièces qu'il mettait lui-même en scène. Au bout d'un an, le théâtre commença à souffrir des frais que l'auteur engageait à chaque spectacle nouveau. Au mois de juillet 1811, les artistes, non payés, refusèrent de prendre leur service et le théâtre ferma quelques mois plus tard, le 12 juin 1812 (voir à ce propos : E.-D. de Manne & Ch. Ménétrier, *Galerie historique des comédiens de la troupe Nicolet*, Lyon, Scheuring éd., 1869, p. 151 *sq.*).

5   Si ces « tableaux » s'apparentent davantage à la pantomime dans la mesure où Hapdé ne pouvait s'écarter du privilège accordé aux Jeux-Gymniques, le mélodrame offre néanmoins

tance du dramaturge à s'imposer comme « metteur en scène » et à faire valoir cette fonction en notifiant sur les affiches et les brochures : « mis en scène par l'auteur ». Continuant d'explorer l'esthétique des drames noirs de la décennie révolutionnaire, il envisageait la scène comme un langage susceptible de créer à lui seul l'émotion. Tremblements de terre, naufrages et inondations formaient ainsi les épisodes obligés de ses drames, qui finissaient sur les brochures par ne plus transparaître que sous la forme de longues didascalies.

LA MISE EN SCÈNE :
UNE « ÉCRITURE » SOUMISE AU DROIT D'AUTEUR ?

Cette façon de figer la mise en scène par l'écrit fut précisément le facteur que Hapdé chercha à faire valoir lorsqu'il enclencha une procédure judiciaire pour plagiat contre Pixerécourt. En 1819, *La Fille de l'Exilé* attirait les foules au Théâtre de la Gaîté[1] ; or, le mélodrame offrait une scène de déluge que Hapdé crût empruntée à l'un de ses « tableaux » composés pour les Jeux-Gymniques. Quelques jours après les premières représentations de la pièce de Pixerécourt, il écrivait au *Courrier des spectacles* :

> En 1811, je fis répéter au théâtre de la Porte-Saint-Martin, alors salle des Jeux Gymniques, des *tableaux en trois parties* intitulés *le Déluge*. Mon but, lorsque je traçai ces tableaux, avait été principalement d'offrir, *en action*, ceux à jamais célèbres du *Poussin* et de *Girodet*. Décors, machines, tout fut commencé d'après les moyens d'exécution, conçus par moi, pour opérer une *inondation progressive, le gonflement, le ravage des eaux, et l'envahissement total du théâtre*, par ces mêmes eaux, *jusqu'à la rampe*. Des entraves qu'occasionna

---

les ingrédients pour élaborer les situations dramatiques. La critique de Geoffroy à propos de *La Peyrouse, ou le Voyage autour du monde* permet de se faire une idée du spectacle : « Pendant que les singes dansent, les sauvages troublent le bal en débarquant dans l'île ; ils y amènent des prisonniers pour les faire rôtir et les manger ; ces victimes sont madame La Peyrouse et son fils. Son mari, le fidèle matelot et Zora elle-même, se mettent en embuscade, font feu sur les sauvages ; les prisonniers sont délivrés. Zora frémit à l'aspect des caresses conjugales de La Peyrouse et de sa femme ; sa jalousie se tourne en rage ; elle veut faire périr son infidèle par les mains du sauvage son ancien amant ; elle s'empoisonne elle-même avec un fruit du pays. La situation de La Peyrouse entre ses deux femmes est déchirante, et l'une des plus théâtrales que l'on connaisse. » (J.-L. Geoffroy, *Cours de littérature dramatique*, Paris, P. Blanchard, 1825, 2e éd., t. 6, p. 120).

1   *La Fille de l'Exilé, ou Huit mois en deux heures*, mélodrame historique en 3 parties, par R.-Ch. Guilbert de Pixerécourt, musique de M. Alexandre [Piccini], ballets de M. Lefebvre, Théâtre de la Gaîté, 13 mars 1819, Paris, Barba, 1819.

l'exiguïté ruineuse d'un privilège plus que bizarre, contraignirent à suspendre les répétitions, et l'administration cessa d'exploiter sans avoir pu faire représenter mon ouvrage[1].

Le procès pour plagiat se fondait sur la possibilité qu'avait eue Pixerécourt d'accéder au manuscrit de Hapdé par l'intermédiaire d'Alexandre Piccini, compositeur de la musique de *La Fille de l'Exilé* en 1819, mais aussi de celle du *Déluge* en 1811. Un huissier se présenta au domicile du chef d'orchestre de la Gaîté[2], mais aucune preuve ne fut trouvée pour instruire le procès. L'affaire fut classée, mais n'en fit pas moins grand bruit dans la presse. Pixerécourt, Piccini, mais aussi Caigniez que Hapdé avait cité dans sa « Réclamation » pour être l'auteur d'un mélodrame composé à partir du même roman que *La Fille de l'Exilé*, prirent tour à tour la parole par voie de communiqués[3]. En définitive,

---

1 J.-B. Hapdé, « Réclamation. Au directeur du *Courrier des spectacles*. Paris, le 24 mars 1819 », *Courrier des spectacles*, 25 mars 1819. Le texte est souligné par son auteur. Les toiles ici évoquées sont, de Poussin : *L'Hiver ou le Déluge* (*ca* 1660-1664, Musée du Louvre), et de Girodet-Trioson : *Scène de déluge* (1806, Musée du Louvre). Cette manière de composer le drame à partir de la composition picturale anticipe sur les initiatives de Taylor et Alaux au Panorama-Dramatique. Nous aurons l'occasion d'y revenir.

2 L'acte est conservé aux Archives Nationales, fonds « Taylor », sous la cote : AJ¹³ 1038.

3 On peut lire les réponses faites à Hapdé dans le *Courrier des spectacles* : n⁰ du 27 mars 1819 pour Piccini et Pixerécourt ; nᵒˢ du 28 mars et du 2 avril 1819 pour Caigniez. Hapdé fit publier une nouvelle lettre dans le *Courrier des spectacles* du 30 mars 1819. Trouvant sans doute le journal trop partie prenante, Pixerécourt résilia son abonnement, ainsi que l'atteste une lettre de l'auteur datée du 7 avril 1819 (AN, AJ¹³ 1038). L'affaire fut longtemps relayée par les journaux de Paris et de province ; on trouve des articles la concernant dans le *Journal de Lyon* (n⁰ du 23 juillet 1819), dans le *Journal de Seine et Oise* (n⁰ du 10 juillet 1819), dans les *Annales politiques, morales et littéraires* (nᵒˢ du 26 mars, 1ᵉʳ et 9 avril 1819), dans *Le Camp-volant* (n⁰ du 8 avril 1819), dans le *Journal du commerce de politique et de littérature* (n⁰ du 27 mars 1819), dans *Le Miroir des spectacles* (n⁰ du 24 avril 1825). Suite à cette affaire, Hapdé publia deux brochures, l'une intitulée *De la propriété dramatique, du plagiat et de l'établissement d'un jury littéraire* (Paris, Boucher, 1819) et l'autre *Trente mois en une heure, exposé des faits relatifs à l'attaque en calomnie dirigée par Augustin Hapdé contre Charles-Maurice Descombes, auteur de plusieurs articles diffamatoires, insérés dans une feuille publique et notamment de celui du 8 avril dernier, où il prend la qualité d'avocat-général et la cause des sieurs Guilbert de Pixerécourt et Alexandre Piccini* (Paris, Dupont, 1819). – La pièce que Hapdé attribue à Caigniez s'intitule *Élisabeth, ou les Exilés* ; Caigniez nie en être l'auteur dans sa réponse publiée dans le *Courrier du spectacle* (*op. cit.*). Le mélodrame de Pixerécourt est tiré du roman de Sophie Cottin (*Élisabeth, ou les Exilés de Sibérie* [1806]) et fut adapté en opéra par Donizetti sous le titre *Otto mesi in due ore, ossia Gli esiliati in Siberia* (*Huit mois en deux heures, ou les Exilés de Sibérie*), « melodramma romantico » en 3 actes, joué à Naples en 1827. Cet opéra fut ensuite adapté pour la scène française en 1853 par Adolphe de Leuven et Brunswick sous le titre *Élisabeth, ou la Fille du proscrit*.

l'initiative de Hapdé obligea les mélodramaturges à se positionner sur la place que la mise en scène devait prendre au sein des pièces et, surtout, sur la possibilité que celle-ci, une fois intégrée dans les manuscrits et les brochures sous la forme d'un texte didascalique, devienne soumise à la loi sur la propriété littéraire et artistique. Car c'est bien en s'appuyant sur le texte des didascalies que Hapdé fondait son attaque pour plagiat :

L'effet théâtral qui termine la deuxième partie de *la Fille de l'Exilé* offre, avec la troisième du *Déluge*, l'étrange rapprochement que voici :
Dans mon manuscrit, visé, paraphé au ministère de la police générale, et duquel je propose la plus scrupuleuse vérification, on lit (3ᵉ partie) :
« Le théâtre représente *un site aride et rempli de rochers escarpés ; à peine quelques arbres ont pris racine au milieu d'eux. – Vers le fond, un rocher conduit à une montagne. –* On voit ensuite qu'*une jeune fille* (personnage principal), *que la crue des eaux expose à périr, cherche son salut à travers les rochers. –* Que *le ciel est en feu. –* Qu'*un vieillard est submergé. –* Qu'*un arbre se rompt. –* Que *d'autres se déracinent. –* Que *des hommes, des femmes et des enfants gravissent les rocs. –* Que *l'eau augmente toujours d'élévation. –* Qu'*elle entraîne des* DÉBRIS DE CHAUMIÈRE, sur la *toiture* de ces chaumières sont des habitants qui *lèvent les mains vers le ciel,* etc., etc. »
J'ouvre la pièce imprimée de M. Guilbert, et dans cette pièce, aujourd'hui *mélodrame historique,* quoiqu'annoncée sur les affiches comme *tableaux,* je lis (2ᵉ partie) :
« Le théâtre représente *un site sauvage. –* Au fond l'on voit *les monts,* etc. *– Les seuls arbres* que l'on distingue sont, etc. *–* Partout on remarque des *aspérités, des monticules. –* Page 57 : *Un pin très fort se brise. –* Page 58 : *La montagne se couvre de villageois de tout âge, de tout sexe,* qui, chassés de leurs habitations, se réfugient *sur les hauteurs. –* Page 59 : *Le malheureux Ivan* (vieillard), *luttant contre les vagues, disparaît. –* Plus bas : Ce n'est qu'*en s'élançant d'un monticule à un autre* qu'Élisabeth parvient avec beaucoup de peine auprès de la cabane. *–* Plus bas encore : *Tout est envahi par les eaux* ; – le fleuve, débordé, *entraîne avec violence des arbres, des* DÉBRIS DE CHAUMIÈRE. *–* Le *tonnerre,* les *éclairs,* le *vent,* la *grêle. –* Élisabeth s'est mise à genoux *sur la planche qui* COUVRE *la sépulture* de Lizinska, et le tombeau s'élève *à la surface de l'eau* ; LES YEUX LEVÉS VERS LE CIEL, et tenant la croix embrassée, elle semble se résigner à la mort. *–* page 60 : *L'eau monte de plus en plus*[1]. »

Pixerécourt contesta l'emprunt en faisant valoir, d'une part que le procédé de l'inondation avait déjà été utilisé par lui dans *Charles le*

---

1   J.-B. Hapdé, « Réclamation », *Courrier des spectacles,* 25 mars 1819. Le texte est souligné par son auteur.

Téméraire[1], d'autre part que la scène du déluge lui avait été inspirée par une gravure placée dans les *Chroniques* de Kotzebue[2]. Mais là où l'auteur faisait surtout preuve d'une conception très différente du mélodrame, c'est en précisant :

> Enfin, je crois (et cette opinion se fortifie du jugement des journaux) que l'effet du 2ᵉ acte de *la Fille de l'Exilé* est dû beaucoup moins peut-être à *l'inondation* qu'au péril imminent que court Élisabeth, et surtout à l'idée poétique et morale qui m'a été inspirée par le sujet[3].

Les éléments du spectacle sont, dans l'idée de Pixerécourt, totalement assujettis à l'action dramatique, qui doit être construite de manière à accomplir la visée pédagogique et morale du genre. C'est pourquoi la démarche de l'auteur est assez différente de celle de Hapdé. Lui aussi s'imposa comme le maître absolu du spectacle, mais il y parvint en s'infiltrant au cœur de l'entreprise théâtrale et en occupant à lui seul les fonctions de dramaturge, de directeur et de metteur en scène.

L'EXCEPTION PIXERÉCOURT

Le caractère énergique, voire autocratique du mélodramaturge était bien connu des artistes dramatiques de l'époque ; la presse l'avait d'ailleurs surnommé Férocios Poignardini dans les années 1820, sans doute par analogie au tyran d'un « mélodrame burlesque » que Théophile Dumersan avait fait représenter au Théâtre des Variétés sous le titre *Le Tyran peu délicat* (1817[4]). Sa correspondance le confirme : les lettres échangées avec ses collaborateurs lorsqu'il était directeur de la Gaîté et

---

1 *Charles le Téméraire, ou le Siège de Nancy*, drame héroïque en 3 actes et en prose, dédié à la ville de Nancy, par R.-Ch. Guilbert de Pixerécourt, Théâtre de la Gaîté, 26 octobre 1814, Paris, Barba, 1814.

2 Voir : Lettre de Guilbert de Pixerécourt au directeur du *Courrier des spectacles*, 25 mars 1819, *Courrier des spectacles*, 27 mars 1819.

3 *Ibid.* – Le texte est souligné par son auteur.

4 Le tyran, dans cette parodie de mélodrame, se nomme en effet Poignardini. Dans ses *Mémoires d'un vaudevilliste*, Armand de Rochefort décrivait ainsi son ami Pixerécourt : « Il avait une figure bistrée, le regard énergique d'un châtelain de mauvaise humeur qui aurait mal dormi et souffrirait de la goutte… Quand il venait le matin à ses répétitions, c'était un tigre de sévérité. Les acteurs tremblaient […] ; il ne pardonnait pas la plus légère négligence, le moindre retard dans le devoir, sans imposer de sévères amendes, et, quand un acteur s'était distingué dans un rôle, il n'était pas homme à lui en faire son compliment, mais il lui reprochait de n'avoir pas été assez bon, assez complet. » (Paris,

de l'Opéra-Comique révèlent un tempérament affirmé, et peu enclin à accepter les compromis sur sa manière d'envisager la mise en scène. Mélesville, auteur d'un vaudeville porté au Théâtre de la Gaîté lorsque Pixerécourt en était le directeur, s'était ainsi plaint au mélodramaturge :

> La mise en scène du *Cousin de Faust* a été tellement précipitée que nous n'avons pu nous entendre sur beaucoup de choses, et pour ma part, j'ai appris à peu près en même temps le commencement des répétitions et la représentation[1].

Non seulement Pixerécourt mettait lui-même ses pièces en scène, mais il s'occupait aussi de faire répéter les drames reçus à son théâtre, ou les confiait à Jean-Baptiste Marty, acteur de la Gaîté qui occupait les fonctions de régisseur depuis 1823[2]. Cherchant à protéger son assistant, Pixerécourt rappela à Mélesville qu'il n'avait pas non plus pris la peine de participer aux répétitions de *L'Aigle des Pyrénées* ; ce dernier rétorqua :

> Si j'ai donné moins de soins à *L'Aigle*, c'est que je me suis convaincu aux répétitions que je vous étais d'un médiocre secours ; vous étiez sur votre terrain, entouré de vos acteurs qui ont confiance en vous, et plus en état que moi de conduire la besogne[3].

Charlieu et Huillery, 1863, cité par P. Ginisty dans *Le Mélodrame*, Paris, Louis Michaud, s. d. [1910], p. 111).

1   Mélesville [Anne-Honoré-Joseph Duveyrier, dit], Lettre à Pixerécourt, s. d. [mars 1829], SHLML, cote : boîte n° 9. – *Le Cousin de Faust*, folie en 3 tableaux, par MM. Mélesville, Brazier et Carmouche, Théâtre de la Gaîté, 13 mars 1829, Paris, Quoy, 1829.

2   À propos de Marty, Pierre Larousse précise : « Avant de se faire acteur au théâtre de la Gaîté, Marty avait été quelque temps, en 1796, incorporé dans une légion commandée par Cuvelier, qui l'avait pris pour son soldat, lui facilita l'entrée du Conservatoire ; il y reçut les leçons de Monvel. Du zèle, beaucoup de rondeur dans les manières devaient, après ces commencements, porter Marty vers d'assez hautes destinées théâtrales. Il n'en fut rien, et au lieu de se vouer à la haute comédie et d'aborder les scènes de premier ordre, il se contenta de personnifier à la Gaîté la victime honnête qui apparaît calme et résignée avec une physionomie vénérable et des façons patriarcales dans les drames et mélodrames de l'endroit ; de 1812 à 1845, sa vertu fut invariablement récompensée, chaque soir, entre onze heures et minuit ; et cette récompense inévitable lui était bien due, si l'on s'en rapporte à une statistique spéciale qui constatait, dès 1823, 11 000 empoisonnements, avec variantes, subis à la scène par cet acteur héroïque. » (P. Larousse, *Grand dictionnaire universel du XIXᵉ siècle, op. cit.*, t. 10, entrée « Marty »). Marty tint le rôle principal d'à peu près tous les mélodrames de Pixerécourt, qui le nomma codirecteur lorsqu'il obtint le privilège de la Gaîté en 1825.

3   Mélesville [Anne-Honoré-Joseph Duveyrier, dit], Lettre à Pixerécourt, 24 mars [1829], SHLML, cote : boîte n° 9. – *L'Aigle des Pyrénées* est un mélodrame en 3 actes, de Pixerécourt et Mélesville, joué à la Gaîté en février 1829.

Le talent de Pixerécourt comme metteur en scène est partout évoqué dans les documents d'archives ; c'est grâce à cette faculté notamment que le mélodramaturge parvint à remonter les finances de l'Opéra-Comique en montant *La Dame blanche* en 1825[1], succès qu'il aurait sans doute pu renouveler avec *Robert le diable* si les conflits qui s'étaient engagés avec les sociétaires de l'Opéra-Comique ne l'avaient contraint à démissionner. Meyerbeer avait manifesté ses regrets :

> Je savais déjà par les gazettes françaises que vous aviez renoncé à la direction du théâtre Feydeau. Vous auriez peine à vous imaginer quelle douloureuse impression cette nouvelle m'a faite. Outre l'estime et l'admiration que je vous professe, l'idée que vous prêteriez à la mise en scène de *Robert*, votre expérience théâtrale et le goût que vous possédez à un si haut degré pour l'arrangement scénique, m'avait singulièrement encouragé à reprendre ce travail[2].

Pixerécourt fut l'un des premiers à imposer l'esthétique scénique du Boulevard sur la scène d'un théâtre subventionné, sans doute parce qu'il avait façonné, avec le mélodrame, une poétique de la scène suffisamment codifiée pour être appliquée à d'autres pièces que les siennes. Il l'avait fermement rappelé dans ses « Dernières réflexions » :

> Il faut que l'auteur dramatique sache mettre lui-même sa pièce en scène. Ceci est de la plus haute importance. [...] Pour connaître le théâtre, il faut

---

1   Pixerécourt fut directeur de l'Opéra-Comique de 1824 à 1827 (voir à ce sujet : N. Wild, « Esquisse de typologie des directeurs du théâtre de l'Opéra-Comique au XIXe siècle », *in* P. Goetschel & J.-C. Yon [dir.], *Directeurs de théâtre XIXe-XXe siècles, Histoire d'une profession*, Paris, Publications de la Sorbonne, 2008, p. 61-70). *La Dame blanche* est un opéra-comique de Boieldieu, sur un livret de Scribe d'après deux romans de Walter Scott : *Guy Mannering* (1815) et *Le Monastère* (1820). Il fut représenté le 10 décembre 1825. D'après Pierre Larousse, il fut commandé à Boieldieu par Pixerécourt lui-même et fut appris, joué et répété en 21 jours. Le succès fut éclatant : la pièce connut 150 représentations en l'espace d'une année (voir P. Larousse, *Grand Dictionnaire universel du XIXe siècle, op. cit.*, t. 2, entrée « Boieldieu »).

2   G. Meyerbeer, Lettre à Pixerécourt, 20 juin 1827, publiée dans *Théâtre choisi de G. de Pixerécourt, op. cit.*, t. 2, p. 582. – Le livret de *Robert le diable*, composé en premier lieu par Casimir et Germain Delavigne, fut confié à Meyerbeer par Pixerécourt. Les liens entre les deux hommes s'étaient noués au moment où *Marguerite d'Anjou*, mélodrame de Pixerécourt, fut adaptée en opéra sous le titre *Margherita d'Anjou* (joué en 1820 en Italie, et en 1826 au Théâtre de l'Odéon à Paris ; il s'agit de la première œuvre musicale de Meyerbeer jouée en France). Contraint de quitter la direction de l'Opéra-Comique, Pixerécourt n'eut pas le temps de monter *Robert le diable*. La pièce fut programmée en 1831 à l'Opéra, alors dirigé par Louis-Désiré Véron. Le livret fut remanié par Eugène Scribe. – Sur les échanges entre Meyerbeer et Pixerécourt au sujet de *Robert le Diable*, voir aussi : *The Diaries of Giacomo Meyerbeer*, vol. 1 : *1791-1839*, London, Associated of University Presses, 1999.

savoir gouverner des comédiens, des artistes, étudier le moral et le matériel d'une exploitation de ce genre. C'est une étude fort longue dont très peu d'hommes sont capables. Sans doute j'ai été redevable de la moitié de mes succès au soin minutieux et sévère avec lequel j'ai constamment présidé aux répétitions ; mais j'ai encore eu l'avantage de composer seul toutes mes pièces : il en résulte un ensemble que l'on ne peut obtenir de plusieurs collaborateurs séparés et souvent éloignés l'un de l'autre par de grandes distances. Il ne faut qu'une seule et même pensée dans la composition, dans la confection et dans l'exécution complète d'un ouvrage de théâtre. [...] Une pièce de théâtre ne peut être bien pensée, bien faite, bien dialoguée, bien répétée, bien jouée que sous les auspices et par les soins d'un seul homme ayant le même goût, le même jugement, le même esprit, le même cœur et la même opinion[1].

Conçu selon une perspective morale très prononcée, le mélodrame façon Pixerécourt a vraisemblablement imposé ses lois, tant du point de vue scénique que dramaturgique, au genre dans son entier.

DEUX TYPES DE MÉLODRAMES POUR LA RECONNAISSANCE DU DROIT DU METTEUR EN SCÈNE

C'est pourquoi Hapdé pouvait remarquer l'existence de deux types de mélodrame (c'est-à-dire le sien et celui de Pixerécourt) lorsqu'il chercha à faire reconnaître le droit du metteur en scène. Dans un opuscule intitulé *De la propriété dramatique*, publié à la suite du procès qui l'avait opposé à Pixerécourt, il écrivait :

[...] établissons d'abord deux sortes de mélodrames ; le mélodrame *drame* et le mélodrame à grand spectacle ; c'est-à-dire le mélodrame qui ne l'est pas, et le mélodrame qui a l'entière perfection du genre.

Le mélodrame qui ne l'est pas (pendant tout le temps qu'on le laissera jouer aux boulevards) doit être bien sûrement assimilé aux *drames* qui rentrent dans les attributions du premier et du second Théâtre-Français ; il doit jouir des mêmes prérogatives tant pour la base des droits d'auteur que pour leur perpétuité.

Le mélodrame à fracas, à incendie, à pluie, à vent, à grêle, à neige, à lune ou à soleil, est dans une autre catégorie. Le machiniste et le peintre surtout, sont ses véritables auteurs ; ils le sont au moins pour un tiers ; l'administration, qui fait tous les frais, qui court tous les risques, pour un second tiers ; le troisième appartient pour moitié aux journalistes qui vantent l'ouvrage, et le reste est tout entier à celui qui a fait la pièce. Y aurait-il, en conscience,

1   R.-Ch. Guilbert de Pixerécourt, « Dernière réflexions de l'auteur sur le mélodrame », *Théâtre choisi de G. de Pixerécourt, op. cit.*, t. 4, p. 495-497.

obligation absolue d'exiger que la sept ou huitième génération de celui qui a composé un semblable ouvrage, vient recevoir, l'an 2440, les droits d'*auteur*[1] ?

Hapdé chercha une nouvelle fois à faire reconnaître son droit sur la mise en scène en intentant un procès à Clément Robillon, directeur du Théâtre de Versailles, en 1821. Popularisé par l'affaire de *La Fille de l'Exilé*, *Le Déluge* apparut sans doute à ce directeur comme une pièce propice pour satisfaire les ambitions du ministre de l'Intérieur. Dans une lettre datée du 17 mai 1816, ce dernier, déplorant le manque de nouveautés du répertoire de Robillon et sa propension à puiser dans celui du Théâtre-Français, avait en effet recommandé :

> Vous êtes près de Paris et l'on doit exiger plus de vous que dans les villes éloignées. Il y a constamment à Versailles des régiments de la Maison du Roi à qui il est intéressant d'offrir de bons ouvrages [...]. Variez votre répertoire, soignez la mise en scène des pièces, mettez la plus stricte économie dans toutes les parties du service et vous finirez par voir votre entreprise prospère[2].

Le Déluge, jamais monté auparavant, fut représenté à Versailles le 11 janvier 1821. Hapdé avait autorisé la représentation à condition que la pièce fût montée « conformément aux indications du manuscrit[3] ». Constatant les modifications effectuées par Robillon pour les besoins de la mise en scène, il saisit la cour de justice :

> L'exiguïté des droits d'auteur prouve sans doute que je n'ai point prétendu vendre mon manuscrit – plaida-t-il lors du procès –, mais seulement en tirer

---

1   J.-B. Hapdé, *De la propriété dramatique, du plagiat, et de l'établissement d'un jury littéraire*, Paris, A. Boucher, 1819, p. 9-10. Le texte est souligné par son auteur. – Ce texte se veut l'exacte contrepartie de la thèse développée par Pixerécourt dans *Mémoire sur la propriété littéraire en général, et spécialement sur celle des auteurs dramatiques* (s. l. n. d.). Dans cette brochure, publiée de façon anonyme sans doute dans les premières années de la Restauration (elle s'adresse à Louis XVIII), Pixerécourt défend la prolongation de la durée des ayants-droits, fixé à 10 ans après la mort de l'auteur par le décret du 19 juillet 1793. Il prend appui sur l'exemple, largement mentionné dans la presse dans les années 1814-1816, de l'arrière-petite nièce de Corneille, qui serait tombée dans la misère la plus noire sans l'aide financière de Voltaire. Pixerécourt s'identifie comme auteur de cette brochure en la rééditant dans *Théâtre de René-Charles Guilbert de Pixerécourt* (Paris, Barba, s. d. [*ca* 1840], 11 vol.).

2   Lettre du Ministre de l'Intérieur à Robillon, 17 mai 1816, Archives Départementales de Seine-et-Oise, cote : 50T3, citée par Romuald Féret dans *Théâtre et Pouvoir au XIXᵉ siècle, l'exemple de la Seine-et-Oise et de la Seine-et-Marne*, Paris, L'Harmattan, 2009, p. 144.

3   Contrat liant Hapdé et Robillon au sujet de la représentation du *Déluge*, conservé aux Archives Nationales, fonds « Taylor », cote : AJ¹³ 1038.

une faible indemnité des dépenses que m'occasionneraient de fréquents voyages à Versailles : toutefois, je ne tardai point à m'apercevoir que le sieur Robillon se croyait maître absolu de la pièce, et que la faculté de la mettre en scène était considérée par lui comme un abandon, une cession de ma propriété[1].

Le procès, une nouvelle fois, fut perdu ; aucune législation ne permettait de statuer sur la part que l'auteur pouvait faire valoir sur la mise en scène de ses pièces. Il n'empêche que ce procès fut reconnu dans la presse comme étant « d'un genre tout à fait nouveau[2] » et qu'il alerta sans doute suffisamment les dramaturges pour que ceux-ci définissent plus précisément, au moment où ils s'établirent en Société, le droit de l'auteur de diriger les répétitions[3]. Il est d'ailleurs fort éloquent que les archives des procès du *Déluge* se retrouvent consignées dans les papiers personnels du baron Taylor, aujourd'hui conservés aux Archives Nationales. Celui qui, à la tête du Panorama-Dramatique, avait tenté de renouveler l'esthétique du mélodrame par le biais de la mise en scène précisément avait dû s'enquérir des possibilités offertes par la législation.

L'AUTEUR, LE RÉGISSEUR ET LA MISE EN SCÈNE

Si la tentative de Hapdé pour imposer un projet dramatique qui combinait écriture dramatique et mise en scène fut malheureuse, c'est vraisemblablement parce qu'il ne sut pas, comme Pixerécourt, rassembler autour de lui de fidèles collaborateurs[4]. Les comédiens, régisseur et

---

1   Cour royale, 1ʳᵉ chambre, Hapdé contre Robillon, *Procès du Déluge*, procès-verbal, impr. de Pillet aîné, s. d., p. 3.

2   *Le Constitutionnel, journal du commerce, politique et littéraire*, 24 novembre 1821.

3   Dès sa fondation en 1829, la Société des auteurs dramatiques prit la peine de faire signer à chaque directeur de théâtre un contrat, stipulant que les auteurs « pourront suivre leurs répétitions par eux-mêmes, par un fondé de pouvoir ou un ami qui se présenterait pour eux ». Ces contrats, intitulés *Conventions faites entre les Auteurs dramatiques et les Directeurs du théâtre de ****, sont consultables aux Archives Nationales sous la cote AJ¹³ 1022.

4   Notons que Pixerécourt avait claqué la porte de l'Ambigu-Comique peu de temps après que l'acteur Corsse en eut pris la direction. Dans ses *Souvenirs*, l'éditeur Barba évoque le motif financier : Pixerécourt trouvait insuffisante la somme de 9 francs par représentation (voir *Souvenirs de Jean-Nicolas Barba*, Paris, Ledoyen & Giret, 1846, p. 78). Mais il est fort probable que le mélodramaturge n'a pas, comme il l'aurait souhaité, bénéficié d'une totale liberté dans la mise en scène de ses pièces. Corsse était réputé pour être « un excellent metteur en scène » (H. Lyonnet, *Dictionnaire des comédiens français*, Genève, Bibliothèque de la Revue universelle Internationale illustrée, 1912, entrée « Corsse »). D'ailleurs, c'est vraisemblablement sur ses recommandations que Pixerécourt introduisit le personnage comique dans ses mélodrames (voir sur ce point notre « Introduction » aux *Mélodrames* de

chef d'orchestre du Théâtre de la Gaîté se montrèrent, non seulement d'obéissants interprètes soumis à la vision du maître, mais aussi d'utiles avocats lorsqu'il s'agissait de le défendre. Les attaques contre Pixérécourt furent formulées dans la presse libérale dès 1825. Son autoritarisme, à la tête de la Gaîté, fut aussi pointé par la Société des auteurs dramatiques à partir de 1829[1]. Mais ce ne fut qu'en 1835, avec l'incendie qui détruisit le Théâtre de la Gaîté, que l'empire du maître du mélodrame fut définitivement aboli. Hormis Charles Nodier et Paul Lacroix, mieux connu sous le pseudonyme du bibliophile Jacob, plus personne ne prit parti pour lui. Il n'empêche que Pixérécourt avait porté son projet dramatique à sa plus belle expression et que son mélodrame renouvela les codes du jeu et de l'écriture dramatiques à un point tel qu'ils servirent de fondement aux réformes de la nouvelle génération des romantiques. Nul régisseur de province n'aurait d'ailleurs pensé modifier un mélodrame de Pixérécourt sans s'en prémunir auprès de lui. C'est en tout cas ce que confirme cette lettre de Belfort, régisseur du Théâtre de Marseille, en 1827 :

> Pardon si, sans avoir l'honneur d'être connu de vous, je prends la liberté de vous écrire. La vénération que, d'après vos écrits, vous semblez avoir pour le courage héroïque de *Christophe Colomb* m'engage à vous annoncer l'effet miraculeux qu'a produit à Marseille le mélodrame qui porte ce titre, et dont vous êtes l'auteur. Peut-être, Monsieur, me blâmerez-vous d'avoir fait quelques coupures qui m'ont paru nécessaires à la marche de l'ouvrage, mais, n'importe, quelque [*sic*] soit la manière dont je l'ai monté, je vous garantis que le succès a couronné mes espérances, et c'est avec le plus grand plaisir que je proclame partout une telle réussite. Si au 2ᵉ acte j'ai substitué une frégate armée à la caravelle indiquée dans votre pièce, en voici la raison : après avoir mis en scène *La Mort de Kléber, Poniatowski, La Diligence attaquée*, et tant d'autres mimodrame équestre, un journaliste, en ses innocentes plaisanteries, disait que sans doute on verrait un jour lancer une frégate sur le théâtre de Marseille. J'imaginai de mettre à exécution l'idée qu'il me donnait en riant :

Pixérécourt, *op. cit.*). À partir de 1805, et jusqu'à la mort de Corsse en 1815, plus aucune pièce nouvelle de Pixérécourt ne parut à l'affiche de l'Ambigu-Comique.

1   Notamment dans une brochure intitulée *L'Association des Auteurs Dramatiques à ses adversaires*, s. l. n. d., signée par les Membres de la Commission Dramatique (Scribe, Dupaty, de Rougemont, Mélesville, Langlé, Dupeuty, Adam, Anicet-Bourgeois, Arnould, Fonton, Halévy, de Longpré, de Leuven, Mallian, Viennet). – Les attaques contre Pixérécourt sont explicitement politiques : on lui reproche sa particule, qu'il avait abandonnée sous la Révolution et l'Empire. Hapdé, dans sa « Réclamation » de 1819, y fait d'ailleurs clairement allusion (art. cit.). Ce climat de tensions politiques, que la presse nourrit largement, est un facteur déterminant dans la bataille entre classiques et romantiques.

Christophe Colomb me vint à l'esprit ; dès lors charpentier, peintre, menuisier, tout le monde fut à la besogne, et c'est le jeudi 6 janvier 1827 que j'offris au public impatient votre mélodrame tant désiré[1].

Si ce régisseur prit autant de soin pour justifier les légers changements effectués sur une pièce de Pixerécourt, c'est que ce dernier s'était engagé très tôt pour la protection de ses droits d'auteur. En 1806, il était déjà signataire des *Instructions générales, suivies des lois relatives à la propriété dramatique* diffusées par l'agent dramatique Sauvan aux directeurs des théâtres de province[2]. De fait, on comprend pourquoi certains de ces théâtres ressentirent le besoin de nommer des « régisseurs chargés de la mise en scène des mélodrames » ; non seulement ces pièces mobilisaient des talents particuliers, mais elles exigeaient aussi que soient appliquées à la lettre les recommandations livrées au sein des brochures[3]. La fonction de « régisseur de la scène » fut ainsi mise en place

---

1   Belfort, Lettre à Pixerécourt, 10 janvier 1827, SHLML, boîte n° 6. – Les pièces évoquées dans cette lettre sont : *La Mort de Kléber, ou les Français en Égypte*, mimodrame historique et militaire en 2 actes, de Cuvelier, Cirque-Olympique, 7 janvier 1819 ; *Poniatowski, ou le Passage de l'Elster*, mimodrame militaire en 3 actes, de Franconi et Villiers, Cirque-Olympique, 11 décembre 1819 ; *La Diligence attaquée, ou l'Auberge des Cévennes*, mélodrame en 3 actes, de Ferdinand [Laloue], Ménissier et Ernest [Renaud], Cirque-Olympique, 15 novembre 1822.

2   Brochure datée de janvier 1806, spécifiant les tarifs et les lois auxquels doivent se soumettre les directeurs des théâtres de province.

3   Outre les didascalies, qui détaillent avec précision la mise en scène, il n'est pas rare que l'auteur annote son texte pour décrire les moyens de réaliser un effet scénique en particulier. Ces notes sont explicitement destinées aux directeurs des théâtres de province. Dans son étude sur « Les Agences théâtrales et l'impression des mises en scène aux environ de 1800 » (*Revue d'Histoire du Théâtre*, 1956, n° 8, p. 228-240), Gösta M. Bergman mentionne l'existence d'une « *documentation imprimée qui exposait le détail des mises en scène de la Comédie-Française et d'autres théâtres de Paris* » destinée à « *fournir aux directeurs qui veulent monter un ouvrage [...] tout ce qui constitue la mise en scène* » (p. 229). Je remercie Sylviane Robardey-Eppstein de m'avoir renseignée sur les sources utilisées par Bergman pour soutenir cette affirmation, précisées dans son ouvrage : *Regihistoriska studier* (Stockholm, 1952). Il se réfère aux *Costumes et annales des grands théâtres de Paris accompagnés de notices intéressantes et curieuses*, par Jean-Charles Levacher de Charnois (Paris, 1786-1789, 7 vol.). Martine de Rougemont a dévoilé également quelques-unes des sources de Bergman, augmentées par ses propres découvertes (voir son étude : « Enquête autour de la *Correspondance théâtrale* du sieur Perlet », in *Costumes, décors et accessoires dans le théâtre de la Révolution et de l'Empire*, *op. cit.*, p. 251-266). Il existe donc bien une documentation, antérieure aux années 1820, cherchant à instruire les théâtres de province et d'Europe sur les éléments de la représentation des pièces jouées à Paris. Ces livrets donnent des informations sur les costumes, éventuellement les décors ; ils sont parfois enrichis de gravures. Ils mentionnent aussi le placement des comédiens sur la scène, comme l'atteste la brochure *Costumes des comédiens*

dans les théâtres de province plus tôt qu'à Paris. Dans les théâtres de la capitale, la fonction variait selon les troupes et les auteurs. Elle pouvait être occupée par un acteur passé maître dans la pratique scénique d'un genre en particulier (notamment le mélodrame), ou par l'auteur lui-même s'il occupait également les fonctions de directeur du théâtre. Dans les dernières années de la Restauration, toutes les scènes officielles se gratifièrent toutefois d'un directeur de la scène ; la raison tient en ce que cette fonction était devenue stratégique pour engager la pratique théâtrale vers de nouvelles voies.

LE DIRECTEUR DE LA SCÈNE :
UN PERSONNAGE-CLÉ DE LA RÉFORME « ROMANTIQUE »

En 1824, les journalistes François-Antoine Harel – futur directeur des théâtres de l'Odéon (1829-1831) et de la Porte-Saint-Martin (1832-1840) –, Auguste Jal – ancien membre du comité de lecture du théâtre du Panorama-Dramatique (1822-1823) – et Maurice Alhoy – futur collaborateur à l'écriture de *Robert Macaire* (1834) – écrivaient : « La mise en scène n'est pas l'élément le moins influent d'un succès. Beaucoup de mélodrames à vogue n'ont pas d'autre mérite : le régisseur du théâtre est le véritable auteur de ces sortes d'ouvrages[1]. » Reconnu comme l'auteur principal du mélodrame en 1806, le maître de ballet avait désormais cédé sa place au régisseur[2].

---

français dans Omasis (Paris, Bureaux de Correspondance du Sr Pierlet, [1806] ; Martine de Rougemont a reproduit quelques pages de cette brochure dans son article). Pour le mélodrame, nous n'avons retrouvé aucune brochure de ce type. – Précisons aussi qu'un bon nombre d'acteurs du mélodrame finirent leur carrière en occupant les fonctions de directeur de la scène dans un théâtre de province. Ce fut le cas de Tautin, déjà évoqué (*supra*, n. 1, p. 54).

1   [M. Alhoy, F.-A. Harel, A. Jal], *Dictionnaire théâtral, ou douze cent trente-trois vérités sur les directeurs, régisseurs, acteurs, acteurs, actrices et employés des divers théâtres*, Paris, Barba, 1824, p. 273. – Maurice Alhoy fonde *Le Figaro* en 1826, au sein duquel Auguste Jal publiera quelques articles avant de travailler pour *La Revue des Deux Mondes*. En 1824, François-Antoine Harel (dit Charles-Jean) avait déjà acquis une certaine expérience dans le journalisme, puisqu'il avait collaboré à *La Minerve française* (1818-1820), au *Nain jaune*, et au *Constitutionnel*.

2   Voir l'article du *Mercure de France*, du 18 janvier 1806, cité *supra*, p. 48.

DES CORPS ET DES IMAGES

Ce changement est révélateur d'un rééquilibrage des éléments scéniques au sein de la représentation mélodramatique. Jusqu'à la fin de l'Empire, le centre de gravité portait essentiellement sur les corps en mouvement, et ce pour plusieurs raisons : à cause de l'espace de jeu restreint des acteurs, déjà évoqué[1] ; parce que les scènes de combats occupaient une large place dans le spectacle mélodramatique (qui offrait ainsi une lecture de l'actualité militaire de la Grande-Armée) ; parce que le genre avait placé les valeurs humaines au premier plan. Le metteur en scène mélodramatique devait donc nécessairement posséder les qualités requises pour régler l'expressivité de l'acteur selon la poétique propre au genre, qui s'appuyait en grande partie sur la *Physiognomonie* de Lavater[2]. Ceci explique la position des Franconi, Cuvelier, Aumer, Hus, Ribié, Gougibus, Hapdé, Pixerécourt, qui se sont tous imposés, à un moment ou à un autre, comme « metteur en scène » du mélodrame. Que l'action militaire ait occupé le premier plan (Franconi, Cuvelier, Ribié), que le mélodrame n'ait été qu'un prétexte pour améliorer l'esthétique du ballet d'action (Hus, Aumer, Gougibus), qu'il ait pu servir un projet esthétique selon lequel la peinture « en action » formait l'essentiel du drame (Hapdé), ou qu'il ait été conçu comme une réponse politique

---

1   Pour étoffer l'analyse, il n'est pas inutile de citer ces propos tenus dans *L'Esprit des journaux français et étrangers*, n° de février 1810 : « Il est très vrai, et c'est là sans doute notre plus grande infortune, il est très vrai que nos décorations, taillées et dessinées selon les règles de la perspective linéaire, ne sont un effet à peu près vrai que pour un très petit nombre de spectateurs placés au point de vue : pour tous les autres, ce ne peut être que confusion et désordre. Il est très vrai que les ombres de ces décorations, pour n'être pas tout autrement disposées que dans la nature, ne sont guère d'accord avec cette lumière venant d'en bas, dont j'ai déjà parlé. Il est très vrai que dès que l'acteur s'écarte de l'avant-scène, dès qu'il approche de la toile du fond, il cesse d'être en rapport de proportion avec les objets qui l'environnent ; sa tête va heurter le sommet des colonnes et des voûtes, la pourpre et l'oripeau de son vêtement ne sont plus en harmonie avec les peintures de la décoration ; tout le prestige de la perspective linéaire et de la perspective aérienne est détruit. Le remède à tant de maux serait d'avoir des décorations en relief ; mais quelle étendue il faudrait au théâtre ! » (t. 2, p. 35-36).
2   La physiognomonie prétend systématiser le rapport entre la nature intérieure (le caractère) et sa manifestation physique (voir J. K. von Lavater, *Physiognomische Fragmente zur beförderung des Menschenkenntnis und Menschenliebe*, Leipzig, Weidmanns, Erben und reich, 1775-1778). L'ouvrage fut traduit en français par J.-M. Plane en 1797 sous le titre : *Physiologie, ou l'art de connaître les hommes sur leur physionomie, Ouvrage extrait de Lavater et de plusieurs autres excellents auteurs, avec des observations sur les traits de quelques personnages qui ont figuré dans la Révolution française* (Meudon, Demailly, 1797, 2 vol.).

aux violences ressenties devant le spectacle de la Terreur (Pixerécourt), le jeu en pantomime s'est imposé comme un élément essentiel de la représentation. Ceci s'explique par les enjeux politique et esthétique du genre. La Révolution avait confronté les citoyens à la barbarie. La « vertu », concept qui émaillait les discours révolutionnaires, avait armé les poignards et clivé la société en factions. Il s'agissait donc, par la voie du théâtre, d'insuffler la morale au cœur de l'édifice social de manière à agglomérer les individus autour du seul projet politique susceptible de revivifier une humanité flétrie par les divisions. Un texte de Pixerécourt, rédigé en 1795, dévoilait clairement cette ambition :

J'ai prouvé l'abus que l'esprit de parti, que les factions, que l'exécrable Terrorisme enfin avaient fait du pouvoir des théâtres. Croit-on que depuis le 9 thermidor ils aient été plus purs à cet égard ? Si sous Robespierre les mots de liberté, d'égalité et de fraternité étaient des cris d'esclavage, d'échafaud et de massacres, suppose-t-on que depuis le mot *humanité* n'ait pas été souvent le cri de la vengeance ? Oui, l'homme de bien, et qu'on me pardonne l'expression vulgaire, oui, l'homme de bien pleurait à chaudes larmes sur les monceaux de victimes dont on épouvantait sa vue. Le mot humanité ouvrait son cœur à toutes les sensations délicieuses d'un espoir plus heureux. Mais croit-on que le méchant à ses côtés ne calculât pas lui aussi l'avenir de sa vindicte sur cet attendrissement de l'honnête homme ? Croit-on qu'il n'espérât point tremper dans les larmes l'acier des poignards qu'il aiguisait en silence ? Pleure, disait tout bas le *Royaliste* ; en abreuvant ton âme de douleurs je l'exaspérerai contre la Démocratie ; je remplacerai l'anarchie par l'anarchie ; et dans cet océan de maux, battu par toutes les tempêtes des passions, je te présenterai pour fanal un *Roi*, et tu te trouveras heureux de l'accepter. Pleure ! disait moins criminellement sans doute, mais avec le même danger pour la chose publique, pleure ! disait l'homme qui concentra toutes ses jouissances dans sa famille que le fer des bourreaux avait moissonnée, pleure ! je t'associe à la vengeance des miens ; que leur ombre au cercueil soit apaisée, et que le monde s'écroule après ! que m'importe ? Pleure ! disait aussi le perfide *Jacobin*, le scélérat *Terroriste*. Arme-toi ; venge tous les assassinats que j'ai commis, ramène le jour du crime ; partout où l'on s'égorgera, je trouverai ma place. Si au contraire la législature s'était chargée d'attacher des ailes à l'humanité, tandis que les théâtres eussent insensiblement fait tomber l'un après l'autre les voiles épais qui couvraient sa statue, tout espoir était desséché dans l'âme du pervers. Alors la loi eût activement poursuivi les méchants, et les théâtres eussent pas à pas reconquis le cœur du peuple à des sentiments doux, paisibles, humains et bienfaiteurs[1].

---

1   R.-Ch. Guilbert de Pixerécourt, *Observations sur l'état où se trouvaient les théâtres avant la Révolution, sur l'effet qu'elle a produit sur eux, sur l'influence que la tyrannie de Robespierre a eue sur les spectacles, et nécessairement de l'influence qu'ils ont à leur tour exercée sur le peuple,*

Le principe d'humanité s'est donc inscrit au cœur du projet pixerécourtien. Le genre insiste davantage sur la nature morale des personnages que sur leur place dans l'édifice social. C'est pourquoi leurs actions ne sont pas observées du point de vue de leurs motivations sociales ou de leurs conséquences politiques. Le mélodrame façon Pixerécourt n'interroge pas la place de l'individu dans la société mais fait valoir la vertu comme une qualité requise pour la reconstruction du corps social.

LE RÉALISME : NOUVEAU PRINCIPE DE L'ESTHÉTIQUE MÉLODRAMATIQUE

Il en fut tout autre à partir des années 1820. Comme l'écrit Florence Naugrette : « Le retour de l'absolutisme après la Révolution française (sous la forme de l'Empire d'abord, de la Restauration ensuite) commande en France (il en va différemment dans le reste de l'Europe) un rapport traumatique au passé, et un rapport problématique au présent, qui explique l'engouement des contemporains pour le drame historique[1]. » La réécriture *ad hoc* de l'Histoire que proposait le mélodrame laisse la place à un traitement de l'Histoire comme outil de contestation politique. Les ingrédients du genre furent redistribués en conséquence. Il ne s'agissait plus de construire un espace métaphorique dans lequel les matériaux scéniques auraient été conçus et combinés de manière à donner une illustration plastique aux émotions et à s'établir comme des signes ostensibles du vice ou de la vertu, mais d'interroger, par le traitement scénique du passé, l'écriture de l'Histoire au présent. Le réalisme fut ainsi convié au sein de la représentation mélodramatique. Non seulement les personnages se voyaient davantage analysés sous le rapport de leurs motivations intimes, de leur origine sociale, mais leurs actions n'étaient plus porteuses de sens et n'avaient plus aucune influence sur la société. Assassinats et suicides devinrent les motifs récurrents d'un bon nombre de pièces dans les années 1820 : celles de Victor Ducange par exemple (*Thérèse, ou l'Orpheline de Genève*, 1820), mais aussi celles de Pixerécourt (*Valentine, ou la Séduction*, 1821). Ce changement dans la thématique nécessita l'élaboration de nouveaux codes de mise en scène. Ce que le

---

enfin sur leur situation actuelle, ms., 1795, édité par E. Estève, *Revue d'Histoire Littéraire de la France*, 1916, p. 556-557. Le texte est souligné par son auteur.

1   F. Naugrette, « Le mélange des genres dans le théâtre romantique français : une dramaturgie du désordre historique », *Revue internationale de philosophie*, 2011/1, n° 255, p. 37-38.

mélodrame avait perdu comme force en abandonnant son jeu stéréotypé, il devait le gagner par une peinture réaliste des milieux représentés. Le décor devient l'élément-clé de la réforme dramatique qui se met en marche dans les années 1821-1823. Directement inspiré des peintures contemporaines, il bénéficie des techniques récentes élaborées par Daguerre pour l'ouverture de son Diorama en 1822[1]. La même année, celui-ci compose les décorations d'*Élodie, ou la Vierge du monastère*, mélodrame de Ducange représenté à l'Ambigu-Comique. L'œuvre de ce dramaturge, considéré par l'historiographie comme l'un des précurseurs du mélodrame « romantique[2] », ne peut être bien comprise que si l'on tient compte de la réforme scénographique dont il a pu bénéficier. Pour le 3ᵉ acte d'*Élodie*, Daguerre exploite la perspective oblique introduite à l'Opéra par Servandoni en 1734[3]. Des châssis et des fermes remplacent cependant les feuilles de décoration traditionnelles, ce qui lui permet de faire jaillir la lumière par différents points du décor et de sculpter l'espace de manière à accentuer la perspective et diminuer les écarts de proportion qui pouvaient anéantir l'illusion lorsque l'acteur se déplaçait vers le fond du théâtre (fig. 1). Pour le 2ᵉ acte, il crée une profondeur inattendue pour l'œil d'un spectateur de l'époque en élaborant un jeu de lumière contrasté entre l'espace de jeu de l'acteur (une terrasse de style gothique), situé au premier plan et non éclairé, et la décoration du fond qui représente des massifs montagneux baignés d'une lumière vive (fig. 2). Ce dispositif permet d'éclairer l'acteur par le fond et d'abandonner l'éclairage de la rampe. Pour la dernière décoration du 3ᵉ acte, qui sert de cadre à l'irruption de la mort « *sous la figure d'un squelette drapé* » annonçant la disparition imminente de la victime qui, agenouillée devant l'autel, périt sous « *le feu du ciel*[4] », il imagine une nef

---

1   Le financement fut obtenu par Taylor si l'on en croit Henry Jouin (voir « Isidore-Justin-Séverin Baron Taylor [1789-1879] », *L'Artiste, Revue de Paris*, 1892, t. 4, p. 37). – Sur le diorama, voir l'ouvrage de Bernard Comment, *Le XIXᵉ siècle des panoramas*, Paris, Adam Biro, 1993, p. 30-34 ; sur les rapports entre le diorama et le décor de théâtre, voir : D. de Font-Réaulx, « Le vrai sous le fantastique. Esquisse des liens entre le daguerréotype et le théâtre de son temps », *Études photographiques*, nº 16, mai 2005, p. 152-165.

2   Voir : M.-P. Le Hir, *Le Romantisme aux enchères : Ducange, Pixérécourt, Hugo, op. cit.*

3   Voir : J. de la Gorce, *Féeries d'opéra : décors, machines et costumes en France, 1645-1765*, Paris, Éditions du Patrimoine, 1997, p. 21.

4   V. Ducange, *Élodie, ou la Vierge du monastère*, mélodrame en 3 actes, à grand spectacle, imité du *Solitaire* de M. d'Arlincourt, musique composée et arrangée par M. Adrien, divertissement de M. Maximilien, décorations de MM. Daguerre et Gosse, Théâtre de l'Ambigu-Comique, 10 janvier 1822, Paris, Pollet, 1822, p. 84.

où se succèdent des plans baignés en alternance d'ombre et de lumière provenant de percées latérales (fig. 3[1]). Ces innovations dans la peinture scénique devaient considérablement modifier le jeu de l'acteur mélodramatique. Celui-ci pouvait désormais jouer avec les pans d'ombre et de lumière qui structuraient l'espace scénique et, surtout, il n'était plus éclairé seulement par le dessous. Il est aisé d'imaginer combien cette innovation dans le traitement scénographique, même si elle fut ponctuelle à l'Ambigu, a pu initier un renouvellement dans la posture, la mimique, les déplacements et le maquillage de l'acteur mélodramatique. Ce renouvellement fut précisément l'ambition que se fixèrent les directeurs du Panorama-Dramatique lorsqu'ils fondèrent ce théâtre en 1821.

LE PANORAMA-DRAMATIQUE, OU LA PEINTURE (COMME) MISE EN SCÈNE

Taylor obtint le privilège grâce à ses appuis politiques, Jean-Pierre Alaux s'en fit le principal administrateur. Ce peintre, qui avait déjà composé quelques décorations pour les mélodrames de Pixerécourt à la Gaîté[2], envisageait la scène comme un chevalet. De construction nouvelle, le théâtre fut bâti sur un terrain vague du Boulevard du Temple : « Il était difficile – précise Alexis Donnet – de tirer parti d'un terrain aussi découpé, et dans lequel il était presque impossible d'établir un axe unique[3] ». L'édifice, fort irrégulier[4], permit toutefois d'établir une salle en cercle allant jusqu'au rideau de scène et dont le quart de la circon-

---

1   Sur ces décors, voir O. Voisin, « Ciceri, Gué et Daguerre, : la peinture en décor », *in L'Envers du décor à la Comédie-Française et à l'Opéra de Paris au XIXᵉ siècle*, catalogue d'exposition du Centre national du costume de scène et de la scénographie, Montreuil, Gourcuff Gradenigo, 2012, p. 133-139.

2   La famille Alaux présente huit générations de peintres. Jean-Pierre Alaux est de la troisième génération. Son père était décorateur au Grand Théâtre de Bordeaux ; ses frères, Jean et Jean-Paul, furent respectivement Grand Prix de Rome et élève d'Horace Vernet. Jean-Pierre, dit Alaux l'aîné, fut décorateur au Théâtre de la Gaîté avant de fonder le Panorama-Dramatique en 1821. En 1822, il fut contraint de quitter l'administration pour cause de faillite. Il a créé les décors, entre autres, de *La Citerne* (1809), *Les Ruines de Babylone* (1810), *Le Précipice, ou les Forges de Norvège* (1811), *Charles le Téméraire, ou le Siège de Nancy* (1814), *Les Chefs écossais* (1819), mélodrames de Pixerécourt. – C'est ce même Alaux qui fit construire la salle des Folies-Dramatique (inaugurée le 22 janvier 1831) où fut créé *Robert Macaire* (1834).

3   A. Donnet, *Architectonographie des théâtres de Paris, op. cit.*, p. 309.

4   On peut se rendre compte de l'asymétrie des plans en consultant la planche (n° 22) du Panorama-Dramatique, publiée dans l'*Architectonographie* de Donnet (*op. cit.*)

férence était occupé par l'avant-scène. D'un diamètre de neuf mètres, elle permettait d'accueillir jusqu'à 1500 spectateurs dans des conditions, certes, peu confortables. L'ouverture de scène n'était guère plus large que celle des autres théâtres du Boulevard, mais la profondeur était, en proportion, considérable et offrait un espace suffisant pour disposer jusqu'à sept plans de décorations. Deux nouveautés furent introduites dans l'architecture : le cadre de scène était bordé d'une large gorge dorée comme celle d'un tableau, et le rideau était recouvert d'un miroir qui, lorsqu'il était baissé à chacun des entractes, réfléchissait l'image des spectateurs. La mise en abyme du théâtre était donc le maître mot d'un établissement qui s'érigeait d'emblée, pour reprendre la formule d'Olivier Bara, comme « laboratoire dramatique[1] ».

Le privilège accordé par le ministère offrait la possibilité de jouer le mélodrame et le vaudeville, mais interdisait plus de deux acteurs parlants sur scène. Cette contrainte, qui ne fut pas toujours respectée si l'on considère les brochures des pièces créées sur ce théâtre, n'empêcha nullement Alaux de renouveler, par la peinture, la mise en scène d'anciens mélodrames[2] et d'ouvrir aux auteurs de neuves perspectives dans le traitement spatio-temporel. Toutes les techniques du diorama et du panorama furent convoquées : le coût provoqué par la confection de nombreuses décorations nouvelles contraignit Alaux, au bout d'un an d'exploitation et sur recommandation ministérielle, de céder la direction à Langlois[3]. Celui-ci fit supprimer le rideau de glaces dont la

---

1   O. Bara, « Le Théâtre du Panorama-Dramatique, un laboratoire dramatique sous la Restauration », *Lingua romana, a journal of French, Italian and Romanian culture*, 2013, vol. 11, p. 35-48. – À ce propos, Henry Jouin écrivait : « Puis, nos deux amis [Alaux et Taylor] s'imaginèrent un jour de faire de la scène du Panorama dramatique un champ d'expériences tendant à renouveler complètement la disposition traditionnelle des décors de théâtre. [...] Ils avaient commencé par substituer aux toiles de fond accoutumées et aux coulisses, des toiles recouvrant un mur concave comme celui d'un panorama proprement dit. Le long de cet hémicycle qui recevait la lumière des foyers établis dans les frises, d'autres toiles appliquées sur des châssis de dimensions et de formes diverses simulaient des plis de terrain, des rochers ou des buissons, derrière lesquels des baies, pratiquées çà et là dans le mur du fond, s'ouvraient pour donner passage aux acteurs. » (H. Jouin, art. cit., p. 38).

2   Par exemple *Victor, ou l'Enfant de la forêt* (1798) de Pixérécourt, réécrit pour l'occasion (voir la présentation de cette pièce par Sylviane Robardey-Eppstein dans R.-Ch. Guilbert de Pixérécourt, *Mélodrames*, t. 1 : *1792-1800, op. cit.*, p. 567-591).

3   La Bibliothèque de la SACD conserve le bilan financier du Panorama-Dramatique, édité par Henry Lecomte dans *Histoire des théâtres, Le Panorama Dramatique*, Paris, Chez l'auteur, 1900, p. 31-40. – Notons que, hormis le directeur, rémunéré 6000 francs par an, les plus

manœuvre, à cause du bruit, agaçait le public et institua un comité de lecture composé de Charles Nodier, Taylor, Merville (ancien acteur de l'Odéon et dramaturge, essentiellement pour les théâtres subventionnés), Alphonse de Cailleux (peintre, futur directeur des Musées royaux), Henri de Latouche (fondateur du *Mercure du XIXe siècle*), Auguste Jal (journaliste, critique d'art et futur historiographe de la Marine), Pierre-Nicolas Bert (journaliste et auteur d'une tragédie, *Agnès de Méranie*, censurée), et Nicolas Gosse (peintre et collaborateur de Daguerre pour les décorations d'*Élodie*). L'équipe ainsi constituée formait un bataillon de « romantiques » tels que Balzac les a décrits dans ses *Illusions perdues*[1]. Il n'est donc pas étonnant que son héros, Lucien de Rubempré, commence sa carrière de journaliste au Panorama-Dramatique précisément. Il n'est pas surprenant non plus que le jeune Victor Hugo ait cherché à y faire représenter un mélodrame sous le titre d'*Inez de Castro*[2]. Cette pièce ne fut jamais représentée, non pas pour des raisons de censure comme on peut le lire souvent, mais parce que le théâtre fit faillite[3].

---

forts appointements vont au régisseur de la scène, payé 4000 francs, et aux machinistes (1000 à 1800 francs). Le salaire des acteurs varie de 96 francs (pour les enfants) à 2000 francs (pour Mme Belfort, vedette de la troupe). La plupart sont payés entre 300 et 500 francs par an.

1   Le journaliste Lousteau prévient ainsi Lucien à son arrivée à Paris : « Mon cher, vous arrivez au milieu d'une bataille acharnée, il faut vous décider promptement. La littérature est partagée d'abord en plusieurs zones ; mais nos grands hommes sont divisés en deux camps. Les Royalistes sont romantiques, les Libéraux sont classiques. La divergence des opinions littéraires se joint à la divergence des opinions politiques, et il s'ensuit une guerre à toutes armes, encore à torrents, bons mots à fer aiguisé, calomnies pointues, sobriquets à outrance, entre les gloires naissantes et les gloires déchues. Par une singulière bizarrerie, les Royalistes romantiques demandent la liberté littéraire et la révocation des lois qui donnent des formes convenues à notre littérature ; tandis que les Libéraux veulent maintenir les unités, l'allure de l'alexandrin et le Thème classique. Les opinions littéraires sont donc en désaccord, dans chaque camp, avec les opinions politiques. Si vous êtes éclectique, vous n'aurez personne pour vous. De quel côté vous rangez-vous ? » (H. de Balzac, *Illusions perdues*, Paris, Gallimard, coll. « Folio classique », 1994, p. 253).

2   V. Hugo, *Inez de Castro*, mélodrame en 3 actes avec 2 intermèdes, ms. autographe, BnF, Département des manuscrits, naf 13411 (le manuscrit est consultable sur le site Gallica). La pièce est publiée pour la première fois dans [A. Hugo], *Victor Hugo raconté par un témoin de sa vie*, Bruxelles, A. Lacroix, Verbœckhoven & Cie, 1863, vol. 1, p. 265-330. Elle y est présentée par Adèle comme « première ébauche et point de départ de son théâtre » (p. 263).

3   Loïc Le Dauphin le précise : « Contrairement à ce qui a été affirmé jusqu'à la fin des années 1980, la pièce a été autorisée par la censure. René Berchoud précise les choses : deux rapports, des 10 et 13 décembre 1822, et la note du ministre de l'Intérieur, Corbières, du 25 janvier 1823, autorisent la pièce, moyennant la modification de quelques répliques »

Les deux ans d'existence du Panorama-Dramatique furent suffisants pour engager l'écriture dramatique et la mise en scène (puisque les deux sont liées) vers de nouvelles voies. Lorsque l'on considère les mélodrames joués sur ce théâtre, on s'aperçoit qu'ils sont empreints d'une esthétique « romantique » dont l'historiographie situe l'émergence quelques années plus tard. Le plus étonnant est que ce sont ceux-là même qui s'étaient illustrés dans le mélodrame « traditionnel » qui, les premiers, opérèrent les transformations thématiques et structurelles. L'idée de rupture est souvent utilisée par l'historien comme un outil adéquat pour rendre compte du passé et le rendre cohérent par le biais de la périodisation. Le rôle de certains artistes dans le renouvellement des codes de jeu et d'écriture n'est évidemment pas à mésestimer. Mais on ne peut pas bâtir autour d'eux l'intelligibilité d'un passé sans sacrifier au passage quelques facteurs, ne serait-ce que si l'un d'entre eux est tout simplement l'air du temps. Il est clair que les tensions politiques qui se manifestèrent sous la Restauration, et que la presse s'empressa d'aiguiser, furent pour beaucoup dans l'inversion des valeurs mélodramatiques. Dans *Sydonie, ou la Famille de Meindorff* par exemple (pièce en 3 actes imitée de l'allemand par Cuvelier et Chandezon, 2 juillet 1821), Rodolphe, censé remplir l'emploi du traître, n'accepte pas le dénouement et se tue d'un coup de pistolet. Dans *La Main de bois* (mélodrame en 3 actes de Poujol, d'Aubigny et Boirie, 11 mars 1823), les brigands, livrés par un traître, assassinent leur chef annonçant ainsi la fin de *L'Auberge des Adrets*, jouée quelques mois plus tard à l'Ambigu[1]. Les exemples de

---

(Communication au Groupe Hugo du 24 janvier 2009, consultable sur le site groupugo.div. jussieu.fr ; voir aussi : R. Berchoud ; « De l'enfant de la forêt à l'éléphant de la Bastille. Le labyrinthe *Inès de Castro* », *in* A. Court & R Bellet, *G comme Hugo*, Saint-Étienne, CIEREC, 1987, p. 59-81). – À cette date, les finances du théâtre sont déjà mal en point ; comme l'écrit Henry Lecomte : « Le 24 avril [1823], M. Langlois avait en effet, déposé son bilan. Ce dénouement, depuis longtemps prévu, ne fut pas accepté sans murmures. » (*Histoire des théâtres, Le Panorama Dramatique, op. cit.*, p. 79). Plusieurs brochures furent publiées afin de défendre le théâtre, mais rien n'y fit. L'état de faillite du théâtre est attesté par une note portée dans le *Répertoire de la Nouvelle législation civile, commerciale et administrative* (par le baron Favard de Langlade, Paris, Didot, 1824, t. 5, p. 592-593), mais on peut supposer une origine politique à sa fermeture. La salle fut détruite presque immédiatement.

1   Ce dénouement est aussi celui que la censure avait imposé à la fin de l'année 1798 pour le *Victor, ou l'Enfant de la forêt* de Pixerécourt (voir la notice de cette pièce par S. Robardey-Eppstein, *op. cit.*) – La première de *L'Auberge des Adrets* eut lieu le 2 juillet 1823. – Jean Cantiran de Borie fut un dramaturge prolixe sous l'Empire. C'est avec le mélodrame qu'il obtint ses plus grands succès, dont *La Femme à trois visages* (avec Frédéric [Dupetit-Méré],

ce type pourraient être multipliés : dans *Le Pauvre Berger* (mélodrame historique en 3 actes de Carmouche, d'Aubigny et de Comberousse, 17 juin 1823), le héros échappe à l'échafaud par le suicide ; dans *La Mort du Chevalier d'Assas, ou la Bataille de Clostercamp* (mélodrame en 2 actes de Taylor et Solomé[1], 27 février 1823), le héros meurt sous les baïonnettes étrangères ; dans *Les Deux fermiers, ou la Forêt de Saint-Vallier* (mélodrame en 3 actes de Ménissier, Dubois et Martin Saint-Ange, 1er février 1823), le héros, fou de rage, se frappe d'un coup de poignard après avoir reconnu dans un soldat son fils qu'il croyait mort ; dans *Bertram, ou le Pirate* (mélodrame en 3 actes de Raimond [Pichat, Taylor et Nodier], 26 novembre 1822), l'héroïne, devenue folle, se jette dans un incendie et Bertram, pour la sauver, l'emporte à travers les décombres, mais un escalier s'effondre sous ses pieds et il meurt dans les flammes avec celle qu'il avait trop aimée.

LE DÉCOR : SUPPORT DE LA RÉFORME « ROMANTIQUE »

Le succès de ces pièces dépendait de leur mise en scène, qui était liée à une conception nouvelle du décor que les graveurs Engelmann et Schmitt s'attachèrent à promouvoir. En 1822, ils inauguraient la publication des *Théâtres de Paris, ou Recueil des principales décorations des divers théâtres de la capitale*, compilation de lithographies qui communiquaient sur l'art théâtral, non plus par le biais du seul costume – comme le faisait encore, la même année, l'éditeur Vizentini et, depuis la fin du XVIIIe siècle, la collection de Martinet[2] –, mais par celui des décors « en

---

Ambigu, 1806) et *L'Homme de la forêt noire* (avec le même, Gaîté, 1809). Il fut successivement directeur du Théâtre des Jeunes-Artistes et de celui de l'Impératrice (Odéon), puis régisseur de la Porte-Saint-Martin. Théodore Baudoin d'Aubigny débuta au théâtre avec *La Pie voleuse, ou la Servante de Palaiseau* (Porte-Saint-Martin, 1815), mélodrame historique qu'il écrivit avec Caigniez. Il obtint ensuite un beau succès avec une comédie, *Les Petits Protecteurs, ou l'Escalier dérobé* (1816), jouée à l'Odéon. Il devint ensuite le collaborateur de nombreux drames représentés à la Porte-Saint-Martin. Alphonse-André-Véran Poujol est un tout jeune dramaturge en 1823. Coauteur avec d'Aubigny de *L'Homme gris* (Odéon, 1817), il avait déjà collaboré avec Boirie et d'Aubigny à quelques mélodrames du Panorama-Dramatique (*Le Courrier de Naples*, 1822 ; *Les Deux Forçats, ou la Meunière du Puy-de-Dôme*, 1822 ; *Les Inséparables*, 1823).

1   Solomé est le régisseur du théâtre. Nous aurons à insister davantage sur lui un peu plus loin dans l'étude.

2   Le *Recueil de costumes de tous les ouvrages dramatiques représentés avec succès sur les grands théâtres de Paris* a été publié par l'éditeur Vizentini à partir de février 1822. Dans les années 1780, le graveur François-Nicolas Martinet, d'abord spécialisé dans l'illustration

scène » dont ils souhaitaient révéler l'exactitude des architectures et le caractère pictural des effets. À son propos, Olivia Voisin écrit :

> En appelant le spectateur à regarder la scène contemporaine selon les mêmes critères qu'une peinture, *Théâtres de Paris* pose les fondements d'un nouveau décor *antithéâtral* qui donnera sa couleur à la scène romantique des deux décennies suivantes. Il écrit également une autre histoire, celle qui, en 1822, voit l'écroulement des genres, tant en peinture qu'au théâtre où dans un même mouvement, les peintres érigent l'esthétique du tableau comme ferment de la modernité[1].

Ce déplacement du costume vers le décor, c'est-à-dire du personnage vers le milieu représenté, est révélateur du rééquilibrage des moyens scéniques et dramaturgiques opéré par les mélodramaturges dans les années 1820-1830. À la même époque, ils abandonnent le procédé du « tableau » – le « tableau-comble » décrit par Pierre Frantz[2] – comme procédé scénique selon lequel les comédiens se figent en scène. Le « tableau-comble » était envisagé comme un dispositif pictural intervenant au moment où l'intensité énergétique était à son apogée. Élément de l'action – contrairement au coup de théâtre qui, comme le rappelle Pierre Frantz, est un élément de l'intrigue –, il permettait de fixer l'intensité dramatique en jouant sur la rupture, autrement dit de capter l'énergie de l'action pour la condenser dans l'immobilité du geste. L'acteur était l'instrument principal de la mise en scène puisque c'était autour de lui qu'étaient façonnées ces « images » scéniques dont la technique était pour beaucoup empruntée à la pratique du « tableau vivant » popularisée en France par Mme de Genlis. Dans les dernières années de la Restauration, le tableau adopte une nouvelle fonction dramatique ; il s'élabore comme une unité de découpage, la subdivision d'un acte correspondant à un changement de décor, que le mélodrame

---

ornithologique, eut l'idée de publier des portraits d'acteurs et des planches de costumes tirés des comédies et opéras-comiques joués sur les théâtres de la Foire et Italien. Le succès fut tel, que son fils, Aaron Martinet, continua l'entreprise en gravant les scènes les plus applaudies au théâtre. La *Petite Galerie dramatique* fut commencée en 1796 et continuée jusqu'en 1843. Elle fut suivie de deux autres séries (*La Galerie dramatique* [1844-1879] et *La Nouvelle Galerie dramatique* [1872-1880]), éditées par ses descendants. En 1822, Martinet s'associa à son gendre Hautecœur. La collection, intégralement numérisée par la BnF, est consultable sur le site Gallica.

1 O. Voisin, « Ciceri, Gué et Daguerre : la peinture en décor », art. cit., p. 139.
2 P. Frantz, *L'Esthétique du tableau dans le théâtre du* XVIIIe *siècle, op. cit.*, p. 167-182.

Trente ans, ou la vie d'un joueur (1827) de Ducange fut sans doute l'un des premiers à mettre en place[1]. Si le décor remplissait jusqu'alors le rôle d'accompagnateur de l'intrigue, il devenait un élément du récit ; le découpage en tableaux permettait de faire éclater la fiction dramatique, de rompre la linéarité de l'action et de construire la fable sous la forme de séquences narratives, construites chacune autour d'un décor conçu comme peinture scénique. On perçoit combien les expériences menées au Panorama-Dramatique furent essentielles dans le renouvellement des codes scéniques du mélodrame. On assiste, pendant cette période, à une redistribution des éléments scéniques au sein de la représentation. Plutôt que d'orienter l'action vers une finalité morale – ce qui obligeait nécessairement à inscrire son développement dans un *continuum* et à utiliser les outils du spectacle (musique, changement de décor, procédé du « tableau-comble », etc.) comme des éléments propices pour ponctuer sa progression –, les auteurs pouvaient désormais privilégier les constructions dramatiques morcelées au moyen desquelles il devenait possible de donner une vision crue et pragmatique du monde contemporain. La refonte des codes d'écriture était fonction d'une nouvelle relation entre théâtre et société. Le mélodrame changeait en effet son rôle éducatif en caractère subversif.

Si le Panorama-Dramatique fut particulièrement mis à l'honneur dans le *Recueil* d'Engelmann et Schmitt, l'Ambigu-Comique, l'Opéra et la Porte-Saint-Martin furent également représentés. Car l'objectif des graveurs était surtout de promouvoir les réalisations des trois peintres-décorateurs qui allaient révolutionner les scènes parisiennes. Parmi les quinze décors reproduits dans ce *Recueil*, on compte en effet trois planches pour l'Ambigu (les décors d'*Élodie*, conçus par Daguerre

---

1   *Trente ans, ou la Vie d'un joueur*, mélodrame en 3 journées, par Victor Ducange et M. Dinaux [Prosper Goubaux et Jacques Beudin], musique de Piccini, divertissements de Jean Coralli, décors de Lefebvre, Porte-Saint-Martin, 19 juin 1827. La pièce réunit pour la première fois Frédérick Lemaître et Marie Dorval. – Sur l'abandon du « tableau-comble » au profit du tableau comme unité de découpage, voir notre ouvrage *La Féerie romantique sur les scènes parisiennes*, *op. cit.*, p. 235-261. – Notons toutefois qu'il fut progressif. Par exemple, il est utilisé dans la mise en scène d'*Henri III et sa cour* (A. Dumas, drame historique en 5 actes et en prose, Théâtre-Français, 11 février 1829), comme le confirme le livret de scène, édité par Marie-Antoinette Allévy. L'indication « Tableau » n'apparaît pas dans la brochure de la pièce, mais le livret de scène mentionne, à l'acte IV, scène 6 : « À ces mots : *Et de notre autorité, nous en déclarons le chef !* Tableau général de surprise. » (M.-A. Allévy, *Édition critique d'une mise en scène romantique. Indications générales pour la mise en scène de Henri III et sa cour*, Paris, Droz, 1938, p. 37).

et reproduits *infra*), trois planches pour l'Opéra (les décors d'*Alfred Le Grand*, ballet-pantomime en 3 actes d'Aumer, composés par Ciceri), une planche pour la Porte-Saint-Martin (le décor du 3ᵉ acte du *Château de Kenilworth*, mélodrame tiré du roman de Walter Scott¹ par Boirie et Lemaire, composé par Ciceri), et huit planches pour le Panorama-Dramatique. Les pièces mises à l'honneur furent : *Ali-Pacha*, mélodrame en 3 actes de Hyacinthe [de Comberousse] et Alfred [Pichat], avec les décors de Ciceri et Gué ; *Bertram, ou le Pirate* déjà évoqué, décors de Gué et Ciceri ; *Le Déserteur*, ballet-pantomime en 3 actes de Dauberval, mis en scène par Aumer, décors de Gué ; *La Lampe merveilleuse*, pièce féerie burlesque mêlée de couplets, en 2 actes précédés d'un prologue, de Merle, Carmouche et [Saintine], décors de Gué et Ciceri. Ce dernier exemple est intéressant car il prouve que l'art du décorateur allait désormais pouvoir être appliqué à d'autres genres que le mélodrame (ici, en l'occurrence, à une « féerie » dont la dramaturgie emprunte les techniques d'écriture du vaudeville). *La Lampe merveilleuse* était conçue en lien direct avec *Aladin, ou la Lampe merveilleuse*, opéra-féerie en 5 actes joué à l'Académie Royale de Musique en février 1822². C'est pour la

---

1   C'est à partir de ce roman que, cette même année 1822 et quelques mois avant la réception d'*Inez de Castro* au Panorama-Dramatique, Victor Hugo et Alexandre Soumet envisagent d'écrire une pièce sous le titre *Emilia*. Hugo écrit les 3 premiers actes, Soumet les 2 derniers, mais le projet n'aboutit pas pour faute de désaccord. Selon Marie-Pierre Rootering (« *Amy Robsart*, la "bâtarde" de Victor Hugo », article consultable en ligne sur le site www.victorhugo.asso.fr), Hugo a l'espoir de faire jouer *Emilia* au Panorama-Dramatique, mais Taylor « retire sa proposition ». Adèle Hugo précise : « Taylor était alors intéressé dans un théâtre appelé le Panorama Dramatique. Ayant appris que Victor Hugo faisait une pièce sur le roman de Kenilworth, il demanda à l'auteur de la lui donner pour son théâtre ; le poète accepta l'ouverture et termina son drame. Au dernier moment, il retira sa promesse. Il était contraire à ses idées de se montrer au public sous le manteau d'un autre et livrer à la publicité une œuvre dont il n'était pas l'auteur. Il avait autant d'éloignement pour les associations littéraires que pour les associations d'argent et *Amy Robsart* fut enfermée dans les cartons du poète » (*Victor Hugo raconté par Adèle Hugo*, Paris, Plon, 1985, p. 427). Pour finir, le projet débouche sur 2 pièces : *Emilia*, drame en 5 actes et en prose de Soumet, est joué au Théâtre-Français le 1ᵉʳ septembre 1827 ; *Amy Robsart*, drame en prose, en 5 actes, de [Hugo] (il paraît à l'affiche sous le nom de Paul Foucher, beau-frère de Victor Hugo), est représenté le 13 février 1828 à l'Odéon. *Amy Robsart* conserve les ingrédients du mélodrame tel qu'il se pratiquait depuis 1822-1823 (château en feu, chute de l'héroïne dans le vide par une trappe-piège préparée par le traître…). Les décors ont été conçus par Gué, et les costumes par Delacroix.

2   Livret de Charles-Guillaume Étienne, musique de Nicolo et Benincori (Benincori a terminé la composition musicale après la mort prématurée de Nicolo), ballets de Gardel.

mise en scène de cet opéra que fut inaugurée l'utilisation de l'éclairage au gaz, et c'est surtout avec elle que Ciceri put s'exprimer pleinement pour la première fois. Nommé peintre en chef à l'Opéra en 1816, Pierre-Luc-Charles Ciceri n'en restait pas moins l'assistant d'Ignace Degotti, qui ne supportait pas l'intervention d'autres peintres sur ses décors[1]. En 1822, Degotti prit sa retraite, laissant ainsi le champ libre à Ciceri qui put, grâce à une heureuse collaboration avec Daguerre, introduire le procédé du diorama à l'Opéra[2]. Ciceri signa également les décors de *La Lampe merveilleuse* du Panorama-Dramatique en collaboration, cette fois-ci, avec le peintre Julien-Michel Gué, qui confectionna la même année les décors d'*Ali-Baba, ou les Quarante voleurs* et du *Château de Loch-Leven*, mélodrames de Pixerécourt joués à la Gaîté[3]. C'est ce même peintre qui accompagna, en 1825, Charles Nodier et Victor Hugo dans leur voyage au cœur des Alpes qui devait aboutir à la publication d'un des volumes des *Voyages pittoresques et romantiques dans l'ancienne France*, série éditoriale inaugurée par Nodier, Taylor et de Cailleux en 1820[4] et enrichie de gravures dont le lien avec les décorations théâtrales éditées dans le *Recueil* d'Engelmann et Schmitt est manifeste. C'est dire si la peinture s'inscrivait au cœur du projet de réforme dramatique que Taylor avait tenté de mettre en œuvre au Panorama-Dramatique. La fermeture du théâtre n'empêcha nullement son aboutissement ; c'est finalement

---

1   Sur ce point, voir C. Join-Diéterle, « Les décorateurs : des dynasties d'artistes », *in L'Envers du décor, op. cit.*, p. 41-55.

2   Les esquisses de décors, par Daguerre et Ciceri, pour *Aladin* sont consultables sur le site Gallica.

3   *Ali-Baba* fut représenté le 24 septembre 1822, et *Le Château de Loch-Leven*, mélodrame historique en 3 actes imité de Walter Scott, le 3 décembre 1822. Gué élabora ensuite d'autres décors pour les mélodrames de la Gaîté, notamment ceux du *Jésuite* (1830), drame en 3 actes et en 6 tableaux de Pixerécourt et Ducange.

4   Les deux premiers volumes sont consacrés à la Normandie (1820 et 1825), le troisième devait concerner les Alpes, ainsi que le confirme le contrat signé entre Lamartine, Hugo, Nodier, Taylor et les éditeurs Maurice et Canel, daté du 16 juillet 1825 (BnF, Département des manuscrits, naf 13 418). Parmi les collaborateurs des *Voyages*, on retrouve l'équipe du Panorama-Dramatique : Alaux, de Cailleux, Taylor, Nodier, Auguste Jal, le dessinateur Adrien Dauzats (formé à l'atelier de Gué), l'ancien peintre-décorateur de l'Opéra Isabey (dont Ciceri épousera la fille), mais aussi le lithographe Engelmann. Rien d'étonnant à cela : il s'agissait, en fait, des membres du Cénacle de Nodier (voir M. Salomon, *Charles Nodier et le groupe romantique d'après des documents inédits*, Paris, Perrin, 1908). Que Gué ait pu confectionner les décors des mélodrames de Pixerécourt n'est donc pas surprenant. Pixerécourt fréquentait assidûment le Cénacle de Nodier, dont il était l'ami. Le voyage dans les Alpes sera rapporté dans *Victor Hugo raconté par un témoin de sa vie, op. cit.*, p. 96 *sq.*

la même équipe que Taylor intégra au Théâtre-Français lorsqu'il en devint le commissaire royal en 1825. La première pièce qu'il mit à l'affiche est une tragédie, *Léonidas*, d'Alfred Pichat, son collaborateur à de nombreux mélodrames joués au Panorama-Dramatique[1] ; il confia la confection des décorations nouvelles à Ciceri qui obtint, par la même occasion, l'exclusivité des décors du Théâtre-Français ; il engagea Henri Duponchel, décorateur et costumier du Panorama-Dramatique[2], et surtout il créa un poste de « régisseur de la scène » qu'il confia à celui qui occupait les mêmes fonctions au Panorama-Dramatique, à savoir Jacques-Louis Solomé.

LE RÉGISSEUR DE LA SCÈNE : DU BOULEVARD AUX THÉÂTRES SUBVENTIONNÉS

Les traces biographiques concernant Solomé (parfois orthographié Salomé dans la presse) sont assez rares, et il est difficile de dire si le Solomé engagé comme régisseur (aux côtés de Gautier et Pénancier) par Alaux en 1821, puis nommé « régisseur général » en 1822 par Langlois, est le même que l'*Annuaire dramatique* mentionne comme régisseur et

---

1 Cette tragédie « passe pour une des premières pièces à avoir bénéficié de révolutions scéniques » précise Jacqueline Razgonnikoff (« Petite histoire de la mise en scène avant André Antoine (II) : de Voltaire à Taylor », *Journal des trois théâtres*, nᵒ 20, mai 2006, p. 32). Le succès fut aussi obtenu par son lien avec l'actualité : l'opposition héroïque de Léonidas face aux Perses évoquait clairement la guerre d'indépendance grecque (1821-1830). Selon plusieurs sources, *Léonidas* aurait été reçu au Théâtre-Français en 1822 mais n'aurait pas pu être représenté pour cause de censure. L'information est difficile à vérifier dans la mesure où les Archives Nationales conservent uniquement le rapport pour les représentations de 1825. Il est possible aussi que certains critiques aient choisi de créer une confusion volontaire entre cette pièce et une autre tragédie de Pichat, *Turnus* (1819), elle-même reçue au Théâtre-Français et censurée, mais dont quelques extraits furent joués à l'Odéon en 1824. De la sorte, l'entrée au Théâtre-Français du tandem Pichat/Taylor pouvait apparaître comme une première victoire remportée contre un conservatisme à la fois politique et littéraire. Alexandre Dumas entretient ce mythe dans ses *Souvenirs dramatiques* en écrivant : « *Léonidas* fut relégué dans les cartons avec son frère *Turnus*. Par bonheur, dès 1821 avait éclaté l'insurrection grecque, qui, comme le siège de Troie, devait durer neuf ans, et, vers 1824 ou 1825, Taylor avait été nommé commissaire royal près le Théâtre-Français. » (Paris, M. Lévy frères, 1868, t. 1, p. 162-163).

2 Cette information est donnée par l'acteur Hugues Bouffé, futur vedette du Gymnase-Dramatique, qui fit ses débuts au Panorama-Dramatique. Dans ses *Souvenirs*, il précise : « Cet ouvrage [*La Petite Lampe merveilleuse*] fut monté d'une façon remarquable, avec décors et costumes dessinés par Duponchel » (Bouffé, *Mes souvenirs, 1800-1880*, Paris, Dentu, 1880, p. 51). Henry Duponchel deviendra ensuite inspecteur du matériel de la scène (1829-1831), directeur de la scène (1831-1835), puis directeur (1835-1841) de l'Opéra.

acteur du Théâtre de la Gaîté en 1814, et que l'*Indicateur de Lyon* enre-
gistre comme régisseur du Théâtre des Célestins en 1810[1]. Plusieurs
éléments semblent toutefois le confirmer. En 1810, les Célestins sont
dirigés par Ribié – ce qui prouve le lien entre ce théâtre et la Gaîté
– et l'établissement s'offre même comme un lieu de création, ainsi que
l'atteste la brochure de *Bayard à Lyon, ou le Tournois,* vaudeville historique en 3 actes, par Marie-Emmanuel Théaulon : « Représenté, pour
la première fois, sur le Théâtre des Célestins de Lyon, en septembre
1811, sous la Direction de M. Ribié. Musique nouvelle de M. Dreuilh.
– Décors de M. Advinant. – Costumes dessinés par M. Lancelin fils.
– Ballets de M. Lachapelle. – *Mise en scène par M. Solomé*[2]. » Un critique
du *Journal de Lyon* atteste sa présence à ce théâtre en 1818 :

> Ce que je dis ici n'est relatif qu'à la régie du Grand-Théâtre ; celui des
> Célestins, grâce aux soins, à l'intelligence et à la juste fermeté de M. Salomé
> [*sic*], est hors des atteintes de la critique la plus sévère ; son répertoire, aussi
> varié qu'il peut l'être, l'est même plus qu'on n'aurait droit de l'exiger. Ce
> régisseur est d'autant plus louable, que, si l'on en croit certain bruit, il a
> su envers et contre tous se concilier une troupe qui sait nous amuser, en
> attendant qu'il plaise à celle des Terreaux de montrer ce qu'elle pourra faire
> pour nous désennuyer[3].

Cette information est confirmée par l'*Indicateur général des spectacles* en
1819 ; non seulement cet ouvrage indique Solomé comme « régisseur
en chef » de ce théâtre, mais il donne aussi la liste de ses acteurs dont
certains figurent parmi la troupe du Panorama-Dramatique en 1822[4].
Tout concorde donc à dire que Solomé, avant de pénétrer l'antre de
Melpomène, fut formé à l'école du Boulevard[5].

---

1   Voir *Annuaire dramatique*, Paris, Cavanagh, 1814, p. 189, et *Indicateur de Lyon*, Lyon,
    Perisse frères, 1810, p. 121.
2   Lyon, impr. de Pelzin & Drevon, 1811, p. 1. Le texte est souligné par nous. Notons que
    Dreuilh est le compositeur de la musique de nombreux mélodrames sous le Consulat et
    l'Empire.
3   *Journal de Lyon et du département du Rhône*, 1er mai 1818.
4   Il s'agit de Tautin, ancien acteur de la Gaîté et interprète des mélodrames de Pixérécourt,
    Bertin et Mlle Hugens. Voir *L'Indicateur général des spectacles de Paris, des départements de la
    France et des principales villes étrangères*, Paris, Bureau de l'Almanach du commerce, 1819,
    p. 167.
5   Du reste, on trouve un manuscrit du *Déluge* de Hapdé dans le fonds établi par l'acteur
    Francisque et conservé aujourd'hui à la Bibliothèque de la SACD. Il porte l'indication
    suivante : « Écriture de L.-J. Solomé. Man[uscrit] de 89 pages. Acheté à Mme veuve Solomé

Dans cette perspective, on comprend mieux les diatribes lancées contre Taylor après 1825, et l'assimilation construite entre les pièces montées au Théâtre-Français et le mélodrame. En 1829, Jean-Toussaint Merle (directeur de la Porte-Saint-Martin entre 1822 et 1826 et époux de Marie Dorval) écrivait :

> Ce rajeunissement de notre scène tel que l'a conçu notre jeune littérature, ressemble un peu trop au rajeunissement du vieux Pélias : c'était une expérience utile à faire, mais elle a été tentée avec tant d'audace et de brutalité, que le malade est resté dans l'opération ; elle a été si maladroitement faite, que la Comédie Française a disparu et qu'il ne nous reste plus qu'un nouveau théâtre de mélodrame[1] [...].

En définitive, c'est bien par la mise en scène que le « mélange des genres », concept-clé du romantisme théâtral, pouvait être opéré. Dans un texte satirique publié en 1828, Léon Halévy avait clairement pointé ce facteur :

> Poursuis, Taylor, poursuis tes glorieux travaux
> Et dans l'art du costume éclipse tes rivaux.
> En Muse du décors [*sic*] travestis Melpomène,
> Pour toi la Tragédie est de la mise en scène !
> Tout ouvrage, à tes yeux, est de droit excellent
> S'il peut de Duponchel exercer le talent.
> Il faudra désormais à toute œuvre tragique
> Un site pittoresque, un vallon romantique,
> Un vieux manoir, un lac, une lune, un tombeau...
> [...]
> La toile et le vernis iront seuls à la gloire.
> Le Théâtre nouveau que ton souffle anima
> Fleurira sous ce nom : « Tragediorama[2] ! »

---

le 6 oct. 1860 ». Ce document comporte toutes les indications nécessaires à la mise en scène : interventions précises de l'orchestre, augmentations et diminutions des gazes de la rampe, etc.

1 J.-T. Merle, *Du marasme dramatique*, Paris, Barba, 1829, p. 10.

2 L. Halévy, *Le Théâtre français, épître-satire à M. le baron Taylor*, Paris, Delaforest, 1828, cité par Marie-Antoinette Allévy *in La Mise en scène théâtrale en France dans la première moitié du XIXᵉ siècle, op. cit.*, p. 85. – L'auteur de cet ouvrage donne de nombreuses autres citations de ce type, qui montrent combien c'est avant tout la mise en scène qui pose problème, et qui permet aux détracteurs de condamner l'entrée du mélodrame au Théâtre-Français. Marie-Antoinette Allévy cite par exemple ce propos de Pierre Victor : « Le Baron Taylor ne comprend pas qu'on ait besoin de plus d'études pour jouer un rôle à la Comédie-Française qu'au Panorama-Dramatique, [où] quand la décoration est terminée la représentation

Le « directeur de la scène » devait donc jouer un rôle essentiel : non seulement il fallait coordonner le travail de nombreux artistes (acteurs, auteurs, décorateurs) puisque la mise en scène exigeait désormais un lourd travail de préparation, mais la fonction se montrait aussi stratégique pour dépoussiérer les scènes privilégiées et les engager à renouveler leurs traditions scéniques. Dans un texte publié en 1828, Clément Robillon déplorait cette multiplication des tâches :

> Si la place de directeur d'un théâtre royal n'est considérée que comme une sinécure, à quel abus n'entraîne-t-elle pas, puisque nécessairement il faut créer autant de charges qu'il y a de détails particuliers qui s'y rattachent ? De là les doubles emplois de directeur général, directeur du matériel, régisseur général, régisseur de la scène, sous-régisseur, [...] etc.[1]

Il fallait au contraire une seule et même personne (c'est-à-dire sans doute lui) pour :

> Accorder les acteurs sur leurs prétentions d'amour-propre et d'intérêt ; déraciner les abus qui germent continuellement dans les théâtres, diriger le répertoire dans l'intérêt des recettes et du public, se concilier et s'attacher les auteurs et compositeurs de mérite, veiller à la stricte économie des dépenses journalières, présider la mise en scène des ouvrages, parler de rôles et de traditions avec les acteurs, de musique avec le chef d'orchestre et les compositeurs, de peinture avec le décorateur, de menuiserie et de mécanisme avec le machiniste, d'habits avec le costumier[2].

Mais c'était oublier que les théâtres subventionnés restaient de lourdes machines, ankylosées par le poids des traditions et les exigences de leurs sociétaires. Les directeurs de la scène devenaient les agents essentiels de la réforme dramatique que les « romantiques » appelaient de leurs vœux[3].

---

peut marcher » (P. Victor, *Mémoire contre le baron Taylor*, Paris, Ponthieu, 1827, cité par M.-A. Allévy, *op. cit.*, p. 85).

1 C. Robillon, *Considérations sur l'art dramatique et les comédiens ; sur les causes de la décadence des théâtres et les moyens de la prévenir*, Versailles, Sallior & Larcher, 1828, p. 14.

2 *Ibid.*, p. 13.

3 La nécrologie de Solomé, publiée dans *Le Guide musical* du 4 octobre 1860, est assez éloquente sur ce point : « M. Solomé, comme metteur en scène, avait aidé avec beaucoup d'intelligence et d'efficacité à l'expression matérielle d'un mouvement nouveau dans les lettres et dans les arts. À l'Opéra notamment, il avait su rompre avec les vieilles habitudes, et méprisant les reproches qui lui étaient faits de se rapprocher des traditions du boulevard, il avait donné à la disposition des groupes une vivacité et une variété qui tranchaient de la façon la plus heureuse avec l'ancienne mise en scène classique. »

Tous les théâtres royaux se mirent au diapason : la fonction fut créée à l'Opéra en 1824[1], sans doute pour concurrencer le Théâtre-Italien dont Rossini venait d'être nommé directeur et qui, selon son contrat, devait « mettr[e] en scène et arranger pour les chanteurs du théâtre Louvois un opéra de sa composition[2] ». La même année, Pixerécourt, nommé directeur de l'Opéra-Comique, introduit dans ce théâtre les techniques récentes de la peinture scénique comme l'atteste sa mise en scène de *La Dame blanche* dont les décors sont signés par Gué[3]. En 1827, l'Opéra crée un « Comité de mise en scène » dont Marie-Antoinette Allévy a dévoilé l'existence, et qui fut utilisé plus tard, si l'on en croit les pièces qui instruisent le procès opposant Ciceri à Louis Véron, comme un outil pour déposséder le peintre de son contrat d'exclusivité[4].

---

1   Le titre de « directeur de la scène » est créé pour Dubois, alors que Duplantys est nommé administrateur afin de redresser les finances du théâtre (voir : M. Auclair, « Chefs machinistes et régisseurs de l'Opéra de Paris au XIX⁰ siècle », *in L'Envers du décor, op. cit.*, p. 77-83).

2   Contrat d'engagement de Rossini, Ministère de la Maison du Roi, 2⁰ division, 27 février 1824, AN, AJ¹³ 1161.

3   Les décors de Gué sont introduits à l'Opéra-Comique dès 1824, pour une reprise de *Beniowski, ou les Exilés du Kamchattka*, opéra en 3 actes, livret d'Alexandre Duval et musique de François-Adrien Boieldieu (voir : O. Bara, *Le Théâtre de l'Opéra-Comique sous la restauration : enquête autour d'un genre moyen*, Hildesheim/Zürich/New York, Georg Olms Verlag, 2001, p. 23).

4   Le Comité a pour fonction « d'éclairer l'administration sur les matières dont il s'agit et dans lequel seraient dès lors appelées les personnes versées dans la connaissance et la pratique des arts divers qui concourent à l'éclat des représentations et à la salubrité des salles de spectacles » (*Rapport sur la création d'un comité de mise en scène pour l'Académie royale de Musique*, ms., 3 avril 1827, AN, fonds « Maison du Roi et de l'Empereur », O³ 1599). Il fonctionne de la même manière qu'un comité de lecture, et a pour tâche d'estimer les dépenses et de considérer les planches réalisées par les costumiers et les décorateurs lors de chaque création. En 1827, il rassemble : le Comte Turpin de Crissé, inspecteur général du Département des Beaux-Arts, Lenormant, inspecteur chargé de la partie des arts scéniques, Rossini, inspecteur général du chant, Raphaël de Frédot Duplantys, administrateur de l'Académie royale de Musique, Émile Lubbert, directeur du personnel, Darcet, membre de l'Académie des sciences, Émeric David, membre de l'Académie des Inscriptions et Belles-Lettres, le Baron Gérard, membre de l'Académie des Beaux-Arts, Ludovic Duponchel, dessinateur, Jeanson, ingénieur architecte du Roi. En 1831, Louis Véron, nouveau directeur de l'Opéra, se sert du comité pour évincer Ciceri et confier la confection des décors du ballet de *La Tentation* (1832) à d'autres artistes-peintres (Bertin, Lami, Roqueplan, Delaroche). Les *Quelques réflexions pour MM. Ciceri et Lehe-Gigun, peintres décorateurs, contre M. Véron, Directeur du grand Opéra de Paris* précisent : « M. Véron commença par créer un comité de mise en scène qu'il composa de quelques peintres d'un grand talent, mais où furent aussi appelés les élèves et rivaux de M. Ciceri. Lorsque M. Ciceri fut introduit dans ce comité, il ne tarda pas à remarquer la tendance qu'on

En 1828, Solomé devient directeur de la scène à l'Opéra et laisse sa place du Théâtre-Français à Hyacinthe Albertin (le même qui fut administrateur du Théâtre des Célestins de Lyon en 1819 et co-auteur de mélodrames joués sur ce théâtre et sur celui de la Gaîté sous l'Empire[1]). À la veille de la révolution de Juillet, l'art de la mise en scène avait donc pénétré tous les théâtres subventionnés. Il s'offrait comme un moyen habile pour renouveler en profondeur les codes d'écriture des genres traditionnels. L'une des premières tâches qu'eurent d'ailleurs à accomplir les directeurs de la scène du Théâtre-Français et de l'Opéra fut de publier les livrets de mise en scène, sortes de brochures qui détaillaient les décors, les costumes, les accessoires et les déplacements des acteurs. Solomé édita ceux des *Trois Quartiers* en 1827 et de *La Muette de Portici* en 1828 ; Hyacinthe Albertin conçut celui d'*Henri III et sa cour* en 1829[2]. À leur propos, le critique Charles Maurice écrivait, non sans ironie :

> Une mise en scène de la *Muette de Portici* a été bravement imprimée comme un livre pour tout de bon ; suivant ce qu'on nous en raconte, c'est la brochure la plus piquante de l'époque. Et cependant, personne n'en parle. Ces contemporains sont d'une injustice ! On dit même que cet écrit singulier autant qu'inattendu, en a produit un autre moins amusant que son aîné, mais qu'il faut lire pour y croire. Il serait intitulé : MISE EN SCÈNE DE HENRI III ET SA COUR[3].

---

avait à le déposséder de son entreprise. » (Cour royale de Paris, 5e chambre, audience du samedi 8 juin 1833). – Sur le fonctionnement du Comité de mise en scène de l'Opéra, et plus largement sur la fabrique du spectacle dans les années 1830, voir l'étude de Nicole Wild : « Mises en scène de catastrophes dans le grand opéra », *in* I. Moindrot (dir.), *Le Spectaculaire dans les arts de la scène, op. cit.*, p. 102-109.

1   Par exemple : *Les Chevaliers de Malte, ou l'Ambassade à Alger*, mélodrame en 3 actes de J.-A.-M. Monperlier et H. Albertin, musique de J.-J. Dreuilh, Théâtre des Célestins, février 1813 et Théâtre de la Gaîté, novembre 1813 ; Albertin apparaît aussi comme coauteur, c'est-à-dire sans doute comme « metteur en scène », de mélodrames joués au Panorama-Dramatique, comme *Edward, ou le Somnambule* (1822), mélodrame militaire en 3 actes, avec Boirie.

2   L.-J. Solomé, *Indications générales et observations pour la mise en scène de* Les Trois Quartiers, *comédie de MM. Picard et Mazères*, Paris, Chez l'auteur, M. Duverger et MM. les correspondants des théâtres, s. d. [1827], 32 p. ; L.-J. Solomé, *Indications générales et observations pour la mise en scène de la* Muette de Portici, *grand opéra en 5 actes, paroles de MM. Scribe et G. Delavigne, musique de M. Auber*, Paris, Chez l'auteur, M. Duverger et MM. les correspondants des théâtres, s. d. [1828], 60 p. ; H. Albertin, *Indications générales pour la mise en scène de* Henri III et sa cour, éditées par Marie-Antoinette Allévy dans *Édition critique d'une mise en scène romantique*, Paris, Droz, 1938.

3   *Courrier des théâtres*, 20 avril 1829.

Nul doute que la mise en scène engageait désormais sa propre écriture ;
le livret de mise en scène, complément indispensable du drame, pouvait
maintenant instituer et perpétuer les traditions scéniques du romantisme
et orienter la dramaturgie « classique » vers de nouvelles voies[1].

---

1   Il est d'ailleurs significatif que ces relevés de mise en scène soient également, dès 1828,
diffusés par la presse et utilisés comme des agents de promotion des pièces à destination
des directeurs de théâtre de province, mais aussi des simples lecteurs (sur ce point, voir
l'article de Sylviane Robardey-Eppstein : « Les mises en scène sur papier-journal : espace
interactionnel et publicité réciproque entre presse et monde théâtral (1828-1865) », *in*
O. Bara & M.-E. Thérenty [dir.], *Presse et scène au XIXᵉ siècle*, revue en ligne, [http://www.
medias19.org]). Ces livrets poursuivent la tradition mise en place par les agences théâtrales,
présentées par Martine de Rougemont (art. cit.). Outre les renseignements utiles sur les
décors, costumes et accessoires, ils offrent une description précise des mouvements de
scène, des gestes de l'acteur, des intonations de la voix, des jeux d'ombre et de clarté, des
interventions de l'orchestre, etc. À première vue, ils ont une double fonction : préserver
la « mémoire » du spectacle et favoriser les reprises « à l'identique » sur les scènes de
province ou de l'étranger. Comme l'a montré Isabelle Moindrot toutefois (voir son article
« Après la première, les reprises. Réflexions sur la mise en scène lyrique en France au
XIXᵉ siècle », *in* M. Fazio & P. Frantz [dir.], *La Fabrique du théâtre, op. cit.*, p. 408-424), ces
livrets s'offrent davantage comme un support au « remontage » du spectacle que comme
un matériau respecté fidèlement par les régisseurs. On remarque cette même mobilité du
« texte spectaculaire » lorsque l'on reconstruit le jeu des reprises à l'aide des partitions
d'orchestre manuscrites (dont une bonne partie est conservée par le département de la
musique de la BnF). Si les rééditions des pièces, tout au long du XIXᵉ siècle, sont souvent
conformes aux éditions *princeps*, les partitions musicales prouvent que de larges remaniements pouvaient être effectués lors des reprises. Rien d'étonnant à cela : le théâtre, art
vivant, s'appuie sur des acteurs, danseurs, maîtres de ballet, musiciens, décorateurs qui,
d'une manière ou d'une autre, travaillent la matière scénique au point d'infléchir la forme
première, édifiée lors de la création et entérinée par la brochure de la pièce et le livret de
mise en scène. Ce facteur sera d'ailleurs largement revendiqué par les artistes dramatiques
à partir des années 1840, ceci afin de faire reconnaître juridiquement l'interprète comme
co-auteur du spectacle (nous aurons l'occasion de revenir sur ce point). De fait, ce n'est
pas tant la parution de ces livrets de mise en scène (bien connus des historiens et, depuis
les travaux de Marie-Antoinette Allévy, revendiqués comme des preuves tangibles de
l'existence d'un art de la mise en scène en amont des expériences dramatiques d'André
Antoine) qui constitue en soi une nouveauté. Ces livrets existent déjà au XVIIIᵉ siècle.
Le changement réside surtout dans leur diffusion, qui dépasse désormais le strict cadre
des professionnels du spectacle. C'est donc la reconnaissance de la mise en scène comme
œuvre qui est en jeu ici ; et c'est bien cela que Charles Maurice raille dans son article
du *Courrier des théâtres*. Dans cette perspective, on comprend mieux la démarche d'un
Louis Palianti par exemple, qui constituera toute sa vie durant une *Collection des mises en
scène d'opéras et d'opéras-comiques* (11 volumes, 200 mises en scène) dont une bonne partie
avait été publiée au préalable dans la *Revue et Gazette des théâtres* (ce recueil contient
des mises en scène de drames et de comédies, contrairement à ce que son titre pourrait
laisser supposer ; voir S. Robardey-Eppstein, art. cit.). La « Collection » accorde à la mise
en scène un statut d'« œuvre » méritant toute sa place dans le patrimoine dramatique
national. – Sur ces livrets, voir aussi : M.-O. Gigou, « Conserver le spectaculaire, ou de

On l'aura compris à l'issue de cette analyse, le mélodrame est une forme essentielle pour circonscrire les enjeux et les modalités de la réforme dramatique qui se met en marche sous la Restauration et qui atteindra son coup d'éclat avec *Hernani* en 1830. Non qu'il faille surévaluer cette forme et lui attribuer un rôle novateur que d'autres n'auraient pas su jouer, il semble utile toutefois de redresser les jugements esthétiques qui, longtemps, ont entaché de conservatisme un genre qu'on continue d'analyser sur le strict plan littéraire. Pour bien comprendre le mélodrame, il est nécessaire de considérer la dimension scénique comme partie prenante de la dramaturgie. En définitive, il est le seul genre, après 1807, qui a pu bénéficier des innovations théâtrales révolutionnaires. En rétablissant les privilèges dramatiques, en limitant les genres autorisés à survivre et en exerçant, sur les répertoires, un contrôle attentif par le biais de deux ministères, Napoléon a considérablement restreint le champ des expérimentations dramatiques. Ce que Talma aurait pu accomplir au Théâtre-Français en poursuivant, avec Ducis, l'exploration du corpus shakespearien, ce que Dalayrac, Grétry, Méhul et Hoffmann auraient pu mener à terme en poussant plus loin la contiguïté entre écriture musicale et dramaturgie telle qu'ils l'avaient exploitée avec les drames lyriques de la période révolutionnaire, tout cela fut anéanti par les décrets de 1806-1807. Après la Révolution, le théâtre avait pourtant de nouveaux enjeux à remplir. Il était non seulement le lieu de la sociabilité urbaine mais il s'adressait surtout à un public considérablement élargi. C'est pourquoi l'antagonisme entre théâtre pour l'élite et théâtre pour le peuple n'est pas toujours pertinent pour interroger la pratique théâtrale du premier XIXe siècle. Pixerécourt l'a très clairement formulé en 1832 :

> Quand l'homme colosse fut monté sur le trône, le drame disparut tout à fait des grands théâtres. [...] Le drame exilé des théâtres impériaux se réfugia aux boulevards. C'est là que, sous le titre de mélodrames, on a représenté

---

l'utilité de la conservation des mises en scène », *in* I. Moindrot, *Le Spectaculaire dans les arts de la scène, op. cit.*, p. 4752 ; O. Bara, « Les livrets de mise en scène, *commis voyageurs* de l'opéra-comique en province », disponible sur le site du CÉRÉdI (ceredi.labos.univ-rouen. fr) ; H. C. Wolff, « Die Regiebücher des Louis Palianti für die Pariser Oper 1830-1870 », *Maske und Kothurn*, n° 26, 1980, p. 74-84 ; R. Cohen, « La conservation de la tradition scénique sur la scène lyrique en France au XIXe siècle : les livrets de mise en scène et la Bibliothèque de l'Association de Régie Théâtrale », *Revue de musicologie*, t. 64, n° 2, 1978, p. 253-267.

pendant vingt-cinq ans des pièces que les journaux et l'opinion publique ont placées plus d'une fois au-dessus des ouvrages nouveaux que l'on jouait à la Comédie Française[1].

L'examen des pièces produites par le dramaturge pendant les premières années de sa carrière montre qu'il fut tout d'abord intéressé par le théâtre musical. Au moment où *Cœlina, ou l'Enfant du mystère* paraît à l'affiche du Théâtre de la Gaîté en 1800, il est déjà l'auteur de trente-huit pièces dont une bonne partie avait été composée pour les théâtres Feydeau, Favart et de l'Opéra. Il n'est donc pas surprenant de le retrouver à la direction de l'Opéra-Comique en 1824 alors qu'il avait, dès 1818, cherché à convaincre le gouvernement d'ouvrir un théâtre musical uniquement consacré au drame lyrique[2]. C'est pourquoi le mélodrame n'est pas à considérer seulement comme un genre « populaire » qui aurait comblé les attentes en images et en émotions fortes du petit peuple de Paris et de province. Il est aussi une forme qui a émigré des grands théâtres vers les scènes secondaires tout en conservant la liberté d'intégrer, au cœur de son intrigue, les ingrédients du « grand spectacle[3] ».

Là où le mélodrame doit retenir l'attention des chercheurs, c'est évidemment dans sa façon d'avoir su resserrer les liens entre la scène et l'écrit en élevant au statut de langage un art scénique qui reposait tout autant sur le jeu de l'acteur, la dextérité du machiniste et du décorateur, l'habileté du chef d'orchestre et du maître de ballet, le talent du dramaturge. La « modernité » théâtrale est davantage repérable, à cette

---

1 R.-Ch. Guilbert de Pixerécourt, « Le mélodrame », *Paris, ou le Livre des Cent-et-Un*, Paris, Ladvocat, t. 6, 1832, p. 339.

2 « Nous avons deux théâtres pour le Vaudeville, sans compter les excursions qu'il fait sur tous les autres ; trois théâtres pour le Mélodrame et la Pantomime ; pourquoi n'avons-nous pas deux théâtres lyriques, dont l'un serait exclusivement consacré à l'Opéra-Comique, proprement dit, et l'autre au Drame lyrique, qui, comme je l'ai prouvé tout à l'heure, a fait la fortune du théâtre Favart ? Je crois ce dernier genre indispensable aux progrès de l'art musical. » (Le Bonhomme du Marais [R.-Ch. Guilbert de Pixerécourt], *Guerre au mélodrame !*, Paris, Delaunay, Barba & Mongie, 1818, p. 16). Pixerécourt, contraint de démissionner de la direction de l'Opéra-Comique en 1827 à cause des conflits qui l'opposaient aux artistes-sociétaires, tenta une nouvelle fois d'en prendre la tête en 1832, au moment où le théâtre, alors dirigé par Lubbert, menaçait de fermer sous le poids des dettes. Il proposa aux acteurs de fonder une société anonyme sur le modèle de celle du Théâtre-Français, s'offrant à en être le *gérant*. Mais le projet n'aboutit pas.

3 Notons aussi que les mélodrames de la période impériale ont fourni la matière d'un grand nombre de livrets d'opéras et d'opéras-comiques joués sous la monarchie de Juillet.

époque, dans l'utilisation des éléments du spectacle comme matériaux dramatiques que dans le refus de la règle des trois unités, déjà abolie dans les faits[1]. L'intégration des éléments scéniques dans l'intrigue a fait exploser de l'intérieur le cadre de la dramaturgie traditionnelle. Les relais entre la parole, la musique, le geste et l'image, lorsqu'ils sont observés par le critique, permettent par exemple, pour le mélodrame, de dévoiler d'autres structures que celle en 3 actes. C'est pourquoi l'intérêt porté à la peinture scénique dans les années 1820 est un facteur essentiel pour comprendre la refonte des codes mélodramatiques. Théophile Gautier l'avait clairement dit : « Le décor, comme la littérature, a eu sa rénovation romantique vers 1830[2] ».

Le décor, devenu l'élément central de la mise en scène, conditionne une autre façon de découper l'action, et d'agencer entre eux les éléments narratifs et scéniques. Cette primauté accordée à la peinture scénique, instrument principal de la « couleur locale », est en lien direct avec l'émergence d'un nouveau regard porté sur le monde. L'exactitude référentielle s'érige comme un outil susceptible d'interroger l'écriture de l'Histoire au présent. C'est pourquoi la mise en scène prendra une place si importante après la révolution de Juillet. C'est par elle essentiellement que le théâtre pourra exprimer les incertitudes du temps et s'édifier parfois comme un outil de contestation politique. En 1829, la sœur du peintre Amaury-Duval écrivait :

> La littérature est dans l'atroce jusqu'au cou. On donne à la Porte Saint-Martin *Sept Heures ou Charlotte Corday*. J'ai vu cela. Effroyable ! Encore la place de Grève ! *Antoine* aux Nouveautés ; c'est aussi de la guillotine, mitigée. *La Tour d'Auvergne* [*sic*] à Franconi, autre genre de terreur. Pour le bouquet, on vous fait assister à un véritable enterrement ; rien ne vous est épargné : le corbillard, les chevaux couverts de drap noir parsemé de larmes, la bière qu'on enlève et qu'on met dans la fosse ; tous les soldats l'arme baissée et le crêpe au bras ; enfin, mon ami, c'est si ressemblant pour ceux qui ont perdu des êtres chéris,

---

1   Florence Naugrette le précise clairement dans son étude sur la notion de « mélange des genres » dans le théâtre romantique français. Son analyse rejoint d'ailleurs nos propres conclusions lorsqu'elle écrit : « Là encore, le drame romantique, esthétiquement parlant, n'invente rien ; le désordre est ailleurs, dans l'importation sur les scènes officielles, garantes du bon goût classique français, de codes esthétiques réservés aux productions populaires mineures. » (« Le mélange des genres dans le théâtre romantique français : une dramaturgie du désordre historique », art. cit., p. 32).

2   Th. Gautier, *Portraits contemporains : littérateurs, peintres, sculpteurs, artistes dramatiques*, Paris, Charpentier, 1886, p. 342.

que j'ai été obligée de sortir : j'étais vraiment étouffée. Tu vois que, pour peu qu'on ait de l'âme et du cœur, on ne peut plus aller au spectacle[1].

Dans le même esprit, la comtesse Dash confessait : « J'oubliais aussi de rappeler *Trente ans ou la vie d'un joueur*, qu'on avait donné, à la Porte Saint-Martin, et où Frédérick et Mme Dorval s'étaient révélés. Ce drame trouva une vive opposition dans la partie grave de la société. Les gros bonnets prétendaient qu'on ne devrait pas représenter sur la scène des désordres pareils à ceux du jeu. Pris sous ce point de vue, cet essai de réalisme effrayait[2] ». On l'aura compris, la recherche de réalisme devient, dans les années 1820, le nouveau maître mot du théâtre et le support de la réforme romantique. Loin d'être circonscrite au mélodrame, elle motive le jeu de nombreux acteurs et l'émergence de nouvelles formes de dramaturgie. Il est par exemple éloquent que l'acteur Bouffé choisisse de se raser la tête pour interpréter un chinois dans la féerie *La Lampe merveilleuse*, et qu'il pousse « l'exactitude jusqu'à [s]e fabriquer de faux ongles en parchemin[3] ». Les acteurs anglais, présents une première fois à Paris en 1822 puis accueillis plus favorablement lors de leur tournée de 1827-1828, contribuèrent aussi à teinter le jeu des comédiens français d'un réalisme plus prononcé ; dans un plaidoyer contre le romantisme, Alexandre Duval s'était plu à le souligner : « En France, l'acteur [...] meurt très décemment ; le héros se frappe et s'écrit : *J'expire* ! En Angleterre [...], le héros se frappe ou est frappé, et il est un quart d'heure à mourir. Avant d'expirer il nous régale de tout ce qu'il y a de plus horrible dans la nature. Nous le voyons avec le *tétanos*, le *râle* de l'*agonie*, et le *rire sardonique*[4]. » Le critique du *Courrier des tribunaux* confirmait ces

1   Amaury-Duval, *Souvenirs (1829-1830)*, Lettre de sa sœur, Paris, 10 mai 1829, Paris, Plon, 1885, p. 88. – La pièce évoquée est *Latour-Dauvergne, premier grenadier de France*, pièce militaire en 2 époques et en 8 parties, par Léopold [Chandezon], musique de Sergent, décorations de Dumay, Leroux, Philastre et Cambon, mise en scène par Adolphe Franconi, Cirque-Olympique, 9 avril 1828.

2   Comtesse Dash, *Mémoires des autres*, Paris, Librairie illustrée, 1896-1898, t. 3, p. 31.

3   H. Bouffé, *Mes souvenirs, op. cit.*, p. 53.

4   A. Duval, *Charles II, ou le Labyrinthe de Wodstock* [sic], *comédie en 3 actes, en prose, précédée d'une notice sur l'état actuel des théâtres et de l'art dramatique en France*, Paris, Barba, 1828, p. XCV. – Une troupe d'acteurs anglais est invitée par Jean-Toussaint Merle, alors directeur de la Porte-Saint-Martin, au cours de l'été 1822 ; la réception fut houleuse, pour des raisons politiques essentiellement (la défaite de Waterloo était encore fraîche dans les esprits). Une nouvelle troupe fut établie à Paris, au Théâtre de l'Odéon, sur l'initiative d'Émile Laurent en 1827. Elle rassemblait entre autres : Abbot, Egerton, Grey, Harriet-Constance

propos en remarquant : « la réputation des acteurs anglais dans l'art effrayant de *bien mourir*[1]. » Applaudis en 1822 par Talma, Mlle Mars et sans doute Frédérick Lemaître (ce qui pourrait expliquer en partie sa caricature des codes du jeu mélodramatique dans l'*Auberge des Adrets*), les comédiens anglais inspirèrent l'édification d'un nouveau phrasé dans le jeu pantomimique, qui contribua très probablement à renouveler à la fois la grammaire scénique du mélodrame et les codes de la déclamation tragique[2]. En définitive, par le jeu de l'acteur et la peinture scénique essentiellement, la mise en scène déploie à cette époque une esthétique pouvant être appliquée à tous les genres. Elle est l'outil, au bout du compte, qui permet d'abolir les barrières entre les scènes officielles et secondaires que les décrets napoléoniens avaient édifiées. Instrument du « mélange des genres », elle est un facteur essentiel pour l'analyse des théâtres romantiques.

Smithson, Bennett, le couple Brindal, Charles Kemble, William Macready et Edmund Kean. Sur ce point, voir : J.-L. Borgerhoff, *Le Théâtre anglais à Paris sous la Restauration*, Paris, Hachette, 1912.

1   *Le Courrier des tribunaux, journal de jurisprudence et des débats judiciaires*, 10 octobre 1827, à propos de la pièce *Romeo and Juliett* donnée au Théâtre-Anglais, p. 2.

2   Sur ce point, voir l'article de Catherine Treilhou-Balaudé : « Le spectaculaire shakespearien et sa réception à l'époque romantique », *in* I. Moindrot (dir.), *Le Spectaculaire dans les arts de la scène, op. cit.*, p. 61-69. – William Macready et Edmund Kean demeurent les plus souvent cités par les « romantiques », mais il faut noter aussi l'influence de Thomas Potter Cooke, célèbre mime anglais, autour duquel fut construite l'adaptation par Crosnier, Merle, Antony et Charles Nodier du drame anglais *Presumption, or the Fate of Frankenstein* (1823), joué sous le titre *Le Monstre et le Magicien* en 1826 à la Porte-Saint-Martin. – Le renouvellement des codes du jeu mélodramatique et la refonte de la déclamation tragique sont précisément les deux éléments qui fondent le jeu de Frédérick Lemaître dans *L'Auberge des Adrets* selon Paul Foucher : « Tout le monde sait que le type primitif [de Robert Macaire] fut créé par un acteur de génie qui, le lendemain de la représentation d'un noir mélodrame – tombé sous les sifflets – rompit avec les traditions du vieux boulevard, comme il s'était affranchi de la syntaxe méthodique du Conservatoire [...] » (P. Foucher, *Entre cour et jardin, Études et souvenirs du théâtre*, Paris, Amyot, 1867, p. 502-503). Si l'on sait aujourd'hui que cette première de *L'Auberge des Adrets* est un événement largement reconstruit et mystifié de façon à mettre en lumière le génie de Lemaître comme acteur « romantique », il n'en reste pas moins intéressant de considérer le regard du beau-frère de Victor Hugo sur l'acteur : Lemaître fonde sa révolution du jeu en démantelant à la fois les codes du mélodrame et ceux de la tragédie. Un peu plus loin, Foucher remarque de surcroît : « Le talent de Frédérick-Lemaître et de Mme Dorval n'est pas sans analogie avec la nature des comédiens anglais » (*ibid.*, p. 519).

FIG. 1 – *Théâtre de l'Ambigu-Comique. Élodie.*
1ʳᵉ décoration du 3ᵉ acte par Daguerre, lithographie de G. Engelmann,
Théâtres de Paris, n° 3, 1822, BnF.

Fig. 2 – *Théâtre de l'Ambigu-Comique. Élodie.*
Décoration du 2ᵉ acte par Daguerre, lithographie de G. Engelmann,
Théâtres de Paris, n° 2, 1822, BnF.

FIG. 3 – *Théâtre de l'Ambigu-Comique. Élodie.*
2ᵉ décoration du 3ᵉ acte par Daguerre, lithographie de G. Engelmann,
Théâtres de Paris, nº 4, 1822, BnF.

Fig. 4 – *La Liberté des Théâtres !*, dessin d'Edmond Morin,
publié dans *Le Monde illustré*, 6 février 1864, Collection particulière.

Fig. 5 – *Le Roi Lear*, Émile Vedel et Pierre Lotti d'après Shakespeare,
mise en scène d'André Antoine, créée au Théâtre-Antoine en 1904,
reprise au Théâtre de l'Odéon en 1907,
Photo-programme, [1907], document conservé
aux Archives Nationales, Paris, 55 AJ 355.

Fig. 6 – *Britannicus*, Racine, mise en scène d'André Antoine, Théâtre de l'Odéon, Photo-Théâtre, [1911], document conservé aux Archives Nationales, Paris, 55 AJ 352.

LA MISE EN SCÈNE,
OU LE BROUILLAGE DES CATÉGORIES
GÉNÉRIQUES
(1830-1864)

Les années 1830-1864 confirment l'entrée du théâtre dans l'ère du « grand spectacle ». Au Théâtre-Français comme à l'Opéra, sur les scènes destinées au (mélo)drame comme dans les théâtres du vaudeville, l'art de la mise en scène s'impose comme un facteur d'attraction des publics. C'est pourquoi la surenchère dans les moyens « matériels » de la représentation a conduit une partie de la critique dramatique à réprouver l'hégémonie d'un art dont elle estime qu'il finit par écraser les beautés du texte dramatique, par anéantir les frontières entre les théâtres officiels et secondaires, et par assujettir l'écriture théâtrale à des codes scéniques qui tendent à s'uniformiser. Si le recours au « grand spectacle » est toléré, voire sollicité pour l'opéra, le ballet et la pantomime (formes qui, par essence et par tradition, puisent leurs ressources dans le registre du spectaculaire), s'il est encouragé pour la revue et la folie-vaudeville, pour les productions du Cirque et pour la féerie (genre qui refait surface dans les années 1835-1840 et dont la dramaturgie est entièrement construite sur le découpage en tableaux et les techniques récentes de l'illusion[1]), il est en revanche sévèrement blâmé lorsqu'il s'applique au drame, à la comédie ou à la tragédie.

La voix de la critique ne s'exprime évidemment pas de façon unanime à ce sujet ; la ligne de partage creusée par la réception de la mise en scène est d'ailleurs un facteur éloquent pour saisir l'antagonisme entre conservateurs et partisans d'une réforme en profondeur de l'art dramatique, qui ne recoupe pas toujours l'opposition entre classiques

---

1 Sur la structure de la féerie à partir des années 1830, nous renvoyons une nouvelle fois à notre ouvrage : *La Féerie romantique sur les scènes parisiennes (1791-1864)*, Paris, Honoré Champion, 2007.

et romantiques. Un critique, toutefois, associa implicitement l'art de la mise en scène et le romantisme : Jules Janin, successeur de Julien-Louis Geoffroy au *Journal des Débats*, écrivait dans le numéro du 27 octobre 1845 :

> Quand le directeur a parlé, arrive le metteur en scène, personnage important, et peut-être le premier dans la hiérarchie : rien ne se fait sans celui-là : ôtez-le du théâtre, pas une comédie n'est possible, à plus forte raison s'il s'agit d'un gros drame. On a beau dire que les petits esprits sont minutieux, la minutie est justement le génie du metteur en scène. C'est lui qui décide des entrées et des sorties ; c'est lui qui assigne à chaque comédien la feuille du parquet qui lui revient ; sans son avis, pas un de ces comédiens si ardents à la réplique ne saurait même s'entregloser. Il dispose les conspirations ; il arrange les émeutes ; il est le maître des cérémonies de toute fête un peu compliquée ; il voit la pièce entière dans la chambre obscure de son cerveau ; il ne sait pas toujours ce qui s'y fait, ce qui s'y dit, mais il voit l'image de l'action, la pose des personnages, le fauteuil, la table, le guéridon, le cordon de sonnette. [...] Si vous voyez luire l'éclair dans le nuage déchiré, si vous entendez gronder le tonnerre dans les hauteurs nébuleuses du ciel, c'est parce que le metteur en scène en a donné l'ordre. La terre et le ciel sont dans ses domaines. Sur un mot de lui, les anges quittent le ciel, les démons quittent l'enfer ; un mot de lui et le monde va finir, et sur les ruines du monde, il donnerait encore un bon conseil au dernier homme, autant vaut dire au dernier comédien de l'univers ! Puissance absolue, puissance incroyable, puissance publique et privée à la fois. Architecte, peintre, poète, musicien, il est tout cela ; il donne ses plans à l'architecte, il dicte ses airs au musicien, il corrige ses vers au poète, il indique ses paysages au peintre, il taille ses habits au tailleur. – Quelles dépenses ! Au moins les drames modernes ont cela de commun avec le talent et le génie, ça coûte plus que ça ne vaut[1].

Derrière cette description ironique du metteur en scène se cache une attaque contre le « drame moderne ». Intégrée à l'écriture, la mise en scène est devenue, sous la plume des romantiques, un puissant outil de déstabilisation du système des genres dramatiques. C'est pourquoi ce n'est pas tant le metteur en scène comme personnage aux fonctions nettement caractérisées que Janin condamne ici. L'activité de mettre en scène continue, tout au moins sous la monarchie de Juillet, à être portée par le directeur du théâtre, son régisseur, un acteur ou l'auteur de la

---

1   J. Janin, « Feuilleton du *Journal des Débats* du 27 octobre 1845 ». Janin reprend en partie ce texte dans *Histoire de la littérature dramatique*, Paris, Michel Lévy frères, 1858, t. 6, p. 88-89.

pièce ; elle sollicite, dans la plupart des cas, une collaboration fructueuse qui permet au drame, en trouvant son ancrage dans la réalité sociale par l'*hic et nunc* de la représentation, de remplir une fonction politique. La minutie, qualité des « petits esprits » et donc du metteur en scène, est précisément ce qui gêne Janin, car elle conduit à multiplier les détails (« le fauteuil, la table, le guéridon, le cordon de sonnette ») et à alourdir l'action dessinée par le poète d'un matérialisme scénique qui donne tout son poids au réalisme : « Nous en sommes là cependant – s'indignait-il à propos de *Mignon* (1851), drame adapté des *Années d'apprentissage de Wilhem Meister*, roman de Goethe – ; le réalisme est la seule chose qui nous amuse et qui nous plaise. L'idéal est mort ! nous avons tué le poème ! la fiction est devenue impossible[1] ! » Celui qui s'attacha à ne jamais utiliser le mot « romantisme » dans ses critiques, celui qui rassembla entre 1853 et 1858 une partie de ses feuilletons pour former un recueil sous le titre

---

1   J. Janin, « Feuilleton du *Journal des Débats* du 17 novembre 1851 », à propos de *Mignon*, drame en 2 actes de Gaston de Monteau, joué au Théâtre des Variétés. – Janin s'inscrit dans la continuité de Gustave Planche qui, dans ses critiques publiées dans la *Revue des deux mondes*, définit sous l'appellation « théâtre moderne » les pièces de l'école romantique (voir G. Planche, « Du théâtre moderne en France », *Revue des deux mondes*, 15 février et 15 mars 1837). Le principe de réalisme y est analysé sur le plan du traitement de l'Histoire au théâtre et sert à condamner le romantisme : « Et pourtant, il s'est rencontré de nos jours des hommes qui, au nom de la fantaisie, souveraine maîtresse de leur pensée, se sont arrogé le droit de traiter l'Histoire comme un pays conquis, d'inscrire au front d'un siècle ou d'un roi des sentiments que le roi et le siècle n'avaient jamais connus. Ils ont cru que le génie tout entier se réduisait à l'apothéose du caprice, et ils se sont glorifiés dans leur ignorance, comme s'ils eussent aperçu, en fermant les yeux, une lumière divine. Il est évident pour tous les juges désintéressés que ces contempteurs de la vérité historique ne valent pas mieux que les continuateurs inintelligents de la tradition, ou les restituteurs de la réalité. [...] Les poètes réalistes auront beau s'évertuer et transcrire les paroles, les regards et le geste des hommes que la passion a conduit à l'adultère, au meurtre, au suicide ; ils n'arriveront jamais à égaler la précision d'un juge d'instruction ou d'un greffier. » (G. Planche, « Du théâtre moderne en France. Seconde partie », *Revue des deux mondes*, 1837, t. 10, 4ᵉ série, p. 503-504). Dans les années 1850, le « drame moderne » ne qualifie plus précisément les drames romantiques, mais l'ensemble des dramaturgies qui en ont découlé (comédies, drames sociaux, drames historiques, drames en habit noir, etc.). Chez Planche comme chez Janin, la critique s'articule toutefois autour du principe de « réalisme » de manière à faire valoir une essence de l'art dramatique fondée sur l'art du poète. La « mise en scène » devient donc nécessairement le point d'ancrage d'une critique visant à condamner l'école « moderne » pour sa propension à dénaturer la langue. Partie accessoire de l'art théâtral, la mise en scène se confond alors dans une recherche de l'effet. On verra plus loin que l'usage de la mise en scène a terriblement compliqué la réception par la critique des pièces de l'époque romantique, au point de susciter une confusion entre les différents genres dramatiques.

révélateur d'*Histoire de la littérature dramatique*, fut l'un des premiers à pointer la fracture qui allait cliver les débats sur l'art dramatique jusqu'à la Troisième République, à savoir celle qui creuse l'écart entre le texte et la scène, entre l'art du poète et celui du metteur en scène. Si quelques critiques, à la même époque, conçoivent aisément que la mise en scène est une composante du drame et qu'elle peut même constituer l'armature d'une action un peu trop molle, d'autres en revanche perçoivent en elle une menace pour la perpétuation du patrimoine dramatique national et le symptôme d'une décadence de l'art théâtral.

Jusqu'en 1864, date de promulgation de la loi sur la liberté industrielle des spectacles qui mettra définitivement fin au système des privilèges dramatiques[1], la pratique théâtrale est donc travaillée au cœur par un art de la mise en scène qui finit par tracer d'autres frontières que celles qui distinguent les scènes officielles des théâtres du Boulevard. En 1834, le débat est soulevé, ainsi que l'atteste cette critique éditée dans le *Journal des Débats* à propos de la parution du tome *Théâtre* des *Œuvres complètes* d'Alexandre Dumas :

> Voilà les deux théories qui se disputent maintenant notre scène : le système qui met au premier rang la science des planches, et celui qui le met au dernier ; d'un côté la curiosité, de l'autre le développement des passions, des caractères et du langage ; le drame marché et le drame écrit ; la pacotille et l'art[2].

Autant dire que la question de la mise en scène dessine, dès les premières années de la monarchie de Juillet, de nouvelles lignes de force au sein de la critique dramatique, au point de faire jaillir au cœur du conflit entre classiques et romantiques un vif débat sur l'essence même de l'art théâtral[3]. Réside-t-il dans l'art du poète ou dans celui du metteur en scène ? L'art de la mise en scène se doit-il de rester circonscrit aux pièces

---

1   Sur ce décret, voir notamment : R. Féret, « Le décret du 6 janvier 1864 : la liberté des théâtres ou l'affirmation d'une politique culturelle municipale », *in* J.-C. Yon (dir.), *Les Spectacles sous le Second Empire*, Paris, Armand Colin, 2010, p. 51-60.

2   *Journal des Débats*, 30 juillet 1834. L'article est signé « G. », qui renvoie sans doute à Bernard-Adolphe de Granier de Cassagnac, bien qu'il faille conserver ici toute la prudence nécessaire pour identifier l'auteur. C'est par cette même initiale en tous cas que Granier de Cassagnac signa le compte rendu de *Gaule et France* d'Alexandre Dumas (*Journal des Débats*, n^os du 1er et du 26 novembre 1833) dans lequel il dénonçait les plagiats de l'auteur.

3   Ces lignes de force sont déjà repérables en amont, comme on a pu le voir précédemment. Mais la politique culturelle mise en place par Napoléon avait permis de maintenir une nette séparation entre les théâtres secondaires et les scènes officielles.

contemporaines ? Ou peut-il être appliqué aux chefs-d'œuvre du patrimoine dramatique national ? Peut-on moderniser les pièces de Racine ou de Molière en les gratifiant des techniques récentes de l'illusion ? Ou doit-on voir dans cette pratique une façon de dénaturer la langue de ces « grands-hommes », autant dire d'anéantir, au nom de la modernité, tout l'édifice construit par les siècles monarchiques ? L'art du théâtre doit-il privilégier les planches et ainsi s'assurer, par le biais de la représentation, d'un possible impact social et politique sur le public de son temps ? Ou doit-il viser la postérité en peaufinant les qualités dramatiques et littéraires d'œuvres qui devront aussi parler aux hommes de l'avenir par le biais de l'édition ? Autant de questions dont les réponses, selon les auteurs et les critiques, seront rarement définitives, mais qui n'en nourriront pas moins les réflexions sur les enjeux esthétiques, politiques et juridiques d'un art dramatique qui, après 1864, devra nécessairement opter pour des positions théoriques claires, lui permettant de subsister au cœur d'un paysage théâtral dominé par la concurrence de nouvelles formes de spectacles. Une question revient toutefois innerver les réflexions de nombreux artistes et critiques de l'époque : celle qui interroge la mise en scène comme un outil susceptible de réécrire l'histoire, tant politique que littéraire, à l'aune de la crise sociale qui traverse la société française dès les lendemains de la révolution de Juillet.

LA MISE EN SCÈNE SELON LES « ROMANTIQUES », OU L'INSTRUMENT DU DÉSORDRE

Le drame romantique comme genre a longtemps dérouté les historiens du théâtre. Analysé du strict point de vue littéraire, il échappe à une prise théorique d'ensemble : son hésitation entre le vers ou la prose, entre les structures en 3 actes ou en 5 actes, entre les sujets historiques ou contemporains contrarie souvent les tentatives de définition. La prise en compte de la dimension scénique comme composante de l'écriture peut aider à circonscrire les enjeux esthétiques d'une forme, qui situe peut-être moins sa singularité dans la répétition d'un schéma dramatique stable que dans le brouillage des codes génériques, des frontières entre les théâtres officiels et du Boulevard et, partant, de celles qui clivent les publics en deux catégories : l'élite et le peuple. Dramaturgie du désordre donc, pour reprendre la formule de Florence Naugrette[1], le drame romantique met en œuvre une écriture plurielle et diversifiée selon les projets esthético-politiques des auteurs, et/ou selon les scènes (ou le livre) auxquels il se destine.

UN RÉSEAU DE DIRECTEURS ET DE RÉGISSEURS
FAVORABLES AU ROMANTISME

Pour bien comprendre comment l'esthétique romantique a pu, en une vingtaine d'années, définitivement abolir la hiérarchie des genres dramatiques au point de redistribuer les pratiques selon de neuves conventions scénico-dramaturgiques, il convient d'examiner en détail la composition des équipes artistiques qui, à la tête des théâtres, ont favorisé son épanouissement. Le Théâtre-Français et l'Odéon d'abord, la Porte-Saint-Martin ensuite, ont été, entre 1828 et 1838, les grandes scènes des drames romantiques. Si la Restauration, sous le règne de Charles X, avait développé une politique culturelle favorable au renouvellement des pratiques scéniques des théâtres royaux (dans le but vraisemblablement de redresser leurs finances désastreuses), le régime de Juillet poursuit dans cette voie. Bien sûr, le gouvernement continue d'exercer une censure vigilante, même pendant la période où elle fut abolie (entre 1830 et 1835) comme l'atteste l'exemple du *Roi s'amuse* (1832) de Victor Hugo, interdit au lendemain de sa première représentation[2]. Le baron Taylor, pourtant lié aux Bourbons, est main-

---

1   F. Naugrette, « Le mélange des genres dans le théâtre romantique français : une drama-turgie du désordre historique », art. cit.

2   Le gouvernement continue d'exercer un contrôle sur les pièces de théâtre après 1830, ainsi que le confirme la plainte formulée par la Société des auteurs dramatiques en 1831, rapportée par Charles Maurice en ces termes : « Les Auteurs dramatiques s'opposent solennellement au *Dépôt* et à l'*Examen* de leurs manuscrits qu'exige le Ministre d'Argout, malgré la suppression de la *Censure*. » (Ch. Maurice, *Le Théâtre-Français, Monuments et Dépendances*, Paris, Garnier frères, 1860, p. 210). Un « Projet de loi sur les représentations théâtrales » est d'ailleurs présenté à la Chambre des députés dès le mois de janvier 1831 par Camille de Montalivet, secrétaire d'état au département de l'Intérieur ; il vise, pour l'essentiel, à interdire la représentation des individus vivants ou morts depuis moins de 25 ans (voir : Chambre des Députés, « Exposé des motifs et projet de loi sur les représentations théâtrales », *in Impressions ordonnées par la Chambre, session de 1830*, vol. 2, séance du 19 janvier 1830 [*sic* pour 1831]). C'est surtout la figure de Napoléon qui inquiète alors le gouvernement ; dès l'automne 1830, le personnage apparaît sur de nombreuses scènes

tenu aux fonctions de commissaire royal du Théâtre-Français, même si
le titre n'était alors plus pour lui qu'honorifique ; investi de missions
culturelles en Égypte (1830 ; c'est lui qui négocie, face aux Anglais,
l'acquisition de l'obélisque qui ornera la place de la Concorde à partir
de 1836), en Espagne (1835 ; sur ordre du gouvernement, il part pour
y acheter des tableaux afin de constituer le fonds de la « Galerie espagnole » du Musée du Louvre), Taylor visite ensuite la Syrie, la Palestine
et la Judée[1] avant d'être nommé inspecteur général des Beaux-Arts en
1838, date qui marque la fin de son mandat au Théâtre-Français. La
première scène française n'est donc pas dirigée par Taylor après 1830 ;
un commissaire royal provisoire, en la personne du dramaturge Édouard
Mazères, vaudevilliste et collaborateur de Louis-François Picard, le
remplace entre septembre 1830 et avril 1831 ; Armand-François Jouslin
de la Salle, co-auteur (mais peut-être simplement metteur en scène) de

---

parisiennes : au Théâtre des Nouveautés (*Bonaparte à l'école de Brienne, ou le Petit Caporal*,
souvenirs de 1783 en 3 tableaux, Ferdinand de Villeneuve, Michel Masson, Gabriel [de
Lurieu], 9 octobre 1830), au Vaudeville (*Bonaparte, lieutenant d'artillerie, ou 1789 et 1800*,
comédie historique en 2 actes, mêlée de couplets, Xavier [Saintine], Félix-Auguste Duvert,
Saint-Laurent [Nombret], 9 octobre 1830), à l'Ambigu (*Napoléon*, pièce historique en
3 parties, mêlée de chants, Auguste Anicet-Bourgeois, Francis [Cornu], 14 octobre 1830),
à la Porte-Saint-Martin (*Napoléon, ou Schœnbrunn et Sainte-Hélène*, drame historique en
9 tableaux, Charles Dupeuty, Régnier [de la Brière], 20 octobre 1830), à l'Opéra-Comique
(*Joséphine, ou le Retour de Wagram*, opéra en 1 acte, Gabriel de Lurieu, Ferdinand de
Laboullaye, musique d'Adolphe Adam, 2 décembre 1830), à l'Odéon (*Napoléon Bonaparte,
ou Trente ans de l'Histoire de France*, drame en 6 actes, Alexandre Dumas, 10 janvier 1831),
à la Gaîté (*Malmaison et Sainte-Hélène, ou Dix-sept ans de la vie de Napoléon*, mélodrame en
6 tableaux, Victor Ducange et René-Charles Guilbert de Pixerécourt, 13 janvier 1831).
Dans les derniers jours de l'année 1830, une pièce en particulier suscite les craintes du
gouvernement et justifie la formulation d'un projet de loi : *Le Fils de l'homme*, drame de
Paul de Lussan joué au Théâtre des Nouveautés, mettait en scène le duc de Reichstadt,
fils et héritier de Bonaparte, reconnu Napoléon II à la fin des Cent-Jours. La loi de censure
ne fut finalement pas votée, mais la vigilance du gouvernement resta intacte chaque fois
que les théâtres eurent l'idée de mettre en scène un personnage, passé ou contemporain,
susceptible de nourrir les oppositions au régime. Plusieurs vétos furent ainsi apposés à
la représentation de diverses pièces, dont *Le Procès d'un maréchal de France, 1815* (drame
historique en 4 actes, Fontan, Dupeuty, « Non représenté au Théâtre des Nouveautés, le
samedi 22 octobre 1831, par défense de l'autorité supérieure », Paris, Dupont, 1831) et *Le
Roi s'amuse* de Victor Hugo. La loi du 9 septembre 1835 (art. 21, § 2) vint formellement
soumettre à l'autorisation spéciale du ministère de l'Intérieur (à Paris) et des préfets (dans
les départements) les pièces qui seraient représentées sur les théâtres.

1   Ces expéditions fournissent la matière d'un des volumes des *Voyages pittoresques*, intitulé :
*La Syrie, l'Égypte, la Palestine et la Judée, considérées sous leur aspect historique, archéologique,
descriptif et pittoresque, par MM. le baron Taylor et Louis Reybaud, ouvrage orné de gravures
dessinées par MM. Dauzats, Mayer, Ciceri fils*, Paris, Chez l'éditeur, 1839, 2 vol.

plusieurs vaudevilles, mélodrames et comédies sous la Restauration[1], assure son intérim avant de devenir « directeur-gérant » du Théâtre-Français de 1833 à 1837.

La direction de Jouslin de la Salle est une période intéressante pour l'analyse du romantisme théâtral à double titre : d'une part, elle marque une rupture dans l'organisation administrative de la Comédie-Française dans la mesure où elle abolit, de façon provisoire, le décret de Moscou (1812) par lequel Napoléon avait transformé le théâtre en une association de comédiens-sociétaires dont la mission était de sauvegarder l'héritage dramatique français tout en l'enrichissant de nouveaux chefs-d'œuvre (ceux que les concours de tragédies, présidés par lui, devaient mettre en lumière) ; d'autre part, elle entérine, pour la première fois, la nomination d'un régisseur de la scène à la tête du Théâtre-Français. Successeur d'Albertin (qui passe directeur de la scène à l'Opéra-Comique), Jouslin de la Salle occupe cette fonction depuis au moins 1832, comme l'atteste cette note, consignée dans la préface du *Roi s'amuse* :

> Le lendemain de la première représentation, l'auteur reçut de M. Jouslin de Lasalle [*sic*], directeur de la scène au Théâtre-Français, le billet suivant, dont il conserve précieusement l'original :
> « Il est dix heures et demie, et je reçois à l'instant l'*ordre* de suspendre les représentations du *Roi s'amuse*. C'est M. Taylor qui me communique cet ordre de la part du ministre.
> Ce 23 novembre [1832[2]] ».

Jouslin de la Salle avait déjà occupé cette même fonction au Théâtre de la Porte-Saint-Martin, sans doute dès les années 1824-1825 ce qui expliquerait pourquoi son nom apparaît sur les brochures d'un bon nombre de pièces produites sur ce théâtre à cette époque, en tout cas

---

1   Parmi les pièces où il est mentionné comme auteur sur la brochure, on trouve, entre autres : *L'École du scandale*, pièce en 3 actes et en prose, imitée de Sheridan, par Crosnier, Jouslin de la Salle et Saint-M[aurice], Porte-Saint-Martin, 8 décembre 1824 ; *Les Acteurs à l'auberge*, comédie en 1 acte, mêlée de couplets, de Francis [Cornu], Jouslin de la Salle et Maurice Alhoy, Porte-Saint-Martin, 28 mai 1825 ; *Jane-Shore*, mélodrame en 3 actes, à grand spectacle, par Jouslin de la Salle, Hyacinthe [de Comberousse] et Alphonse [de Chavanges], Porte-Saint-Martin, 19 avril 1824 ; *Gulliver*, ballet-pantomime en 2 actes, de Coralli et Jouslin de la Salle, Porte-Saint-Martin, 9 mai 1826 ; *Le Caissier*, drame en 3 actes, de Saint-Maurice et Jouslin de la Salle, Porte-Saint-Martin, 30 mars 1826.

2   V. Hugo, *Le Roi s'amuse*, « Préface », *in* V. Hugo, *Théâtre. Amy Robsart, Marion de Lorme, Hernani, Le Roi s'amuse*, R. Pouilliart (éd.), Paris, GF-Flammarion, 1979, p. 447.

de façon sûre sous l'administration Crosnier entre 1828 et 1829[1]. Il
apparaît aussi comme régisseur de la scène à l'Odéon sous la direction
de François-Antoine Harel à partir de 1829, ce qui justifierait qu'on
le retrouve directeur de la scène au Théâtre-Français en 1832[2], alors
que Harel, à cette même date, délaisse la direction de l'Odéon pour se
concentrer sur celle de la Porte-Saint-Martin qu'il avait en charge depuis
le mois de décembre 1831[3].

1   Jouslin de la Salle apparaît comme régisseur de la scène en 1828 et en 1829 à ce théâtre
     dans l'*Almanach des théâtres*. Il est possible qu'il le fût avant, car l'habitude n'était pas
     encore prise de mentionner cette fonction de façon systématique dans les registres des
     personnels dramatiques avant cette date. – François-Louis Crosnier, vaudevilliste sous la
     Restauration, releva les finances de la Porte-Saint-Martin avant d'en céder la direction
     à Harel. En 1834, il obtient le privilège de l'Opéra-Comique (qu'il conserve jusqu'en
     1845) et engage Solomé comme directeur de la scène, poste qu'il occupait déjà sous
     l'administration Lubbert en 1831.
2   Les fonctions de Jouslin de la Salle à l'Odéon sont renseignées dans l'*Almanach des
     spectacles pour 1830* : administrateur de l'Odéon, il « est en outre chargé de la mise en
     scène » (Paris, Barba, 1830, p. 107). Dans *Le Théâtre-Français, Monuments et Dépendances*,
     le critique Charles Maurice date l'entrée de Jouslin de la Salle à la Comédie-Française
     en 1831 en précisant : « L'Ex-Régisseur général de l'Odéon, Jouslin de la Salle, passe,
     en la même qualité, au Théâtre-Français » (*op. cit.*, p. 210). Mais cet ouvrage commet de
     nombreuses datations fautives, ce qui incite à une lecture prudente. – Harel prend la
     direction de la Porte-Saint-Martin en décembre 1831 (il la conserve jusqu'en 1839) ; l'une
     de ses premières initiatives est de supprimer le corps de ballet, afin d'installer sur cette
     scène le répertoire (et la troupe) de l'Odéon. *Marion de Lorme*, drame de Hugo, est ainsi
     créé à la Porte-Saint-Martin le 11 août 1831, puis repris à l'Odéon le 24 décembre de la
     même année. Le privilège de Harel prend fin le 19 mars 1832 ; l'Odéon est alors, par arrêté
     ministériel du 20 mars 1832, désigné comme « succursale des théâtres de la capitale ». À
     partir du 1er novembre 1832, il est exploité par la Comédie-Française en alternance avec
     l'Opéra-Comique (voir : A. de Baecque [dir.], *L'Odéon, un théâtre dans l'Histoire, 1782-2010*,
     Paris, Gallimard, 2010).
3   La fonction de régisseur de la scène, à la Porte-Saint-Martin, est alors occupée par Simon-
     Pierre Moëssard, acteur qui se distingua entre autres dans M. de Germany (*Trente ans, ou
     la Vie d'un joueur*, Ducange, Dinaux [Prosper Goubaux et Jacques Beudin], Porte-Saint-
     Martin, 1827), Caleb (*La Fiancée de Lammermoor*, Ducange, Porte-Saint-Martin, 1828),
     Richard (*La Tour de Nesle*, Frédéric Gaillardet, Alexandre Dumas, Porte-Saint-Martin,
     1832). Selon Jouslin de la Salle, Harel ne collaborait pas à la mise en scène : « Dans les
     théâtres, peu de directeurs s'occupent de la mise en scène : c'est que, généralement, ce
     ne sont pas des hommes spéciaux ; ils chargent des régisseurs de cette besogne qu'ils
     regardent comme un détail. Mais, toujours pressés de donner une pièce nouvelle, ne
     calculant ni le temps ni les difficultés, ils exigent souvent la représentation d'ouvrages
     incomplets ; et c'est ce qui occasionne la chute ou le demi-succès de tant de nouveautés.
     Un jour, – je dirigeais alors la scène de l'Odéon, – un grand ouvrage était à l'étude. Harel,
     qui était tout nouveau directeur et n'avait pas paru une seule fois au théâtre, m'aborde.
     – Il faut que nous donnions la pièce demain, me dit-il. – C'est impossible ; elle n'est pas
     prête, on ne la sait pas suffisamment. – N'importe, il le faut. – Vous n'assistiez point aux

Un réseau de directeurs et de régisseurs de la scène, favorables au romantisme, permet donc de tisser des liens étroits entre différents théâtres[1]. Ce constat permet de mieux saisir la circulation des drames romantiques entre les scènes officielles et secondaires et d'élargir l'empan d'un regard critique qui, centré sur la figure de l'auteur, ne considère pas toujours les conditions matérielles et les personnels dramatiques qui ont concouru à la « fabrication » scénique des œuvres. Il dévoile aussi la place stratégique qu'occupe le régisseur de la scène au cœur de ce système ; s'il n'est pas responsable du choix de la programmation (elle est actée par le directeur, aidé de son comité de lecture, dans les théâtres du Boulevard ; elle est le fait du comité de lecture, formé des comédiens privilégiés, dans les théâtres subventionnés et peut parfois être orientée par une directive ministérielle), il n'en demeure pas moins un collaborateur sur lequel l'auteur peut compter. Dans ses *Souvenirs dramatiques*, Jouslin de la Salle décrivait clairement le processus de création au Théâtre-Français :

> Lorsqu'une pièce est reçue, deux manuscrits sont envoyés à la censure, et un troisième reste au théâtre pour le souffleur. [...]
> La pièce est mise à l'étude. Les premières répétitions ont lieu au foyer, autour d'une table, les acteurs tenant leur rôle à la main. C'est là que l'auteur fait les premières corrections.
> Quand les acteurs savent à peu près leurs rôles, on les amène au théâtre où la lumière obscure de quelques quinquets ne leur permet plus de lire leurs cahiers ; il faut donc qu'ils s'accoutument à répéter par cœur. Le souffleur est à une petite table placée sur la scène, car, à chaque instant, on fait encore des coupures ou des changements. Les personnages sont introduits en scène, on indique à chacun

---

répétitions, venez-y pour juger si... – Je m'en garderai bien, je m'exposerais à partager vos opinions, j'arrêterais la pièce, et je veux absolument qu'elle passe demain : il le faut. La pièce passa en effet le lendemain. » (A.-F. Jouslin de la Salle, *Souvenirs dramatiques*, parus en feuilleton dans la *Revue française* en 1857-1858, et réédités sous le titre *Souvenirs sur le Théâtre-Français*, annotés et publiés par G. Monval et le comte Fleury, Paris, Émile Paul, 1900, p. 105-106). Un article du *Monde dramatique* confirme ses propos : « Maintenant la Porte-Saint-Martin, le premier théâtre du drame, n'a pas de metteur en scène. M. Harel, l'homme le plus spirituel de l'époque, le Napoléon ou plutôt le Talleyrand des directeurs, comme vous savez, s'entend à tout excepté la mise en scène à laquelle il a les plus grandes prétentions. [...] La Porte-Saint-Martin ne peut marcher sans un metteur en scène, aussi ne marche-t-elle pas. » (*Le Monde dramatique*, « Intérieur des théâtres : mise en scène », 1835, t. 2, p. 213-214).

1   Voir, sur ce point, l'article publié dans le *Monde dramatique* sous le titre « Intérieur des théâtres : mise en scène » (*cf.* note précédente), très éclairant sur le rôle des « metteurs en scène » et sur leurs itinérances au sein des différents théâtres parisiens.

la place qui leur est convenable. Là, tout est prévu, combiné : les entrées, les sorties, les changements de place, les rencontres, tous les mouvements, en un mot, nécessités par la situation. C'est ce qu'on appelle la *mise en scène*.
Cette première mise en scène se fait sans décorations. Quand la pièce est sue, que l'auteur a donné toutes ses indications, que ses intentions ont été saisies par les acteurs, que le geste, la diction, les intonations sont réglées et arrêtées, que le manuscrit a été rendu conforme au manuscrit revenu de la censure, viennent les décors, les accessoires, l'éclairage, les répétitions d'ensemble et enfin la répétition générale. La scène est alors uniquement occupée par les acteurs ; les toilettes se déploient, tout le monde est à son poste. Dans la salle se trouvent l'auteur et quelques amis qu'il a le droit d'y amener, le directeur, les artistes du théâtre qui ne paraissent pas dans la pièce nouvelle, et l'inspecteur de la Commission de censure, chargé de vérifier si les changements indiqués ont été strictement exécutés. C'est seulement à la suite de cette répétition que la pièce est autorisée.
Quelquefois, une dernière épreuve est faite avec tout l'appareil des costumes, ce qui n'arrive que fort rarement au Théâtre-Français[1].

La mise en scène est donc le fruit d'une collaboration entre le dramaturge et le directeur de la scène ; elle conditionne les réajustements textuels nécessaires pour assurer l'unité du spectacle et pour accorder le mouvement des dialogues à l'action portée par les comédiens en scène. Jules-Édouard Alboize de Pujol le précise clairement dans son article publié dans *Le Monde dramatique* du 27 février 1836 :

Le metteur en scène dirige principalement les figurants et ce n'est pas chose facile [...]. Mais là ne s'arrêtent pas ses devoirs, il doit encore surveiller la diction des acteurs, conseiller les coupures ; mieux que personne il est en état de donner des conseils aux artistes, mieux que personne il sent quand une scène est froide et traînante[2].

---

1 A.-F. Jouslin de la Salle, *Souvenirs sur le Théâtre-Français, op. cit.*, p. 104-105. – On comprend, à la lecture de ce texte, sur quelles bases se fondera la réforme d'André Antoine : il exigera que les acteurs répètent, non plus sur un plateau nu, mais sur une scène déjà chargée de ses décors dans le but de permettre au « milieu » – la partie « matérielle » de la mise en scène – d'imprégner le jeu et les déplacements des comédiens. Cette proposition, on l'a vu, avait déjà été évoquée par Noverre (voir *supra*, p. 49). Elle sera mise en pratique dès la deuxième moitié du XIXᵉ siècle, avec le genre de la féerie notamment. C'est ce qui explique sans doute pourquoi Antoine a pu écrire, à propos d'un spectacle féerique qu'il avait vu depuis la boîte du souffleur : « Cette initiation [...] a probablement éveillé chez moi un goût passionné de la mise en scène » (A. Antoine, « *Mes souvenirs* » *sur le Théâtre-Libre*, Paris, Fayard, 1921, p. 10). Nous aurons l'occasion de développer ce point dans le dernier chapitre de cet ouvrage.
2 *Le Monde dramatique*, 1835, t. 2, p. 212. Le journal est alors dirigé par Gérard de Nerval et Anatole Bouchardy. L'article, intitulé « Intérieur des théâtres. Mise en scène », a paru

LES MOUVANCES D'UNE DRAMATURGIE
COMME STRATÉGIE DE CONQUÊTE

Dans cette perspective, on comprend mieux les différences dramaturgiques entre les drames romantiques ; la mise en scène reste assujettie à
plusieurs facteurs qui déterminent la structure de la pièce et la facture
des dialogues. Parmi ces facteurs comptent pour beaucoup le système
des privilèges dramatiques (puisque les théâtres restent limités dans le
choix des genres et donc des pratiques scéniques qui leur sont liées), mais
aussi la nature des publics et le poids de la critique. Si la Porte-Saint-
Martin peut espérer toucher un public composite, le Théâtre-Français
pratique une politique de tarification des places qui exclut d'emblée une
partie des Parisiens[1]. Sociologiquement différents, ces publics n'ont pas
les mêmes attentes ; celui de la Comédie-Française est surtout soucieux
que le théâtre remplisse sa mission de perpétuation du répertoire et du
maintien des traditions ; celui de la Porte-Saint-Martin cherche à assouvir
son intérêt pour les émotions fortes et le « grand spectacle » auxquels le
mélodrame l'avait habitué[2]. C'est pourquoi les mêmes pouvaient saluer

d'abord anonymement dans le n° du 27 février 1836, puis sous le nom d'Alboize dans *Le
Cabinet de lecture* du 4 mars 1836 (voir M. Brix, *Nerval journaliste [1826-1851]*, Namur,
Presses universitaires de Namur, 1989, p. 92). Alboize est un auteur dramatique fécond
à cette date ; il collabore essentiellement avec Charles Desnoyer, Paul Fouché, Auguste
Anicet-Bourgeois. Dans cet article, il souligne l'existence de « deux sortes de mise en
scène bien distinctes. Celle de la comédie et du vaudeville, et celle du grand opéra et du
mélodrame ». Parmi les mises en scène fameuses du mélodrame, il cite celles de *Louis XI,
Chatterton, Angelo, Le Roi s'amuse*.

1   En 1830, une loge de première coûte 6,60 F au Théâtre-Français, 5 F à la Porte-Saint-Martin,
au Vaudeville, au Gymnase-Dramatique et aux Variétés, 4 F à la Gaîté, au Cirque et à
l'Ambigu. Une place au parterre vaut 2,50 F au Théâtre-Français, 2 F au Vaudeville, au
Gymnase-Dramatique, aux Variétés, 1,50 F à l'Ambigu et à la Porte-Saint-Martin, 1,25 F
à la Gaîté et au Cirque. Les places les moins chères sont celles des troisième et quatrième
galeries (qui ne sont pas proposées dans tous les théâtres) : 1,80 F au Théâtre-Français,
2 F au Vaudeville, 1,25 F aux Nouveautés et aux Variétés, 1 F à l'Ambigu, 0,60 F à la
Gaîté, à la Porte-Saint-Martin et au Cirque. Les théâtres lyriques proposent des tarifs
beaucoup plus élevés : ils varient de 2,50 à 10 F à l'Opéra et au Théâtre-Italien, de 1,65
à 6,60 F à l'Opéra-Comique. Le Théâtre des Funambules (spécialisé dans la pantomime)
est le moins cher de Paris : 0,75 F pour les loges de premières ; 0,40 F au parterre ; 0,20 F
au paradis (voir : *Almanach des spectacles pour 1830*, Paris, Barba, 1830, p. 33-39). À cette
même date, un ouvrier du bâtiment gagne, par jour et à Paris, 3,50 F, un commis 5 F,
une ouvrière du textile de 0,60 à 1,30 F, et un enfant de 0,30 à 0,75 F. Un pain coûte
0,35 F à Paris en 1830-1831. (Voir : P. Paillat, « Les salaires et la condition ouvrière en
France à l'aube du machinisme », *Revue économique*, 1951, vol. 2, n° 6, p. 767-776).

2   Remarquons que si la Porte-Saint-Martin pratique des tarifs assez élevés pour les places
de loges (similaires à celles des théâtres du vaudeville, voir note précédente), elle offre les

les qualités artistiques d'une pièce lorsqu'elle était jouée sur le Boulevard et la condamner lorsqu'elle menaçait de pénétrer la programmation du Théâtre-Français. Ce revirement dans le jugement critique, déjà repérable dans les dernières années de l'Empire[1], prend davantage de poids sous la monarchie de Juillet avec le développement de la presse[2]. Les critiques, souvent impliqués dans la gestion artistique et financière des théâtres, mais aussi partie prenante dans les oppositions politiques qui s'expriment à la Chambre dès les lendemains de la révolution de Juillet[3], jouent un rôle influent sur la programmation et la réception des

---

places les moins chères du Boulevard pour le parterre et le paradis. La direction a donc manifestement voulu mélanger les publics : d'une part en permettant aux spectateurs aisés (la bourgeoisie fréquentait assidument les théâtres du vaudeville) de retrouver le confort des loges dont il pouvait bénéficier au Gymnase par exemple ; d'autre part en favorisant l'accès des couches populaires qui pouvaient payer, à ce théâtre, un tarif similaire à ceux de la Gaîté et du Cirque-Olympique. – Notons aussi que l'accès au théâtre était permis par le biais des « billets d'auteur » que les dramaturges recevaient, en nombre variable selon le traité convenu avec la direction du théâtre, lors de la réception de leur pièce par le comité de lecture (sur ce point, voir E. Alboize, « L'argent du public en 1836 », *Le Monde dramatique*, Paris, 1837, t. 4, p. 168-172). C'est par leur biais que la jeunesse romantique avait pu se rendre au Théâtre-Français pour soutenir les premières représentations d'*Hernani*.

1 Notamment sous la plume du critique Geoffroy dont les articles à l'égard du mélodrame étaient souvent élogieux tant que celui-ci restait sur les scènes du Boulevard, mais beaucoup moins favorables lorsqu'il menaçait d'influencer les codes de jeu et d'écriture des drames et des tragédies représentés sur les scènes officielles. Dans *Le Journal de l'Empire* du 3 juillet 1813, par exemple, il écrivait à propos du *Montoni* d'Alexandre Duval joué à l'Odéon : « Les critiques sont fort embarrassés ; les entrées et les sorties n'étaient point annoncées par la musique dans cette pièce, ils ne peuvent pas en conscience l'appeler *mélodrame*, qui est le cri de proscription ; ce n'est point un *mélodrame*, puisqu'il ne s'y trouve point d'alliance entre la mélodie et le drame ; je pense bien qu'il y en avait autrefois, lorsque le drame parut sur un petit théâtre ; c'était bien alors un mélodrame ; à présent, sur le grand théâtre de l'Odéon, ce n'est qu'un drame. [...] Les Anglais, même avant la Révolution, avaient déjà infecté notre littérature de romans noirs et terribles [...]. Les auteurs se complaisaient à les mettre en mélodrames tels que *le Diable, le Moine, les Mystères d'Udolphe*, etc., etc. Ce goût se soutint pendant l'anarchie ; le retour de l'ordre bannit insensiblement ces épouvantables farces. »

2 Sur ce point, voir : P. Berthier, *La Presse littéraire et dramatique au début de la monarchie de Juillet (1830-1836)*, Villeneuve-d'Ascq, Presses universitaires du Septentrion, 2001.

3 La vie politique sous la monarchie de Juillet est structurée par une opposition forte entre deux partis antagonistes : celui du Mouvement (soutenu par le journal *Le National*), parti de centre-gauche dont le principal porte-parole est Adolphe Thiers, réformiste et favorable à une extension du pouvoir de suffrage ; celui de la Résistance (soutenu par le *Journal des Débats*), parti de centre-droit dont le leader est François Guizot, conservateur et favorable à une paix avec l'Europe. Le parti de la Résistance accède au pouvoir avec Casimir Perier (élu président du Conseil et ministre de l'Intérieur en 1831) et y reste pour l'essentiel jusqu'à la fin du règne de Louis-Philippe. Il met en œuvre une politique modérée et

œuvres. Alexandre Dumas, par exemple, en fit les frais avec *Antony*. Reçu au Théâtre-Français (le 16 juin 1830), le drame fut finalement créé à la Porte-Saint-Martin (le 3 mai 1831), joué à l'Odéon (en décembre 1831), puis à nouveau programmé au Théâtre-Français (le 28 avril 1834) grâce à l'appui du ministre Adolphe Thiers. Charles-Guillaume Étienne et Antoine Jay, rapporteurs du budget des théâtres au ministère, publièrent un article dans *Le Constitutionnel* visant à empêcher sa représentation :

> Ce n'est pas pour encourager un système si pernicieux que le trésor public est mis à contribution. La somme de 200 mille francs n'est accordée au Théâtre-Français qu'à condition qu'il restera pur de toutes souillures, que les artistes recommandables de ce théâtre, qui sont encore les meilleurs de l'Europe, ne s'aviliront pas en donnant l'appui de leur talent à des ouvrages indignes de la scène nationale ; ouvrages dont la funeste tendance devrait exciter la sollicitude du gouvernement, car il est responsable de la morale publique comme de l'exécution des lois. Eh bien ! qui le croirait ! dans ce moment même on s'occupe à faire passer les principaux acteurs de la Porte Saint-Martin au Théâtre-Français, et d'y naturaliser les absurdes et fangeux mélodrames destinés à remplacer les chefs-d'œuvre dramatiques, qui sont une partie si importante de notre gloire littéraire[1].

La menace d'amputer la dotation budgétaire du Théâtre-Français fit plier Thiers, qui finit par concéder, à la Chambre, l'interdiction d'*Antony*[2]. On comprend combien les conflits d'ordre esthétique (dont

---

bourgeoise désignée sous le nom de « juste milieu ». Parmi les opposants au régime, il faut compter aussi les Républicains (au sein desquels se développe une sensibilité socialiste), les Légitimistes qui, fidèles à la branche aînée des Bourbons, cultivent le culte de la France d'Ancien Régime, et les Bonapartistes dont le poids politique est encore très faible sous la monarchie de Juillet, mais qui prendront peu à peu de l'ampleur en se rassemblant autour de la figure de Louis-Napoléon Bonaparte. La création théâtrale comme sa réception par la critique sont très influencées par la vie politique sous la monarchie de Juillet.

1   *Le Constitutionnel*, 28 avril 1834. – La première d'*Antony* devait en effet accompagner les débuts de Marie Dorval au Théâtre-Français.

2   L'article du *Constitutionnel*, le revirement de Thiers, et les comptes rendus du procès que Dumas intenta contre le Théâtre-Français (et donc contre Jouslin de la Salle puisqu'il en était, à cette date, le directeur) sont consignés par l'auteur dans ses *Mémoires* (voir A. Dumas, *Mes mémoires*, 1830-1833, Paris, Robert Laffont, 1989, p. 484-501). L'affaire fut gagnée en appel par la Comédie-Française et *Antony* fut à nouveau interdit par le ministère en 1840 (sur « *Antony* à la scène », voir l'édition critique de Pierre-Louis Rey : A. Dumas, *Antony*, Paris, Gallimard, 2002, p. 166-172). *Antony*, d'abord répété au Théâtre-Français en 1830, fut retiré par son auteur pour cause d'incompatibilité des acteurs avec leurs rôles, comme il le confirme dans ses *Mémoires* : « […] au fur et à mesure qu'avançaient les répétitions [à la Porte-Saint-Martin], les deux rôles principaux prenaient, représentés

la presse se fait le porte-parole) recoupent bien souvent les luttes entre factions politiques qui structurent le régime de Juillet. Au-delà des simples divergences en matière de goût théâtral, c'est bien la question de l'identité nationale qui est soulevée avec la pénétration du romantisme au Théâtre-Français. Étienne et Jay l'ont clairement formulé :

> Le Théâtre-Français, enrichi de tant de chefs-d'œuvre qui ont contribué au progrès de notre civilisation, est, comme le Musée, un monument national qui ne doit être ni abandonné, ni dégradé ; de la hauteur où l'a élevé le génie de nos grands écrivains, il ne doit pas descendre à ces *exhibitions* grotesques et immorales qui font la honte de l'époque, alarment la pudeur publique, et portent une atteinte mortelle à la société[1].

Pour ébranler les barrières idéologiques qui protégeaient le patrimoine dramatique – et avec lui les traditions scéniques dont les Comédiens-Français se faisaient les garants puisqu'ils étaient formés pour les perpétuer –, la réception d'une pièce par le comité de lecture n'était, de fait, pas suffisante. Il fallait développer d'habiles stratégies d'écriture afin de mêler, au sein même de la dramaturgie, les codes scéniques du Boulevard avec les conventions de la dramaturgie tragique. Victor Hugo fut sans doute l'un des plus adroits dans cette pratique ; combinant parfois la métrique du vers selon le principe du *melologo* auquel le mélodrame

---

par madame Dorval et par Bocage, des proportions qu'ils étaient loin d'avoir, représentés par mademoiselle Mars et par Firmin. L'absence des traditions scolastiques, l'habitude de jouer du drame, une certaine sympathie des acteurs pour leurs rôles, sympathie qui n'existait pas au Théâtre-Français, tout cela réhabilitait peu à peu le pauvre *Antony* à mes propres yeux. » (A. Dumas, *Mes mémoires, op. cit.*, p. 453). – Charles-Guillaume Étienne, dont la proximité avec l'Empereur l'avait éloigné du pouvoir sous la Restauration et avait favorisé son exclusion de l'Académie française (voir *supra*, n. 1, p. 19), est élu député de la Meuse (à partir de 1820). Favorable au régime de Juillet, il est chargé de présider une « Commission des théâtres » dont les travaux débouchent sur le projet de loi du 19 janvier 1831 (sur ce point, voir l'ouvrage de Jean-Claude Yon : *Une histoire du théâtre à Paris, De la Révolution à la Grande Guerre*, Paris, Aubier, 2012, p. 66-69). Réélu à l'Académie en 1829, il vote contre la nomination de Victor Hugo, tout comme Antoine Jay, élu en 1832. Fonctionnaire au ministère de la Police sous l'Empire (il fut le précepteur des fils de Fouché), Antoine Jay fut un journaliste d'opposition sous la Restauration (il participa à la fondation du *Constitutionnel* et de *La Minerve française*, organes de l'opposition libérale) et un farouche opposant au romantisme (voir, sur ce point, son pamphlet intitulé : *La Conversion d'un romantique*, Paris, Moutardier, 1830).

1   *Le Constitutionnel*, 28 avril 1834. Le texte est souligné par ses auteurs.

avait recours[1], mélangeant les registres noble et vulgaire du langage
(le fameux « Seigneur bandit » d'*Hernani*[2]), brouillant les oppositions
structurales sur lequel reposait le système des emplois[3], passant de la
structure en 5 actes à celle en 3 actes (ou en « journées[4] »), de l'emploi
de la prose à celui du vers, ayant recours à la musique de scène, tantôt
selon l'usage du mélodrame, tantôt selon celui de la tragédie[5], Hugo
a construit un jeu de miroirs entre les scènes du Théâtre-Français et
de la Porte-Saint-Martin au point de confondre les spécificités scénico-
dramaturgiques du mélodrame et de la tragédie[6].

On comprend, dans cette perspective, l'importance du régisseur de la
scène ; l'auteur s'appuie sur son expérience du plateau et sa connaissance
des codes scéniques sur lesquels se fonde la dramaturgie. On décèle
d'ailleurs, chez Hugo en particulier, d'habiles choix stratégiques :
Frédérick Lemaître (nommé régisseur de la scène à l'Ambigu-Comique
en 1830[7]), Jouslin de la Salle, Hippolyte Hostein sont tous intervenus, à

---

1   Sur ce point, nous renvoyons à notre article : « *Hernani* : un mélodrame ? Analyse
comparative de la fonction dramatique de la musique de scène dans les dramaturgies
mélodramatique et hugolienne », *Méthode ! Revue de littératures*, n° 14, 2009, p. 217-224.

2   Acte II, scène 3. – L'association des deux mots suscita les tumultes si l'on en juge d'après
l'exemplaire de l'édition Manne-Delaunay annoté par Hugo pendant l'une des représentations (voir J. Gaudon, « Sur "Hernani" », art. cit.).

3   Sur ce point, voir : F. Naugrette, « Le devenir des emplois comiques et tragiques dans le
théâtre de Hugo », *Littératures classiques*, n° 48 : « Jeux et enjeux des théâtres classiques
(XIXᵉ-XXᵉ siècles) », M. Bury & G. Forestier (dir.), printemps 2003, p. 215-225.

4   *Marie Tudor* (Porte-Saint-Martin, 1833) par exemple, et *Angelo, tyran de Padoue* (Théâtre-
Français, 1835).

5   Voir notre article ci-dessus mentionné et l'étude d'Emilio Sala : « Drame, mélodrame
et musique : Victor Hugo à la Porte-Saint-Martin », *in* S. Bernard-Griffiths & J. Sgard,
Mélodrames et Romans noirs, op. cit., p. 161-174.

6   Jules Janin, pourtant farouche opposant au romantisme, se voit d'ailleurs souvent dérouté
par la dramaturgie hugolienne ; s'il note les inconvenances dans la construction de l'action
et des personnages, il n'en salue pas moins Hugo comme un novateur (voir : J. Landrin,
« Jules Janin, témoin du théâtre romantique », *Cahiers de l'Association internationale des
études françaises*, 1983, n° 35, p. 155-168).

7   Selon l'*Almanach des spectacles pour 1830* (*op. cit.*, p. 200). On pourra, sur cet engagement,
consulter la thèse de Marion Lemaire (*op. cit.*) qui donne les détails du contrat conclu
entre Lemaître et la direction de l'Ambigu-Comique. Notons que la création du poste de
directeur de la scène est annoncée dans *Le Figaro* dès le 6 mai 1829 : « L'administration
de l'Ambigu-Comique sera confiée désormais à M. Tournemine, avec le titre de directeur-gérant, chargé, en cette qualité, de toute la partie administrative et du matériel qui
en dépend. On a créé en faveur de M. Frédérick Lemaître une place de directeur de la
scène. Ses fonctions se borneront à tout ce qui sera relatif à cette partie. Il les exerce sous
la surveillance du directeur-gérant. Il est en outre attaché à l'entreprise comme artiste

un moment ou à un autre, dans la mise en scène d'un drame de Hugo, que ce dernier a très probablement composé en considérant les spécialités de chacun[1]. Pratiquement tous formés sur le Boulevard, ces régisseurs

dramatique [...] ». Les termes du contrat, reproduit en partie par le biographe Louis-Henry Lecomte, précisent les différentes tâches confiées à Frédérick Lemaître dans ce cadre : il distribuera les rôles (art. 2), « composera et dirigera tous les ordres nécessaires aux régisseurs, sous-régisseurs, chef d'orchestre, compositeur, acteurs, actrices, danseurs, danseuses, figurants, comparses, machinistes, aides-machinistes, chefs des accessoires, etc. » (art. 3), « composera et dirigera le répertoire courant et les affiches, de concert avec M. Tournemine » (art. 4), « proposera les décors et les costumes et désignera les accessoires nécessaires aux représentations et répétitions » (art. 5), le tout pour un traitement fixé « à douze mille francs par année » et un bénéfice de 10 % sur les recettes (voir L.-H. Lecomte, *Un comédien au XIXᵉ siècle : Frédérick Lemaître, étude biographique et critique d'après des documents inédits*, Chez l'auteur, 1888, t. 1, p. 137-138). La BnF conserve aussi le contrat d'engagement de Frédérick Lemaître comme directeur de la scène de la Porte-Saint-Martin, établi le 6 février 1850. Les mêmes conditions sont reproduites : « Moi Fournier, Directeur privilégié et gérant actuel de l'administration du théâtre de la Pᵗᵉ Sᵗ-Martin, reconnaît à M. Frédérick Lemaître les titres et les pouvoirs suivants : 1) À dater de ce jour, M. Fréd. Lemaître prendra le titre de : Directeur de la scène. 2) En cette qualité, il aura seul le droit de diriger et de donner tous les ordres nécessaires aux régisseurs, chefs de services, chefs d'orchestre, maîtres de ballet, compositeurs, acteurs, actrices, danseurs, danseuses, choristes, comparses, machinistes, chefs d'accessoires, etc., etc. 3) Il est convenu entre la direction et M. F. Lemaître qu'à dater de ce jour, il sera promu à la formation d'un comité de lecture, composé de sept membres. La composition dudit comité de lecture, sera ainsi faite : M. le directeur gérant, président / M. F. Lemaître, vice-président. / Deux membres seront pris parmi les administrateurs ou intéressés du théâtre. Les trois autres seront choisis à l'amiable parmi les hommes de lettres. Ce comité s'assemblera deux fois par semaine. 4) Les rôles seront distribués par M. F. Lemaître d'accord avec le gérant. En cas de dissidence, ces messieurs prendront l'avis de l'auteur et de la majorité du comité pour les départager. 5) M. F. Lemaître proposera les décors et costumes, et aura aussi le droit d'exiger les accessoires nécessaires aux représentations et répétitions ainsi que le nombre de comparses. [...] 12) En sa qualité de directeur de la scène, M. Frédérick prélèvera *un du cent* sur la recette brute de chaque soir. Ce prélèvement s'effectuera de la même manière que celui des auteurs. [...] 14) Dans le cas où M. Lemaître prendrait le congé stipulé dans le traité passé en novembre dernier, il devra se faire remplacer par un metteur en scène (toutefois agréé par la direction) et les appointements de ce dernier seront à sa charge. » (Contrat, ms., Paris, 6 février 1850, BnF, département des Arts du spectacle, MRT 148).

1   Cette hypothèse est difficile à prouver pour Jouslin de la Salle et Hostein, pour lesquels nous ne disposons pas assez de sources pour étoffer l'analyse, mais elle peut être argumentée à propos de Frédérick Lemaître puisque son intervention sur la mise en scène de *Ruy Blas* est entérinée par le récit d'Adèle : « [...] il [Frédérick] s'occupait des rôles de tout le monde, il savait la pièce par cœur, rien ne lui échappait. Il était tout yeux et tout oreilles. Il lui arrivait d'arrêter un acteur à une entrée ou une sortie, il lui disait : Ce n'est pas comme ça, mon ami ; tiens, regarde-moi, fais ce geste, je me mets là, je dis de cette façon. » (*Victor Hugo raconté par Adèle Hugo*, texte intégral publié sous la direction d'Anne Ubersfeld et de Guy Rosa, Paris, Plon, 1985, p. 585-586). Le rôle de Lemaître dans la direction d'acteurs semble confirmé par l'exemplaire de *Ruy Blas*, annoté par

méritent de fait un intérêt attentif ; hommes de l'ombre du romantisme théâtral, ce sont les mêmes que l'on retrouve à la direction de la scène des différents théâtres qui ont cherché à concurrencer la Comédie-Française sur son propre terrain. Hostein par exemple, futur grand metteur en scène du drame et de la féerie, a commencé sa carrière comme secrétaire de direction du Théâtre-Français auprès de Jouslin de la Salle, fut ensuite nommé directeur de la scène au Théâtre de la Renaissance (1838), avant de devenir co-directeur, avec Dumas, du Théâtre-Historique (1847[1]).

---

l'acteur, conservé à la Maison Victor Hugo (sous la cote E RUY 1838/3). Anne Ubersfeld a d'ailleurs clairement analysé l'intention hugolienne : « Assistant à la mise en scène, comme on dirait maintenant, il [Lemaître] est peut-être plus : il apporte à Hugo ce qui manque à ce dernier, le *métier* théâtral. Mais ce témoignage met l'accent sur un élément décisif, inattendu, capital pour le travail pratique du poète, c'est le goût du *visuel*. Certes, l'intonation lui importe, mais l'essentiel pour lui c'est la place spatiale et la gestuelle. Cette gestuelle de Frédérick que tous les spectateurs du temps remarquent et admirent. » (A. Ubersfeld, « Hugo metteur en scène », *in Victor Hugo et les images*, textes réunis par M. Blondel & P. Georgel, Dijon, Aux Amateurs de Livres, 1989, p. 170-171 ; le texte est souligné par son auteur). La grammaire gestuelle de Lemaître fut sans doute perçue par l'auteur comme un élément essentiel pour fixer le sens de *Ruy Blas*. Dans cette perspective, il est probable que Hugo a chaque fois compté sur les talents de ses collaborateurs pour mettre en œuvre sa poétique de brouillage des conventions scénico-dramaturgiques.

1   On trouve d'ailleurs, sous son nom et celui du comédien Monrose, une publication de *L'obstacle imprévu*, comédie en 5 actes de Destouches, remaniée pour les besoins de la scène en 1838, ce qui laisse à penser que Hostein intervenait déjà en tant que metteur en scène à la Comédie-Française à cette date (voir : *L'Obstacle imprévu*, comédie en 5 actes par Destouches, mise en 3 actes par MM. Louis Monrose et Hostein, représentée pour la première fois, ainsi modifiée, sur le Théâtre-Français, par les comédiens ordinaires du Roi, le 3 octobre 1838, *in La France dramatique au XIXᵉ siècle, Choix de pièces modernes*, t. 10, Paris, Tresse, 1841). – Le Théâtre de la Renaissance fut fondé sur l'initiative de Victor Hugo, Casimir Delavigne et Alexandre Dumas qui, dès 1836, sollicitent le gouvernement afin d'autoriser l'ouverture d'un second Théâtre-Français. François Guizot, alors ministre de l'Instruction publique, soutient la demande : un arrêté du 12 novembre 1836 accorde à Anténor Joly – fondateur de *Vert-Vert* (quotidien spécialisé dans la chronique des spectacles parisiens et favorable au romantisme) et co-fondateur du Théâtre de la Porte-Saint-Antoine (1835) – le privilège d'ouvrir à Paris un théâtre destiné au drame, à la comédie et à la tragédie. Dans les mêmes temps, la Comédie-Française (dont Védel venait de prendre la direction) obtient l'autorisation d'exploiter à nouveau la scène de l'Odéon : le théâtre retrouve son appellation de Second Théâtre-Français (1ᵉʳ décembre 1837) et rend de fait caduque l'initiative de Joly. Celui-ci a alors l'idée d'associer à son privilège le répertoire des théâtres lyriques. Après de nombreuses tractations, il obtient l'autorisation de jouer les drames et les comédies en vers ou en prose, les opéras dans le genre italien, et les vaudevilles. Le Théâtre de la Renaissance (qui occupe la salle Ventadour, initialement construite pour l'Opéra-Comique) ouvre le 8 novembre 1838 avec *Ruy Blas* de Victor Hugo. Les doléances incessantes du Théâtre-Français et de l'Opéra-Comique ont rendu son exploitation difficile. Le théâtre fut fermé en 1841. – Le Théâtre-Historique

LA SOCIÉTÉ DES AUTEURS DRAMATIQUES :
UN MOYEN DE PRESSION

D'autres facteurs ont contribué à faire pénétrer l'esthétique scénique du romantisme dans l'édifice de Melpomène. Malgré des recettes faramineuses obtenues ponctuellement (la première d'*Hernani*, le 25 février 1830, rapporte 5134 francs ; celle de *Louis XI*, tragédie en 5 actes et en vers de Casimir Delavigne, fait rentrer, le 11 février 1832, 4972 francs dans les caisses), le théâtre fait face à une grave crise financière. Eugène Laugier, archiviste de la Comédie-Française, le confirme :

> En 1831, les recettes du Théâtre-Français avaient atteint un minimum fabuleux. Un spectacle composé de *Tartufe* et du *Legs*, de Marivaux, avait fait entrer dans les caisses la somme incroyable de 68 fr. et quelques centimes. *L'École des Vieillards* et *Valérie* étaient tombées, jouées ensemble, jusqu'à 320 fr. 45 c., et même à 226 fr. 15 c., et l'ensemble de cette année désastreuse présentait un maigre total de trois cent et quelques mille francs ! Au commencement de 1832, la présence de Mlle Mars, rentrée sans cependant ramener la foule, établissait bien une différence assez sensible ; mais, hélas ! c'était en réalité une misère profonde, que l'éloignement de plus en plus prononcé du public menaçait d'augmenter bientôt[1].

La Société des auteurs dramatiques contribua à augmenter le déficit du théâtre. Née du regroupement des deux agences fondées sous la Révolution, elle était un puissant outil pour la défense du droit des auteurs, au point d'intervenir régulièrement auprès du gouvernement afin de faire appliquer à la lettre l'ensemble des articles constituant la

---

est fondé sur l'initiative de Dumas, grâce à l'appui d'Antoine d'Orléans, fils de Louis-Philippe. La direction est confiée à Hippolyte Hostein, et le théâtre est inauguré avec *La Reine Margot*, drame en 5 actes et 14 tableaux d'Alexandre Dumas et Auguste Maquet (20 février 1847). Sur ces théâtres, voir : O. Fouque, *Histoire du Théâtre-Ventadour, 1829-1879, Opéra-Comique, Théâtre de la Renaissance, Théâtre-Italien*, Paris, G. Fischbacher, 1881 ; L.-H. Lecomte, *Histoire des Théâtres de Paris, La Renaissance, 1838-1841, 1868, 1873-1904*, Paris, H. Darangon, 1905 ; L.-H. Lecomte, *Histoire des Théâtres de Paris, Le Théâtre Historique, 1847-1851, 1862, 1875-1879, 1890-1891*, Paris, H. Darangon, 1906 ; *Les Cahiers Dumas*, n° 35 : « Le Théâtre-Historique d'Alexandre Dumas I. Le répertoire et la troupe », 2008, et n° 36 : « Le Théâtre-Historique d'Alexandre Dumas II. Directeurs, décorateurs, musique, correspondances, censure », 2009.

1   E. Laugier, *De la Comédie-Française depuis 1830, ou Résumé des événements survenus à ce théâtre depuis cette époque jusqu'en 1844*, Paris, Tresse, 1844, p. 23. – *Valérie*, comédie en 3 actes et en prose de Scribe et Mélesville, fut jouée pour la première fois au Théâtre-Français le 21 décembre 1821 ; *L'École des vieillards*, comédie en 5 actes et en vers de Casimir Delavigne, fut créée sur ce même théâtre le 6 décembre 1823.

loi sur la propriété littéraire et artistique votée en 1791 à l'Assemblée[1]. Dès 1830, le Théâtre-Français fut ainsi accablé par les différents procès que lui intentèrent les dramaturges : Théodore d'Artois, auteur d'une tragédie intitulée *Caïus Gracchius, ou le Sénat du peuple*, Charles Desnoyer, dont la comédie *Le Cardinal Voltaire* restait dans les cartons du comité de lecture[2], Astolphe de Custine, auteur de *Beatrix Cenci*, tragédie en 5 actes et en vers qui fut finalement jouée à la Porte-Saint-Martin[3], mais aussi Victor Hugo qui souhaitait faire représenter *Le Roi s'amuse* malgré l'interdiction[4], presque tous parvinrent à se faire dédommager

---

1   Cette loi ne fut pas toujours respectée à la lettre par les théâtres, surtout en province, ainsi que le confirment les nombreuses doléances des auteurs dramatiques qui fournissent une masse considérable de brochures publiées pendant les premières décennies du XIXe siècle. Deux agences virent le jour sous la Révolution : la première fut fondée par Framery dès 1791, la deuxième par Fillette-Loraux en 1798. En 1806, Sauvan remplace Fillette-Loraux et édite ses *Instructions générales* à destination des directeurs de théâtre (s. l., 1806, 14 p.) ; le comité des auteurs de son agence rassemble Dalayrac, Méhul, Duval, Bouilly et Pixérécourt. En 1811, Prin succède à Framery et publie une *Liste générale des auteurs et des pièces* figurant dans son agence (Paris, impr. Brasseur, 1811, 76 p.). La Société des auteurs dramatiques est née de l'initiative d'Eugène Scribe, qui eut l'idée de placer les deux agences en vigueur depuis le Directoire sous la surveillance d'un seul pouvoir, agissant avec davantage d'unité. Le projet fut réalisé par un acte sous-seing du 7 mars 1829, dans une assemblée générale rassemblée au foyer du Théâtre des Nouveautés. À cette date, la Commission Dramatique rassemble : Scribe (président), Dupaty et de Rougemont (vice-présidents), Mélesville (trésorier), Langlé et Dupeuty (secrétaires), Adam, Anicet-Bourgeois, Arnould, Fontan, Halévy, de Longpré, de Leuven, Mallian, Viennet. Le 18 décembre 1837, la Société se dote de statuts et devient la Société des Auteurs et des Compositeurs Dramatiques (SACD). Voir : *Acte de société des auteurs et compositeurs dramatiques, passé devant M*ᵉ *Thomas et son collègue, notaires à Paris, en date au commencement du 18 décembre 1837*, [Paris], impr. Guyot, [1834], 11 p. Voir aussi : J. Bayet, *La Société des Auteurs et Compositeurs Dramatiques*, Paris, Arthur Rousseau, 1908.

2   La pièce avait été interdite par Antoine d'Argout, alors ministre de l'Intérieur. Ses auteurs, Desnoyer et Lafitte (qui fut pensionnaire de la Comédie-Française en 1822 avant de devenir auteur ; c'est lui qui fut chargé de refondre les *Mémoires* du comédien Fleury), corrigèrent le manuscrit, et la pièce fut finalement jouée sous le titre *Voltaire et Madame de Pompadour* le 12 novembre 1832. Selon Victor Hallays-Dabot : « La commission des auteurs dramatiques blâma vivement MM. Lafitte et Desnoyers [*sic*] des concessions qu'ils avaient faites aux exigences ministérielles » (*Histoire de la censure théâtrale en France, op. cit.*, p. 302). Acteur, puis dramaturge, Charles Desnoyer fut régisseur au Théâtre-Français de 1841 à 1847.

3   À partir du 21 mai 1833.

4   Voir le rapport du tribunal de Commerce, *Procès de Monsieur Victor Hugo contre le Théâtre-Français*, joint à l'édition des *Œuvres complètes de Victor Hugo*, t. 5 : *Le Roi s'amuse, Lucrèce Borgia*, Paris, Renduel, 1836. Voici la plaidoirie de l'avocat : « Attendu que, par convention verbale du 22 août dernier, entre M. Victor Hugo et la Comédie-Française, représentée par M. Desmousseaux, l'un de MM. les Sociétaires du Théâtre-Français, dûment autorisé,

pour le non-respect de l'article obligeant la Comédie-Française à mettre
en répétition, dans des délais raisonnables, une pièce reçue par le comité
de lecture. La commission des auteurs dramatiques accentua d'avantage
les pressions ; elle « prit un arrêté – précise Laugier – pour conclure à ce
qu'à l'avenir aucun ouvrage nouveau ne pût être lu au Théâtre-Français,
et décida qu'à l'égard des pièces déjà reçues, il ne serait passé outre
pour aucune avant la signature d'un traité spécial[1] ». Les départs de
Talma (mort en 1826[2]) et de Mlle Duchesnois (1829), les tournées en
province et à l'étranger de Mlle Mars et de Firmin finirent par anéantir
le théâtre, à tel point qu'il fut envisagé de le déclarer en faillite. Non
seulement les dettes étaient faramineuses, mais les parts individuelles
des sociétaires étaient devenues nulles et sans espoir d'améliorations.
Ce contexte favorisa le passage au système directorial qui devait, selon
Laugier, « opérer, dans le régime constitutif de la Comédie-Française,
toute une révolution[3] ».

Jouslin de la Salle, nommé directeur-gérant, pouvait désormais administrer la Comédie comme n'importe quel autre théâtre du Boulevard. Il
rencontra des résistances, celles tout d'abord des ci-devant sociétaires qui

---

l'administration s'est obligée à jouer la pièce *le Roi s'amuse*, drame en cinq actes et en vers,
aux conditions stipulées ; que la première représentation a eu lieu le 22 novembre dernier ;
que, le lendemain, l'auteur a été prévenu *officieusement* que les représentations de sa pièce
étaient suspendues *par ordre* ; que, de fait, l'annonce de la seconde représentation, indiquée
au samedi 24 novembre suivant, a disparu de l'affiche du Théâtre-Français pour n'y plus
reparaître ; que les conventions font la loi des parties ; que rien ne peut ici les faire changer
dans les exécution ; plaira au tribunal condamner par toutes les voies de droit, *même par
corps*, les Sociétaires du Théâtre-Français à jouer la pièce dont il s'agit, sinon à payer par
corps 25,000 francs de dommages et intérêts, et, dans le cas où ils consentiraient à jouer
la pièce, les condamner, pour le dommage passé, à telle somme qu'il plaira au tribunal
arbitrer. » (p. 220-221). Hugo intenta un nouveau procès contre le Théâtre-Français, en
1837 (le théâtre est alors dirigé par Védel), pour l'obliger à effectuer les reprises d'*Angelo*
et d'*Hernani*.

1   E. Laugier, *op. cit.*, p. 29.
2   Peu de temps avant sa mort, Talma écrivait à son ami le médecin François Fournier
    de Pescay : « Que te dirai-je du théâtre, Il est toujours dans un triste état. Il n'y a que
    Mademoiselle Mars et moi qui fassions de bonnes recettes. Les petits théâtres tuent les
    grands. Nous avons cependant à notre tête en ce moment un monsieur, le baron Taylor,
    jeune homme plein de zèle et de talent, dessinateur, auteur lui-même de grands voyages
    pittoresques qu'il publie en ce moment. C'est le seul homme de Paris qui puisse relever
    notre théâtre ; s'il n'y parvient pas, il faudra renoncer. » (Lettre de Talma, du Havre, à
    son ami François Fournier de Pescay, à Haïti, du 30 mars 1826, citée par Mara Fazio,
    op. cit., p. 240).
3   E. Laugier, *op. cit.*, p. 40.

n'entendaient pas facilement plier devant les arbitrages d'un directeur, mais il put compter sur l'appui du gouvernement. Très conscient qu'une autre scène susceptible de renouveler le répertoire dramatique national s'était ouverte à la Porte-Saint-Martin, il multiplia les initiatives pour ramener les auteurs (Hugo et Dumas en particulier, d'où les sollicitations de Thiers à l'attention de Dumas mentionnées plus haut) vers la Comédie-Française[1]. Des acteurs du mélodrame furent aussi conviés à rejoindre la troupe. Bocage et Marie Dorval d'abord, Mlle Théodorine (future Mme Mélingue) ensuite, comédienne de l'Ambigu-Comique qui ne parvint toutefois pas à convaincre sur ses capacités à dire les vers[2]. Mais là où Jouslin de la Salle réussit à faire l'unanimité, c'est dans sa capacité à renouveler (donc à mettre en scène) les pièces du répertoire. Laugier (que l'on comprend très favorable au système directorial à la lecture de son ouvrage) le souligne : « Rarement [...] le Théâtre-Français avait apporté plus de soin dans la distribution des rôles et dans la mise en scène[3] ».

LE ROMANTISME COMME ESTHÉTIQUE SCÉNIQUE

La modernisation du répertoire par le biais de la mise en scène est un facteur, souvent occulté par l'historiographie, qui mérite pourtant d'être considéré car il permet d'élargir le cadre auquel on restreint généralement le romantisme théâtral. Au-delà du projet hugolien, précisé dans la *Préface de Cromwell* (1827), au-delà des thèmes et des motifs récurrents que l'on perçoit entre les différents drames, le romantisme

---

1   Scribe et Delavigne furent également sollicités. À propos du premier, Eugène Laugier précise : « La question était simplement de ramener les auteurs sur le chemin de la Comédie-Française, et pour être sûr de l'appui efficace de quelques écrivains influents, de leur donner des garanties que l'état misérable du théâtre ne leur fournissait plus depuis longtemps. De là, les traités préparés par M. Jouslin de la Salle ; de là, sa première démarche auprès de M. Scribe d'abord [rappelons que Scribe était alors président de la Société des auteurs], lequel consentit à livrer une comédie en cinq actes, *Bertrand et Raton*. Un grand succès couronna cette tentative. » (E. Laugier, *op. cit.*, p. 46-47).

2   Théodorine Thiesset, dite Mme Mélingue, entre toutefois dans la troupe en 1837. Elle passe sociétaire en 1843 après avoir été retenue par Victor Hugo pour jouer Guanhumara dans *Les Burgraves*. Étienne Mélingue, son époux, obtient son premier succès en interprétant Buridan dans *La Tour de Nesle* de Dumas (Porte-Saint-Martin, 1832). Il devient ensuite l'un des grands interprètes du drame historique ; il travaille successivement à la Porte-Saint-Martin, à l'Ambigu, à la Gaîté et au Théâtre-Historique. Il joue le rôle de Don César de Bazan, aux côtés de Sarah Bernhardt, lors de la reprise de *Ruy Blas* à l'Odéon en 1872.

3   *Ibid.*, p. 78.

s'exprime aussi par l'image et par les corps en scène. C'est ainsi que l'on qualifie de « romantiques » les ballets de Jean Coralli joués dans les années 1830-1840 à l'Opéra, mais aussi les décors de Jules Diéterle, Léon Feuchère, Édouard Desplechin et Charles Séchan qui, sortis de l'atelier de Ciceri, parvinrent en se groupant à s'imposer sur les différentes scènes parisiennes, au point d'ébranler l'hégémonie du maître[1]. Séchan l'avait précisé :

> Sous l'influence des pièces romantiques de Hugo et de Dumas, nous sentions que l'étude de la couleur locale était devenue une nécessité au théâtre, que le temps était passé de ces à-peu-près vieillis et démodés qui seuls, jusqu'alors, étaient chargés de représenter indifféremment les lieux les plus divers. On voulait maintenant que les personnages de chaque pièce fussent montrés avec leurs véritables costumes et dans le milieu réel où ils avaient vécu. [...] Le moyen âge devint pour nous la véritable école artistique ; nous en étudiâmes, avec une passion irréfléchie, les costumes, l'architecture et, jusqu'aux moindres détails du mobilier. Plusieurs œuvres dramatiques nous fournirent l'occasion de donner des tableaux de cette époque d'une exactitude presque parfaite. Mais ce fut *Othello*, *Marion Delorme* [*sic*], *Henri III et sa cour* qui, pour la première fois, nous permirent de transporter le spectateur au milieu même du temps où l'action se passait, et de montrer les personnages historiques encadrés dans une mise en scène absolument conforme à la réalité[2].

Les décors de Séchan et de ses épigones illustrèrent aussi les opéras, opéras-comiques et féeries joués pendant toute la monarchie de Juillet et jusqu'au début du Second Empire. De même, les compositions chorégraphiques de Coralli, nommé maître de ballet à la Porte-Saint-Martin avant de pénétrer l'Opéra[3], agrémentèrent ensuite (parfois sous la forme

---

1   Rappelons que cette nouvelle génération de décorateurs fut appuyée par Véron lors de sa nomination à la direction de l'Opéra. Ciceri intenta un procès (voir *supra*, n. 4, p. 99). Charles Séchan fonde, en 1833, avec Léon Feuchère, Édouard Desplechin et Jules Diéterle, la société « Séchan, Feuchère et Cie ».

2   Ch. Séchan, *Souvenirs d'un homme de théâtre, 1831-1855*, recueillis par Adolphe Badin, Paris, Calmann-Lévy, 1883, p. 10-11. – On pourra voir de nombreuses maquettes réalisées par Séchan et ses collaborateurs sur le site Gallica de la BnF.

3   Jean Coralli, élève de l'École de Danse de l'Opéra, débute comme danseur en 1802. Il signe ses premiers ballets à Vienne, Milan, Lisbonne et Marseille, puis il est nommé maître de ballet au théâtre de la Porte-Saint-Martin en 1825. Il règle la mise en scène des danses de toutes les productions jouées sur ce théâtre jusqu'en 1829, dont celles de *Trente ans, ou la Vie d'un joueur* (1827), *Le Monstre et le Magicien* (mélodrame en 3 actes, Merle, Antony [Béraud] et [Ch. Nodier], 1826), *Mandrin* (mélodrame en 3 actes, Benjamin [Antier], Étienne Arago, [F. Crosnier], 1827), *Faust* (drame en 3 actes imité de Goethe, Antony

de parodies) les productions des théâtres secondaires (notamment les féeries jouées au Cirque-Olympique et à la Porte-Saint-Martin sous l'administration des frères Cogniard à partir de 1840). C'est dire s'il existe un dénominateur commun à toutes ces œuvres lorsqu'on les considère sous l'angle de leurs représentations scéniques. Elles présentent certes des différences dramaturgiques majeures ; c'est d'ailleurs en analysant au plus près comment sont intégrés et exploités les décors, les ballets, la musique de scène au sein de leur structure que l'on parvient à estimer les écarts de conceptions esthétique et politique qui ont motivé les auteurs et conduit, sur les scènes françaises, à produire *des* théâtre*s* romantique*s* au pluriel[1].

Le drame social par exemple (illustré par Frédéric Soulié et Félix Pyat entre autres), que l'historiographie théâtrale peine souvent à intégrer dans le champ du romantisme, utilise les éléments du spectacle pour propager les thèses socialistes. Les décors, qui insistent sur le misérabilisme de la condition ouvrière, le manichéisme mélodramatique (qui n'est absolument pas fondu dans ces œuvres comme il peut l'être dans le drame hugolien) sert à mettre en exergue l'oppression du riche sur l'indigent, de la même manière que Frédérick Lemaître avait pu dénoncer, avec *Robert Macaire* (1834), le régime de Juillet comme une monarchie bourgeoise gouvernée par le capital. Il n'empêche que ces productions, par le biais du décor et du jeu de l'acteur notamment, posent la « couleur locale » comme un ingrédient susceptible d'ancrer le drame dans la réalité sociale du spectateur[2]. C'est pourquoi il peut

Béraud, [Ch. Nodier], 1828), *Marino Faliero* (tragédie en 5 actes et en vers, C. Delavigne, 1829). En 1826, il adapte *Monsieur de Pourceaugnac* en « ballet-pantomime-comique en 2 actes, à grand spectacle, avec les intermèdes de Lully, arrangés », en collaboration avec Jouslin de la Salle (Paris, Barba, 1826). En 1831, Véron l'engage comme maître de ballet à l'Opéra. Il compose alors *L'Orgie* (ballet-pantomime, Coralli, Scribe, Carafa, 1831), *La Tempête, ou l'Île des Génies* (ballet-féerie en 2 actes, Coralli, Schneitzhoeffer, 1834), *Le Diable boiteux* (ballet-pantomime, Coralli, Burat de Gurgy, Casimir Gide, 1836), *La Chatte métamorphosée en femme* (ballet-pantomime, Coralli, Charles Duveyrier, Alexandre Montfort, 1837), *La Tarentule* (ballet, Coralli, Scribe, Gide, 1839), *Giselle, ou les Willis* (ballet fantastique en 2 actes, Coralli, Henri de Saint-Georges, Théophile Gautier, 1841), *La Péri* (ballet fantastique en 2 actes, Coralli, Théophile Gautier, 1843), *Eucharis* (ballet-pantomime en 2 actes, Coralli, Ernest Deldevez, 1844) et *Ozaï* (ballet en 2 actes et 6 tableaux, Coralli, Gide, 1847).

1   Sur ce point, voir l'ouvrage de Jean-Marie Thomasseau qui défend l'idée de drames romantiques au pluriel : *Drame et tragédie*, Paris, Hachette, 1995, p. 107-151.

2   Le drame « social » s'exprime très tôt sous la monarchie de Juillet ; l'essentiel des thèses socialistes sont déjà clairement formulées dans le prologue d'un « drame en cinq actions » de Félix Pyat et Auguste Luchet, *Le Brigand et le Philosophe*, joué en février 1834 à la

paraître réducteur d'estimer le romantisme théâtral au regard du seul exemple hugolien. Anne Ubersfeld avait d'ailleurs souligné : « [Hugo] va à contre-courant du décorativisme naturaliste ou pseudo-naturaliste, qui est l'esthétique de son temps[1]. » Et si l'auteur envisage le théâtre comme le lieu de l'artifice, l'endroit poétique par excellence où les corps, le verbe, les couleurs peuvent être travaillés par l'auteur comme le sculpteur modèle la terre, c'est précisément parce qu'il défend une autre conception esthético-politique. Dans « Tas de pierre », il soutient :

> Le théâtre n'est pas le pays du réel : il y a des arbres de carton, des palais de toile, un ciel de haillons, des diamants de verre, de l'or de clinquant, du fard sur la pêche, du rouge sur la joue, un soleil qui sort de dessous terre. C'est le pays du vrai : il y a des cœurs humains sur la scène, des cœurs humains dans la coulisse, des cœurs humains dans la salle[2].

Le théâtre n'est donc pas le pays du réel mais celui du vrai, c'est-à-dire de l'émotion, parce que le poète a la mission de transmuer « la foule en peuple », autant dire d'ouvrir les perspectives humanistes qui fonderont la société des hommes de l'avenir[3].

Porte-Saint-Martin : « OSCAR. Notre probité, à nous, est dans le partage... la vôtre est dans l'accumulation... Il est facile aux riches d'être probes, de subir les lois qu'ils ont instituées pour eux et contre les pauvres ; vous dont le bonheur est en rentes, à qui l'or revient périodiquement tous les mois, tous les ans, vous ignorez ce qu'un pauvre a de la peine à gagner honnêtement un florin ; je le sais, moi que vous écoutez. Élevé à l'université de Darmstadt, j'y ai suivi les cours de droit jusqu'à l'âge de vingt ans. À cette époque de ma vie, je sortis des écoles où j'avais appris et commenté cette belle théorie : *"Tous les citoyens sont égaux devant la loi !"* Mais en pratique, quel mensonge ! [...] Que faire alors dans une société qui vous vole parce que vous êtes pauvre ? Il faut voler pour être riche ; il faut se révolter ouvertement contre la loi, et n'obéir qu'à l'instinct, comme nous autres bandits, ou mieux encore, faire servir la loi même à ses déprédations, comme vos sénateurs : c'est moins brave, mais c'est plus sûr. » (prologue, sc. 5). – L'utilisation des décors est donc fonction de la visée politico-esthétique défendue par les auteurs. En définitive, la mise en scène est une façon de coordonner l'ensemble des composantes scéniques de manière à assurer l'unité d'une pensée qui, par l'émotion suscitée par l'union conjointe du verbe, de l'image, du geste et du son, entend influer sur l'opinion.

1   A. Ubersfeld, « Hugo metteur en scène », art. cit., p. 177.
2   V. Hugo, *Œuvres complètes*, Jean Massin (éd.), Paris, Club français du livre, 1967, t. 4, p. 948-949.
3   Cette étude n'est pas l'endroit pour approfondir cette question. Nous renvoyons aux analyses d'Anne Ubersfeld (*Le Roi et le Bouffon, essai sur le théâtre de Victor Hugo*, Paris, José Corti, rééd. en 2001) et d'Olivier Bara (« National, populaire, universel : tensions et contradictions d'un théâtre peuple chez Victor Hugo », *in* M. Denizot [dir.], *Théâtre populaire et représentations du peuple*, Rennes, P. U. R., 2010, p. 17-27). On trouvera aussi traitée, dans notre

Il serait maladroit bien sûr, du point de vue scientifique, de placer sous l'étiquette « romantique » l'ensemble de la production théâtrale du temps. Mais il est tout aussi maladroit d'exclure les productions jugées « mineures » parce qu'elles ne satisfont pas les critères littéraires requis pour séduire la postérité. Comme l'a montré Sylviane Robardey-Eppstein, la critique sous le Second Empire peut placer dans l'héritage du « romantisme » les « grandes féeries » du Cirque ou de la Porte-Saint-Martin comme les drames sociaux ou historiques d'Adolphe Dennery[1]. En brouillant les catégories génériques par leur usage de techniques scéniques puisées à la fois dans les registres du vaudeville[2], du mélodrame et de la tragédie, l'école romantique des années 1820-1830 a bousculé les codes d'appréciation d'une critique dramatique qui s'appuyait toujours sur la théorie des genres littéraires. Cette même théorie fut d'ailleurs prônée par les différents manifestes (la Préface de *Cromwell* en premier)

« Introduction » aux *Mélodrames* de Pixerécourt (*op. cit.*), la différence de positionnement politique et idéologique autour de la question de l'avenir chez les romantiques, notamment entre Nodier et Hugo. Voir aussi, sur ce sujet, notre article « Le metteur en scène : un personnage-clé de la réforme romantique », dans *Revue d'Histoire du Théâtre*, n° spécial : « L'autre théâtre romantique » dirigé par B. T. Cooper et O. Bara, 2013-1, p. 27-40.

1   Voir S. Robardey-Eppstein, « La survivance du théâtre romantique », *in* J.-C. Yon, *Les Spectacles sous le Second Empire*, Paris, Armand Colin, 2010, p. 149-158. – Notons que la critique actuelle qualifie de « mélodrames » ces drames de Dennery qui, pourtant, ne revendiquent aucunement cette appartenance générique. Rappelons aussi que la féerie est considérée par Zola comme la forme la plus aboutie du romantisme théâtral : « On peut dire que la féerie est la formule par excellence du théâtre conventionnel, tel qu'on l'entend en France depuis que les vaudevillistes et les dramaturges de la première moitié du siècle ont mis à la mode les pièces d'intrigue. En somme, ils posaient en principe l'invraisemblance, quitte à employer toute leur ingéniosité pour faire accepter ensuite, comme une image de la vie, ce qui n'en était qu'une caricature. Ils se gênaient dans le drame et dans la comédie, tandis qu'ils ne se gênaient plus dans la féerie : là était la seule différence. [...] Si vraiment la vérité était impossible au théâtre, si les critiques avaient raison d'admettre en principe qu'il faut mentir, je répéterais sans cesse : "Donnez-nous des féeries, et rien que des féeries !" La formule y est entière, sans aucun jansénisme. Voilà le théâtre idéal tel que je le comprends, faisant parler les bêtes, promenant les spectateurs dans les quatre éléments, mettant en scène les héros du *Petit Poucet* et de la *Belle au bois dormant*. Si vous touchez la terre, j'exige aussitôt de vous des personnages en chair et en os, qui accomplissent des actions raisonnables. Il faut choisir : ou la féerie ou la vie réelle. » (É. Zola, *Le Naturalisme au théâtre*, Paris, Charpentier, 1881, p. 357-360).

2   Introduites, entre autres, par l'acteur Frédérick Lemaître qui, malgré tous ses efforts, ne parvint pas toujours à se dissocier de son personnage de Robert Macaire auquel la critique le réduisait systématiquement. Il est, par exemple, fort probable que Hugo a choisi Lemaître pour jouer Ruy Blas parce que l'acteur incarnait la force sociale, politique et grotesque que représentait alors Macaire pour le public et la critique.

qui défendaient le « drame romantique » comme genre, mais un genre fondé sur le « mélange des genres ». C'est dire combien le délitement de la hiérarchie des genres instituée par l'académisme constituait un outil de conquête. La dimension scénique des œuvres peut aider à circonscrire quelques-uns des éléments d'une grammaire qui rassemble dans une esthétique commune des productions aux conventions dramaturgiques pourtant extrêmement variées. Il existe, par exemple, du romantisme dans la féerie si l'on veut bien inclure dans cette catégorie esthétique la façon dont ce genre a exploré la plasticité du langage en construisant des rapports étroits entre le mot prononcé sur scène et la chose qu'elle évoque[1]. Il existe aussi du romantisme dans les drames joués sur les théâtres du Boulevard, que la critique littéraire actuelle confine dans le registre du « mélodrame » alors que cet intitulé générique n'apparaît plus sur les affiches. Il en existe enfin dans les pantomimes jouées sur le Théâtre des Funambules, portée par le jeu de l'acteur essentiellement. Il ne s'agit évidemment pas ici de diluer la catégorie du « romantique » au point de la rendre inopérante pour l'analyse de la pratique théâtrale du temps. Il s'agit au contraire de pointer cette catégorie comme un outil politique, voulu et réfléchi par les auteurs, afin de bousculer la critique. Drames « moderne », « en habit noir », « historique », « fantastique » sont autant d'appellations qui reviennent sous la plume des critiques, qu'il s'agit d'ailleurs chaque fois de contextualiser en fonction des enjeux politico-esthétiques de l'époque et/ou du journal où leurs articles furent publiées (en prenant en compte aussi les accointances entre auteurs, politiques et journalistes). En définitive, le romantisme fut aussi (surtout) une réponse politique et poétique aux incertitudes du temps. L'émotion, arme privilégiée de toute transformation politico-sociale, a été générée de différentes manières selon les dramaturges et les théâtres auxquels leurs pièces étaient destinées. Réduire le romantisme aux œuvres et aux auteurs dont le projet esthétique a été formulé par le biais du manifeste conduit finalement à réduire la portée de ces manifestes en omettant de

---

1   Par exemple, lorsqu'un personnage dit « c'est commode » et qu'une armée de commodes jaillit sur la scène, procédé que la féerie décline sous différents exemples pendant toute la deuxième moitié du XIXe siècle et qui parvient à creuser des brèches dans le tissu des fausses évidences et à révéler, toujours sous le sceau de l'humour et de la dérision, la matière (y compris théâtrale) comme artifice. C'est précisément cet aspect qui aiguisa l'intérêt de Flaubert pour ce genre. Voir sur cet aspect notre étude : *La Féerie romantique sur les scènes parisiennes, op. cit.*

souligner leur aspect stratégique (et parfois ponctuellement séditieux) et à buter sur une périodisation – construite sur les succès et les échecs supposés de Hugo au théâtre (c'est-à-dire 1830 : *Hernani* ; 1843 : *Les Burgraves*) – que l'on sait aujourd'hui complètement caduque[1]. Cela mène aussi à exclure du champ de la réflexion théorique la dimension sociale et politique immédiate du théâtre, c'est-à-dire à occulter la manière dont la perspective scénique a pu modeler la dramaturgie[2]. Des auteurs comme Pyat et Soulié ont, par exemple, été reconnus comme « modernes » par les historiens du temps ; Hippolyte Lucas, pourtant admirateur de Hugo, n'a pas eu de mal à citer ces deux auteurs comme les représentants d'une école qui est parvenue à vaincre les théâtres officiels sur leur propre terrain[3]. On le comprend : la scène, même si elle n'épuise pas la totalité du projet romantique (on pense notamment aux auteurs qui, tel Musset, ont privilégié le livre pour asseoir leur projet esthético-politique), n'en demeure pas moins un aspect fondamental de la réflexion théorique. La mésestimer revient finalement à priver l'étude du romantisme théâtral de l'un de ses autres aspects, à savoir celui qui s'est manifesté dans un deuxième temps (après celui de la conquête des scènes officielles par le biais de dramaturgies qui mettaient en œuvre le

---

1   Sur ce point, voir : F. Naugrette, « La périodisation du romantisme théâtral », *in* R. Martin & M. Nordera (dir.), *Les Arts de la scène à l'épreuve de l'Histoire*, Paris, Honoré Champion, 2011, p. 145-154.

2   Remarquons que les versions jouée et publiée d'une pièce présentent souvent de nombreuses variantes. Ceci tient en partie au fait que les enjeux de représentation et de publication ne convergent pas nécessairement. C'est pourquoi il semble utile d'envisager l'analyse des œuvres en mettant en parallèle les différents textes conservés (manuscrits du souffleur, de la censure, brouillons d'auteur, éditions, etc.). Ce travail a été réalisé par Evelyn Blewer pour *Hernani* (*La Campagne d'Hernani, édition du manuscrit du souffleur*, Paris, Eyrédit, 2002). Il forme aussi l'objet d'études de groupes de recherche, dont on trouvera une synthèse et une bibliographie dans : A. Grésillon, M.-M. Mervant-Roux, D. Budor, *Genèses théâtrales*, Paris, CNRS éd., 2010.

3   Voir, notamment, son analyse du *Diogène* (Odéon, 1846) de Félix Pyat dans *Histoire philosophique et littéraire du Théâtre-Français des origines jusqu'à nos jours* (Paris, Jung-Treuttel, 1863, t. 3, p. 74 *sq.*). Voir aussi, dans le même ouvrage, le chapitre qu'il réserve à Soulié, à qui il reconnaît « des qualités dramatiques d'une incontestable vigueur » (*ibid.*, p. 6). – Notons qu'un drame de Pyat, *Le Médecin de Néron*, fut admis par Buloz, alors commissaire royal du Théâtre-Français, en 1848, mais la pièce resta inachevée ; Pyat avait prévu Frédérick Lemaître et Rachel pour tenir les rôles principaux (voir l'édition critique de la pièce, par Guy Sabatier, Paris, L'Harmattan, 2010). – Sur les relations entre Hugo et Lucas, voir notre analyse sur la genèse du *Ciel et l'Enfer* (1853), féerie en 5 actes et 20 tableaux d'Eugène Barré et Hippolyte Lucas pour laquelle Victor Hugo a touché une part des droits d'auteur (*La Féerie « romantique » sur les scènes parisiennes, op. cit.*, p. 356-372).

mélange des genres et la fusion des codes génériques), et qui a cherché à reformuler l'histoire du théâtre en appliquant les codes de la mise en scène romantique aux chefs-d'œuvre du passé. La déconsidérer conduit aussi à oublier que le « romantisme » est avant tout un mot : mot utile pour défendre ou contester (selon le clan dans lequel on se range) une idée, une conception du monde, une ligne politique. C'est pourquoi il est si difficile à définir ; son acception varie selon les discours et les époques ; il est en tout cas chaque fois synonyme d'une « avant-garde » (au sens propre du terme), c'est-à-dire d'une façon de planter l'étendard de la modernité au cœur du champ culturel reconnu par l'institution.

LA MISE EN SCÈNE APPLIQUÉE AUX « CLASSIQUES »

Laugier le précise clairement dans son ouvrage :

> Les hommes de l'avenir, la partie agissante de notre littérature, se donnaient rendez-vous à la représentation des œuvres de MM. Alfred de Vigny, Victor Hugo et Casimir Delavigne. Grâce aux bénéfices réalisés par les nouveautés en faveur, il devenait possible d'apporter un soin minutieux à l'exécution et à la mise en scène des œuvres classiques ; les salons de Molière étaient devenus propres et élégants ; parée de nouveaux atours, l'ancienne comédie avait repris un air de jeunesse qui lui allait à ravir. Au théâtre, les détails matériels ont de grandes conséquences morales, et nous avouons, pour notre part, que nous aimons l'appartement de Célimène richement meublé, rempli des visiteurs intimes de l'adorable coquette, eux étalant tout le luxe des habits de l'époque, elle parée comme une reine qu'elle était ; cette magnificence des vêtements nous rappelle le grand siècle, le vers si naturel et si parfait de Molière nous semble plus naturel et plus parfait encore, et nous en saisissons mieux toutes les intentions[1].

Cette volonté de représenter Molière ou Racine avec le mobilier et les costumes de leur temps, c'est-à-dire tel qu'on se le représente à l'époque, est une idée qui a innervé la réflexion sur l'art de la mise en scène jusqu'à au moins André Antoine[2]. C'est pourquoi il semble si nécessaire de considérer le théâtre des années 1830-1860 sous son aspect scénique. La voix, le corps du comédien, les sons générés par l'orchestre ou par les outils du bruitage, les couleurs, la peinture scénique, la clarté et la pénombre évoquées par les jeux de la rampe sont des facteurs importants pour

---

1   E. Laugier, *op. cit.*, p. 60.
2   Nous revenons sur ce point dans le dernier chapitre de cet ouvrage (*cf. infra*, p. 191).

identifier l'esthétique théâtrale d'une époque qui s'est, certes, illustrée par des combats d'écoles et des conflits entre générations, mais qui a aussi tenté de s'approprier, par l'art et par le théâtre en particulier, un passé que le discours historiographique (et la mise en scène, quelque part, en est un) pouvait reconstruire à l'aune des enjeux politiques de la société contemporaine. Représenter Molière avec les costumes de son époque, c'est bien sûr substituer de neuves traditions scéniques à des anciennes et renouveler par ce biais une génération d'artistes, mais c'est aussi interroger les productions du « Grand Siècle » et les mettre à la portée du regard contemporain. Les enjeux du « théâtre populaire » qui fonderont une bonne partie des théories théâtrales des premières décennies du XXᵉ siècle sont déjà repérables en filigrane dans les critiques dramatiques de la deuxième moitié du XIXᵉ siècle. Ils pointaient aussi dans les discours produits sous la Révolution. C'est dire si le XIXᵉ siècle français n'a incontestablement pas inventé la mise en scène – conçue comme opération qui consiste à régler les éléments de la représentation dans le but de faciliter la lecture de l'œuvre par le public –, mais il a produit un nombre considérable de réflexions critiques qui interrogent le rapport du texte et de la scène et qui finissent par faire de la question de la mise en scène l'un des enjeux importants pour définir la place du théâtre dans la société. Les mises en scène de Jouslin de la Salle – comme celles plus tard d'Émile Perrin, peintre et décorateur, directeur de l'Opéra-Comique (1848-1857) et de l'Opéra (1862-1870), puis administrateur de la Comédie-Française (1871-1885) – suscitent, dans la presse, des avis contrastés. C'est bien Jouslin de la Salle, pourtant, qui découvre la comédienne Rachel dont les nombreux admirateurs (pris aussi dans le clan des « romantiques ») saluent le talent et l'habileté d'avoir su renouveler (ou communiquer autrement) les beautés du vers racinien. C'est lui enfin qui parvient – parce que le système directorial le lui permettait – à remonter les finances du Théâtre-Français en s'appuyant « d'un côté sur nos richesses classiques, de l'autre sur les œuvres nouvelles des auteurs contemporains[1] ».

Exposé à des conflits inextricables avec les Comédiens-Français, Jouslin de la Salle finit par démissionner en 1837 ; remplacé par un

---

[1]   Laugier, *op. cit.*, p. 69. – Sur Rachel, voir aussi : J. Huthwohl, « Rachel et la Comédie-Française ou la naissance du système directorial », *in Rachel, Une vie pour le théâtre*, catalogue d'exposition, Paris, Musée d'art et d'histoire du Judaïsme, 2004.

commissaire royal intérimaire (Edmond Cavé), il cède la place à Védel, caissier du théâtre, qui dirige la Comédie jusqu'à ce que François Buloz soit nommé commissaire royal (1838-1847), puis administrateur (1847-1848). Co-fondateur de la *Revue des deux mondes* (en 1829) et favorable aux idées romantiques, Buloz poursuit la voie entamée par Jouslin de la Salle. La mise en scène du *Dom Juan* de Molière, programmée pour le 225ᵉ anniversaire de la naissance de l'auteur (1847), s'en fait l'exemple. Un critique comme Janin, pourtant défavorable à la (re)mise en scène des classiques, salue l'initiative (mais il est vrai que la pièce était alors inconnue du public puisque le théâtre programmait plutôt *Le Festin de pierre* de Thomas Corneille[1]) ; Charles Maurice (pas toujours adepte des romantiques, mais très partisan de l'art de la mise en scène[2]) et surtout Théophile Gautier s'enthousiasment du spectacle. Celui-ci prouve, selon ce dernier, que Molière est un « moderne » mal apprécié des « classiques » :

> Quelle pièce étrange que le *Don Juan* [*sic*] tel qu'il a été exécuté l'autre soir, et comme on conçoit bien que les classiques n'aient pu la supporter dans son état primitif ! *Don Juan* [*sic*], auquel Molière a donné le titre de comédie, est, à proprement parler, un drame et un drame moderne dans toute la force du terme. [...] Louons le Théâtre-Français d'avoir repris cette admirable pièce et de l'avoir mise en scène avec le soin et l'éclat qu'elle mérite. Mais en même temps, disons à Messieurs les comédiens ordinaires du roi qu'ils la jouent trop en comédie et pas assez en drame, et c'en est un véritable, avec mélange du

---

1   Janin salue précisément la reprise du « véritable *Don Juan* [*sic*], [le] *Don Juan* [*sic*] dégagé des vers de Thomas Corneille ». Si le critique remarque que la pièce « manque d'unité », il n'en applaudit pas moins un « drame que Shakespeare eût signé avec joie, avec orgueil, et qui tient sa place parmi les plus belles choses et les plus hardies qui soient sorties du génie français ». (*Journal des Débats*, feuilleton du 18 janvier 1847).

2   Sur les contradictions de Maurice à l'égard des romantiques, voir : S. Ledda, « "Vous rendez les artistes si heureux par votre bienveillance." Notes sur Charles Maurice », *in* O. Bara & M.-È Thérenty, *Presses et scène au* xixᵉ *siècle, op. cit.* – À propos de *Dom Juan*, Maurice écrit toutefois : « Grâce donc à cette heureuse pensée, conçue et menée à bonne fin par la Comédie-Française, nous avons pu voir, enfin, représenter avec tout l'éclat, tout le talent, toute la pompe même de décorations et de costumes qu'un spectacle aussi singulier exige, le pur et vrai *Don Juan* [*sic*] de Molière, ce drame en prose et pourtant si poétique, où la réalité s'unit au merveilleux, la fantaisie à l'observation, l'ironie sceptique à la crédulité légendaire ; drame sans modèle en France et resté sans postérité comme le *Cid*, et dont les beautés irrégulières font clairement prévoir ce qu'aurait produit en ce genre la muse française, s'il avait pu lui convenir de puiser plus fréquemment aux sources romantiques. » (Ch. Maurice, « Le *Don Juan* [*sic*] de Molière au Théâtre-Français », *Revue des deux mondes*, janvier/février 1847, p. 558). Rappelons que Buloz était le rédacteur en chef de la *Revue des deux mondes*.

comique et du tragique, du burlesque et du terrible – spectres, apparitions, changements à vue, fantaisie espagnole, profondeur shakespearienne, ironie française, tout s'y trouve[1].

Quelques années plus tard, Gautier remanie ce texte pour le publier dans un recueil rassemblant la plupart de ses feuilletons dramatiques. Il ajoute quelques lignes qui révèlent combien le conflit entre classiques et romantiques s'était alors déplacé :

> Les Classiques, il faut le dire, n'aiment pas les chefs-d'œuvre qu'ils font sem-blant d'adorer ; ils ne peuvent supporter Corneille que retouché par Andrieux et Planat, et Molière que versifié par Thomas. Dans l'œuvre de ces génies, ils choisissent cinq ou six pièces et s'en tiennent là ; et encore ne sont-elles jouées qu'après avoir subi les mutilations les plus bizarres : on retranche à Corneille des rôles et des actes entiers ; on supprime à Molière les intermèdes et les ballets.
> [...]
> Molière, sous sa vraie physionomie, est, pour ainsi dire, inconnu au théâtre, et la Comédie-Française accomplirait un devoir pieux en le représentant avec les accessoires qu'il a lui-même jugés nécessaires au succès de ses pièces. Qu'on ressuscite ainsi toutes ses comédies-ballets, en y joignant le chant, la danse, les décorations, les costumes, et l'on aura un spectacle du plus vif attrait et de la plus grande nouveauté. [...] De même il faudrait, ce nous semble, jouer les tragédies en costumes de l'époque, avec des casques à panaches, des tonnelets et des perruques in-folio[2].

Les « classiques » ont donc mutilé les chefs-d'œuvre qu'il convient désormais de restituer avec toutes leurs composantes spectaculaires. C'est dire si la réforme du théâtre, dans l'idée des « romantiques », passait bien par la mise en scène.

---

1   Th. Gautier, *La Presse*, feuilleton du 18 janvier 1847.

2   Th. Gautier, *Histoire de l'art dramatique en France depuis vingt-cinq ans*, Paris, Hetzel, 1859, vol. 5, p. 12-13 et p. 18. Ces deux passages encadrent la critique de *Dom Juan*, publiée dans *La Presse* du 18 janvier 1847.

LORSQUE LE DISCOURS CRITIQUE
S'EMPARE DE LA QUESTION DE LA MISE EN SCÈNE

La mise en scène appliquée aux œuvres du passé est le grand sujet qui innerve les débats sur l'art théâtral jusqu'à la fin du XIXe siècle. En janvier 1850 par exemple, à propos de l'*Amour médecin* repris au Théâtre-Français, Jules Janin écrivait :

> « *L'amour médecin*, disait l'affiche, *arrangé par un metteur en scène* » et ce *metteur en scène* n'était rien moins que M. Alexandre Dumas, qui voulut bien, *pour cette fois seulement*, venir en aide à l'esprit de Molière. Cette *mise en scène* ne fut pas heureuse ; – M. Alexandre Dumas avait imaginé d'encadrer l'intermède de Molière dans un intermède de la composition de l'auteur d'*Antony*, et il arriva, chose étrange et chose incroyable, et toute à la louange du poète moderne, que cet habile et intelligent auditoire du Théâtre-Français confondit d'un bout à l'autre, de ces trois petits actes, beaucoup trop allongés, le principal et l'accessoire, la comédie et la mise en scène, la sauce et le poisson[1] !

Molière mutilé ou Molière défiguré ? Voici finalement la question qu'il s'agissait de trancher afin de situer le noyau créatif d'un art théâtral dont on ne savait plus très bien s'il se plaçait du côté de la scène ou de celui de la dramaturgie. Les réponses furent rarement définitives : les critiques modulaient leur propos selon les œuvres et la qualité des spectacles, toujours appréciés du point de vue de leur capacité à susciter l'émotion. C'est ainsi que Théophile Gautier par exemple, grand défenseur du théâtre « oculaire[2] », a pu parfois se montrer circonspect à l'égard du metteur en scène lorsqu'il tendait à prendre le dessus sur le poète :

---

1   J. Janin, « Feuilleton du *Journal des Débats* du 21 janvier 1850 », repris dans *Histoire de la littérature dramatique*, Paris, Michel Lévy frères, 1853, t. 2, p. 185.

2   Gautier est sans doute le critique du XIXe siècle qui a su le mieux saisir et théoriser les particularités dramaturgiques des formes « spectaculaires ». Sa fameuse formule – « Le temps des spectacles purement oculaires est arrivé » – le confirme. Sur ce point, voir le n° 4 de la revue *Orages, Littérature et culture 1760-1830, op. cit.*). Voir aussi l'article de Patrick Berthier : « Misère du grand spectacle ? Le regard de Théophile Gautier », *European Drama and Performance Studies*, textes réunis par S. Chaouche & R. Martin, n° 1 : « Le développement du "grand spectacle" en France. Politiques, gestion, innovations (1715-1864) », Paris, Classiques Garnier, 2013, p. 261-278.

L'auteur reprend la position qu'il avait au seizième siècle et qu'il a encore dans les troupes lyriques d'Italie ; ce n'est plus que le poète, *il signor poeta*, quelque chose qui est au-dessous du *régisseur* ou du *metteur en scène*, et qu'on prendra bientôt aux gages. Shakespeare s'abaisse insensiblement à la position de Ragotin[1].

La surenchère dans les effets scéniques, à laquelle se pliaient tous les directeurs de théâtre (dans l'espoir d'augmenter les recettes), conduisit certains autres à envisager une mise en scène épurée, dénuée de tout apparat décoratif, et à rêver un temps où le metteur en scène se bornerait à suggérer de façon symbolique les méandres de l'action. Aussi Baudelaire, après s'être enthousiasmé sur les inventions rudimentaires des jeux d'enfants, pouvait-il s'exclamer :

> Quelle simplicité de mise en scène ! Et n'y a-t-il pas de quoi faire rougir de son impuissante imagination ce public blasé qui exige des théâtres une perfection physique et mécanique, et ne conçoit pas que les pièces de Shakespeare puissent rester belles avec un appareil d'une simplicité barbare[2] ?

Un rapport de tension entre le texte et la scène s'édifia peu à peu et finit par creuser, au sein de la critique, une ligne de partage opposant deux conceptions de la mise en scène. D'un côté, on s'enthousiasmait des effets scéniques sur lesquels était bâties les dramaturgies des opéras et des féeries, de l'autre on redoutait que la recherche toujours plus poussée de réalisme en vînt à rompre l'équilibre entre l'idée et la forme. La matière scénique, par son abondance, était ainsi perçue comme un obstacle au rêve : les images, devenues trop précises, étouffaient en quelque sorte l'imaginaire[3]. Les critiques étaient d'autant plus acérées lorsque les

---

1   Th. Gautier, *La Presse*, 18 septembre 1837, texte repris dans *Histoire de l'art dramatique en France depuis vingt-cinq ans, op. cit.*, vol. 1, p. 19 et réédité par Patrick Berthier dans : Th. Gautier, *Œuvres complètes, Critique théâtrale, t. 1 : 1835-1838*, Paris, Honoré Champion, 2007, p. 146.

2   Ch. Baudelaire, « Morales du joujou » (1853), *in Œuvres complètes*, Claude Pichois (éd.), Paris, Gallimard, coll. « Bibliothèque de la Pléiade », 1975, t. 1, p. 582. – Un propos similaire est tenu par un lecteur du journal *L'Artiste* en 1834, qui suggère d'ouvrir un « Théâtre sans décoration » (voir *L'Artiste*, « Au directeur de l'Artiste », 1834, série 1, t. 8, p. 13-14).

3   Olivier Bara débouche sur les mêmes conclusions lorsqu'il écrit : « À l'opposition entre théâtre subventionnés et théâtres privés se superposent alors la tension et l'échange complexe, mais fécond, entre théâtres de la parole parlée ou chantée et théâtres de la matière faite spectacle » (« *L'esprit* tué par la *mécanique* ? La production du boulevard

auteurs puisaient leur inspiration dans la vie quotidienne ; ce théâtre, proposant ce qu'on appellerait aujourd'hui une enquête ethnographique, présentait une force politique et sociale trop vive pour qu'il soit permis de le destituer de son statut d'art. Un article de Janin à propos de *La Dame aux camélias* (1852) est assez éloquent sur ce point :

> *Le réalisme* !… il a fait ici son chef-d'œuvre. *Le réalisme*, il règne en ces boudoirs corinthiens. Avez-vous lu un conte intitulé : *Chien-Caillou* ? Eh bien ! il y a du chien-caillou dans ce drame aux camélias, seulement le *chien* est un King's-Charles, le *caillou* est une topaze brûlée ; quant au *réalisme*, il est le même. Ah ! l'*idéal* ! Mais que nous veut l'idéal ? À quoi bon le chef-d'œuvre, et pourquoi faire une *Hélène*, une *Atalide*, une *Cléopâtre*, quand, Dieu merci ! nous possédons *Chien-Caillou, la Dame aux Camélias* et le baron de Saint-Gaudens. Ainsi nous parle le *réalisme* ; voilà à quels abîmes il nous mène : il ne fait aucune différence entre Iphigénie et Manon Lescaut, entre la pudeur et la ceinture dorée ; il ne s'inquiète guère de quel côté vient l'émotion, pourvu que l'on soit ému.
>
> [...]
>
> Quant à moi, je renonce à décrire le succès de *la Dame aux Camélias*. J'ai dit que c'était un événement, et je ne pouvais mieux dire. On s'y porte ; les femmes honnêtes veulent savoir comment vivent et meurent les autres femmes ; les autres femmes veulent assister au spectacle de leurs événements domestiques. *De te fabula narratur* ! D'un côté du théâtre, à droite, on se fait une véritable fête de verser des larmes honnêtes sur des malheurs qui ne le sont pas ; de l'autre côté du théâtre, à gauche, on s'amuse à se contempler dans cette mort entourée à ce point d'une sympathie et d'une pitié inattendues. « Je me regrette ! » disait une grande coquette en songeant aux belles années envolées ; ces demoiselles du monde d'en bas se regrettent dans la personne de leur plus aimable et de leur plus célèbre camarade ! Tel était, au reste, le privilège de cette *Dame aux camélias* : à peine morte, on vit les plus honnêtes femmes de Paris s'emparer de son domicile, passer en revue ses moindres chiffons, admirer son luxe insolent, et se disputer au feu des enchères les moindres reliques de cette beauté profane[1] !

---

théâtral dans le discours critique de la première moitié du XIXe siècle », *in* J.-Y. Mollier, Ph. Régnier, A. Vaillant, *La Production de l'immatériel, Théories, représentations et pratiques de la culture au XIXe siècle*, Saint-Étienne, Publications de l'Université de Saint-Étienne, 2008, p. 421).

1   J. Janin, « Feuilleton du *Journal des Débats* », 9 février 1852 (le texte est souligné par son auteur). Notons que Janin avait signé la préface du roman de *La Dame aux camélias* dans laquelle il prenait l'exacte contrepartie de la thèse défendue dans le *Journal des débats* (voir A. Dumas, *La Dame aux camélias*, Paris, Cadot, 1851). Ce qui pouvait être peint par le récit romanesque ne pouvait donc pas, semble-t-il, être porté sur la scène, sans doute parce que celle-ci, en mettant en images et en corps le récit de la déchéance de la

Le débat que l'on reverra poindre à la fin du siècle au cœur des querelles entre « naturalistes » et « symbolistes » est ainsi déjà porté en germe dans la réflexion critique des années 1840-1860. D'un côté le théâtre se veut le lieu de la fantaisie et de l'exploration des formes, des couleurs et des sons ouvrant les voies de l'imaginaire, de l'autre il cherche la reproduction exacte des milieux sociaux et/ou historiques de façon à réfléchir la société contemporaine. Ces deux aspirations furent d'abord menées conjointement : la réappropriation des œuvres du passé s'imposa en effet, pour quelques auteurs-metteurs en scène, comme un moyen à la fois de réaffirmer le romantisme comme le courant dominant du siècle et d'imposer l'union des arts, que synthétiserait la mise en scène, comme le langage artistique susceptible de fonder le seul chef-d'œuvre possible, à savoir celui qui pourrait exprimer le cours de l'Histoire dont surgirait la société de l'avenir. L'historiographie de la mise en scène, qui éclot véritablement dans les années 1835-1840, complète ce projet. Elle cherche à s'accaparer le théâtre du passé pour reconstruire son histoire sous l'angle de sa dimension scénique et à marginaliser, par ce biais, le théâtre de la période « classique », autant dire celui qui symbolise le régime monarchique.

LA MISE EN SCÈNE ROMANTIQUE, OU LA TRAGÉDIE GRECQUE RESTAURÉE

Les cercles socio-réformateurs des années 1820-1840, dont le saint-simonisme fut le plus puissant représentant, ont sans doute fortement imprégnés les projets artistiques d'un bon nombre de « romantiques ». L'union des arts, ou plutôt la conjonction de tous leurs effets au sein d'une même œuvre, s'est imposée comme un outil de transformation radicale de la société. Saint-Simon l'avait clairement formulé :

> C'est nous, artistes, qui vous servirons d'avant-garde : la puissance des arts est en effet la plus immédiate et la plus rapide. Nous avons des armes de toute espèce : quand nous voulons répandre des idées neuves parmi les hommes,

---

courtisane Marie Duplessis (devenue Marguerite Gautier dans le roman et dans le drame), avait un impact politique et social beaucoup trop puissant. Mais il faut aussi manier avec précautions les propos tenus dans les critiques de l'époque ; comme on l'a souligné précédemment, la presse est au cœur d'enjeux politiques et financiers dont les critiques sont nécessaires empreintes. – *Chien-Caillou* (1847) est un conte de Jules Champfleury, ami de Victor Hugo et de Gustave Flaubert, futur cofondateur avec Louis-Edmond Duranty de la revue *Le Réalisme* (en 1856).

nous les inscrivons sur le marbre ou sur la toile ; nous les popularisons par la poésie et le chant ; nous employons tour-à-tour la lyre ou le galoubet, l'ode ou la chanson, l'histoire ou le roman ; la scène dramatique nous est ouverte, et c'est là surtout que nous exerçons une influence électrique et vigoureuse. Nous nous adressons à l'imagination et aux sentiments de l'homme, nous devons donc exercer toujours l'action la plus vive et la plus décisive[1] [...].

Or, ajoutait-il : « Pour produire [...] l'action la plus forte et la plus utile, il faut combiner tous les moyens, toutes les ressources que les beaux-arts peuvent offrir[2]. » Il est très probable que certains artistes, influencés par ces théories, ont cherché à doter leurs œuvres d'un impact émotionnel puissant en combinant les moyens offerts par la pantomime, la peinture, l'art vocal et la musique orchestrale[3]. Tous n'ont pas été des saint-simoniens convaincus, mais cette idée de transformation de la société par l'art semble s'être imposée avec suffisamment de force pour conditionner les projets artistiques, surtout à l'approche de la révolution de 1848[4]. L'*Antigone* de Sophocle par exemple, adaptée et mise en scène par Auguste Vacquerie et Paul Meurice en 1844 à l'Odéon, s'inscrit vraisemblablement dans cette démarche. L'ambition des deux dramaturges, futurs exécuteurs testamentaires de Hugo, est formulée dans la préface de l'œuvre, éditée dans une version conforme à celle qui fut représentée :

On peut s'assurer maintenant si la révolution littéraire d'il y a quinze ans n'a été qu'une invasion de barbares sans passé, un tremblement de terre accidentel après lequel chacun redresse sa maison, une émotion produite par des moyens transitoires qui devait passer avec ses moyens. On peut reconnaître si c'est

---

1   C.-H. de Saint-Simon, L. Halévy, O. Rodrigues, J.-B. Duvergier, *Opinions littéraires, philosophiques et industrielles*, Paris, Bossange père, 1825, p. 341. – C'est ce texte, vraisemblablement, qui fit sortir le terme d'« avant-garde » du vocabulaire militaire pour l'appliquer au champ de la création artistique.

2   *Œuvres choisies de C.-H. de Saint-Simon*, Bruxelles, Van Meenen & Cie, 1839, t. 1, p. 359.

3   Voir, par exemple, l'étude de Matthias Brzoska qui montre l'influence de ces théories sur l'œuvre de Meyerbeer : « "Wirkung mit ursache", Idée esthétique et apparence du spectaculaire dans l'œuvre de Meyerbeer », *in* I. Moindrot (dir.), *Le Spectaculaire dans les arts de la scène, op. cit.*, p. 84-93.

4   Sur ce point, on pourra par exemple se référer à l'étude de Philippe Régnier qui analyse les rapports compliqués de Victor Hugo et des saint-simoniens : « Le poète, les prêtres et le prophète : Victor Hugo et les saint-simoniens. Une lettre inédite de Pierre Leroux (1831) », *in* A. Court & R. Bellet (dir.), *G comme Hugo*, CIEREC / Université de Saint-Étienne, 1987, p. 17-30, article également consultable sur le site du Groupe Hugo. – L'organe clé du romantisme, *Le Globe*, fut dirigé par les Saint-Simoniens à partir de 1830.

le drame qui n'est qu'un art de rencontre sans racines dans le sol. L'œil le moins ouvert peut voir si c'est la tragédie qui descend des tragiques grecs, et si l'étiquette fait le vin. Le drame et la tragédie sont une bonne fois en présence : – d'un côté, Eschyle, Sophocle, Euripide, Shakespeare, Calderón, Goethe, Schiller, Hugo ; – de l'autre, Racine[1].

Il s'agissait donc clairement de réactiver un romantisme théâtral que la critique semblait avoir trop rapidement enterré. Extirpé du cadre étroit des batailles littéraires qui l'avaient réduit à un art de l'antithèse, il se confondait désormais au mouvement qui rassemblait dans un même souffle toutes les expressions dramatiques européennes depuis l'antiquité, hormis celles qui avaient abouti à la dramaturgie classique. Du romantisme caractérisé comme anticlassicisme, Vacquerie et Meurice parvenaient ainsi à substituer une autre définition ; ce n'était plus le romantisme qui était une parenthèse dans l'histoire du théâtre français mais bien le classicisme qui constituait une rupture et un écart dans l'histoire littéraire européenne.

La dimension scénique des œuvres théâtrales jouait, dans cette conception, un rôle essentiel. L'intérêt de Vacquerie et Meurice pour *Antigone* fut suscité par une mise en scène précisément : celle proposée par le *Regisseur* Karl Stawinsky au Schauspielhaus de Berlin en 1842[2]. Entièrement conçue à partir de la partition d'orchestre de Félix Mendelssohn-Bartholdy, la dramaturgie et la traduction des dialogues furent modelées en conséquence[3]. C'est pourtant bien l'idée de reconstituer le théâtre grec qui conditionna le projet ; architecture du lieu scénique, décors, costumes, gestuelle des comédiens furent ainsi réglés dans cette perspective. Pourtant, comme le précise Angeliki Giannouli,

---

1   A. Vacquerie, P. Meurice, « Préface », *Antigone*, tragédie de Sophocle, Paris, Furne, 1844, p. 7.

2   Le spectacle avait été commandé par le roi de Prusse Frédéric-Guillaume IV, nouvellement couronné et favorable aux idées romantiques (il nomme, par exemple, les frères Grimm à l'Académie et Mendelssohn maître de chapelle du roi ; *Antigone* est la première œuvre qui lui est commandée dans ce cadre). La pièce fut créée au Nouveau Palais de Potsdam le 28 octobre 1841, avant d'être redonnée plusieurs fois à Berlin. Vacquerie et Meurice ont travaillé leur adaptation à partir du manuscrit de la mise en scène allemand, conservé aujourd'hui à la Maison Victor Hugo. Sur ce point, voir l'étude d'Angeliki Giannouli : « *Antigone* de Sophocle : une première mise en scène », *Revue d'Histoire du Théâtre*, 2010-4, p. 405-424.

3   Mendelssohn avait fréquenté les cercles saint-simoniens lors de son séjour parisien en 1831-1832. Voir sur ce point : Ralph P. Locke, *Les Saint-simoniens et la musique*, Liège, Mardaga éd., 1992.

l'importance accordée à la reconstitution d'un spectacle de l'antiquité consistait « à montrer que les Grecs avaient des préoccupations identiques concernant l'art scénique[1] ». Par la scène, ou plutôt par les codes scéniques du romantisme, il devenait possible d'offrir une lecture authentique des formes théâtrales anciennes, c'est-à-dire qui n'aurait pas été déformée par les bienséances classiques.

Cette marginalisation du classicisme par le biais de la mise en scène des chefs-d'œuvre de l'antiquité est une posture qui a longtemps perduré au sein de la critique dramatique. Comme le souligne Sylvie Humbert-Mougin à propos de la réception des tragédies grecques dans les années 1880-1890 :

> [...] l'opposition entre la tragédie antique et le théâtre classique français, autre thème récurrent des comptes rendus, [...] révèle une nouvelle fois la dette des critiques de l'époque à l'égard des romantiques, auxquels ils empruntent une virulence devenue quelque peu anachronique. C'est ainsi qu'en 1881, au lendemain de la création de l'*Œdipe Roi* à la Comédie-Française, le critique du *Gaulois* oppose « l'antiquité pompeuse et mijaurée du XVIIe siècle où l'on pleure avec grâce, où l'on ne meurt que par métaphores et à la cantonade » aux « tragiques violences de la scène grecque » (*Le Gaulois*, 10 août 1881[2]).

Cette dette des critiques à l'égard des romantiques s'avère pourtant moins anachronique qu'il n'y paraît lorsqu'on extirpe le romantisme théâtral de la périodisation étroite que l'histoire littéraire a bien voulu lui imposer. Parce qu'elle favorisait la rencontre des arts et qu'elle permettait de rendre évidentes les similitudes esthétiques entre les formes théâtrales du passé et du présent – dans le but évident de dégager, à partir du modèle grec, la dimension civilisatrice du théâtre[3] –, la scène

---

1   A. Giannouli, art. cit., p. 413.
2   S. Humbert-Mougin, « Le statut des tragiques grecs aux tournant du XXe siècle », *in* M. Bury & G. Forestier (dir.), *Jeux et Enjeux des théâtres classiques (XIXe-XXe siècles)*, *op. cit.*, p. 76.
3   On trouve une théorie similaire chez un théologien protestant comme Alexandre Vinet qui, dans ses *Essais de philosophie morale et de morale religieuse* (1837), écrit : « Il y a chez tous les peuples, et, je pense, aussi chez tous les hommes, un goût naturel pour le spectacle, c'est-à-dire pour les actes frappants, extraordinaires, disposés par le hasard ou par l'industrie de manière à ébranler vivement l'imagination ou le cœur. Et comme la vie ordinaire, même à son plus haut période d'agitation, n'est que rarement spectaculeuse, on a pourvu aux besoins de l'imagination par des combinaisons artificielles, qui tantôt sont dramatiques et tantôt ne le sont pas. Costumes, gestes, mascarades, décorations, étiquette, processions, cérémonies, audiences, tragédies, tout cela est spectacle ; tout cela amuse et

s'offrait comme le lieu adéquat pour défendre en partie les idées saint-simoniennes. La reconstitution de l'*Électre* de Sophocle (Odéon, 1863) par Léon Halévy, dernier secrétaire de Saint-Simon, s'inscrit dans la même démarche ; encensé par Théophile Gautier dans sa rubrique du *Moniteur Universel* (18 décembre 1863), le spectacle ravivait la forme grecque par les outils de la mise en scène contemporaine.

Par ce biais, il devenait possible d'engager de nouveaux projets de réforme dramatique. Sébastien Rhéal par exemple, auteur de *Hippolyte porte-couronne*, drame « traduit d'Euripide pour la Scène française, avec les Chœurs et la mise en scène primitive » (mais néanmoins avec une musique nouvelle composée par Antoine-Élie Elwart), avait clairement pointé cette intention en publiant une brochure qui, faisant office de manifeste, posait l'enjeu esthétique du projet dès son titre : *Une tentative de rénovation théâtrale, Résumé de l'opinion publique, ou Appréciations émanées de juges compétents sur diverses questions du théâtre actuel et sur l'*Hippolyte *porte-couronne*[1]. Le drame, précise Rhéal :

> [fut] lu le 31 octobre 1852, avec les chœurs chantés par les Élèves du Conservatoire, devant les Comités des Associations artistiques, présidées par M. le baron Taylor ; visé en avril 1853, par la Commission officielle d'Examen pour le théâtre de l'Odéon, sous la direction de M. Altaroche, autorisé, répété et affiché, la même année, pour des représentations extraordinaires à la Salle Ventadour, [les] représentations [furent] arrêtées par un procès avec l'ancienne direction du Théâtre-Italien[2].

Souhaitant sans doute forcer la représentation de la pièce et mettre en évidence son intérêt pour le renouvellement de la scène contemporaine, Rhéal rassembla les diverses critiques publiées à la suite de cette première

---

captive dans toutes les périodes de la civilisation ; jusqu'à présent aucun peuple ne s'en est passé ; le spectacle est même un objet de la législation. Partout les lois ont pourvu à ce que cette nourriture idéale ne manquât point au peuple. » (A. Vinet, *Mélanges*, Paris, Chez les éditeurs, 1869, chap. VIII : « De l'inclinaison théâtrale », p. 167-168).

1   Paris, Dentu, 1859.

2   *Ibid.*, p. 1. – Le compte rendu de ce procès est reproduit dans l'*Annuaire de la Société des Auteurs et Compositeurs Dramatiques* (Paris, Commission des Auteurs et Compositeurs Dramatiques, 1869, t. 1, p. 547-548). Le litige porte sur la nature des décors exigés par Rhéal au directeur du Théâtre-Italien. Ce dernier souhaite livrer un décor peint alors que Rhéal veut « la construction d'un péristyle analogue à celui de la Bourse de Paris ou du Parthénon d'Athènes ; puis des statues, des colonnes détachées destinées à entourer l'*Hippolyte* d'Euripide de la mise en scène la plus pompeuse et la plus vraie » (Tribunal de commerce de la Seine, 26 et 31 août 1853, reproduit dans *ibid.*, p. 548).

lecture. Celles-ci montrent clairement combien la mise en scène des œuvres grecques avait pour enjeu le renouvellement des codes de représentation des classiques français : « Faute d'un drame original – s'exclame par exemple le critique de la *Revue Britannique* –, peut-être nos grands théâtres auraient dû convier la France lettrée à la représentation de l'*Hippolyte Porte-Couronne*, que M. Sébastien Rhéal a traduit d'Euripide. Ce drame antique, rendu exactement, non servilement, ouvre un jour tout nouveau sur la littérature dramatique, non seulement chez les concitoyens de Périclès, mais chez les sujets de Louis XIV[1]. » Henri-Georges Boulay de la Meurthe, sénateur et président de la Société pour l'instruction élémentaire, note quant à lui :

> Rien de plus saisissant [...] que cette comparaison de deux civilisations et de deux littératures aussi avancées que celle des Grecs et celle des Français[2].

Le critique de la *Gazette de France* réclame que la mise en scène des classiques s'inspire de la démarche de Rhéal :

> Ce que je demande [...], c'est qu'on quitte une pseudo-tradition pour en revenir à la tradition racinienne. Je demande que ce qui a été écrit pour être chanté soit chanté, non déclamé ou supprimé. On n'a pas le droit de mutiler les chefs-d'œuvre... [...] Racine ne différait pas sensiblement, quant au principe, de M. Rhéal. Ce qu'il a voulu, dans *Esther* et dans *Athalie*, c'est relier la chaîne interrompue de la tragédie grecque[3].

La pseudo-reconstitution des drames antiques avait donc pour enjeu d'imposer les codes de l'esthétique scénique du romantisme aux classiques français. Puisque la scène permettait de révéler l'authenticité des pièces grecques, elle pouvait également le faire pour les œuvres du « Grand Siècle ». L'avant-propos de Rhéal est très clair sur ce point :

> Notre histoire théâtrale intime, trop peu approfondie, démontre également que Corneille et Racine (tout comme Voltaire) se virent imposer plusieurs fois, par leurs milieux oppressifs, des alliages hétérogènes ; ils cherchèrent diversement, malgré les fausses règles conventionnelles, la synthèse harmonieuse de l'art, avec la vérité intégrale des peintures, dont la tragi-comédie de Polyeucte et la tragédie lyrique d'Athalie nous ont légué les admirables types,

---

1 *Ibid.*, p. 8.
2 *Ibid.*, p. 7.
3 *Ibid.*, p. 13.

d'abord méconnus. Molière et Shakspeare [*sic*], comédiens-directeurs, purent seuls être librement originaux dans leurs créations, ornées d'intermèdes et de doctes fantaisies. Cette synthèse du passé, la voici ébauchée pour l'avenir : *Drame, comédie, ballet. – Poésie, musique et peinture. – Idée, action et plastique. Transformation progressive de la tragédie et du grand opéra. Mélange libre des genres sérieux et satiriques ou bouffes. Moralisation par le beau et l'émouvant.*

[...]

Je dois clairement le dire ici : devant les fatales conditions traditionnelles du théâtre, j'ai préféré m'abstenir quinze ans. Je me suis fait traducteur et interprète des monuments du passé, voire même, hélas ! entrepreneur éventuel, pour essayer de montrer à tous leurs annales lumineuses souvent défigurées, pour restituer des bases antiques aux créations novatrices et nationales ; car je viens continuer, sous le manteau d'un poète grec, notre trinité classique, dans sa synthèse harmonieuse, – le grand art historique et moralisateur –, la tradition française et universelle, dont le romantisme cosmopolite rouvrait également les voies par la géante porte Shakspearienne [*sic*]. Le vrai, le bien et le beau : voilà mon école ; l'utilité commune, mon but. C'est la poétique de mes immortels maîtres[1].

Après le mélange des genres, la synthèse des arts s'offrait comme le nouvel outil susceptible de conduire la réforme dramatique introduite par l'école romantique à son terme. Le critique du *Constitutionnel* l'avait souligné :

La représentation de l'*Œdipe roi* a soulevé de nouveau la question controversée de l'opportunité des représentations des pièces grecques sur nos scènes classiques ; sans rien ôter au mérite de celle que donne maintenant le Théâtre-Français, rappelons qu'il existe pour leur exécution un autre système, dont l'*Antigone*, transportée de Berlin à l'Odéon, avec les chœurs de Mendelssohn, a offert un exemple en 1844. [...] Ce système, dont M. Sébastien Rhéal a restitué la conception [...], est complété par le poète érudit dans sa traduction de l'*Hippolyte* d'Euripide ; il y a rétabli notamment, pour la première fois, le chœur de danse orchistique tel qu'il s'employait dans la tragédie grecque, totalement distinct de la nôtre ; on y retrouve le mélange primitif de l'opéra, de la féerie et du drame moderne[2].

La synthèse des genres s'opérait donc bien par le biais de la mise en scène : « L'Hippolyte Stéphanophore ou Porte-Couronne – précisait encore Rhéal –, considéré comme type supérieur du drame social unissant tous les genres, avec une portée morale définie, c'est-à-dire des mystères ou

---

1   *Ibid.*, p. II-III.
2   *Le Constitutionnel*, 7 octobre 1858.

moralités de notre vieux théâtre français, a été traduit dans la version actuelle, pour la première fois, avec les chœurs, la mise en scène antique, de nouvelles interprétations, et les variantes ou appropriations nécessaires pour le théâtre moderne, comme essai pouvant servir de guide à la translation successive d'un choix de chefs-d'œuvre grecs, dans le futur Panthéon théâtral des CLASSIQUES UNIVERSELS[1]. » La relecture des œuvres théâtrales anciennes a donc favorisé l'autonomisation d'un art de la mise en scène qui n'était plus assujetti aux conventions dramaturgiques des différents genres dramatiques, mais qui tendait au contraire à les rassembler sous une esthétique commune, celle précisément que le romantisme, par la peinture scénique, le jeu de l'acteur, la chorégraphie et la musique, avait permis de mettre sur pied.

LA MISE EN SCÈNE COMME OUTIL HISTORIOGRAPHIQUE

Cette relecture de l'histoire du théâtre par le biais de la mise en scène ne fut pas circonscrite au seul exemple de la tragédie grecque. Tous les genres furent revisités dans cette perspective ; les techniques modernes de la mise en scène offraient les outils méthodologiques permettant de reconstruire le passé selon une chaîne ininterrompue, depuis les Grecs jusqu'aux drames contemporains. C'est ainsi que furent publiés plusieurs ouvrages qui rendaient intelligibles les formes théâtrales anciennes en insistant sur leurs conventions scéniques, dont on révélait les similitudes avec celles du théâtre actuel. Émile Morice ouvrit la voie en publiant, en 1835, plusieurs articles dans la *Revue de Paris* consacrés à « La mise en scène depuis les mystères jusqu'au *Cid*[2] ». Il fut suivi par beaucoup d'autres, dont Charles Magnin (« De la mise en scène chez les anciens », *Revue des deux mondes*, 1840), Louis-Jean-Nicolas Monmerqué et Francisque Michel (*Théâtre français du moyen âge, publié d'après les manuscrits de la Bibliothèque du roi*, 1842), Paulin Paris (*De la mise en scène des mystères et du mystère de la Passion*, cours du Collège de France, 1855), Louis Lacour (*Mise en scène et représentation d'un opéra en province vers la fin du seizième siècle*, 1858), Ludovic Cellier (*Les Origines de l'Opéra et le ballet de la Reine, étude sur les danses, la musique, les orchestres et la mise en scène au* XVIe *siècle*, 1868 ; *Les Décors, les costumes*

---

1   A. Rhéal, *op. cit.*, p. II.
2   Ces articles furent ensuite édités en volume : *Histoire de la mise en scène depuis les mystères jusqu'au* Cid (Paris, Librairie Française, Allemande et Anglaise, 1836).

et *la mise en scène au XVIIᵉ siècle*, 1869). Ces histoires sont intéressantes car elles révèlent combien la mise en scène, dont le concept était désormais clairement posé et conditionnait des réflexions nouvelles sur l'art dramatique, modifia le regard porté sur le théâtre et renouvela les méthodes historiographiques. Le détour par les formes du passé facilitait en effet la réflexion sur la mise en scène comme art. Cherchant peut-être moins à restituer les conditions sociales et politiques qui avaient façonné les œuvres et pouvaient éclairer leurs représentations et leur réception dans leurs contextes respectifs, ces auteurs tentaient d'élaborer, dans les creux de leur enquête historiographique, une théorisation de la mise en scène contemporaine. Germain Bapst, qui rédigea le « Rapport des Théâtres » pour l'Exposition universelle de 1889, l'avait bien compris :

> Depuis quelques temps, la critique et l'histoire littéraires semblent se préoccuper des origines du théâtre. Pour mettre en relief ses commencements et en faire mieux saisir les développements successifs, on a cherché à reconstituer le tableau de son existence matérielle, à laquelle se lie l'histoire de son mouvement littéraire et moral[1].

L'existence matérielle du théâtre, c'est-à-dire l'art de la mise en scène, permettait d'interroger le passé afin de mieux saisir l'influence morale du théâtre sur la société. Elle permettait aussi de légitimer certaines pratiques contemporaines.

Dans son étude « De la mise en scène chez les anciens », Charles Magnin, par exemple, reconstruit l'histoire du théâtre antique en prenant modèle sur le système contemporain ; après le règne du poète-chef de troupe, qui devait « dessiner les danses et composer la musique des chœurs, créer les costumes et les masques, pourvoir à la décoration[2] », s'exprima un « épuisement du génie poétique[3] » qui conduisit les Grecs à remettre à la scène les chefs-d'œuvre anciens. Le théâtre entra alors dans l'ère « du metteur en scène[4] ». Constatant sa prise de pouvoir et sa

---

1   G. Bapst, « Rapport des théâtres » pour l'Exposition universelle de 1889, publié sous le titre : *Essai sur l'histoire du théâtre, la mise en scène, le décor, le costume, l'architecture, l'éclairage, l'hygiène*, Paris, Hachette, 1893, p. 243.
2   Ch. Magnin, « De la mise en scène chez les anciens », *Revue des deux mondes*, t. 22, 1840, p. 254.
3   *Ibid.*, p. 266.
4   *Ibid.*, p. 267.

propension à remanier les œuvres pour les besoins de la scène, Magnin remarque : « La profanation en ce genre alla même si loin que la législation dut intervenir[1] ». Analysant ensuite le principe de réception des pièces par les théâtres et leur mise en répétition, il identifie la présence d'un « directeur de la scène » et d'un « souffleur[2] ». Autant dire que l'ensemble du personnel dramatique contemporain était déjà repérable dans le paysage théâtral antique. Magnin réinjecte au cœur de son historiographie l'antinomie poète / metteur en scène qui divisait déjà les critiques dans les années 1840.

Les cours de Paulin Paris donnés au Collège de France en 1855 sont, de ce point de vue, également fort éloquents. Le mystère est rapproché tantôt au drame shakespearien, tantôt au grand opéra ; il s'édifie comme une forme propice pour justifier l'intérêt que la critique doit porter aux composantes spectaculaires : « Au reste, un ouvrage dramatique, fût-il même réduit aux courtes dimensions de nos petites pièces contemporaines, a besoin du Théâtre ». En effet, le mystère présente

> la réunion encore confuse de l'opéra bouffon et sérieux, de la tragédie, de la comédie, du vaudeville et de la farce. Les beautés les plus réelles s'effacent quand on prétend les juger loin de la scène à laquelle elles étaient destinées. Rien ne dissimule plus les parties faibles de l'ouvrage, ni le chant, ni le jeu des acteurs, ni la pompe des décorations, ni l'éclat des costumes : rien ne fait valoir les morceaux qui devaient produire le plus d'effet, grâce aux artifices de la déclamation théâtrale[3].

Héritier des théories romantiques, Paulin Paris présente le mélange des genres comme un facteur de modernité. En mettant en avant le chant, le jeu de l'acteur, la pompe des décorations et l'éclat des costumes, ce sont bien les ingrédients des genres dramatiques modernes qu'il convoque, de façon à montrer leur syncrétisme comme une invention déjà portée par les scènes du Moyen Âge. Aussi inscrit-il son histoire du mystère dans les débats du moment : les formes contemporaines qui allient les ressources des différents arts s'inscrivent dans son héritage. Il démontre

---

1 *Ibid.*, p. 268. – Les conflits entre dramaturges et metteurs en scène sont déjà repérables dans les années 1840, et conduiront certains devant les tribunaux comme on le verra plus loin.

2 *Ibid.*, p. 283 et 284.

3 P. Paris, *De la mise en scène des mystères et du mystère de la Passion*, Collège de France, Cours de littérature du Moyen Âge, Leçon du 7 mai 1855, Paris, P. Dupont, s. d., p. 10-11.

par ce biais que l'histoire a eu recours à d'«autre mise en scène que [celle en usage] pour la tragédie de Racine[1] ».

L'IDÉE ET LA MATIÈRE :
L'ART DU POÈTE ET CELUI DU METTEUR EN SCÈNE

Cette mise en scène d'usage pour représenter Racine est précisément le sujet qui motive les plus vifs débats sur le théâtre dans la deuxième moitié du XIXe siècle. La modernisation des classiques par le biais de la mise en scène a, comme on l'a vu, suscité de vives contestations au sein de la critique dramatique qui, reprochant à la Comédie-Française et à ses administrateurs d'avoir alourdi la langue du poète par la matière scénique, a motivé la prise de plume de quelques auteurs « romantiques ». Dans *Profils et Grimaces* par exemple, Auguste Vacquerie s'empare du mélodrame pour reformuler par son biais une histoire du théâtre dont la tragédie racinienne serait exclue :

> Quand ils ont dit mélodrame, ils ont tout dit. Creusez la fosse, la pièce est morte. Mélodrame, ça signifie trois choses affreuses : – premièrement, émotion violente, intérêt saisissant, dénouement sur la scène, agonies, cadavres, toutes les brutalités et toutes les férocités ; – deuxièmement, profusion du spectacle, six, sept, huit, quinze actes, étude du costume, réalité du décor ; – troisièmement, musique. [...] Action brutale ? Silence, tragédie ! Oui, c'est elle qui parle, la tragédie, le dénouement en récit, l'action qui n'agit pas, la forme spiritualiste qui s'offense de la matière ; c'est Racine, cette prude, cette poésie platonique. Mais Racine n'est pas le théâtre. Il est le contraire du théâtre. Le théâtre n'est pas autre chose que l'incarnation et la matérialisation de la poésie[2].

On comprend que Vacquerie s'adresse ici aux critiques qui, tel Janin (mais aussi plus tard Francisque Sarcey), dénoncent la mise en scène comme un matérialisme écrasant (travestissant) l'idée du poète. Aussi poursuit-il :

> Monstrueux mélodrame, qui ne veut pas emprisonner l'idée ! Et il n'a pas assez de tant de maisons, du salon et de la boutique, du palais et du taudis. En allant d'une porte à l'autre, il voit la rue, les champs, les arbres, les fleuves, les clairs de lune, et il les veut aussi. Il veut le dehors avec le dedans. Il a le plafond et il veut le ciel, il a le tapis et il veut la mousse,

---

1   *Ibid.*, p. 5.
2   A. Vacquerie, *Profils et Grimaces*, Paris, Michel Lévy frères, 1856, p. 2021.

il a le miroir et il veut le lac, il a la bûche et il veut la forêt ! Tant mieux, c'est par là qu'il périra. Ces énormités écraseront l'idée ; ces magnificences matérielles la feront petite et pauvre, elle s'effacera, elle disparaîtra, elle se perdra dans sa forêt, elle se noiera dans sa mer. Le mélodrame hausse les épaules. Singulière façon d'appauvrir l'idée que de lui donner le monde ! Il laisse aux adorateurs de la tragédie l'opinion que, le jour où l'on jouerait le *Cid* dans de beaux décors, les vers de Corneille perdraient à l'instant même tout charme et toute valeur[1].

L'antagonisme « immatériel/matériel », c'est-à-dire l'idée formulée par le poète et sa concrétisation en images par le metteur en scène, s'invitait au cœur de la réflexion sur l'art dramatique. Loin d'être circonscrit aux débats sur le théâtre, il pénétra aussi les théories sur la peinture. Aussi peut-on lire dans la revue des *Beaux-Arts* en 1861 :

Nous ne saurions analyser en détail chacune des œuvres offertes au concours. La plupart n'en valent pas la peine ; c'est à regret que nous le disons. Nos jeunes peintres semblent oublier tous les jours qu'un artiste est un homme double, composé d'un poète et d'un metteur en scène possédant les secrets du métier. Le poète, c'est le feu sacré, c'est le tressaillement de fièvre qui fait préconcevoir l'œuvre et donne à l'artiste les douleurs, les haines, les passions des personnages qu'il va représenter ; c'est l'abeille qui, des fleurs ne prend que le miel ; comme elle, le poète ne prend aux choses du monde que ce qui est susceptible d'être idéalisé, il n'entrevoit les hommes que par leurs beaux côtés, il n'aperçoit chez eux que la grandeur des sentiments, que la sublimité de l'action, que la pureté des lignes, et il laisse à part les détails vulgaires inséparables de la nature humaine, mais qui amoindrissent un caractère, un drame, ou un dessin. Le metteur en scène, le peintre, vient seulement alors. C'est l'esclave du premier, à lui de formuler ce que le poète a imaginé, à lui de donner un corps visible à la conception immatérielle, et de prêter au rêve de l'esprit les ressources de la peinture, la magie du relief et de la couleur, toutes choses qui sont affaires d'un métier, noble sans doute, mais métier, quoiqu'on dise. Eh bien, la plupart de nos élèves de l'École des Beaux-Arts n'ont point encore en eux ces deux hommes, et malheureusement c'est le premier qui leur manque[2].

Le clivage entre l'art et le métier, entre le poète et le metteur en scène, était ainsi nettement posé ; il innervera la théorie dramatique jusqu'aux premières décennies du XXe siècle, lorsque Jacques Copeau, par exemple, reprochera à Antoine de n'avoir été précisément qu'un

---

1   *Ibid.*, p. 24-25.
2   *Les Beaux-Arts, revue nouvelle*, t. 3, du 1er juillet au 15 décembre 1861, p. 201-202.

homme de métier[1]. Or, Vacquerie souhaite revendiquer la matière
scénique comme poésie, ou tout au moins comme son prolongement ;
« Mais comment l'idée, la réflexion, la philosophie sortiront-elles de ces
violences et de ces bourrasques ? » interrogeait-il, avant de répondre :
« Comme la civilisation sort des révolutions[2] ». Les divergences politiques
structuraient, bien sûr, les conceptions esthétiques. Pour Vacquerie, la
poésie dramatique devait nécessairement trouver son accomplissement
par la scène[3] ; elle était celle « qui jette le public hors de ses affaires

---

1 Voir sur ce point l'introduction de Jean-Pierre Sarrazac dans *Antoine, l'invention de la mise
   en scène, op. cit.* – Citons aussi ces deux critiques de Copeau, la première à propos de *La
   Robe rouge*, pièce en 4 actes d'Eugène Brieux créée au Théâtre-Libre en 1892 et reprise au
   Théâtre-Français en 1909 : « Tous ces procédés matériels, ces grossières précautions, ces
   trucs gratuits, c'est le faux métier, le mauvais métier, le plus répandu quoi qu'on en dise,
   celui que les amateurs apprennent avec aisance, appliquent avec excès. Non seulement, il
   ne forme pas l'auteur dramatique, mais il le déforme. » (*La Grande Revue*, 10 octobre 1909).
   Et celle-ci, à propos du *Roi Lear* au Théâtre Antoine : « On a dit la beauté sobre des décors,
   la prodigalité, l'ingéniosité, la minutie de la mise en scène. Je regrette seulement qu'à
   la perfection matérielle du spectacle Antoine ait paru sacrifier celle de l'interprétation. »
   (*Les Essais*, janvier 1905). Ces deux critiques sont rééditées dans J. Copeau, *Critiques d'un
   autre temps*, Paris, Éditions de la Nouvelle Revue Française, 1923, p. 145 et 172.
2 A. Vacquerie, *Profils et Grimaces, op. cit.*, p. 22.
3 On trouve une idée similaire chez Nerval : « Alexandre Dumas vient d'obtenir un trop
   grand succès avec les *Mousquetaires* pour qu'on prétende que le public est fatigué des
   pièces à décorations et à mise en scène ; au Théâtre-Français, il est vrai, l'on a toujours
   accueilli les pièces de ce genre avec une certaine prévention. L'aristocratie des genres
   nous poursuit encore après deux révolutions ; tous les premiers théâtres de l'Europe
   représentent indifféremment les pièces simples ou les pièces à tableaux, ne se préoccupant
   que du mérite et non de la forme. En France, nous jouons Kotzebue sur notre première
   scène, et nous renverrions Schiller à l'Ambigu si on nous le présentait sous sa forme
   originale. Le beau mérite, dira-t-on, d'inventer des décorations, de faire de la mise en
   scène ! C'est travailler pour la gloire du décorateur, du régisseur, du costumier. Nous
   pensons qu'en cela l'on se trompe, et qu'il faut peut-être du génie pour imaginer certains effets de pure mise en scène, comme l'apparition de Banquo à la table de Macbeth,
   comme l'imprécation des seigneurs à la fin du premier acte de *Lucrèce Borgia*. » (G. de
   Nerval, *La Bohème galante*, Paris, Lévy frères, 1856, p. 293). Pour Nerval, la mise en
   scène est donc conçue comme une composante de l'écriture dramatique, idée qui rejoint
   la conception « romantique » mise en exergue précédemment. Ce facteur peut étayer
   les analyses de Jacques Rony qui, dans son étude « Nerval et les aspects matériels du
   spectacle » (*Romantisme*, 1982, n° 38, p. 127-140), remarque l'ambiguïté de la réception
   critique de l'auteur à l'égard du « grand spectacle » : « La mise en scène – précise-t-il –
   ne doit pas être [pour Nerval] une fin en soi, elle ne doit pas être non plus un ornement
   ajouté au spectacle (comme la voit souvent Gautier), elle peut être partie intégrante de la
   création [...] ; elle peut être nécessaire à certains spectacles. » (p. 138). On voit combien
   la conception « romantique » de la mise en scène est nécessaire à prendre en compte afin
   d'identifier les postures esthétiques des auteurs, et leur divergence. Il ne peut y avoir de

et de ses plaisirs, hors de sa journée, et qui le fait vivre dans autrui, [...] qui remue un peu la lourde torpeur humaine[1] ». Aussi le décor et le costume devenaient-ils nécessaires parce qu'ils donnaient corps à l'idée ; le corps, dans la conception romantique, était indissociable de l'esprit puisqu'il permettait de transmuer l'idée en émotion[2]. Aussi le mélodrame pouvait-il être réinvesti dans une historiographie qui, certes, avait pris soin d'exclure la forme historique : « nous n'acceptons pas pour des mélodrames le tas d'ouvrages sans nom qui usurpent audacieusement ce beau titre. Et nous disions un jour à un faiseur de mélodrames : – Pourquoi donc ne faites-vous pas de mélodrames[3] ? » Forme idéalisée parce qu'elle associait l'émotion violente, la profusion du spectacle et la musique, le mélodrame s'élaborait comme le point d'union entre Eschyle, Shakespeare et Hugo :

> Quand Eschyle cloue Prométhée sur l'immense rocher et fait remonter des profondeurs de l'horizon le chant des Océanides, – mélodrame ; quand Shakespeare mêle au morne Hamlet la chanson du fossoyeur et le royal enterrement d'Ophélie, – mélodrame ; quand Hugo prend la vie et la mort, la table rayonnante de lustres, de cristaux, d'orfèvreries, de femmes demi-nues, et le cercueil, les couplets de Gubetta et les psaumes des moines, et les entrechoque d'une main terrible, – mélodrame. Le mélodrame, c'est l'art central et complet. C'est par le style la poésie, par l'orchestre, la musique, par le décor la peinture, par l'acteur la statuaire[4].

Dans les années 1840-1860, la mise en scène est entendue comme une « matière » dont il convient de définir le statut. Certains critiques, comme Auguste Vacquerie, Paulin Paris et Sébastien Rhéal, la définissent comme l'expression poétique par excellence parce qu'elle synthétise tous les arts et conjugue leurs effets, s'assurant ainsi d'un impact puissant sur le public. D'autres, en revanche, s'inquiètent de ce pouvoir, et de l'émotion violente qu'elle suscite chez le spectateur. En 1833, Jules Janin

---

mise en scène extérieure selon Nerval parce qu'il envisage la représentation théâtrale comme totalité sémantique, dans le droit fil des Lumières.

1   A. Vacquerie, *Profils et Grimaces*, *op. cit.*, p. 22.
2   Dans son ouvrage *Des feux dans l'Ombre, La représentation de la mort sur la scène romantique (1827-1835)*, Sylvain Ledda remarque qu'avec le romantisme, la « notion abstraite du sublime prend concrètement corps sur la scène » et « devient synonyme d'émotion extrême éprouvée à la vue d'un spectacle saisissant » (Paris, Honoré Champion, 2009, p. 232).
3   A. Vacquerie, *Profils et Grimaces*, *op. cit.*, p. 21-22.
4   *Ibid.*, p. 28.

déplorait déjà son effet en écrivant, à propos de la tragédie *Bertram* de Mathurin jouée à Paris par une troupe d'acteurs anglais :

> *Bertram* est précisément un de ces drames de fausse sublimité qui ne peuvent marcher sans les échasses du décorateur : œuvre que l'on a beaucoup trop vantée et qui n'a pas été sans influence sur nous. C'est une poésie extérieure et matérielle qui a fait des prosélytes en France, et dont on nous pardonnera d'esquisser rapidement l'histoire. Il ne s'agit plus d'interroger les fibres secrètes de l'âme, ni de nous faire méditer sur la vie telle qu'elle est. Une poésie extérieure et matérielle ébranle les nerfs ; voici des sons lugubres et des aspects terribles : les fantômes accourent échevelés, l'obscur, l'imprévu, la mort, la faim, la douleur, l'inconnu, la magie, les ossements, les cadavres, la ruine, le sang, les bandits, les forêts, l'Océan, la tempête, la peste, sortent de terre pêle-mêle comme des ombres, sans s'expliquer, sans dire les profonds mystères de leur réalité, de leur nécessité dans le monde, ou de leur poésie fantastique, sans se refléter dans un miroir vrai, sans leçon d'existence, sans autre motif que de causer l'effroi. Toute cette magie d'épouvantements, appartient au poète, sans doute : qu'il les mesure et les récolte. Si tel est son génie, tel est son droit, mais que l'école de terreur mécanique, de terreur par le sang, la mort, les pendus, les entrailles fumantes et les noyés violâtres, et les lambeaux de chair macérée, veuillent laisser place à d'autres peintures et à d'autres émotions. Tout cela, il faut bien le dire, c'est de la poésie de décoration. Extérieure et physique, elle épuise bientôt ses ressources[1].

Poésie « extérieure et physique » : la mise en scène trouvait ici sa définition. On comprend dans cette perspective combien elle a pu gêner certains critiques lorsque, sortie des dramaturgies qui lui avaient donné naissance, elle fut appliquée aux œuvres du patrimoine dramatique national. C'est finalement là tout l'enjeu du débat qui agitera la critique jusqu'à la fin du siècle, et qui sera renforcée après 1864, lorsque plus aucune législation ne permettait de distinguer nettement les scènes destinées aux formes contemporaines de celles réservées aux œuvres « classiques » (fig. 4[2]).

---

1   J. Janin, *Journal des débats*, 8 janvier 1833.
2   Avec l'abolition des privilèges dramatiques, c'est bien l'ensemble de la pratique scénique qui se redessine, comme le laisse clairement envisager le dessin d'Edmond Morin publié dans *Le Monde illustré*. L'image est accompagnée par ce texte de Pierre Véron : « Chers oiseaux […], vous voilà libres ; c'est bien et c'est beaucoup. Mais liberté oblige – et ne nourrit pas. Il va falloir vivre par vous-mêmes […]. À vous deux, sombre chauve-souris et sinistre chouette, vous portez les destins du mélodrame et du drame. Vous étiez, au boulevard du Crime, les phénix du populaire, les idoles des hautes galeries, vrais oiseaux de paradis ! Mais le boulevard du Crime a succombé ! On a démoli les vieilles murailles

Les décennies 1830-1860 ont exploré les techniques de l'illusion jusqu'à conduire l'art de la mise en scène à son autonomie. Matière propre à générer de l'émotion, la mise en scène suscite l'intérêt des publics, qui se ruent dans les théâtres du drame, de la pantomime et de la féerie afin de contempler les prouesses du décorateur et du truquiste, qui parvient même à faire reconnaître son statut d'auteur[1]. Forme théâtrale du grand spectacle par excellence, la féerie en particulier favorise le développement de techniques innovantes : changements à vue, décors imposants, costumes sophistiqués, trucs inventifs, éclairages nouveaux forment l'essentiel de son spectacle. Elle emprunte d'ailleurs

---

noires où vous vous seriez blotties avec amour. La tour du *Merci-mon-Dieu* et le donjon de la *Croix-de-ma-mère* ont livré passage au soleil... Il va falloir faire toilette neuve pour vous loger dans des maisons neuves aussi. Ne regrettez pas les plumes que vous quitterez, ma chère chouette. Elles écrivaient si mal, qu'on les eût maintes fois prises pour des plumes d'oisons ! Vous, fantastique Chimère, symbole de la féerie, souvenez-vous que des décors ne suffisent pas ; qu'en s'adressant aux yeux, il faut chercher le chemin de l'intelligence. Sinon, Chimère, ma mie, je ne réponds pas que vos recettes ne seront pas plus chimériques encore que votre personne. [...] Je vous ai gardé le dernier, très illustre aigle, chargé au théâtre du département de la tragédie. Votre art fut sublime, mais il est trop élevé pour notre bourgeoise génération. Restez dans les nuages de l'art antique, planez dans les sphères cornéliennes, et n'essayez pas de revenir sur terre... On vous y empaillerait, – comme au muséum de l'Odéon. Et maintenant, joyeux oiseaux, maintenant que je vous ai parlé en ami, que le ciel vous garde des orages du parterre, de la grêle des projectiles fruitiers, du vent des sifflets, – et des ciseaux de la censure qui vous couperaient les ailes. J'ai dit... Envolez-vous !... Ils se sont envolés, en effet. » (P. Véron, « La liberté des théâtres, Apologue de circonstance », *Le Monde illustré*, 6 février 1864).

1 Juridiction rendue au terme d'un procès mené par Raygnard, truquiste, contre Hugelmann, Borsat, Fanfernot et Pauline Thys, auteurs d'une féerie en 3 actes et 32 tableaux, intitulée *Cri-Cri* et jouée au Cirque en 1859. Le Tribunal Civil de la Seine décréta : « Attendu que si, dans les ouvrages purement littéraires, la décoration ne peut être considérée que comme un accessoire très secondaire qui ne se rattache sous aucun rapport à la collaboration de l'œuvre, il n'en est pas de même pour les pièces de la nature de celle dont il s'agit dans l'espèce ; qu'ici, au contraire, la pièce presque tout entière consiste dans la machine ou le truc ; que les paroles et les scènes sont motivées par lui ; que, sans lui, elles n'auraient aucune signification ni valeur ; [...] [le tribunal] déclare que Raygnard est collaborateur de la pièce du *Cri-Cri*, et qu'à ce titre il a droit à participer aux bénéfices que les représentations de ladite pièce données et à donner ont dû et pourront produire, d'après compte à établir entre les parties, s'il y a lieu ; ordonne qu'à l'avenir son nom sera porté sur l'affiche comme l'un des auteurs. » (*Gazette des Tribunaux*, 1er septembre 1859, cité dans *Annuaire de la Société des Auteurs et Compositeurs Dramatiques, Exercices 1866-1867*, chapitre : « Jurisprudence en matière d'œuvres dramatiques », Paris, Commission des auteurs et compositeurs drama-tiques, 1867, p. 587-588). On le comprend, la loi française produit 2 types de juridiction selon l'appartenance de la pièce au théâtre « littéraire » ou à celui du « grand spectacle ». Ce point, qui constitue un aspect essentiel pour éclairer les théories sur la mise en scène au tournant des XIXe et XXe siècles, est abordé dans le prochain chapitre.

certains de ces artifices au grand opéra et en lègue d'autres à la revue et à l'opérette, qui construisent leur dramaturgie sur son modèle. Ces formes à proprement parler « spectaculaires » séduiront les publics jusqu'à la Première Guerre mondiale.

Mais la mise en scène est loin de rester circonscrite aux genres que Théophile Gautier avait rangés dans la catégorie des « spectacles oculaires ». Les éléments scéniques, composantes essentielles de la dramaturgie mélodramatique, avaient pénétrés l'antre de Melpomène ; exposés à de grandes difficultés financières, les Comédiens-Français durent accueillir plus largement les formes théâtrales contemporaines. Appuyées ponctuellement par quelques membres du gouvernement, celles-ci purent s'imposer au répertoire du Théâtre-Français et encourager, par le biais de Jouslin de la Salle notamment, le renouvellement des traditions scéniques de la première scène française. Dans ses *Souvenirs* comme secrétaire du Théâtre-Français, Hostein rapporte que ce renouveau suscita quelques résistances ; lorsque Marie Dorval par exemple évoqua l'idée d'introduire un escalier pour le final de *Chatterton* (1835), l'acteur Joanny se serait exclamé : « Un es-ca-lier, comme dans *Robert-Macaire*[1] ! » Le Théâtre de la Porte-Saint-Martin, sévère concurrent pour la Comédie-Française, dissipa sans doute les dernières réticences ; le renouvellement de la troupe permit également d'asseoir plus durablement l'esthétique scénique du romantisme, qui put être appliquée en partie aux œuvres du répertoire classique. Certaines, comme le *Dom Juan* de Molière, ont pu même apparaître à certains comme la plus belle expression du drame romantique ; la mise en scène, par la peinture scénique et le jeu de l'acteur, teintait les œuvres d'une coloration romantique et inscrivait les conventions scéniques du mélodrame au cœur de la pratique théâtrale contemporaine.

Ce facteur explique sans doute les critiques redondantes, assimilant sans cesse le drame romantique au mélodrame. Le drame, devenu pluriel sous la monarchie de Juillet, puisait dans le registre du « grand spectacle » les ingrédients nécessaires pour renforcer la portée de son action. Cet usage de la « mise en scène », toléré pour le mélodrame tant qu'il demeurait cantonné aux scènes secondaires, pouvait poser problème lorsqu'il devenait le moyen, sur les scènes officielles, d'interroger l'Histoire ou de dénoncer les problèmes sociaux du temps. Un critique de la *Revue germanique et française* pouvait ainsi écrire à propos du drame

---

1   H. Hostein, *Historiettes et Souvenirs d'un homme de théâtre*, Paris, Dentu, 1878, p. 157.

Jean Baudry (1863) de Vacquerie : « Au théâtre, le socialisme ne s'était pas encore élevé au-dessus du mélodrame. Il était réservé à M. Auguste Vacquerie, de le faire parvenir tout d'un coup à la Comédie-Française[1]. » Le mélodrame restait donc le « cri de proscription », comme l'écrivait déjà Geoffroy en 1813[2]. La mise en scène, qui pouvait renforcer les émotions violentes véhiculées par le drame, attirait l'attention des critiques, au point de susciter parmi eux de vives contestations contre cet art nouveau.

Un art ? C'est finalement la question qu'il s'agissait de trancher, d'autant qu'elle se doublait d'enjeux politiques. Bonapartistes et républicains ont vraisemblablement encouragé, à l'approche de la révolution de 1848 et même après, le développement d'une discipline artistique qui permettait de toucher un large public. L'intérêt pour la reconstitution des tragédies antiques par exemple, mais aussi une partie des histoires de la mise en scène produites à partir des années 1840, ont sans doute été imprégnées par cette volonté de reconstruire l'histoire du théâtre afin d'identifier la fusion des genres et la synthèse des arts comme des ingrédients puisant leur origine dans le théâtre antique. Cette « matière poétique », dont Vacquerie fut l'un des plus talentueux défenseurs, plaçait la mise en scène au sommet de la hiérarchie des arts. Mais parce qu'elle était matière, elle fut aussi reléguée au magasin des accessoires par d'autres critiques, sur le prétexte qu'elle dénaturait l'idée, c'est-à-dire l'art précisément. Dans les années 1850-1860, la critique sur la mise en scène se focalise sur une infime partie de l'expression scénique. Le théâtre considéré comme « littéraire » devient l'objet de vives oppositions. Tout l'enjeu consiste à savoir si celui-ci, comme le rêvait Janin, devait interroger les « fibres secrètes de l'âme » ou au contraire ébranler les nerfs par la peinture crue des milieux représentés. Poésie « extérieure et physique » *versus* poésie « intérieure et secrète » occupait le cœur du débat ; la mise en scène, qui s'était imposée comme un puissant outil de déstabilisation des catégories génériques, allait désormais susciter de nouveaux clivages au sein de la théorie théâtrale. Après 1864, la critique appréciait le théâtre selon deux catégories : le spectaculaire et le littéraire. L'art de la mise en scène devait maintenant s'appuyer sur ces deux béquilles.

---

1 *Revue germanique et française*, t. 28, 3ᵉ livraison, 1ᵉʳ mars 1864, p. 571, cité par S. Robardey-Eppstein, art. cit., p. 152.
2 Article cité *supra*, n. 1, p. 125.

LE MATÉRIEL ET L'IMMATÉRIEL

(1865-1914)

La loi impériale de 1864 a eu des répercussions immédiates sur la pratique théâtrale française. Les documents d'archives le confirment : la collaboration entre directeurs, auteurs, acteurs et metteurs en scène ne s'opère plus selon les mêmes modalités. L'abolition du système des privilèges dramatiques a rendu caduques les tentatives de rénovation théâtrale fondée sur le mélange des genres et la fusion des codes scénico-dramaturgiques. La concurrence entre les théâtres, accrue à la fois par la liberté des répertoires et par une géographie nouvelle des salles de spectacle qui redistribue la répartition sociale des publics[1], a conduit les directeurs de théâtres parisiens à privilégier la rentabilité au détriment parfois de l'unité du spectacle. Décors, musique, ballets peuvent ainsi être conçus avant même que l'auteur n'ait terminé sa pièce. Les acteurs, soumis à un rude régime salarial et dépourvus de protections sociales, ont aussi tendance, selon leur notoriété, à exiger des appointements extraordinaires et à quitter longuement Paris pour des tournées en province et à l'étranger, qui

---

1   Les travaux haussmanniens de rénovation urbaine ont conduit, en 1862, à détruire une partie du boulevard du Temple, et avec elle la quasi-totalité des théâtres secondaires. Les plus riches d'entre eux sont parvenus à se reloger dans de nouveaux édifices, construits pour la plupart dans le centre et le sud-ouest parisien. Le coût provoqué par ce déménagement forcé s'est nécessairement répercuté sur le prix des places. Les publics les moins fortunés ne peuvent par conséquent plus accéder aux théâtres parisiens après cette date. Ils fréquentent alors davantage les théâtres de la banlieue, celui de Belleville par exemple qui remet l'ancien mélodrame à son répertoire, mais aussi les salles du « caf'conç » et les cabarets. Les « Grands Boulevards », nouvellement créés, favoriseront aussi l'ouverture de nouveaux lieux de spectacle, spécialisés dans le music-hall et la projection cinématographique pour la plupart. Ces établissements restent malgré tout trop onéreux pour accueillir un public « populaire ». Cette nouvelle répartition sociale des publics change ainsi la donne de la production des spectacles entre 1864 et 1914. Sur ce point, voir notamment : C. Naugrette-Christophe, *Paris sous le Second Empire, le théâtre et la ville*, Paris, Librairie théâtrale, 1998 ; G. Faye, « Le renouvellement des salles de théâtre à Paris après le décret de 1864 », *in* J.-C. Yon (dir.), *Les Spectacles sous le Second Empire, op. cit.*, p. 61-71 ; J.-J. Meusy, *Paris-Palaces ou le Temps des cinémas (1894-1918)*, Paris, CNRS éd., 2002.

agrémentent leurs revenus[1]. Le directeur de théâtre, seul maître à bord, confie alors davantage de responsabilités au metteur en scène. C'est lui en définitive qui coordonne l'ensemble des éléments de la représentation, assure le travail des répétitions, gère les desiderata du compositeur, de l'auteur, des décorateurs, produit à partir de leur création un spectacle harmonieux, réglé le plus souvent selon des conventions scéniques préétablies, c'est-à-dire entérinées par une certaine pratique de la mise en scène à laquelle il s'est initié avec le temps. Le « métier » se met ainsi en place. Ceci ne veut pas dire que les spectacles produits dans ce cadre aient été de mauvaise qualité, ni même que quelques dramaturges n'aient pas su s'imposer comme des metteurs en scène talentueux et novateurs (Victorien

---

1   Il s'agit d'une pratique en cours depuis le XVIIIᵉ siècle, mais qui s'intensifie nettement dans les dernières décennies du XIXᵉ siècle dans la mesure où elle n'est plus circonscrite à quelques acteurs vedettes de la Comédie-Française ou du Boulevard. Les directeurs de théâtre, en lien avec des « tourneurs », peuvent d'ailleurs y trouver des intérêts financiers. – Les salaires des acteurs varient considérablement selon leur notoriété. Réjane, par exemple, demande au directeur des Variétés : « Vous serez bien aimable de m'envoyer aujourd'hui le traité, stipulant les conditions dans lesquelles je me suis engagée à créer aux Variétés la pièce de Henri Meilhac [sans doute *Décoré*, comédie en 3 actes, 1888], c'est-à-dire – 200 F par représentation, 50 représentations assurées – 2500 F de prime à la 1ʳᵉ et 2500 F à la 75ᵉ ; ces représentations commencent à courir le 15 janvier que la pièce s'est jouée [*sic*] ou non ; jusqu'à la 1ʳᵉ représentation, mes répétitions me seront payées au taux de mes appointements soit 1500 F par mois. » (Lettre de Réjane à Bertrand, ms., 29 décembre [1888], AN, AB XIX 4127). Le contrat d'engagement de Jules Brasseur précise : « M. Bertrand assure à M. Brasseur vingt-cinq représentations par mois et lui alloue la somme de trois cents francs par représentations, soit *quinze mille francs*, montant des cinquante représentations ci-dessus énoncées. Si M. Bertrand faisait jouer M. Brasseur à l'étranger, M. Brasseur toucherait la somme de cinq cents francs par représentation au lieu de trois cents par représentation, en ce cas le chiffre de vingt lui serait assuré par mois. Les frais de voyages, bagages, transport sont à la charge de M. Bertrand. M. Brasseur voyagera en première classe. » (Contrat d'engagement, ms., 15 avril 1872, AN, AB XIX 4127). L'engagement de Coquelin cadet comme « premier comique » aux Variétés lui assure des « appointements fixes » de 12 000 F la première année, 13 000 F la deuxième année, 14 000 F la troisième année, etc. (Engagement, 16 février 1875, AN, AB XIX 4127). En revanche, l'absence de protection sociale conduit certains acteurs à la misère. Une lettre de Michel Bordet, ancien comédien et régisseur du Boulevard du Temple qui a fini sa carrière au Théâtre de Belleville, renseigne sur ses conditions financières : « Lorsque je tombai paralysé, tous les journaux en annonçant le malheur dont je venais d'être frappé, firent un appel à mes camarades, pour qu'ils organisent une représentation à mon bénéfice ; cet appel resta sans écho. [...] Je suis seul, tout seul à Paris, loin de ceux qui me sont chers, dans un pauvre hôtel meublé de Belleville, d'où, faute de pouvoir payer on va me chasser un jour ; si j'avais ce bénéfice je pourrais espérer qu'il me rapporterait suffisamment pour payer mon admission dans un hospice de vieillard. » (Lettre de Michel Bordet à Bertrand, ms., 10 octobre 1883, AN, AB XIX 4127). On croirait lire ici un monologue de mélodrame : comble de l'ironie, Michel Bordet réside au 52, rue Pixerécourt.

Sardou en est un exemple parmi d'autres[1]). La fabrique des spectacles s'opère néanmoins de manière plus « industrielle » qu'auparavant. La correspondance rassemblée par Eugène Bertrand, directeur du Théâtre des Variétés de 1869 à 1892 puis de l'Opéra à partir de cette date, révèle une organisation savamment réglée : auteurs, compositeurs, décorateurs travaillent souvent à distance et livrent au théâtre les matériaux dont le metteur en scène a besoin pour agencer le spectacle[2].

Ce système favorise l'émergence de conflits entre corporations. Des désaccords entre auteurs et régisseurs, déjà repérables dans les années 1840-1850, débouchent souvent sur des procès par l'intermédiaire desquels les metteurs en scène cherchent à faire reconnaître leur collaboration. La défense du « droit d'auteur » du metteur en scène s'établit comme l'un des facteurs qui, si l'on veut bien porter un regard attentif sur les manifestes produits dans les dernières décennies du XIXe siècle, motivent en partie le besoin de théoriser la mise en scène. Cette reconnaissance juridique du metteur en scène ne verra pas le jour avant 1956, en tout cas pour le metteur en scène du théâtre dit « littéraire ». Le régisseur du music-hall, de la féerie et de la revue (puis du spectacle cinématographique dans un deuxième temps) peut, quant à lui, faire reconnaître ses droits d'auteur dans la mesure où l'invention d'un « truc », la confection d'un « tableau », sont reconnus juridiquement comme des éléments fondateurs de la dramaturgie. L'Amicale des Régisseurs de Théâtres (ART), fondée en 1911 par Hubert Génin, directeur de la scène du Théâtre du Châtelet et critique au journal *Comœdia*, jouera un rôle essentiel sur ce point[3]. Consignant la plupart des livrets de mise en scène, elle donnera au législateur de quoi fonder une juridiction du

---

1 Sur ce point, voir : I. Moindrot (dir.), *Victorien Sardou, le théâtre et les arts*, Rennes, P. U. R., 2010. – Dans sa rubrique théâtrale du *Monde illustré*, Charles Monselet écrivait à son sujet : « Il faudra nommer M. Sardou directeur du nouvel Opéra, car il vient de prouver, avec l'*Oncle Sam* et les *Merveilleuses*, qu'il est le premier metteur en scène de Paris. Pour moi, je le voudrais moins préoccupé d'un art secondaire ; il a mieux à faire que de chercher des succès d'ameublements et de costumes, à moins qu'il n'ait la prétention de lutter deux fois avec Molière, comme auteur comique et comme tapissier. » (n° du 20 décembre 1873).

2 La correspondance d'Eugène Bertrand constitue un fonds privé, conservé aux Archives Nationales sous les cotes : AB XIX 4127 et 4128. Il contient des lettres de la plupart des auteurs, comédiens et compositeurs qui ont travaillé avec lui : Offenbach, Crémieux, Dumas père, Labiche, Meilhac, Halévy, Sardou, Réjane, Coquelin cadet, entre autres.

3 Sur l'ART, voir la thèse de Françoise Karro-Pélisson : *L'Association des régisseurs de théâtre et la Bibliothèque de mises en scène, 1911-1939*, Université Paris III-Sorbonne nouvelle, 1980, 2 vol. Voir aussi le site de l'ART : regietheatrale.com.

droit d'auteur appliquée au metteur en scène. Louis Jouvet et Gaston
Baty rejoindront l'ART dans les années 1920 ; le deuxième, président
du tout nouvellement créé « Syndicat National des Metteurs en Scène »
(SNMS) en 1946, fera en sorte que le travail du metteur en scène soit
reconnu comme œuvre de l'esprit par le biais de négociations à la fois
avec le Syndicat des Directeurs de théâtres de Paris et la Société des
Auteurs et des Compositeurs Dramatiques[1].

Cette dernière avait pourtant gêné, dans les années 1860, l'établissement
du metteur en scène comme auteur. Napoléon III avait pris soin, avant de
décréter la liberté industrielle des spectacles (en germe dans les réflexions
politiques depuis au moins 1848), de convoquer une commission chargée
de mettre en place une nouvelle juridiction sur la propriété littéraire et
artistique. Le projet de loi auquel cette commission a abouti ne fut pas
entériné[2] ; l'essentiel de ses articles formera toutefois le fondement de
réflexions juridiques plus tardives. Les procès-verbaux de cette commission
sont conservés aux Archives Nationales[3] ; ils révèlent l'influence de la
Société des Auteurs et des Compositeurs Dramatiques (SACD) dans
l'élaboration d'une loi qui exclut le metteur en scène. Le poids de cette
société a déjà été mis en exergue précédemment ; il devient plus lourd
encore dans les dernières décennies du xixe siècle, au point de susciter la
création d'associations de jeunes auteurs qui, dans le contexte théâtral de
cette époque, avaient peu de chances d'être joués sur les scènes parisiennes[4].

---

1   Ces négociations déboucheront sur la reconnaissance juridique du metteur en scène
     comme « auteur » dans le cadre de la loi votée à l'Assemblée Nationale sur la Propriété
     intellectuelle le 20 avril 1956. Cette reconnaissance juridique n'est toutefois pas toujours
     évidente à faire valoir aujourd'hui ; sur ce point, voir : S. Proust (dir.), *Mise en scène et droits
     d'auteur*, Paris, L'Entretemps, 2012. Le SNMS rassemble, lors de sa fondation, Charles
     Dullin, Jacques Copeau, Louis Jouvet, Gaston Baty, Gordon Craig, Jacques Rouché.

2   La commission fut instituée le 28 décembre 1861 pour « préparer un projet de loi destiné
     à réglementer la propriété littéraire et artistique, et coordonner, dans un code unique, la
     législation spéciale » (voir Commission de la propriété littéraire et artistique, *Rapports à
     l'Empereur, décrets, collections des procès-verbaux, documents*, Paris, Imprimerie Nationale, 1863).
     Elle fut réunie à partir du 22 janvier 1862 : l'objet des discussions portait sur le principe
     de perpétuité de la propriété littéraire et artistique, qui fut entériné par le projet de loi
     rédigé par Jean-Baptiste Duvergier et soumis à l'Empereur le 12 avril 1863. Pour saisir les
     enjeux du débat et les motifs du rejet de cette loi, voir : J.-B. Duvergier, *Collection complète
     des lois, décrets, ordonnances, règlements et avis du conseil d'État*, Paris, 1866, t. 66, p. 270-308.

3   Sous la cote F²¹ 963.

4   Ces associations de jeunes auteurs, créées afin de contrer le pouvoir de la SACD, émergent
     dès la mise en chantier du projet de loi sur la propriété littéraire et artistique en 1862,
     comme le confirme un imprimé, conservé aux Archives Nationales (F²¹ 963), qui cherche

La création théâtrale dépend beaucoup, en définitive, des réseaux qui se constituent entre auteurs, directeurs de théâtre et artistes dramatiques et qui couvrent aussi bien les scènes privées que les théâtres officiels. Leurs correspondances le révèlent : des scènes entières de pièces peuvent être conçues uniquement pour lancer ou relancer la carrière d'un(e) comédien(ne) ; un auteur nouveau ne peut être reçu par le comité de lecture d'un théâtre que s'il collabore avec un dramaturge déjà établi[1]. Renforcement du « star system[2] », influence de la SACD, pouvoir du metteur en scène sont donc les trois éléments à prendre en compte pour apprécier les théorisations de la mise en scène des années 1865-1914. L'antagonisme « matériel/immatériel », qui fonde les diverses définitions, doit être pensé dans ce contexte.

LA RECONNAISSANCE DU METTEUR EN SCÈNE COMME MÉTIER

L'occurrence « metteur en scène » fait son entrée dans la plupart des dictionnaires à partir des années 1860-1880. Arthur Pougin définit la fonction en ces termes :

> METTEUR EN SCÈNE. – Régisseur spécialement chargé, dans un théâtre, du travail de la mise en scène. C'est lui qui doit régler et organiser tout ce

---

à faire reconnaître par le ministre d'État Alexandre Walewski l'existence d'une société de jeunes auteurs, aux côtés de celle des Auteurs et Compositeurs Dramatiques : « La Société actuelle des auteurs dramatiques, livrée à elle-même, peu jalouse de son honneur, sans aucune réglementation que l'égoïsme personnel, l'intérêt pécunier [sic], la spéculation immorale basée sur des bataillons féminins, est une ligue, une coalition contre toute idée neuve. Elle prétend seule avoir l'intelligence. Elle a créé le monopole du savoir-faire ; elle refuse d'aider, d'encourager, de patronner les hommes nouveaux. Périsse plutôt, dit-elle, la Société dramatique tout entière, que de nous laisser donner des successeurs. Telle est sa pensée. Telle est la cause du marasme de l'art dramatique à notre époque. » (E. Fanfernot et Saint-Vital, *Considérations générales à l'appui de la demande faite à Compiègne, le 19 novembre 1862, à sa Majesté l'Empereur, pour la création d'un cercle de jeunes auteurs dramatiques*, Paris, 2 décembre 1862).

1   Le roman de Jean Lorrain, *Le Tréteau*, donne une illustration du système théâtral de cette époque (Paris, J. Bosc, 1906, réédité. Paris, Éditions du Livre moderne, 1941).

2   Sur ce point, voir l'ouvrage de Dominique Leroy : *Histoire des arts du spectacle en France*, Paris, L'Harmattan, 1990.

travail, indiquer les entrées et les sorties des personnages, fixer la place que chacun d'eux doit occuper en scène, établir les passades et les mouvements scéniques, régler les marches, les cortèges, les évolutions de tout le personnel des chœurs et de la figuration, en un mot prendre soin de la partie matérielle de la représentation. C'est donc le metteur en scène qui préside aux études et aux répétitions de tous les ouvrages qui doivent être offerts au public, c'est lui qui porte la responsabilité de leur bonne ou de leur mauvaise exécution, et rien, sous ce rapport, ne peut être fait sans son concours et en dehors de ses indications[1].

Si cette définition met en exergue le pouvoir du metteur en scène dans l'exécution scénique des œuvres, elle confine également son rôle à l'organisation des mouvements des comédiens en scène, désignée sous la formule « partie matérielle de la représentation ». Cette appellation, on le sait, a justifié l'édification d'une histoire de la mise en scène fondée sur l'idée de rupture : en associant à l'épithète « matériel » son antonyme « immatériel », André Antoine aurait, le premier, revendiqué la fonction interprétative du travail scénique, posant par ce biais le metteur en scène comme artiste[2].

LE METTEUR EN SCÈNE :
PREMIÈRES TENTATIVES DE DÉFINITION

Dans l'article « mise en scène » de son *Dictionnaire*, Pougin donne pourtant plus d'ampleur aux fonctions du metteur en scène :

On peut dire qu'en dehors de la récitation pure, c'est-à-dire de la diction ou de la déclamation, comme on voudra l'appeler, la mise en scène englobe tout, comprend tout, embrasse tout, aussi bien au point de vue du matériel que du personnel : l'un et l'autre se trouvent même souvent en elle si bien confondus, qu'on ne saurait les dégager et les traiter séparément[3].

Ce texte fait preuve de l'embarras auquel sont confrontés critiques et historiens pour définir cette discipline artistique dont tout le monde reconnait désormais qu'elle relève du savoir-faire du metteur en scène. Si la « partie matérielle de la représentation » désignait, dans l'article

---

1   A. Pougin, *Dictionnaire historique et pittoresque du théâtre et des arts qui s'y rattachent*, Paris, Firmin-Didot, 1885, entrée « Metteur en scène ».
2   Sur ce point, voir notre étude : « La naissance de la "mise en scène" et sa théorisation », *in* R. Martin & M. Nordera (dir.), *Les Arts de la scène à l'épreuve de l'Histoire*, *op. cit.*, p. 155-172.
3   A. Pougin, *op. cit.*, entrée « mise en scène ».

précédent, l'agencement des déplacements des acteurs, elle trouve ensuite une autre acception :

> Quant à la mise en scène matérielle, elle n'est pas moins compliquée, surtout lorsqu'il s'agit d'un ouvrage un peu important sous le rapport du spectacle, que ce que j'appellerai la mise en scène *humaine*. Il faut que le régisseur, chargé de ce service extrêmement difficile et qui comporte des détails de toutes sortes, se rende un compte exact de l'action qu'il doit faire représenter, de l'époque et du lieu où elle se passe, des costumes et de la condition de chacun des personnages, afin de régler la disposition des décors et des praticables, celle de tous les accessoires nécessaires au jeu scénique, la manœuvre des changements à vue, celle des trucs s'il y a lieu[1] [...].

Mise en scène « humaine » et mise en scène « matérielle » sont donc les deux domaines qui appartiennent en propre au metteur en scène ; c'est sur cette idée que Pougin conclut son texte :

> Nous avons vu que la mise en scène comprend deux parties distinctes, mais qui en arrivent souvent à se confondre : d'une part, tous les mouvements, les positions, les évolutions de tous les personnages, – acteurs ou comparses, – qui concourent à l'action scénique ; de l'autre, la disposition de tout le matériel, – décors, mobiliers, accessoires – nécessaire à cette action. [...] Ce n'est pas tout : il nous reste à indiquer un côté accessoire si l'on veut, mais fort important encore, de la mise en scène. Doit-on, dans un ouvrage quelconque, entendre gronder le tonnerre, siffler le vent, crépiter la pluie ou la grêle ? doit-on voir tomber la neige, luire les éclairs ? la fusillade doit-elle éclater, le canon doit-il tonner dans un combat ? Le roulement d'une voiture doit-il frapper l'oreille du spectateur ? des cris, des acclamations, des hourras doivent-ils se faire entendre en dehors de la scène ? il faut que tous ces bruits, tous ces effets divers se produisent, de la façon la plus exacte, la plus naturelle, au moment précis, de manière à affecter vivement l'oreille, les yeux et l'imagination du spectateur, à lui donner le sentiment de la réalité, à lui procurer l'illusion la plus complète. Tout cela, avec bien d'autres choses encore, tout cela fait partie de la mise en scène, tout cela concourt à la perfection de l'action dramatique, tout cela tient de la façon la plus étroite à l'idéal qu'on se fait du spectacle scénique, spectacle dont on peut dire qu'il n'est pas un détail, si petit qu'il soit, si frivole en apparence, qui ne doive contribuer pour sa part à la supériorité de l'exécution, à l'excellence de l'ensemble et à la puissance de l'effet général[2].

Par cette théorisation quelque peu maladroite, l'historien défend une conception de la mise en scène que l'on retrouve évoquée dans la plupart

---

1   *Ibid.*
2   *Ibid.*

des critiques de l'époque : le travail de mise en scène comprend plusieurs parties distinctes ; toutes sont liées à l'idée de mouvement, que le metteur en scène est en charge de créer, soit en manipulant les corps en scène, soit en mettant en branle les éléments de la machinerie théâtrale, soit en façonnant l'espace sonore. La définition de la mise en scène s'appuie sur les différents éléments de la représentation que le critique catégorise pour les besoins de sa théorisation (chez Pougin : corps, images, sons[1]). Là où les « parties distinctes » de la mise en scène se rassemblent, c'est sur le principe de « mouvement », seul concept sur lequel tout le monde s'accorde. Dans son dictionnaire de *La Langue théâtrale*, Alfred Bouchard écrit, à l'entrée « Mise en scène » :

> Une pièce écrite, distribuée et sue est encore quelque chose d'informe. C'est une statue : il y manque l'animation. C'est au *metteur en scène* qu'appartient le souffle de la vie ; c'est à lui de le répandre en réglant les mouvements, les passades, les groupes, les entrées et les sorties ; en disposant les accessoires en rapport avec les besoins de l'action. C'est une science qui doit beaucoup aux efforts de Beaumarchais qui la fit sortir de la routine, et, depuis lui, aux régisseurs intelligents, ainsi qu'à quelques auteurs. Dumas fils et Sardou sont de remarquables *metteurs en scène*[2].

Créer « le souffle de la vie », transposer l'action dramatique en une action physique, sonore, visuelle, palpable : c'est finalement là que réside la tâche du metteur en scène. Ces définitions ne sont, au bout du compte, pas très éloignées de celles données par les critiques qui, au tout début du XIXᵉ siècle, assimilaient le « metteur en scène » au maître de ballet du mélodrame. L'orientation du mouvement, le sens qu'il doit adopter,

---

1   Le regard de Pougin sur la mise en scène s'est formé depuis l'intérieur des théâtres. Fils de comédiens de province, il est initié au violon par sa mère, puis rejoint le cours de Guérin au Conservatoire en 1846. Dès l'âge de treize ans, il travaille dans les orchestres du Cirque, du Vaudeville et du Gymnase. Il est nommé chef d'orchestre du Théâtre Beaumarchais en 1855, puis répétiteur aux Folies-Nouvelles. Il se fait ensuite critique musical dans plusieurs journaux (*L'Opinion nationale, Le National, La Liberté, Le Bien public, Le Charivari*) et biographe de divers compositeurs (Meyerbeer, Halévy, Bellini, Rossini, Grisar, Verdi). – Remarquons une démarche similaire chez Fernand Bourgeat qui, dans son article « L'art de la mise en scène » (*Le Théâtre, revue bi-mensuelle*, n°4, 15 janvier 1875), aborde la définition de la mise en scène par ses composantes : son « premier article » (qui ne fut suivi par aucun autre puisque la revue, dirigée par Jules Bonnassies, cessa de paraître après ce numéro) analyse la décoration théâtrale uniquement.

2   A. Bouchard, *La Langue théâtrale, vocabulaire historique, descriptif et anecdotique des termes et des choses du théâtre*, Paris, Arnaud et Labat, 1878, p. 171-172.

et surtout l'effet qu'il doit produire sur le spectateur sont des facteurs, en revanche, qui favorisent les divisions et peuvent permettre de distinguer plusieurs conceptions de la mise en scène, comme on le verra plus loin.

Dans son *Grand Dictionnaire universel du XIXᵉ siècle*, Pierre Larousse donne du metteur en scène une définition comparable à celles citées plus haut :

> Le *régisseur* chargé de la mise en scène, qui reçoit souvent le nom de *metteur en scène*, assume des fonctions toutes spéciales. Tandis que l'autorité du *régisseur* général s'exerce en tout temps sur l'ensemble du théâtre, sur tout le personnel, et qu'il a tous les chefs de service sous ses ordres immédiats, le metteur en scène voit la sienne circonscrite sur le plancher même de la scène, mais là elle est complète et absolue. C'est le metteur en scène qui monte les ouvrages, c'est-à-dire qui en surveille et en guide les études, qui en règle la marche scénique, qui indique à chaque acteur la place qu'il doit occuper, la porte ou le côté du théâtre par laquelle il doit faire telle entrée ou telle sortie, qui groupe les masses des choristes, des figurants et des comparses, qui donne aux artistes les conseils, les indications, les avis dont ceux-ci peuvent avoir besoin ; c'est enfin à lui, à son talent, que l'on est redevable de la bonne exécution des ouvrages, de leur heureuse interprétation[1].

De fait, l'interprétation est bien entendue, en amont de la publication de la « Causerie » d'Antoine (1903), comme relevant du talent du metteur en scène. Larousse propose une définition assez proche de la description faite par Jouslin de la Salle[2] ; plutôt que de la fonder sur les composantes de la représentation, il l'ancre sur les différentes étapes de la création scénique, depuis la réception de la pièce par le comité de lecture jusqu'à la répétition générale. Le temps de la mise en scène commence, selon lui, au moment où les acteurs, texte su, montent sur le plateau :

> Au bout de quelques jours […], les rôles sont à peu près sus, l'ensemble de la pièce est bien entré dans l'esprit de chacun, on en a saisi le caractère et les détails ; c'est alors qu'il est procédé à la mise en scène. Les répétitions entrent dans une seconde phase. Dès qu'on descend à la scène, les rôles écrits doivent disparaître de la main ; le souffleur supplée aux manques de mémoire. Pour commencer, on répète sans décor, et seulement pour se familiariser avec les détails pratiques et matériels de l'exécution. La scène est complètement nue, éclairée seulement sur le devant, d'une façon rudimentaire par deux lampes ou becs de gaz. Sur l'avant-scène sont placés l'auteur, le régisseur chargé de la

---

1 P. Larousse, *Grand dictionnaire universel du* XIXᵉ *siècle*, *op. cit.*, t. 13, 1875, entrée « Régisseur ».
2 Voir *supra*, p. 122.

mise en scène et le souffleur ; ce dernier ne descend dans son trou que lorsque les répétitions sont déjà avancées ; on lui épargne ce supplice jusqu'au dernier moment. Tout d'abord, l'auteur et le metteur en scène règlent la place que chaque personnage doit occuper sur le théâtre à chaque scène, ainsi que les passades, c'est-à-dire les changements opérés dans l'occupation de ces places par le passage de tel ou tel artiste devant ou derrière tel ou tel autre. On arrête avec soin, et d'une façon précise le côté du théâtre par lequel chaque acteur effectuera son entrée ou sa sortie, le plan sur lequel il devra être placé à tel moment donné. Une fois tout ceci bien établi, on commence les répétitions avec décors et accessoires. Pour chaque acte ou chaque tableau, le décor est posé de façon que les entrées, les sorties se fassent exactement comme à la représentation. Le théâtre est meublé, c'est-à-dire que la scène est garnie de tous les objets nécessaires à l'exécution de la pièce ; les accessoires sont préparés, etc. C'est ici que le travail intellectuel se fond avec la partie matérielle, les détails pratiques des études, et prend toute son importance[1].

La « partie matérielle » trouve ici une autre définition : elle recoupe le temps des dernières répétitions, c'est-à-dire celui où la plantation des décors permet de coordonner le travail d'interprétation et les déplacements des comédiens avec les éléments de la scénographie. À bien lire la définition d'Antoine, on se rend compte que la nouveauté qu'il cherche à faire valoir ne réside pas tant dans la revendication du metteur en scène comme interprète que dans l'inversion du processus de création :

> Quand, pour la première fois, j'ai eu à mettre un ouvrage en scène, j'ai claire-ment perçu que la besogne se divisait en deux parties distinctes : l'une toute matérielle, c'est-à-dire la constitution du décor servant de milieu à l'action, le dessin et le groupement des personnages ; l'autre immatérielle, c'est-à-dire l'interprétation et le mouvement des dialogues[2].

En faisant répéter les acteurs dans le décor, Antoine appliquait au théâtre la conception zolienne du milieu[3] : « c'est le milieu qui détermine les mouvements des personnages – ajoutait-il –, et non les mouvements des personnages qui déterminent le milieu[4] ».

---

1   P. Larousse, *op. cit.*, t. 13, 1875, entrée « Répétition ».
2   A. Antoine, « Causerie sur la mise en scène », *op. cit.*, p. 113.
3   On pourra, sur ce point, lire l'article de Jean-Pierre Sarrazac : « Genèse de la mise en scène moderne, une hypothèse », *Genesis*, n° 26, 2005 (consultable en ligne sur le site turindamsreview.unito.it), ainsi que son introduction à *Antoine, l'invention de la mise en scène moderne*, *op. cit.*
4   A. Antoine, *op. cit.*, p. 113.

Les définitions de la mise en scène, tout en manipulant les mêmes concepts (« mouvement », « partie matérielle », « interprétation »), ne convergent donc pas toujours ; de fait, il peut paraître intéressant, afin d'en saisir toutes les nuances, de les confronter à ce que fut très concrètement le métier de metteur en scène dans les dernières décennies du XIXe siècle.

LES COULISSES DE LA CRÉATION THÉÂTRALE

Les archives contiennent peu de documents permettant à l'historien de reconstruire la réalité professionnelle du metteur en scène au XIXe siècle. Quelques traces, ici ou là, favorisent le recoupement des informations ; elles proviennent le plus souvent de documents liés à la fabrique des spectacles (livrets de mise en scène, rapports de censure, manuscrits du souffleur, partitions d'orchestre) ou de témoignages livrés par l'auteur lui-même sur sa façon d'envisager la scène dans son travail d'écriture. Le fonds « Eugène Bertrand » s'avère une source précieuse dans la mesure où il rassemble plusieurs centaines de lettres adressées au directeur de théâtre par la plupart des artistes dramatiques, librettistes, musiciens, dramaturges, directeurs de journaux et de théâtres des trois dernières décennies du XIXe siècle[1]. Elles offrent une lecture crue du fonctionnement d'un théâtre sous la Troisième République, dont la prise en considération peut aider à contextualiser les enjeux des réformes dramatiques de la fin du siècle. D'autant qu'Eugène Bertrand est un personnage influent de la vie théâtrale de l'époque : formé par Jean-Baptiste Provost au Conservatoire (dans la même promotion que Gustave Worms avec lequel il conservera des liens d'amitié[2]), il débute à l'Odéon (en 1852) dans deux pièces d'abord interdites pour raisons politiques[3], puis part sur le continent américain (en 1859) afin de donner des représentations des rôles

---

1 Les Archives Nationales conservent aussi, sous la cote AB XIX 4126, un fonds « Nestor Roqueplan ». Rédacteur en chef du *Figaro* en 1830, Roqueplan fut directeur des Variétés (1840-1847), de l'Opéra (1847-1854), de l'Opéra-Comique (1857-1860), et du théâtre du Châtelet (1869-1870). Le fonds contient la correspondance reçue de chanteurs, comédiens, écrivains, compositeurs sur une période circonscrite aux années 1840-1850. Son intérêt pour l'histoire littéraire et théâtrale est indéniable, mais nous n'y avons rien trouvé de significatif pour l'analyse de la notion de mise en scène.
2 C'est Gustave Worms qui formera ensuite Aurélien Lugné-Poe au Conservatoire.
3 Il s'agit de *Grandeur et décadence de M. Joseph Prudhomme*, comédie en 5 actes et en prose de Gustave Vaëz et Henry Monnier (Odéon, 23 novembre 1852) et *L'Honneur et l'Argent*, comédie en 5 actes et en vers de François Ponsard (Odéon, 16 mars 1853). Sur l'interdiction de ces pièces par la censure, voir l'article d'Odile Krakovitch : « La censure

qu'il avait tenus sur ce théâtre. C'est là vraisemblablement que Bertrand acquiert une expérience dans la gestion des tournées internationales ; de retour en France, il dirige tour à tour les deux théâtres de Lille (1865-1869) sur lesquels il fait venir la cantatrice Adelina Patti moyennant une forte somme d'argent[1] ; en 1869, il prend la direction du Théâtre des Variétés qu'il abandonne en 1892 pour celle de l'Opéra. Directeur et impresario talentueux, Bertrand sait s'assurer la primauté des pièces des auteurs et des compositeurs en vogue (celles du trio Offenbach, Meilhac et Halévy notamment, mais aussi celles de Labiche, Hennequin, Najac, Méténier[2]) ; il sait aussi repérer les acteurs avec lesquels il bâtit de fructueuses tournées internationales[3]. L'argent gagné d'un côté lui permet de construire des projets artistiques audacieux : Bertrand fut à l'origine de la fondation de l'Éden-Théâtre, scène mythique et lieu de création chorégraphique innovant, dont la façade, éclairée par des lumières électriques, fit longtemps sensation[4]. À l'Opéra, il tenta

---

dramatique, de l'ordre impérial à l'indifférence », *in* J.-C. Yon (dir.), *Les Spectacles sous le Second Empire, op. cit.*, p. 41-50.

1   Cantatrice italienne, née à Madrid, Adelina Patti avait débuté en 1859 à l'*Academy of Music* de New York dans le rôle-titre de *Lucia di Lammermoor* de Donizetti. Elle joua ensuite au Covent Garden de Londres et débuta à Paris, au Théâtre-Italien, en 1862. Selon le critique de *L'Illustration*, la cantatrice avait demandé 5000 francs pour se rendre à Lille : « L'impresario lillois les lui accorda sans marchander, et bien lui en prit : il fit 10 000 F de recette. » (*L'Illustration*, n° du 18 mars 1865).

2   Oscar Méténier, fils d'un commissaire de police, fut d'abord secrétaire du commissariat de la Tour Saint-Jacques. C'est là, semble-t-il, qu'il aiguisa son regard sur les mœurs des bas-fonds de Paris. Proche de Zola, il écrivit quelques nouvelles « naturalistes » puis rédigea des pièces jouées au Théâtre-Libre d'Antoine (*En famille*, comédie en 1 acte, 30 mai 1887 ; *La Casserole*, drame en 1 acte, 31 mai 1889 ; *Les Frères Zemganno*, pièce en 3 actes en collaboration avec Paul Alexis, 25 février 1890). Il donne ensuite aux Variétés une comédie en 4 actes (écrite avec Paul Alexis), *Monsieur Betsy*, créée le 3 mars 1890. En 1897, il fonde le Théâtre du Grand-Guignol.

3   Sur ce point, voir l'ouvrage de Christophe Charle : *Théâtres en capitales, naissance de la société du spectacle à Paris, Berlin, Londres et Vienne*, Paris, Albin Michel, 2008.

4   Quelques restes de l'Éden-Théâtre, édifice colossal bâti rue Boudreau dans une esthétique architecturale mêlant les imaginaires hindou et féerique tirés des *Mille et Une Nuits*, sont toujours visibles aujourd'hui, au sein du Théâtre de l'Athénée-Louis Jouvet, construit sur le même emplacement. Ce sont les spectacles joués à l'Éden qui ont inspiré les plus belles pages du *Crayonné au théâtre* de Mallarmé. Voir, sur ce point, l'article d'Hélène Laplace-Claverie : « Le ballet selon Mallarmé, "forme suprême d'idéal au théâtre" », *in* P. Alexandre-Bergues & J.-Y Guérin (dir), *De Claudel à Malraux, mélanges offerts à Michel Autrand*, Besançon, Presses Universitaires de Franche-Comté, 2004, p. 257-268.
    – L'Éden-Théâtre fut aussi le lieu de création de *Lohengrin*, drame lyrique en 4 actes de Wagner, livret traduit par Charles Nuitter, donné le 3 mai 1887.

d'instituer des représentations dominicales à prix réduits destinées aux publics populaires, mais qui durent être abandonnées à cause des frais énormes qu'elles occasionnaient. Dans sa notice sur le directeur, Curinier précisait :

> [Bertrand] eut aussi l'idée de la création d'un Théâtre du Peuple, à Paris, pour lequel, disait-il, « il faudrait associer les quatre scènes subventionnées », dont les artistes auraient, à tour de rôle, fait connaître, une fois par semaine, aux familles d'ouvriers et de petits bourgeois parisiens, les belles scènes d'opéra, d'opéra-comique, de tragédie et de comédie. Ce projet ayant été depuis repris sous une autre forme et par d'autres personnes, il est intéressant d'en faire remonter le mérite initial à son premier auteur, M. Bertrand[1].

Personnage central de l'activité théâtrale parisienne, Bertrand gérait aussi les représentations données dans le cadre des Expositions Universelles[2]. L'abondante correspondance qu'il reçut à la direction du Théâtre des Variétés est donc à la mesure de ses multiples responsabilités ; elle offre comme un accès dans les coulisses de la création théâtrale qui, en dehors des lumières projetées par les manifestes, permettent de nuancer quelques-uns des poncifs entretenus par l'histoire théâtrale.

Plusieurs constats peuvent être formulés à partir de ces lettres. Si la vie des théâtres dans les trois dernières décennies du XIXᵉ siècle repose bien, comme l'écrit Christophe Charle, « sur un trio : non pas le mari, la femme et l'amant mais le directeur, l'acteur/l'actrice et l'auteur[3] », leur association se tisse sur des rapports d'amitiés et/ou d'intérêt plus que sur des collaborations artistiques étroites s'inscrivant dans la durée de la création. Certes, les auteurs se parlent, se rencontrent au détour d'une coulisse, projettent rapidement les modifications d'un acte à l'issue d'une répétition, mais un sentiment d'urgence anime l'essentiel de leurs correspondances : « Mon cher ami, j'ai fini ! Le 2ᵉ acte bien entendu. Ça vous en fait trois[4] » écrit Henri Meilhac ; « J'ai

---

1   C.-E. Curinier, *Dictionnaire national des contemporains*, Paris, Office général d'édition, s. d. [1899-1900], t. 2, p. 165.
2   Une lettre de Lugné-Poe le confirme : « En passant par Paris allant à Bruxelles, je vous rappelle – si vous le permettez – ma demande relative à une salle dans l'Exposition. – Votre respectueux et obligé Lugné-Poe » (Lettre d'Aurélien Lugné-Poe à Eugène Bertrand, s. d., AN, AB XIX 4127).
3   Ch. Charle, *op. cit.*, p. 54.
4   Lettre de Henri Meilhac à Eugène Bertrand, s. d., AN, AB XIX 4128. Toutes les lettres citées proviennent de ce carton, sauf mention contraire.

terminé mon travail – s'enthousiasme Eugène Labiche –, je vais le donner à copier afin de m'y reconnaître. Je convoque messieurs Vanloo et Leterrier pour *mardi soir 8h ½*[1]. » ; « Mon cher maître – écrit-il encore à propos d'une pièce dont les répétitions ont probablement déjà commencé –, voici le 3ᵉ acte arrangé. J'ai coupé un tableau et fait le raccord convenu. Veuillez avoir l'obligeance de le remettre au copiste pour qu'il mette les rôles en état. J'ai préféré ne pas venir aujourd'hui à la répétition pour faire ce travail[2]. » Les réajustements se font au gré des répétitions, et selon les vues du directeur (et de son metteur en scène) comme le confirme cette lettre de Ludovic Halévy : « Nous avons longuement causé tout à l'heure Meilhac, Offenbach et moi de la fin du second acte. Nous avons, je crois, trouvé quelque chose qui rentrerait dans vos idées, mais nous avons besoin de voir demain *en scène* toute la première partie du 2ᵉ acte… Nous irons tous les trois au théâtre à 2 heures[3]… » La présence des auteurs aux répétitions est attestée, mais leur rôle paraît se borner aux ajustements nécessaires pour les besoins de la mise en scène. Leur absence peut d'ailleurs compromettre le travail scénique ; une lettre du compositeur Charles Lecocq semble s'édifier comme une réponse à des réprimandes formulées au préalable par Bertrand :

Mon cher Bertrand

Je suis depuis 2 jours à Paris pour y rester, les communications seront donc plus faciles.

Je trouve très fâcheux que vous ayez arrêté les répétitions auxquelles je croyais que Gondinet prenait part. Il est bien certain qu'on ne peut se passer de lui. Quant à ce qui concerne la musique, je tiens mon 1ᵉʳ acte à votre disposition, il n'y a qu'un morceau dont les paroles ne vont pas bien, c'est le couplet du chic et du chèque chanté par Baron. Le reste est complet, ou me paraît tel, sauf une coupure probable au final. Il n'y aurait aucun inconvénient à donner leçon aux artistes, cela permettrait de voir le 1ᵉʳ acte dans son ensemble. Quant

---

1 Lettre d'Eugène Labiche à Eugène Bertrand, 2 mai 1875. – Albert Vanloo et Eugène Leterrier sont les collaborateurs de Labiche pour *La Guigne*, comédie-vaudeville en 3 actes créée aux Variétés le 27 août 1875. C'est avec cette pièce que Coquelin cadet, venant de quitter le Théâtre-Français, fit ses débuts aux Variétés (rôle de Gédéon Fraisier). Louis Baron était aussi de la distribution (rôle de Duplanchet) ; il créa un bon nombre des pièces de Labiche représentées sur ce théâtre (parmi lesquelles : *La Mémoire d'Hortense*, 1872 ; *Les Trente Millions de Gladiator*, 1875 ; *Le Roi dort*, 1876).
2 Lettre d'Eugène Labiche à Eugène Bertrand, 25 février 1876.
3 Lettre de Ludovic Halévy à Eugène Bertrand, s. d.

au second, je suis obligé de me tenir sur la réserve jusqu'à ce qu'il soit établi, car je suis las de faire des morceaux inutiles, et d'ailleurs, quand je saurai exactement ce que j'ai à faire, je ne serai pas long à l'exécuter[1].

L'écriture de la pièce, la composition des ritournelles, s'opèrent donc à distance et non plus nécessairement en amont des répétitions ; celles-ci s'offrent d'ailleurs comme un moment adéquat pour effectuer les corrections nécessaires afin de coordonner l'ensemble des matériaux du spectacle. L'auteur ne participe que de loin à la mise en scène[2] ; une lettre de Ludovic Halévy le confirme :

> Vous me rendrez cette justice, que, depuis la lecture de la pièce, j'ai toujours été à votre disposition et que je me suis traîné là toutes les fois que je croyais pouvoir être bon à quelque chose, mais en vérité tout a des limites, et il est des métiers que je ne sais pas faire[3].

Certes, la perspective scénique participe bien du projet d'écriture : Paul Ferrier, par exemple, s'assure auprès de Bertrand de la faisabilité d'un décor avant d'entreprendre la rédaction de son drame :

> Je vous donne ci-contre un mauvais croquis du décor dont j'aurais besoin – entouré des explications nécessaires à l'intelligence de l'image –. [...] Avant de faire la pièce, je voudrais mieux que mon espérance. Je voudrais votre assurance, à vous ! Un mot, je vous prie, qui me dise si le décor peut s'exécuter. Je partirai dessus[4].

Les auteurs paraissent peu, toutefois, s'intéresser à la réalisation scénique de leur pièce une fois que celle-ci ne nécessite plus aucune correction. Une lettre de Labiche révèle que l'auteur ne daigne même pas assister à la première représentation :

---

1 Lettre de Charles Lecoq à Eugène Bertrand, 17 septembre 1878, AN, AB XIX 4129. – La pièce évoquée est une opérette en 3 actes de Jules Prével, Albert de Saint-Albin et Edmond Gondinet (dont le nom n'apparut pas sur la brochure imprimée), jouée au Théâtre des Variétés le 11 janvier 1879 sous le titre : *Le Grand Casimir.* La partition a été éditée (Paris, Brandus et Cie, s. d. ; pour le couplet du « Chic et du Chèque », voir p. 22-23).
2 Sauf pour quelques cas particuliers, comme celui de Victorien Sardou par exemple, largement cité dans la critique comme un talentueux metteur en scène.
3 Lettre de Ludovic Halévy à Eugène Bertrand, 2 octobre [année non précisée].
4 Lettre de Paul Ferrier à Eugène Bertrand, Vichy, 7 juillet [année non précisée], AN, AB XIX 4129. Le texte encadre un magnifique croquis de décor, composé d'une avant-scène et d'un escalier tournant comparable à celui utilisé pour le final de *Chatterton* (1835).

Mon cher Bertrand

J'arrive à six heures du soir et je comptais bien assister ce soir à [la] 1ère de *la guigne* avec ma femme et mon fils. J'avais prié M. Leterrier de vous demander une loge. Je n'ai rien reçu. J'en suis étonné, mais non contrarié. Il fait si chaud que j'aurai plaisir à rester chez moi[1].

Le metteur en scène avait donc un rôle majeur à tenir dans ce système, que le fonds « Bertrand » permet d'identifier puisqu'il renferme une trentaine de lettres d'Albert Vizentini qui a occupé cette fonction aux Variétés entre 1889 et 1892.

LES FONCTIONS DU METTEUR EN SCÈNE

Issu d'une famille de théâtre, Albert Vizentini a paru très jeune sur la scène du Théâtre de l'Odéon dirigé par son père[2]. Formé au violon par Fétis, il est nommé second chef d'orchestre au Théâtre d'Anvers (1861), soliste aux Bouffes-Parisiens (1862) puis au Théâtre-Lyrique (1863), chef d'orchestre à la Porte-Saint-Martin (1868) puis dans différents théâtres londoniens. En 1872, il devient chef d'orchestre à la Gaîté et remplace Offenbach comme directeur de ce théâtre en 1875. Il monte *Le Voyage dans la lune*, féerie adaptée de l'œuvre de Jules Verne[3], puis prend, l'année suivante, la direction du tout nouvellement reconstruit Théâtre-Lyrique[4]. Il obtient des subventions de l'État afin de promouvoir

---

1   Lettre d'Eugène Labiche à Eugène Bertrand, 27 août 1875.
2   Augustin Vizentini avait débuté comme acteur à l'Opéra-Comique en 1833. Il devint successivement régisseur général de l'Opéra (sous la direction de Léon Pillet), directeur de l'Odéon (en 1847), régisseur du Théâtre du Vaudeville, puis administrateur du Théâtre-Français du Caire (en 1874). Son père (Augustin), d'abord agent dramatique, avait été engagé comme acteur à l'Odéon en 1830, puis à l'Opéra-Comique en 1833. Son deuxième fils (Jules) était acteur au Cirque-Olympique et à la Gaîté : il tint les rôles comiques d'un certain nombre de féeries, dont celui du *Voyage dans la lune* (Vanloo, Leterrier, Mortier, Offenbach, Gaîté, 1875) dont la mise en scène fut réglée par son neveu Albert (voir *Grand Dictionnaire universel du* XIXᵉ *siècle, op. cit.,* entrée « Vizentini »).
3   Voir note précédente.
4   Situé place du Châtelet, il occupe le même emplacement que l'ancien Théâtre-Lyrique (transfuge du Théâtre-Historique, renommé Opéra-National en 1851 puis Théâtre-Lyrique en 1852, qui, placé sur le Boulevard du Temple, fut détruit par les travaux haussmanniens de 1862). Ce théâtre fut incendié en 1871 lors des événements de la Commune. Reconstruit à l'identique en 1874, il fut fermé en janvier 1878. Devenu Théâtre des Nations en 1879, il abrite temporairement les troupes du Théâtre-Italien et de l'Opéra-Comique. Sarah Bernhardt en obtient le bail auprès de la ville de Paris en 1898. Il est l'actuel Théâtre de la Ville.

un répertoire lyrique national ; il monte alors les opéras de Victorin de Joncières (*Dimitri*, livret de Paul Silvestre et Henri de Bornier d'après *Demetrius* de Schiller, 5 mai 1876), Victor Massé (*Paul et Virginie*, livret de Jules Barbier et Michel Carré, d'après le roman de Bernardin de Saint-Pierre, 15 novembre 1876), Saint-Saëns (*Le Timbre d'argent*, livret de Jules Barbier et Michel Carré, 23 février 1877), entre autres. Malgré de vifs succès, l'État retire ses subventions, et le théâtre est fermé au mois de janvier 1878[1]. Albert Vizentini devient alors régisseur en chef des Théâtres Impériaux de Russie (1879-1889). De retour en France, il est nommé metteur en scène du Théâtre des Variétés sous la direction de Bertrand. Il occupera les mêmes fonctions ensuite aux théâtres des Folies-Dramatiques (1892), du Gymnase (1894), du Grand Théâtre de Lyon (où il mettra en scène la première adaptation française du *Die Meistersinger von Nürnberg* [*Les Maîtres chanteurs de Nuremberg*] de Wagner en 1897), et de l'Opéra-Comique (1898). C'est donc doué d'une expérience certaine dans la mise en scène d'opéras que Vizentini aborde la direction de la scène aux Variétés ; une lettre adressée à Bertrand le confirme :

> Mon cher ami,
> Havez me parle de *Néron*. En effet, j'ai été l'accoucheur de ce grand opéra, qui a au point de vue de la mise en scène une importance exceptionnelle. On m'a dit que je l'avais réussie, cette mise en scène que je n'ai pas écrite ; mais mes souvenirs sont assez précis. S'il vous plaît que nous en causions, je suis, vous le savez, tout à votre disposition[2].

La correspondance de Vizentini ne permet pas d'identifier toutes les clés d'une esthétique de la mise en scène dans la mesure où elle se borne à informer le directeur des détails concrets de l'organisation du travail scénique. Sortes de comptes rendus rédigés à la hâte à l'issue

---

1   Voir sur ce point, l'entrée « Vizentini » de la *Biographie universelle des musiciens* (A. Pougin [dir.], Paris, Firmin-Didot, 1878-1880, t. 2). – Notons que *Paul et Virginie* et *Le Timbre d'argent* avaient été composés dans les années 1860 et reçus à l'Opéra-Comique ; leur représentation fut toujours repoussée (voir J. Gallois, *Camille Saint-Saëns*, Sprimont, Margada, 2004 et la *Revue Nationale et étrangère*, nº du 3 août 1867 qui annonce la réception de *Paul et Virginie* à l'Opéra-Comique).

2   Lettre d'Albert Vizentini à Eugène Bertrand, s. d. – Havez est le chef du service au Théâtre des Variétés. – *Néron* est un grand opéra en 4 actes d'Anton Rubinstein, livret de Jules Barbier. L'œuvre avait été remise à Émile Perrin, alors directeur de l'Opéra, dans les années 1860, mais elle ne fut jamais représentée. Vizentini parle donc ici de la première en Russie, le 10 février 1884 au Théâtre Mariinsky de Saint-Pétersbourg.

des répétitions, ces lettres permettent de discerner le rôle central du metteur en scène dans le façonnement du spectacle ; « Ce n'est pas que je sois pressé de régner » écrivait-il déjà à Bertrand le 29 août 1889, inquiet de voir l'engagement promis reporté, mais « j'ai besoin de mon travail pour vivre et je ne puis ni rester à rien faire l'hiver prochain, ni repousser toute autre combinaison s'offrant à des recherches qu'il est de mon devoir de ne pas arrêter[1] ». Le règne du metteur en scène est toutefois relatif si l'on en juge d'après les nombreuses contraintes auxquelles il est confronté. Absence des auteurs aux répétitions, retards dans la livraison des manuscrits, caprices des comédiens sont autant de problèmes qu'il doit gérer, avec le souci, toujours renouvelé par le directeur, de rentabiliser au maximum l'entreprise théâtrale. L'argent s'avère la préoccupation principale du metteur en scène (il le sera aussi pour Antoine si l'on considère ses inquiétudes quotidiennes relatées dans les *Souvenirs sur le Théâtre-Libre*[2]) :

> Vous allez me trouver bien girouette, mais on peut changer d'avis, n'est-ce pas ? Surtout quand on est sincère et que l'on cherche « le mieux ». Eh bien, me voici fort perplexe et je me demande si l'on ne fait pas fausse route avec le final de Cythère ? Je vous avais vanté l'idée des amours, mais elle venait comme conclusion gracieuse à un cupidon comique... Je voyais un changement du fond, mais pas tout un décor à faire... [...]
> Ajoutez-y que la scène de Kanley n'est ni intéressante, ni drôle ; que l'effet des chats est usé, archi-usé ; que la scène de Peyral sera... blanche. Enfin qu'on rit peu au 1er acte, et vous comprendrez mes hésitations. Comme mon devoir est avant tout de prendre la défense de vos intérêts, je dois avant tout vous dire très nettement ce que je pense.
> Mais comment finir ce 1er acte ? ?
> Voyons ! Déjà, vous avez en réserve un décor neuf, bien peint et inconnu (me dit Cabourg) le *Carré Marigny*. Pourquoi ne pas l'utiliser ? — Supposons qu'on fasse un petit Faubourg Montmartre qui changerait à vue sur le Carré Marigny et que dans ce dernier tableau, on mettrait une scène à Brasseur, puis les duels – 8 femmes au lieu de 6 – les gendarmes poussés plus au comique (et peut-être de toutes les tailles). L'acte finirait sur la mêlée générale interrompue

---

1   Lettre d'Albert Vizentini à Eugène Bertrand, Paris, 29 août 1889.
2   Citons cet exemple : « *25 juin 1891*. – Ma fin de saison est dure ; le mois dernier, j'avais écrit un mot à Derenbourg [directeur du Théâtre des Menus-Plaisirs] pour lui demander de m'avancer 6.000 à 7.000 F afin de faire face à mon dernier spectacle et gagner l'été. Hier, dans *le Gil Blas*, je trouve une copie de cette lettre, ce qui m'est bien désagréable car elle rend publique une situation financière qui doit réjouir nos ennemis. » (A. Antoine, « *Mes Souvenirs* » sur le Théâtre-Libre, op. cit., p. 238).

par les agents de police, la foule, que sais-je ? – Je ne trouve pas encore ce que je voudrais, mais vous voyez ce que je ne voudrais pas : des frais inutiles[1] !

On voit nettement poindre, dans ces réflexions, les ingrédients que condamneront les théâtres d'avant-garde au tout début du XXe siècle. Mercantilisme et vedettariat sont bien des facteurs qui conditionnent la pratique théâtrale après 1864, mais il ne s'agit pas pour autant de nier l'existence d'un metteur en scène qui avait déjà en charge d'élaborer à lui seul le spectacle et de diriger les acteurs.

Les lettres de Vizentini le confirment : les auteurs sont peu présents aux répétitions, ne décident pas nécessairement de la distribution[2], et le travail d'interprétation est bien du ressort du metteur en scène[3]. C'est lui, également, qui est chargé de renouveler la troupe et de conseiller le directeur sur les engagements à signer. Une lettre rédigée à l'issue du concours du Conservatoire donne des renseignements à ce sujet :

> Un jeune homme ne concourant pas, donnait la réplique en vrai grime avec un masque à effet très bon pour nous. Je l'ai happé. Il viendra demain ; ce M. Paulet est maigre, étriqué soit ! mais à prendre de suite. [...] Worms me charge de vous faire ses amitiés et de vous recommander Mlle Leture. Mais pourquoi ? Je me le demande ! Rien autre à noter du concours. Ah ! une très jolie fille, Mlle Gérard (maîtresse de Catulle Mendès). Très élégante. Aucun talent. Koning est dessus. Tout le reste appartient à Claretie et Porel... Ne les envions pas[4] ! ! ! !

---

1   Lettre de Vizentini à Bertrand, Dimanche soir [s. d.].
2   Vizentini écrit par exemple : « Halévy sort du théâtre. Il est navré que Crouzet ne joue pas Oreste. » (Lettre à Bertrand, 26 août 1890).
3   Dans cette lettre non datée par exemple, il écrit : « Nous avons travaillé avec Réjane jusqu'à 5 hrs [sic] un quart. À la bonne heure ! [...] Cooper m'a demandé conseil. Je lui ai dit de jouer son rôle, que son tact était nécessaire, que s'il ne paraissait qu'au 1er acte, on parlait beaucoup de lui au 3e et que le mot de la fin remettait son personnage dans la mémoire du public. Donc, il jouera. [...] Ce soir, cela marche bien. On est en retard. Granier bouge, bouge. Je l'ai priée de commencer demain 10 minutes plus tôt [...]. Elle m'a répondu d'assez mauvaise humeur : "C'est amusant ! il n'y a déjà personne quand je chante mes couplets" ! Il est évident que nous ne sympathisons pas follement, la diva et moi. » Jeanne Granier est alors l'une des artistes lyriques les plus célèbres de Paris ; après avoir créé le rôle-titre de *Giroflé-Girofla* (opéra-bouffe en 3 actes d'Albert Vanloo et Eugène Leterrier, musique de Charles Lecocq, Théâtre de la Renaissance, 11 novembre 1874), elle triomphe dans *Le Petit duc* (opéra-comique en 3 actes d'Henri Meilhac et Ludovic Halévy, musique de Charles Lecocq, Théâtre de la Renaissance, 25 janvier 1873) qui fera d'elle une star pour les 30 ans à venir.
4   Lettre de Vizentini à Bertrand, Mercredi soir [s. d.]. – Victor Koning est directeur du Théâtre du Gymnase (1881-1893), Paul Porel de celui de l'Odéon (1884-1892) et Jules Claretie est administrateur général de la Comédie-Française (1885-1913).

Les frontières entre les scènes officielles et les théâtres privés avaient bien été ébranlées. Tous les directeurs puisent à la même source pour renouveler leur troupe ; on constate d'ailleurs toujours la même circulation des uns et des autres à la tête des divers théâtres parisiens, qu'ils soient subventionnés ou non. La carrière de Vizentini le prouve, mais aussi celle de Paul Porel par exemple, qu'Antoine cite dans les premières pages de sa « Causerie[1] ». Formé au Conservatoire dans la même promotion que Sarah Bernhardt, Porel fut tour à tour acteur du Gymnase et de l'Odéon. Devenu directeur de la scène à ce théâtre,

---

1   « D'abord, qu'est-ce que la mise en scène ? » écrit Antoine ; « Un des hommes de théâtre les plus autorisés de ce temps, M. Porel, au Congrès de l'exposition théâtrale, en 1900, a défini notre art d'une manière si exacte et si heureuse que je me fais un devoir et une joie de lui emprunter ce texte : "Sans la mise en scène, sans cette science respectueuse et précise, sans cet art puissant et délicat, bien des drames n'auraient pas été centenaires, bien des comédies ne seraient pas comprises, bien des pièces n'iraient au succès. Saisir nettement dans un manuscrit l'idée de l'auteur, l'indiquer avec patience, avec précision, aux comédiens hésitants, voir de minute en minute la pièce surgir, prendre corps. En surveiller l'exécution dans ses moindres détails, dans ses jeux de scène, jusque dans ses silences, aussi éloquents parfois que le texte écrit. Placer les figurants hébétés ou maladroits à l'endroit qu'il faut, les styler, fondre ensemble les petits acteurs et les grands. Mettez d'accord toutes ces voix, tous ces gestes, tous ces mouvements divers, toutes ces choses disparates, afin d'obtenir la bonne interprétation de l'œuvre qui vous est confiée. Puis, ceci achevé et les études préparatoires faites avec méthode dans le calme de l'étude, s'occuper du côté matériel. Commander, avec patience, avec précision, aux machinistes, aux décorateurs, aux costumiers, aux tapissiers, aux électriciens. Cette seconde partie de l'œuvre terminée, la souder à la première, mettre l'interprétation dans ses meubles." » (A. Antoine, « Causerie sur la mise en scène », *op. cit.*, p. 107). En citant ainsi Porel, Antoine fait preuve d'une certaine malice puisque toute la suite de son texte consiste à déconstruire ces propos. Porel décrit le travail de mise en scène tel qu'il se pratique à l'époque ; sa définition est similaire à celles de Pougin et de Larousse. Antoine souhaite imposer une autre façon de faire, à savoir celle qui consiste à partir du décor pour construire l'interprétation, du « matériel » pour faire surgir « l'immatériel ». Les désaccords entre les deux hommes apparaissent d'ailleurs clairement dans un article du *Figaro*, intitulé « La Question de l'Odéon. Conversation avec M. Porel » publié aux lendemains de la première direction d'Antoine à l'Odéon : « Si je voyais M. Ginisty, répondit M. Porel, et qu'il voulût profiter de mon expérience, je lui dirais : "Il est impossible que vous donniez 23.000 fr. par an à un régisseur de la scène sans aucune capacité, sans savoir technique, sans connaissance de la diction, car vous ne pensez pas qu'un mois lui sera suffisant pour acquérir toutes ces qualités-là, sans compter le calme, le tact, la patience et la subordination nécessaires ? [...] Si, après ce début, M. Ginisty m'écoutait encore, je lui dirais : Retenez ceci : *aucune* des pièces à succès jouées au Théâtre libre durant sept ans ne réussira dans le cadre de l'Odéon. Ce qui peut faire la valeur de ces sortes de pièces, les jeux de scène imperceptibles, les jeux de physionomie, tout cela y est perdu. Le cadre de l'Odéon est un gouffre où sombrent toutes les nuances. » (*Le Figaro*, n° du 3 novembre 1896, réédité par Antoine [sous une date fautive] dans *Mes souvenirs sur le Théâtre Antoine et sur l'Odéon [première direction]*, *op. cit.*, p. 89).

il en prend la direction en 1884, fréquente les milieux littéraires
« naturalistes », promeut leur réalisations théâtrales, épouse Réjane,
tente de s'imposer à la direction de l'Opéra, rachète l'Éden-Théâtre
en faillite, s'associe avec Albert Carré[1] à la direction du Vaudeville,
porte sur ce théâtre une pièce originale de Sardou (*Madame Sans-Gêne*,
1893) dont le premier rôle est réservé à sa femme, et crée, toujours au
Vaudeville, l'adaptation française de *Maison de Poupée* d'Henrik Ibsen
(1894). Bien sûr, les confidences faites par Vizentini à Bertrand au sujet
du concours du Conservatoire montrent que la notion de genre, ou en
tout cas de répertoire, est toujours active. Le choix des acteurs s'opère
selon les spécialités du théâtre : celui des Variétés est délibérément
porté vers le « grand spectacle comique » comme le sont, à la même
époque, la Gaîté et le Châtelet[2]. Mais ce facteur ne doit pas occulter
pour autant une création théâtrale dominée par des réseaux construits
entre acteurs, auteurs, compositeurs et directeurs. Le fonds « Bertrand »
des Archives Nationales le prouve : Porel, Paul Ginisty (alors directeur
de l'Odéon) n'hésitent pas à solliciter Bertrand afin de puiser dans le
magasin des Variétés ou de l'Opéra les décors et accessoires utiles pour
leurs mises en scène. De même, le Théâtre des Variétés (des lettres
de Vizentini l'attestent) empruntent aux autres théâtres parisiens les
éléments (meubles, costumes, etc.) nécessaires à leurs spectacles. Ce
contexte est essentiel à prendre en compte pour mesurer les réformes
théâtrales de la fin du siècle. Les courants esthétiques initiés par les
Meninger en Allemagne, relayés par quelques directeurs de théâtre et
de revues dramatiques du nord de l'Europe (belges en l'occurrence[3]) ont
donné l'impulsion pour envisager autrement la mise en scène. Mais les
conditions matérielles de l'organisation des spectacles en France sont

---

1   Neveu de Michel Carré cité précédemment, Albert Carré fut ensuite directeur de
    l'Opéra-Comique (1898-1913, puis 1918-1925) où il créa *Pelléas et Mélisande* (1902), opéra
    en 5 actes et 19 tableaux de Debussy qui fit grand scandale. Albert Carré a joué un rôle
    important dans la reconnaissance juridique du metteur en scène comme on le verra plus
    loin. Il fondera la Société amicale des directeurs de théâtre avec Jacques Rouché, entre
    autres, en 1919.

2   Remarquons que c'est avant tout l'intérêt financier qui motive le choix des répertoires.
    La féerie, la revue, l'opérette sont garantes de succès auprès du public du Second Empire
    et de la Troisième République.

3   Sur la circulation des esthétiques théâtrales en Europe, et notamment celle dite « natu-
    raliste », voir : Ph. Baron (dir.), *Le Théâtre libre d'Antoine et les théâtres de recherche étrangers*,
    avec la collaboration de Ph. Marcerou, Paris, L'Harmattan, 2007.

aussi des critères importants à estimer. Les Firmin Gémier, Aurélien Lugné-Poe, André Antoine oscilleront également entre les théâtres privés et subventionnés. Leurs prises de parole théoriques seront armées en partie par une dénonciation en filigrane de ces réseaux qu'ils chercheront à ébranler.

LE METTEUR EN SCÈNE :
SUJET DE VIFS DÉBATS AU SEIN DE LA CRITIQUE

Le metteur en scène est ainsi pleinement reconnu comme personnage central de l'activité théâtrale dans les dernières décennies du XIXe siècle, au point que la critique s'intéresse désormais plus attentivement à lui[1]. Paul Foucher constate les « merveilleuses qualités de metteur en scène[2] » d'Émile Perrin (alors administrateur de la Comédie-Française), Edmond de Goncourt fait l'éloge « du grand metteur en scène, qui se nomme Porel, et qui sait apporter dans les attitudes, les poses, les mouvements des corps d'hommes et de femmes dont il a la direction, tant de ressouvenirs de la vie morale des gens, tant de choses vraiment cérébrales, qui dote enfin un rôle d'une partie psychique, [ce qui n'est rencontré] sur aucune autre scène[3] ». Les louanges lancées par voie de presse sont rarement neutres ; saluer le talent d'un metteur en scène revient à affirmer une conception esthétique (et avec elle politique) du théâtre, souvent au détriment d'une autre. Ainsi Francisque Sarcey va jusqu'à vanter les mérites de Charles-Hippolyte Dubois-Davesnes, vaudevilliste devenu second régisseur du Théâtre-Français en 1850 :

> Davesnes était l'homme de la tradition – écrivait-il dans sa « Chronique théâtrale » du 10 août 1885. Il avait vu les plus grands artistes dans toutes leurs créations, et il en avait gardé un souvenir très fidèle. [...] Savez-vous bien que Davesnes était consulté par les plus grands artistes de la Comédie-Française, et que ses avis, toujours présentés d'un ton modeste, avec une humilité fuyante, étaient toujours écoutés et faisaient loi. [...] Sachez-le : sans régisseur, pas d'acteur. L'acteur (sauf exceptions, cela est entendu toujours) est une machine dont le ressort est le régisseur. Le régisseur, c'est l'âme du théâtre. Il va sans dire que le directeur fait souvent office de régisseur ; je

---

1   On pourra, sur ce point, consulter l'article d'Alice Folco : « Images médiatiques du metteur en scène (1830-1900) », *in* O. Bara & M.-E. Thérenty, *Presses et scène au XIXe siècle*, *op. cit.*

2   P. Foucher, « Revue dramatique », *La Presse*, 16 novembre 1874.

3   E. de Goncourt, « Préface » à *Germinie Lacerteux*, pièce en 6 tableaux, Paris, Charpentier, 1888, p. VII. La pièce fut jouée à l'Odéon le 18 décembre 1888.

prends le mot de régisseur dans sa plus large acception : il désigne le *metteur en scène*, quel que soit son titre officiel[1].

L'évocation de ce régisseur peut paraître surprenante à cette date ; Davesnes était mort depuis plus de dix ans. Mais Sarcey ne tarde pas à dévoiler son intention :

> Le malheur [de M. Perrin], c'est de n'avoir pas rencontré un Davesnes. Il est vrai de reconnaître que, s'il l'eût trouvé à la Comédie-Française, il l'eût annihilé ou brisé. Au moins était-il, lui, un remarquable metteur en scène [...]. Mais la race des grands metteurs en scène disparaît[2].

Ressusciter Davesnes revient donc à imposer le respect des traditions scéniques comme seul viatique susceptible de diriger la mise en scène au Théâtre-Français. C'est une manière de contrer les innovations introduites par Émile Perrin dans la représentation des « classiques[3] ». Le

---

1   F. Sarcey, « Chronique théâtrale », *Le Temps*, 10 août 1885. Cet article sera repris en intégralité par Sarcey dans *Quarante ans de Théâtre, la critique et les lois du théâtre, la Comédie-Française* (Paris, Bibliothèque des Annales, 1900, p. 300-303), pour illustrer le chapitre « Le régisseur général ».

2   *Ibid.*

3   Sarcey n'a cessé, dans sa « Chronique théâtrale » du *Temps*, d'attaquer Perrin sur son usage excessif des décors et des accessoires. On pourra consulter, notamment, les articles consacrés à « La Comédie-Française à Londres » (n[os] des 16 et 23 juin 1879). Sarcey y résume ainsi sa pensée : « Je crois bien qu'on a raison d'harmoniser le décor au drame toutes les fois qu'on le peut, et la Comédie-Française aurait grand tort, quand elle est chez elle, de négliger cet accessoire. Mais ce ne sera jamais qu'un accessoire. Et, par malheur, c'est un accessoire devenu horriblement coûteux. Beaucoup de théâtres monteraient sans doute des pièces nouvelles, si cet accessoire n'était pas devenu le principal, et s'il ne revenait pas si cher. Une chose est certaine, c'est qu'ici à Londres, où l'on est réduit à s'en passer, les œuvres réussissent par elles-mêmes, et c'est là le vrai succès. » (*Le Temps*, 23 juin 1879 ; les Comédiens-Français ont donné à Londres : *Phèdre* de Racine, *Le Sphinx* d'Octave Feuillet et *Zaïre* de Voltaire). Les attaques réitérées du critique ont incité Perrin à publier une *Étude sur la mise en scène, lettre à M. Francisque Sarcey* (Paris, A. Quantin, 1883) ; Sarcey y répond dans sa « Chronique théâtrale » du 23 juillet 1883 : « Ce n'est point du tout sur le détail des choses que je suis en désaccord avec M. Perrin : c'est sur le fond même. Le dissentiment vient de ce que tous deux nous avons une conception radicalement différente de l'art dramatique. M. Perrin, qu'il le sache ou non, qu'il s'en rende compte ou qu'il n'en ait qu'un sentiment vague, relève de l'école naturaliste ; je suis un idéaliste en fait de théâtre. » (*Le Temps*, 23 juillet 1883). Suit un exposé de la théorie zolienne, que Sarcey conclut par ces mots (exactement les mêmes que ceux utilisés par Janin quelques décennies plus tôt) : « Donc, ce que le poète porte à la scène, c'est une idée, ce qu'il veut imposer au public, c'est l'impression, c'est l'émotion qu'il a reçue de cette idée. Le public ne voit que cette idée ; il sent ou ne sent pas l'émotion qu'on a prétendu lui faire partager, mais le spectacle des objets extérieurs dont on a pu entourer cette image n'est que pour

nerf des débats, on le voit, était toujours le même. D'autres artistes et d'autres esthétiques étaient désormais en jeu, mais la question demeurait de savoir si la mise en scène, cet « art qui vient de naître » comme le revendiquera Antoine, pouvait offrir une lecture renouvelée du répertoire dramatique national.

Et que l'on n'aille pas se tromper sur les intentions de l'ancien directeur du Théâtre-Libre lorsqu'il publie sa « Causerie » en 1903. Après avoir souligné l'impossibilité d'une mise en scène sur les théâtres du Grand Siècle (pour des raisons de protocole et d'usage social du théâtre essentiellement), il écrit :

> Cependant l'évolution littéraire s'accomplit. Le théâtre d'intrigue, le théâtre à situations matérielles apparaît, le théâtre où se marquent la position sociale et la vie journalière des personnages. L'unité de lieu se brise. Figaro saute par les fenêtres et le comte enfonce les portes. Hugo publie la *Préface de Cromwell,* le grand Dumas se joint à lui : le Moyen Âge chasse l'Antiquité : on ne raconte plus, sur la scène, les épisodes tragiques et les combats héroïques : Hernani y ferraille, Saint-Mégrin regarde les astres avant de se rendre chez la duchesse de Guise, et Ruy Blas pousse les meubles devant les portes de sa salle basse pour mourir en paix. Géronte, Célimène et Sganarelle font place à Marguerite Gautier, à Giboyer, au père Poirier ; on mange sur le théâtre, on y dort, on s'assied sur son lit pour rêver comme Chatterton. La mise en scène vient de naître, et, docile, elle va désormais suivre la production dramatique[1].

L'héritage des conceptions scéniques des Lumières et des romantiques était ainsi revendiqué. Comme dans les histoires sur la mise en scène produites depuis les années 1830, il s'agissait de convoquer une histoire du théâtre (et avec elle une conception politique de ses enjeux et de sa

---

très peu de chose dans la sensation qu'il éprouve, car le poète a le don de lui faire voir tout ce qu'il veut, et, quand le public ne voit pas ou se refuse à voir, c'est la faute non du décorateur, mais du poète. » (*Ibid.*).

1   A. Antoine, « Causerie sur la mise en scène », *op. cit.,* p. 110. *Le Fils de Giboyer* est une comédie en 5 actes et en prose d'Émile Augier, jouée à la Comédie-Française en décembre 1862. *Le Gendre de M. Poirier* est une comédie en 4 actes et en prose, d'Émile Augier et Jules Sandeau, jouée au Gymnase en avril 1854. Antoine écrira dans ses *« Souvenirs »* sur le Théâtre-Libre : « *28 octobre 1888.* – Mort d'Émile Augier. Dans notre coin, l'auteur des *Lionnes pauvres* et du *Fils de Giboyer* était, de toute la génération précédente, le plus respecté, car il fut, dans ses comédies bourgeoises et sociales, l'un de nos précurseurs, et son influence subsiste encore chez beaucoup de jeunes gens. Jusqu'à Becque, il a été l'un des sommets de notre littérature dramatique. » (*« Mes Souvenirs » sur le Théâtre-Libre, op. cit.,* p. 119).

place dans la société) afin de légitimer les pratiques scéniques du présent. Or, Antoine le formule nettement dans la conclusion de sa « Causerie » :

> J'aurais voulu dire toute mon admiration pour le théâtre classique et l'étonnement que j'éprouve, à voir qu'on examine gravement la possibilité d'en renouveler, d'en moderniser la mise en scène. Je voudrais, au contraire, si j'avais un jour l'honneur de diriger un théâtre d'État, revenir en arrière et restituer à nos chefs-d'œuvre le cadre vrai qui leur convient, celui de leur temps. Je voudrais Racine représenté avec les habits de cour de l'époque, dans des décors simples et harmonieux, sans appareil extérieur qui puisse atténuer l'effet de son génie[1].

Rendre « modernes » les classiques en restituant leur « milieu » constitue l'enjeu, clairement dit, de la théorisation d'Antoine. Et l'auteur n'entretient aucune ambiguïté sur ses intentions : « Si nous découvrons quelque chose de vraiment solide et durable, nous aurons ajouté au patrimoine commun. *La Parisienne* [...] ne doit pas être mise en scène et jouée comme *Le Misanthrope*; elle n'en sera pas moins, je l'espère et je le crois, dans l'histoire du théâtre, un chef-d'œuvre aussi, un glorieux anneau de la chaîne d'or sans fin[2]. » Antoine n'affiche pas cette posture « dualiste » qui fondera plus tard la réforme d'un Copeau par exemple. Les procédés de mise en scène du théâtre « à grand spectacle » sont admis ; ils innervent une très grande partie de la production théâtrale de l'époque et leurs apports dans les techniques de l'illusion ne sont pas à mésestimer[3].

---

1   A. Antoine « Causerie », *op. cit.*, p. 120. – L'ambition d'Antoine de diriger l'Odéon paraît s'être manifestée dès la création du Théâtre-Libre, ainsi que le confirme James B. Sanders dans son édition de *La Correspondance d'André Antoine* (Longueil, Éditions du Préambule, 1987, p. 112). Faisant référence à une lettre d'Antoine adressée à Paul Porel, datée du 31 août 1887, il écrit : « Ce fragment de lettre (de 4 pages in-8) figure dans le catalogue d'un marchand d'autographes qui résume ainsi la suite de la missive : "Antoine expose ainsi le but de ce théâtre [le Théâtre-Libre] et son espoir des services qu'il pourra rendre aux jeunes auteurs et aux directeurs des grands théâtres". Antoine rêvait déjà de succéder au directeur du Deuxième Théâtre Français, Paul Porel (1842-1917). Et [Paul] Alexis, ayant deviné son ambition, de l'ébruiter : "Soit ! J'veux bien, Trubl, qu'M. Porel passe un jour directeur du Français, et qu'ton M. Antoine devienne alors directeur de l'Odéon [...]" (*Le Cri du Peuple*, 29 sept. [18]87) ».

2   *Ibid.* – *La Parisienne* est une comédie en 3 actes de Henry Becque, jouée au Théâtre de la Renaissance en février 1885 et reprise sans succès à la Comédie-Française le 11 novembre 1890.

3   Les premières pages des *« Souvenirs »* sur le *Théâtre-Libre* sont d'ailleurs éloquentes sur ce point : « Mes premières impressions de théâtre datent de Ba-ta-clan, où ma mère me conduisait parfois, avec certaines cartes vertes, que je vois encore ; pour cinquante centimes,

Toutefois, une esthétique nouvelle de la mise en scène est encore à faire admettre sur les scènes privilégiées. Le « réalisme » de Perrin ou de Porel ne convainc pas Antoine. C'est dire si sa « Causerie », plutôt que de célébrer la « naissance » d'un art nouveau, vient au contraire plonger l'esthétique de la mise en scène dans un pluralisme de pensée dont elle n'avait pas encore été l'objet. C'est peut-être là que réside la nouveauté d'Antoine : non pas d'avoir inventé un art neuf parce que brillamment théorisé, mais démultiplié la réflexion sur la mise en scène en imposant un autre système, voulu « solide et durable », pour la représentation des classiques. Ses successeurs, qu'ils soient ou non admiratifs de son travail, s'inscriront peu ou prou dans son sillage.

---

on avait droit à une place et à des cerises à l'eau-de-vie ! Heureux temps ! On y jouait de petites comédies, des opérettes, dont l'étoile était un jeune chanteur, Lucien Fugère. Dans ce Marais que nous habitions, il y avait aussi le théâtre Saint-Antoine, boulevard Richard-Lenoir, minuscule scène sur laquelle une gloire de 1850, Tacova, jouait encore *Duvert* et *Lauzanne* [fameux vaudevillistes des années 1825-1840]. Mais ce furent certaines représentations, à Beaumarchais, qui firent sur ma cervelle de gosse la plus profonde impression ; j'y revois très bien Taillade, jouant l'ancien répertoire de Frédérick Lemaître, des mélos étonnants : *les Dix [sic] Degrés du crime* [*Les 6 degrés du crime*, mélodrame en 3 actes, de Nézel et Benjamin, 1851], *la Dame de Saint-Tropez* [drame en 5 actes, d'Anicet-Bourgeois et Dennery, 1844], *Atar-Gull ou la Vengeance d'un nègre* [*Atar-Gull*, mélodrame en 3 actes et 6 tableaux, imité du roman d'Eugène Sue, par Anicet-Bourgeois et Masson, 1832] et un *Richard III* ; évidemment, ce grand acteur m'a, le premier, fait rêver de théâtre, et plus tard, j'ai curieusement vérifié qu'il eut la même influence sur Gémier. Un autre souvenir s'ajoute à ceux-ci. La fort jolie fille d'une voisine jouait des petits rôles à la Gaîté ; emmené par elle, un soir, j'assistai à une représentation de *la Chatte blanche* [féerie en 3 actes et 22 tableaux, des frères Cogniard, 1852] dans la boîte du souffleur où elle m'avait fait placer. À cette époque, la féerie était encore vivante, parée de ses séductions enfantines ; toute la soirée, je vis se dérouler les magnificences des trucs, au ras du plancher de la scène, les trappes silencieusement entr'ouvertes me laissaient apercevoir les machinistes tirant de petits anneaux accrochés aux talons des artistes pour des métamorphoses stupéfiantes. Cette initiation, par l'envers du théâtre, ne détruisit pas mes illusions, au contraire, elle a probablement éveillé chez moi un goût passionné de la mise en scène. » (A. Antoine, « *Mes Souvenirs* » *sur le Théâtre-Libre, op. cit.*, p. 9-10).

L'AUTONOMIE DE LA MISE EN SCÈNE,
OU L'ÉMERGENCE D'UNE ESTHÉTIQUE PLURIELLE

La pluralité des esthétiques de la mise en scène est admise par les critiques du temps. Certains, comme Alphonse Daudet, reconnaissent davantage l'ampleur de cet art dans les formes du « grand spectacle » (la féerie en l'occurrence) : « Ne croyez pas que ce soit besogne facile que d'imaginer et de mettre sur pied ces grandes machines décoratives. Un cadre vaste, à lignes simples, est nécessaire avant tout pour contenir et faire valoir tant de merveilleux tableaux où se joue l'art compliqué du metteur en scène[1] [...] » D'autres, comme Jean Jullien, regrettent que le réalisme ait pénétré jusqu'à la représentation même de la féerie :

> La féerie est le spectacle par excellence, elle devrait occuper un rang élevé dans l'ordre des productions théâtrales, et nous sommes étonné de la voir abandonnée aux enfantillages et aux clowneries. Le féerique est, en son genre, aussi haut, sinon plus, que le dramatique, il est le prolongement de la vie, l'expression de l'idéal humain : il est le théâtre de l'imagination, comme l'autre est le théâtre de l'observation. Dans la comédie ou le drame, nous recherchons la vérité, la raison, la vie ; dans la féerie, nous voulons la poésie et le rêve[2].

Deux esthétiques sont donc reconnues ; l'une reste toutefois à mettre sur pied puisque, déplore Jullien : « Avouez qu'il est curieux de voir cette féerie qui, en principe, était le rêve, évoluer ainsi vers la réalité ; [...] l'invention a fait place à l'exhibition, aux "clous" que nos directeurs vont chercher en Angleterre et qu'ils feraient beaucoup mieux d'y laisser[3]. » Si la réflexion de Jullien s'appuie encore sur la théorie des genres – le procédé est usuel dans tous les traités de rénovation dramatique depuis Diderot ; Zola l'emploie également pour construire sa théorie sur le *Naturalisme au théâtre*[4] –, il faut bien remarquer que la réflexion sur la mise en scène, en tant qu'art autonome, était permise précisément

---

1 A. Daudet, *Pages inédites de critique dramatique 1874-1880*, chap. « Féeries et décors », Paris, Flammarion, s. d., p. 143.
2 J. Jullien, *Le Théâtre vivant, théorie critique*, Paris, Tresse & Stock, 1896, t. 2, p. 145.
3 *Ibid.*, p. 147.
4 Voir son édition critique établie par Chantal Meyer-Plantureux : Bruxelles, Éditions Complexe, 2003.

parce qu'elle n'était plus assujettie aux codes de l'écriture théâtrale. On a vu précédemment comment la mise en scène, en tant qu'écriture scénique, avait été utilisée par les romantiques comme un outil de brouillage des catégories génériques. La loi de 1864, en abolissant les privilèges dramatiques, a définitivement anéanti le rapport de subordination entre mise en scène et pratique auctoriale. Comme l'ont montré Franco Perrelli et Roborto Alonge[1], c'est finalement l'entrée du théâtre dans l'ère industrielle qui a renforcé le pouvoir et le rôle du metteur en scène au sein de l'entreprise théâtrale. Si l'auteur est encore le seul qui, juridiquement, peut revendiquer son statut d'artiste (il touche des droits d'auteur, c'est-à-dire qu'il est reconnu dans le cadre de la loi sur la propriété littéraire et artistique), le metteur en scène agence, coordonne, dirige les acteurs, propose les coupes nécessaires, recommande les corrections aux auteurs et aux compositeurs. Devenu le maître d'œuvre d'une matière scénique qu'il pouvait désormais appliquer librement aux œuvres, il lui restait à faire valoir ses droits, et surtout à légitimer une pratique qu'un bon nombre de critiques (Sarcey le premier) persistait à concevoir comme une partie « accessoire » de l'art dramatique. C'est là le nerf qui allait animer les débats sur l'art théâtral jusqu'à la Grande Guerre. Autant dire que la mise en scène n'était plus conçue comme une écriture fondue dans le drame, mais comme un langage à part pouvant donner corps à différentes esthétiques.

LE LÉGISLATEUR FACE À LA QUESTION DE LA MISE EN SCÈNE

La manière dont la reconnaissance artistique du metteur en scène a été reçue, puis traitée par le législateur peut aider à identifier quelques-uns des enjeux qui ont conditionné les discours sur l'art dramatique sous la Troisième République. En effet, la jurisprudence avait reconnu le metteur en scène de féerie comme un collaborateur, c'est-à-dire comme un « créateur » à part entière, puisqu'il pouvait prétendre toucher des droits d'auteur au nom de la loi sur la propriété littéraire et artistique[2]. Les auteurs dramatiques, conduits par La Harpe à l'Assemblée en 1790, avaient grandement contribué à l'édification de cette loi. C'est donc

---

1   Voir : F. Perrelli, *La seconda creazione, Fondamenti della regia teatrale*, Torino, Utet, 2005 ; R. Alonge, *Il teatro dei registi*, Bari-Roma, Laterza, 2006.

2   Jurisprudence entérinée par le jugement rendu par le Tribunal civil de la Seine au sujet de *Cri-Cri* (1859), cité *supra* : p. 163, n. 1.

pour protéger leurs intérêts que furent pensés puis édictés les principes d'une législation qui ne furent plus jamais remis en cause par la suite. Les notions d'«œuvre» et d'«écriture» constituent les fondements de la réflexion juridique française sur la propriété artistique. Puisque la création, notion abstraite pour le législateur, ne pouvait permettre l'application d'aucune loi, sa «matérialisation» par l'écriture était l'objet sur lequel pouvait porter la défense de la propriété de l'auteur sur son œuvre. Le texte, trace concrète de la création, constitue, de fait, le seul élément que peut faire valoir l'artiste[1]. L'Assemblée, en 1793, avait bien étendu le cadre de la loi aux «auteurs d'écrits en tout genre, les compositeurs de musique, les peintres et dessinateurs[2]», mais la notion d'«écrit» demeurait son fondement. On comprend, dans cette perspective, combien il pouvait paraître difficile pour le metteur en scène de faire reconnaître son statut d'artiste. D'autant que la SACD défendait avec une grande vigueur ses intérêts. Le chorégraphe dans un premier temps, puis le metteur en scène de cinéma après 1914, parvinrent à s'imposer ; le metteur en scène de théâtre, en revanche, ne pouvait prétendre au statut d'artiste que s'il se faisait reconnaître comme co-auteur, c'est-à-dire s'il prouvait que les trucs et les décors inventés pour un spectacle avaient modifié la structure de l'œuvre, autant dire sa dramaturgie[3]. La scission entre les théâtres «littéraire» et du «grand spectacle» était ainsi entérinée par la jurisprudence.

---

1 On comprend, dans cette perspective, l'intérêt du livret de mise en scène et l'utilité de l'Association de la Régie Théâtrale fondée en 1911. C'est sur cette base que pourra être légiféré le droit d'auteur du metteur en scène.

2 Voir *supra*, p. 25, n. 3.

3 Cette législation suscita de vives contestations au sein de la critique, comme celle formulée par J. Goizet dans son *Histoire anecdotique de la collaboration au théâtre* : « Les metteurs en scène, les machinistes, les clowns, qui se posent comme auteurs d'une pièce et mettent leur nom sur l'affiche, sont-ils des littérateurs ? Que signifient les noms de M. Fanfernot pour une féerie de Cirque, de M. Laurent pour les *Pilules du Diable*, de M. Varez, l'un des doyens des auteurs, qui se croyait le collaborateur de Victor Ducange pour *Calas*, *Thérèse* et *Élodie*, parce qu'il a mis ces pièces en scènes et qu'il y a peut-être ajouté un *Ah ! mon Dieu !* nécessaire pour donner le temps à un acteur de faire son entrée ? Sont-ce des écrivains ? Non. C'est un moyen de rétribution pour des services rendus. Mais pourquoi ne pas nommer aussi comme auteurs, le décorateur, le machiniste, le costumier, l'habilleuse, le coiffeur, et jusqu'à ceux qui balayent la scène ? Le directeur n'aurait plus à les payer, ils partageraient tous sur les droits d'auteurs et finiraient par croire qu'ils ont fait la pièce ! » (Paris, Au bureau du dictionnaire du théâtre, 1867, p. 147-148). – Remarquons que cette jurisprudence fut longtemps sollicitée par la suite, ainsi que le confirme Xavier Desjeux en 1973 : « La prestation du metteur en scène est l'*accessoire* de

LE RÔLE DE LA SACD

Cette législation n'empêcha nullement la SACD de se sentir menacée par les revendications de plus en plus fréquentes des artistes dramatiques. Se référant à la décision de justice rendue à la suite du procès intenté par Lockroy contre Dumas[1], ces derniers n'hésitaient plus à faire reconnaître leur collaboration devant les cours de justice. La *Revue pratique de droit français* le soulignait clairement en 1856 :

> On doit entendre par collaboration, en matière d'œuvre dramatique, tout concours prêté soit pour la conception de cette œuvre, soit pour l'exécution de son plan, soit pour l'accomplissement des dispositions de nature à la rendre représentable. En conséquence, celui-là sera justement considéré comme collaborateur qui, sans ajouter à la composition primitive de l'œuvre, aura apporté son concours à la surveillance des répétitions et de la mise en scène, ainsi qu'aux coupures, modifications et remaniements pratiqués avant la représentation à la pièce déjà composée, qui aura, en un mot, donné à l'exécution du plan de l'auteur la forme et les proportions qui seules l'ont rendu acceptable pour l'administration théâtrale[2].

La reconnaissance du metteur en scène comme auteur, c'est-à-dire comme collaborateur à part entière de l'œuvre théâtrale, était donc possible sous le Second Empire. À partir de 1864 et davantage encore après la

---

l'œuvre dramatique. Même si ce critère risque d'être difficile à définir actuellement, le bon sens commun s'en accommode, voilà qui devrait rassurer. La jurisprudence s'en est largement emparée et, avec l'approbation de la doctrine, a opposé à la mise en scène la plus courante, les féeries ou pièces à grand spectacle. » (X. Desjeux, « La mise en scène de théâtre est-elle une œuvre de l'esprit ? », *Revue Internationale du Droit d'Auteur*, 1973, n° 1, p. 51). La féerie est ainsi toujours évoquée dans la deuxième moitié du XXᵉ siècle pour contrer la reconnaissance juridique du metteur en scène de théâtre. C'est dire combien la question juridique est essentielle à prendre en compte pour mesurer les théorisations de la mise en scène plus tardives. Pour faire valoir la mise en scène comme œuvre de l'esprit, Desjeux cite d'ailleurs la conférence de Jean Vilar prononcée au Théâtre Grammont le 4 mai 1946 (« Le metteur en scène et l'œuvre dramatique », éditée dans J. Vilar, *De la tradition théâtrale*, Paris, Gallimard, 1955, p. 69-105 ; voir X. Desjeux, p. 47). On pourra consulter aussi sur cette question : J. Mathyssens, « Statut des metteurs en scène au regard du droit français de la propriété intellectuelle », *Droits d'auteur*, 1987, p. 347-353 ; Ph. Le Chevalier, « Pour une protection des mises en scène théâtrales par le droit d'auteur », *Revue Internationale du Droit d'Auteur*, 1990, n° 4, p. 19-123 ; S. Proust (dir.), *Mise en scène et droits d'auteur, op. cit.*

1 À propos d'un drame en 5 actes et 6 tableaux, *La Conscience*, joué au Théâtre de l'Odéon en novembre 1854, pour lequel Lockroy est parvenu à se faire reconnaître comme co-auteur.

2 *Revue pratique de droit français*, Paris, Marescq & Dujardin, 1856, t. 1, p. 175.

Commune, la SACD s'est attachée à renforcer ses statuts de manière à exclure définitivement le metteur en scène du champ des auteurs[1]. Un nouvel article est ainsi voté, et imposé aux théâtres, en 1880 :

> La Commission décide qu'un nouvel article, relatif à la mise en scène des ouvrages représentés à Paris, sera inséré dans tous les traités ; cet article est ainsi conçu :
> Art. 9. – Il est bien entendu que la mise en scène d'un ouvrage fait partie intégrante de la propriété littéraire de l'Auteur ; en conséquence, le Directeur sera tenu de communiquer à l'Auteur et de lui laisser prendre copie de la mise en scène telle qu'elle aura été réglée pendant le cours des répétitions[2].

La concurrence des nouvelles formes de spectacle (cafés-concerts, music-halls, etc.) l'incita aussi, en 1898, à définir plus précisément la notion « d'œuvre dramatique » :

> Sont considérées comme pièces de théâtre : les opéras, opéras-comiques, opéras-bouffes, opérettes, ballets, divertissements, pantomimes, tragédies, drames, comédies, vaudevilles, revues, féeries, et en général toute œuvre, avec ou sans musique, destinée à la représentation et comportant une action avec exposition, développement et dénouement[3].

Cette acception étendait l'application du droit d'auteur aux nouveaux supports comme le phonographe ou le cinématographe, dont les productions devenaient juridiquement conçues comme des éditions (au même titre que le livre et la représentation théâtrale) de l'œuvre dramatique[4].

---

1   Les Archives Nationales conservent une lettre de réclamation de la Commission des Auteurs et Compositeurs Dramatiques adressée au Ministre de l'Intérieur dès les lendemains de la proclamation de la loi de 1864 sur la liberté industrielle des spectacles. « Dans les départements éloignés – se plaint-elle –, il se rencontre des administrations théâtrales qui, ne se rendant pas un compte très exact de la valeur du mot : Liberté, n'y voient qu'un prétexte à détenir les droits légitimement acquis des auteurs dont ils représentent les œuvres, c'est-à-dire se croient le droit de représenter tout, et de ne payer rien ». On lit dans la marge cette réponse du Ministre : « Il faut être conséquent : on a demandé à être affranchi de la tutelle de l'État, pourquoi vient-on la réclamer ? Qu'ils s'adressent aux tribunaux les auteurs qui sont lésés. » (AN, F²¹ 964).

2   *Annuaire de la Société des Auteurs et Compositeurs Dramatiques*, Paris, Commission des Auteurs et Compositeurs Dramatiques, 1881, 1ʳᵉ année, t. 1 : exercice 1880-1881, président de la Commission : M. Auguste Maquet, « séance du 18 juin 1880 », p. 169.

3   *Annuaire de la Société des Auteurs et Compositeurs Dramatiques*, Paris, Commission des Auteurs et Compositeurs Dramatiques, 1899, 20ᵉ année, t. 4 : exercice 1898-1899, président de la Commission : Ludovic Halévy, « Convention du 15 octobre 1898 », p. 941.

4   C'est grâce à cela que la SACD a pu longtemps s'opposer à la reconnaissance juridique du metteur en scène de cinéma, d'autant que les films produits à cette époque puisaient

LE COMBAT POUR LA RECONNAISSANCE JURIDIQUE
DU METTEUR EN SCÈNE

Plusieurs tentatives furent pourtant menées afin de faire valoir le statut juridique du metteur en scène. La Conférence de Berlin, qui devait poursuivre les réflexions sur la constitution d'une juridiction internationale pour la protection des œuvres littéraires et artistiques[1], offrait le cadre adéquat ; elle permettait d'envisager une modification de la loi française en la confrontant aux jurisprudences admises en Europe. Albert Carré, alors directeur des théâtres du Vaudeville et du Gymnase (en collaboration avec Porel), s'était fait entendre lors de la Conférence de Paris (1896) en sollicitant l'attention des législateurs sur la nécessité de voter un nouveau texte afin de protéger la mise en scène. L'idée fut remise à l'ordre du jour de la commission interministérielle chargée de préparer la participation de la France à la Conférence de Berlin :

> Lorsque l'auteur d'une pièce remet son manuscrit, les indications de mise en scène qu'il a prévues, à moins qu'il ne s'agisse d'un maître comme Sardou, aussi habile à faire une pièce qu'à la monter, sont ordinairement sommaires et, le plus souvent, devront être, au cours des répétitions, complètement modifiées. C'est alors au Directeur ou au Régisseur que revient presque exclusivement la tâche de régler la mise en scène, c'est-à-dire la marche et les mouvements des acteurs, des figurants, la plantation des décors, les jeux de lumière et d'éclairage, etc. Dans certains théâtres, à l'Opéra-Comique, par exemple, la

---

largement dans le répertoire théâtral. C'est en définitive en faisant valoir la concurrence des œuvres cinématographiques étrangères que Léon Gaumont est parvenu à faire fléchir la SACD : « M. Gaumont fait remarquer à la Sous-Commission que la perception des droits d'auteur sur les représentations va porter un coup redoutable aux fabricants français et profiter aux producteurs étrangers. Dans la représentation de films, la contribution de l'auteur, à son avis, est bien minime en comparaison de la part que représentent la fabrication, la mise en scène, l'interprétation et la mise en point, etc. À son avis, l'idée de l'auteur est souvent inapplicable et n'est rendue pratique que par la collaboration du metteur en scène ». (« Extraits des Procès-Verbaux des Séances de la Sous-Commission des Cinématographes », séance du 10 janvier 1912, *Annuaire de la Société des Auteurs et Compositeurs Dramatiques*, Paris, Commission des Auteurs et Compositeurs Dramatiques, 1913, 34ᵉ année, t. 4 : exercice 1912-1913, président de la Commission : Pierre Decourcelle, p. 1062).

1   La « Convention d'Union internationale pour la protection des œuvres littéraires et artis-tiques » avait été signée à Berne le 9 septembre 1886. Elle avait prévu des conférences périodiques, réunissant les déléguées des États signataires, en vue d'améliorer les stipu-lations de l'acte fondamental. Elle fut donc complétée à Paris (1896), révisée à Berlin (1908), puis à Berne (1914) D'autres conférences eurent lieu tout au long du XXᵉ siècle : Rome (1928), Bruxelles (1948), Stockholm (1967), Paris (1971).

mise en scène, arrêtée au cours des répétitions, est fixée par écrit. Elle constitue une création personnelle. Elle peut constituer aussi une véritable œuvre d'art, pouvant et devant conférer à son auteur un droit privatif[1].

Reconnue comme œuvre d'art, la mise en scène ne parut pas pour autant mériter l'édification d'une nouvelle loi ; la Cour de Paris venait de rendre un jugement favorable à l'égard du Théâtre de la Porte-Saint-Martin en estimant « qu'un directeur de théâtre était propriétaire des décors et de la mise en scène, considérés comme œuvres de l'esprit, et qu'il pouvait en interdire à quiconque la reproduction[2] ». Il suffisait donc de figer la mise en scène par l'écrit pour faire valoir le droit du metteur en scène. De fait, la commission conclut : « M. Carré se trompe donc lorsqu'il pense que la mise en scène ne pourra être protégée que par un texte nouveau. Nos lois de 1791 et de 1793, telles qu'elles sont interprétées par la jurisprudence, suffisent à cet effet : il ne faut que s'en servir[3]. » La délégation française s'entendit alors pour porter, sous cette forme, la question de la propriété intellectuelle du metteur en scène à la Conférence de Berlin ; elle concédait toutefois que le vocabulaire de la loi française pouvait porter à confusion : « Peut-être l'expression proposée : *l'action dramatique* [...] exprime-t-elle imparfaitement en français l'élément nouveau qu'il s'agit de protéger. Elle semble signifier l'affabulation, l'intrigue, déjà protégée comme œuvre dramatique ou littéraire. L'expression : *art de la mise en scène* serait sans doute préférable[4]. »

La question n'en demeurait pas réglée pour autant. L'Association Littéraire et Artistique Internationale, fondée par Victor Hugo en 1878, la portait au programme de son Congrès de Weimar en 1903. Son président, Pfeiffer, ouvrait ainsi la séance : « La question de la propriété intellectuelle au point de vue de l'art théâtral a été touchée,

---

1   Ministère des Affaires étrangères, Union internationale pour la protection des œuvres littéraires et artistiques, *Conférence de Berlin, rapport présenté à la Commission interministérielle chargée de préparer la participation de la France*, Paris, Imprimerie nationale, 1898, p. 44.

2   *Ibid.* – Ce procès opposait le directeur de la Porte-Saint-Martin à celui de la revue *Photo-Programme*, qui avait reproduit le livret de mise en scène de *Cyrano de Bergerac*.

3   *Ibid.*, p. 45.

4   *Ibid.* – Cette question a bien été débattue à la Conférence de Berlin, comme l'atteste la revue *Le Droit d'auteur* (n° du 15 février 1909). Seules les œuvres chorégraphiques et les pantomimes furent reconnues dans le cadre de la loi sur la propriété artistique à condition qu'elles fussent « fixées, quant à leur mise en scène, par écrit ou autrement, c'est-à-dire par le dessin, par le langage convenu, etc. »

à quelques-uns de nos précédents congrès, mais jamais jusqu'ici il n'a été présenté de vœux bien clairs ni de conclusions déterminées à ce sujet[1]. » Souhaitant trancher la question, il interpellait les membres de l'Association afin de déterminer s'il y avait « part d'invention et par conséquent droits à sauvegarder, pour l'interprétation du chanteur ou de l'acteur, pour le metteur en scène, le peintre des décors, le dessinateur des costumes, le machiniste, en un mot, selon l'expression de M. Gibaux [avocat], pour tous les *aides* de l'auteur[2]. » Albert Carré fut une nouvelle fois sollicité : « Il résulte de sa réponse – renseigne Pfeiffer – qu'il croit d'abord qu'il faut largement reconnaître les droits des auteurs, mais que, dans l'avenir, il pourra être créé une troisième part légitime [en plus de celle du chorégraphe, déjà reconnu au titre de la propriété artistique par la jurisprudence allemande, entérinée par la Convention de Berne en 1886], pour le metteur en scène, directeur ou régisseur[3]. » La réponse formulée par les membres de l'Association n'admettait aucune réplique : « Vraiment, serait-il juste de prendre sur sa part pour payer des artistes, costumiers, décorateurs, déjà payés de par ailleurs[4] ? » Le conflit d'intérêt entre auteurs et employés de théâtre était ainsi nettement posé ; il recoupait l'antagonisme artiste / homme de métier qui s'inscrira pour longtemps au cœur de la réflexion sur la mise en scène[5].

Albert Carré avait nettement vu les choses : la juridiction française, construite sur la figure de l'auteur, n'autorisait aucune place pour le

---

1   Association Littéraire et Artistique Internationale, 25e session, *Congrès de Weimar, 24-30 septembre 1903, Compte rendu des travaux*, Paris, 1904, p. 51.

2   *Ibid.*, p. 52.

3   *Ibid.* – Sur la reconnaissance du chorégraphe par la Convention de Berne, voir notamment l'étude de Henri Desbois : « Les Conventions de Berne (1886) et de Genève (1952) relatives à la protection des œuvres littéraires et artistiques », *Annuaire français de droit international*, 1960, vol. 6, p. 41-62. – Voir aussi l'article d'Hélène Marquié, « Chorégraphe au XIXe siècle, en France : une période charnière », art. cit.

4   *Ibid.*, p. 221.

5   Dans son étude sur Arsène Durec, Marco Consolini a clairement mis en perspective la façon dont cette tension avait pu conditionner à la fois l'historiographie sur la mise en scène et l'ambiguïté des metteurs en scène eux-mêmes dans le façonnement de leur statut. Voir : « Arsène Durec : un metteur en scène oublié du début du XXe siècle. Quelques réflexions à propos d'un métier qui ne laisse pas de traces », *in* L. Creton, M. Palmer, J.-P. Sarrazac (dir.), *Arts du spectacle, métiers et industries culturelles*, Paris, Presses Sorbonne Nouvelle, 2005, p. 187-206. – Voir aussi l'article de Bernard Dort : « De l'artisan à l'artiste », *in* Comédie-Française, *Les Cahiers*, n° 10, décembre 1993.

metteur en scène. Il fallait élaborer d'autres concepts juridiques, susceptibles de faire valoir la création dans sa dimension « immatérielle ». Edmond Picard, « un célèbre avocat » dira Antoine, qui « dans sa somptueuse maison de l'avenue de la Toison-d'or, [...] nous traite avec Mendès de la façon la plus cordiale[1] », sera l'un de ceux à relever le défi. Directeur de la revue belge *L'Art moderne*, Picard s'était enthousiasmé lors de la parution de *L'Assommoir* (1877) de Zola ; partisan d'une littérature au service du progrès social, il s'était opposé aux adeptes de « l'art pour l'art » en revendiquant un art social, national et original. Auteur de nombreuses critiques (qui seront réunies dans un volume, *Discours sur le renouveau de l'art dramatique*, paru en 1897[2]) et de quelques pièces de théâtre[3], il fut surtout le théoricien du concept de « droit intellectuel » qui influença grandement les milieux littéraires parisiens[4]. Dans *Le Droit pur*, il exposait ainsi sa conception :

> Nul n'a jamais rencontré ni vu un droit sous une forme charnelle, nul n'en rencontrera et n'en verra jamais ! On ne peut prendre un droit comme on prend un objet, le déplacer, le poser sur un meuble, l'enfermer dans une armoire, le transporter dans une malle. Ces modes de vison et d'action ne sont possibles que pour les *objets* de droit, qui sont matériels, ou pour les documents qui, en les constatant, leur servent de signes extérieurs, *de moyens de preuve*. Mais l'objet d'un droit n'est qu'un fragment de celui-ci, et la preuve en est distincte autant que l'acte de naissance est distinct de celui à qui il s'applique. Cette invisibilité d'être aussi réels et d'aussi grande influence provient de ce qu'ils sont, en leur réalité, composés d'éléments les uns matériels les autres immatériels[5] [...].

Ceci posé, Picard pouvait revendiquer différents objets possibles des droits : les « choses matérielles » en faisaient partie, mais aussi les « choses intellectuelles ». Une juridiction de la propriété artistique, qui ne s'appuierait plus seulement sur la matérialisation de l'idée sous la

---

1   A. Antoine, *« Mes Souvenirs » sur le Théâtre-Libre, op. cit.*, 14 janvier 1888, p. 80. Le directeur du Théâtre-Libre est alors à Bruxelles pour quelques représentations données au Théâtre du Parc.

2   À Bruxelles, chez Lancier et Lacomblez.

3   Dont *Le Juré* (1886) et *Désespérance de Faust* (1904).

4   Les liens entre Picard et les différents artistes composant les avant-gardes françaises ne sont plus décelables à partir de l'affaire Dreyfus, mais l'avocat, devenu sénateur socialiste, s'était engagé dans un antisémitisme qui avait grandement terni son image.

5   E. Picard, *Le Droit pur* (1899), rééd. Paris, Ernest Flammarion, 1908, p. 87.

forme d'un écrit, était désormais en germe. Elle ne fut pas immédiatement appliquée dans la jurisprudence sur le droit du metteur en scène,
mais il est probable que la revendication de la « partie immatérielle »
du travail scénique ait été corrélative à cette théorie[1].

LES VOIES POSSIBLES D'UNE RÉFORME THÉÂTRALE : L'IMBROGLIO DE LA CRITIQUE À PROPOS DU NATURALISME, DU ROMANTISME ET DU MÉLODRAME

Si le cadre juridique, au sein duquel se jouait la reconnaissance du
statut d'artiste du metteur en scène, s'est offert comme un lieu possible
pour réformer le paysage théâtral, il restait néanmoins à creuser les
brèches dans un système fortement verrouillé : par la SACD d'abord
qui défendait fermement l'intérêt de ses auteurs, par quelques acteurs-
vedettes ensuite qui parvenaient, par le biais d'associations judicieuses,
à conditionner le choix des programmations, par le pouvoir de cinq ou
six directeurs de théâtre enfin qui, tout en restant ouverts aux audaces
artistiques, demeuraient assujettis aux contraintes économiques. Le goût
du public (ou plutôt d'un certain public, bien plus fortuné que celui de
feu le Boulevard du Temple) déterminait les choix esthétiques : surenchère dans les effets, renouvellement constant des trucs et des décors,
sensualité des corps en scène ou recherche de l'effroi s'imposaient comme
les critères qui garantissaient la réussite des pièces, sur les scènes subventionnées comme dans les théâtres privés. De fait, la mise en scène
coûte cher dans les dernières décennies du XIXe siècle ; le « luxe de la
mise en scène » est d'ailleurs l'expression qui revient le plus souvent sous
la plume des critiques, tantôt pour signifier l'enthousiasme devant les

---

1   Le débat sur la définition juridique de la notion d'œuvre est toujours actuel, comme le
     rappellent Nathalie Moureau et Dominique Sagot-Duvauroux : « L'application du droit
     d'auteur à la française est souvent remise en question. Ce droit s'est en effet construit
     sur l'image romantique de l'artiste fondée sur une optique individualiste (écrivain,
     compositeur, etc.). Cette conception est aujourd'hui caduque et la multiplication des
     auteurs potentiels pose la question du droit moral. [...] La protection accordée par le droit
     d'auteur ne concerne en outre que les réalisations. Or, avec l'autonomisation de l'art au
     XXe siècle, les créations artistiques en sont venues à privilégier parfois l'intention sur la
     forme, l'œuvre n'existant dans certains cas que sous forme de projet virtuel. Dans tous
     les cas, qu'il s'agisse de l'élargissement de la notion d'auteur avec la prise en compte d'un
     nombre croissant d'individus dans le processus créatif ou de la reconnaissance du statut
     d'œuvre à des créations initialement ignorées par le droit, c'est l'applicabilité du droit
     qui est interpellée. » (N. Moureau & D. Sagot-Duvauroux, « Le droit d'auteur confronté
     aux créations contemporaines », *Mouvements*, n° 17, septembre-octobre 2001, p. 17-18).

« grandes machines décoratives », d'autre fois pour exprimer la nostalgie d'un théâtre au passé.

Dans une nouvelle intitulée *Karikari*, Ludovic Halévy avait pointé ces regrets, en faisant dire à son héros, l'acteur Lambescasse :

> Buridan ! je jouais Buridan ! Et aujourd'hui je joue, dans cette féerie idiote, le rôle de Karikari, serviteur du rajah de Mitoupoulo... Et chaque fois que le rajah m'appelle, je dois accourir pour entendre quelques ineptes calembours, et aussi pour... à quoi bon vous le dire ? vous n'avez peut-être pas vu la pièce... Ah ! fasse le ciel que vous ne l'ayez pas vue ! Toujours est-il que, de sept heures à minuit, je circule, sous cette hideuse robe jaune, parmi tous ces décors somptueux ! Oh ! les décors ! les décors ! Chose méprisable ! chose haïssable ! Le luxe de la mise en scène, c'est l'indigence de l'art ! Donnez-moi une grange et mon public ! Je le soulèverai dans cette grange ! Les plus modestes chenilles donnent l'essor aux papillons les plus radieux[1].

Par ce discours placé dans la bouche d'un acteur convaincu d'avoir été le Frédérick Lemaître de la province, Ludovic Halévy raillait les propos d'une critique conservatrice qui reprochait inlassablement aux metteurs en scène d'écraser le poème sous le poids des décors. L'évocation du héros de la *Tour de Nesle* n'était toutefois pas anodine. La nostalgie du romantisme pointait dans le discours d'un bon nombre de critiques, comme si le retour vers le passé s'offrait comme le seul viatique d'un possible renouvellement des scènes contemporaines[2]. Les virulentes critiques

---

1   L. Halévy, *Karikari*, Paris, Calmann Lévy, 1892, p. 9.

2   Cette nostalgie des scènes « romantiques » était suffisamment prégnante pour que Ludovic Halévy choisît d'en faire l'objet d'une autre nouvelle, intitulée *Guignol*. Cette fois-ci, c'est le souvenir du Pixerécourt des années 1830 qui était évoqué par un ancien acteur, qui s'était mis en tête de rénover le théâtre de marionnettes en adaptant les chefs-d'œuvre de son « génie » : « Nous fûmes, peu de temps après, engagés – Clarisse et moi – au théâtre de la Gaîté... C'est là que j'eus l'honneur et le bonheur de rencontrer M. de Pixerécourt. Il daigna me confier un rôle de quelque importance dans une de ses plus puissantes productions : *Latude ou trente-cinq ans de captivité*. Je jouais Daragon, le geôlier, un tigre, une bête fauve. M. de Pixerécourt daigna s'intéresser à moi. Ah ! quel génie, monsieur, quel génie ! Il est ma religion littéraire. Je le pris pour modèle, pour exemple, pour guide. J'ai écrit au moins trente drames à la manière de M. de Pixerécourt. [...] Si j'ai consenti à me charger de la direction artistique de cette petite scène, c'est avec l'espérance de pouvoir faire quelque chose de bon, d'utile, de sain. Je voulais rehausser le genre, remettre en lumière des chefs-d'œuvre oubliés. Vous avez peut-être hier reconnu ?... – Parfaitement ; c'était l'*Homme à trois visages* de Pixerécourt. – Oui ; j'ai pris le sous-titre : *le Proscrit de Venise*. J'ai mis à la portée de ces jeunes intelligences – ce fut un travail assez délicat – les drames de mon vénéré maître, et, dans mon répertoire, j'alterne : une adaptation de Pixerécourt et une œuvre originale de votre très humble serviteur. J'ai déjà joué sept

d'Émile Zola à l'égard des conventions scénico-dramaturgiques du romantisme sont bien connues des lecteurs actuels. Elles justifiaient le besoin d'imposer une nouvelle forme dramatique, le drame moderne ou « naturaliste », plus en adéquation, selon lui, avec les enjeux politiques et esthétiques des années 1870-1880[1]. Mais il faut voir que le romantisme fut aussi convoqué à l'époque pour contrer le naturalisme ; les *Lettres chimériques* de Théodore de Banville sont assez claires sur ce point : c'est l'école romantique des années 1830 qui a fait prendre ces « habitudes grossièrement réalistes » au théâtre contemporain ; l'exactitude historique, qui s'est imposée jusque sur la scène du Théâtre-Français, a fait perdre de vue les aspirations du poète, et l'art dramatique s'est confondu à celui du metteur en scène et du décorateur[2]. D'autres, en revanche, préfèrent ressusciter l'ancien mélodrame afin d'en faire le modèle d'une possible régénération du théâtre par le « populaire », et de contrer par ce biais l'introduction du « naturalisme » au Théâtre-Français. Ainsi Henry Fouquier écrivait dans la *Revue d'art dramatique* en 1886 :

> J'aime infiniment le mélodrame et le vaudeville et j'ai pour complice, dans ce goût d'une forme ancienne de notre théâtre national, plus d'un de mes confrères de la critique, entre autres Sarcey. Mais il ne suffit pas de dire : Le mélodrame m'amuse ! Il faut tâcher de donner les raisons de ce goût, afin d'essayer de le faire partager par les jeunes gens et de le rendre aux hommmes

de mes drames, réduits naturellement, mis au petit niveau de mon petit public... Que dites-vous de ma tentative, n'est-elle pas ingénieuse ? et ne mérite-t-elle pas... Hélas ! je fus obligé d'interrompre Camuset, non sans peine... il était lancé, et ses phrases étroitement enchevêtrées les unes dans les autres se déroulaient avec une impitoyable rigueur. Je lui dis que je ne savais rien de plus honorable que son entreprise, mais j'ajoutais que les résultats matériels ne répondaient pas malheureusement à la grandeur de l'œuvre. Madame Lamblin était inquiète, très inquiète, – les recettes baissaient, baissaient toujours. – Ah ! la question d'argent, s'écria Camuset, la hideuse question d'argent ! Que madame Lamblin ne se décourage pas, je lui amènerai un nouveau public... [...] Et le mois suivant, comme je passais dans les Champs-Élysées, je m'arrêtai près du petit théâtre de madame Lamblin. La voix aiguë et criarde de Polichinelle dominait une tempête de rires et d'applaudissements. Madame Lamblin vint à moi, radieuse, épanouie... – Regardez, me dit-elle, pas une place vide ! ils sont tous revenus... Polichinelle et les coups de bâton, voilà tout ce qu'il leur fallait ! » (L. Halévy, *Guignol, in Karikari, op. cit.,* p. 245-250).

1   Voir *Le Naturalisme au théâtre, op. cit.*
2   Voir : Th. de Banville, *Lettres chimériques*, Paris, Charpentier, 1885, p. 315. Voir aussi, dans le même recueil, le chapitre 18 : « La mise en scène. À M. Émile Perrin », dans lequel l'auteur entérine les idées de Sarcey : « Sarcey a raison aussi, lorsqu'il défend le Poète, car, monsieur, quelle que soit votre bonne volonté et la bonne volonté de tous, la Matière, au théâtre, tend à se substituer au Verbe, et l'exhibition à la poésie. » (*Ibid.*, p. 138).

faits, qui l'ont perdu. J'aime donc le mélodrame parce que c'est une des formes de théâtre où se donne le plus librement carrière une des qualités les plus précieuses de l'auteur dramatique, l'imagination. Je pourrais citer vingt *mélos*, pris au hasard dans le répertoire du boulevard depuis vingt ans, où il se rencontre de vrais coups de génie, qui font défaut aux comédies moyennes, bien écrites, soignées, pondérées et grises qui réussissent sur les grandes scènes. Si nous considérons sans superstition certains chef-d'œuvre devenus classiques, nous verrons que leur qualités premières sont les mêmes que celles des bons mélodrames[1].

L'évocation de Sarcey lève tout le mystère sur cette surprenante prise de parti pour le mélodrame à cette date ; il s'agissait de rejoindre le critique dans son opposition à Perrin tout en prônant la résurrection d'un « théâtre populaire » comme la voie possible d'une réforme théâtrale :

Ceci me laisse espérer que la décadence du mélodrame n'est pas définitive et que peut-être même, pour une bonne part, elle tient à des causes passagères. La musicomanie, qui est un mal de notre temps, ne règnera pas toujours en maîtresse. Les auteurs ne seront pas toujours entraînés vers l'insupportable opérette ; les acteurs ne se donneront pas toujours au comique dit de fantaisie. […] Il serait surprenant que notre époque, qui est condamnée par l'histoire à de graves préoccupations, qui se trouve en face de problèmes nationaux et sociaux lourds à porter, difficiles à résoudre, ne finît pas par trouver, dans le théâtre populaire même, l'écho de ses préoccupations. Il ne faudrait que quelques hommes de talent et de bonne volonté pour nous ramener à un théâtre dont l'héroïsme serait le fond. Un gouvernement même qui se préoccuperait d'autre chose que de vivre au jour le jour, s'inquiéterait de cette nécessité d'opposer aux réunions publiques, école du vice, et aux cafés-concerts, école de démoralisation niaise, un théâtre où l'on redirait sans cesse, avec d'ingénieuses fictions, qu'il y a encore un Dieu pour les braves gens[2] !

Les solutions offertes par les critiques pour creuser les brèches dans le système théâtral de l'époque et imposer de nouvelles esthétiques étaient donc multiples et contradictoires. C'est pourquoi il peut paraître parfois réducteur de résumer la pratique théâtrale de cette époque dans de nettes oppositions entre romantisme et naturalisme d'une part, entre

---

1 H. Fouquier, « Le mélodrame », *Revue d'art dramatique*, t. 4, octobre-décembre 1886, rééd. Genève, Slatkine reprints, 1971, p. 343.

2 *Ibid.*, p. 349-350. – Sur le mélodrame comme support de la réflexion théorique au tournant des XIXe et XXe siècles, voir l'étude de Jean-Marie Thomasseau : « L'héritage du bâtard, ou la féconde lignée du mélo d'Antoine à Vilar », *in* J.-M. Thomasseau, *Mélodramatiques*, Saint-Denis, Presses Universitaires de Vincennes, 2009, p. 269-286.

naturalisme et symbolisme d'autre part. En définitive, les critiques manipulent les mêmes concepts, mais dénoncent par leur biais des visées esthético-politiques divergentes. C'est dire si les enjeux artistiques exprimés dans les différents manifestes, qui se doublent souvent de stratégies personnelles, méritent d'être précisément contextualisés. Très concrètement, il n'existait que deux tentatives possibles pour ébranler un système fortement dominé par les contraintes économiques : élargir un public qui, vu l'élévation du prix des places en lien avec les frais énormes qu'occasionnaient les mises en scène, tendait à se circonscrire à la classe bourgeoise ; passer outre les contraintes auxquelles étaient confrontés les directeurs (censure, traités imposés par la SACD, associations créées entre acteurs et auteurs afin d'imposer à la fois une pièce et la distribution d'un rôle, etc.) en réformant le théâtre par l'à-côté. Les cercles amateurs avaient donc un rôle certain à jouer dans ce domaine. Le Théâtre-Libre fut, sur ce point, un outil savamment élaboré.

LE THÉÂTRE-LIBRE COMME MODÈLE

L'idée du « théâtre populaire », on le sait, était en germe depuis la révolution de 1848 ; sollicité par Michelet dans *L'Étudiant*, le Théâtre du Peuple trouve sa première expression à Bussang en 1895 sur l'initiative de Maurice Pottecher[1]. L'année précédente, Adolphe Aderer avait intégré dans son essai sur *Le Théâtre à côté* un chapitre intitulé « Un Théâtre lyrique et un Théâtre-Français populaires[2] », qui révèle de façon significative l'enjeu du projet : « Le but que nous poursuivons étant celui-ci : maintenir au théâtre une clientèle qui s'en éloigne peu à peu, pour s'adonner à des plaisirs moins relevés […]. » Afin de valider la pertinence de son initiative, Aderer convoque le patronage de celui qui lui semblait sans doute le plus à même d'en défendre les principes :

> Nous causions un jour de ces choses avec M. Antoine, le sagace fondateur du Théâtre-Libre, qui nous disait : Oui, il est à craindre que le public n'abandonne tout à fait le théâtre. Les conditions de la vie moderne sont telles, la lutte et

---

1   Ces textes ont été édités par Chantal Meyer-Plantureux dans *Théâtre populaire, enjeux politiques, De Jaurès à Malraux*, Bruxelles, Editions Complexe, 2006. – Le Cours de Michelet, « professé au Collège de France » (1847-1848) fut réimprimé sous le titre de *L'Étudiant*.

2   A. Aderer, *Le Théâtre à côté*, Paris, Librairies-Imprimeries réunies, 1894.

le travail quotidiens deviennent si âpres ! L'avenir est peut-être aux spectacles simples, faciles et violents, qui donnent des sensations et des jouissances physiques sans exiger du spectateur aucune dépense intellectuelle. Car notons qu'il se dépense tous les jours autant d'argent pour le plaisir. Mais cet argent va à des plaisirs plus physiques, plus immédiats : les bals, les cafés-concerts, les femmes, les acrobates, les restaurants. [...] Il faut signaler aussi le mouvement qui porte les populations vers la banlieue. Une grande partie de la classe aisée des employés habite à l'heure actuelle les communes environnantes. Autant de spectateurs habituels en moins !... Voilà bien des raisons pour rayer du budget un plaisir d'autant moins tentant qu'il est très coûteux, que les tentations y deviennent rares et que les nécessités de la vie journalière, les travaux achevés fort tard compliquent d'une hâte et d'une gêne peu compatibles avec nos besoins de confort moderne. [...] Une autre cause qu'il faut signaler de l'impossibilité actuelle de trouver une scène véritablement prospère avec des spectacles de succès moyen, ce sont les conditions effroyablement dispendieuses d'une exploitation théâtrale. Tous les baux majorés comportent des loyers exorbitants, et les exigences des comédiens, chaque jour grandissantes, amènent à des budgets énormes qu'aucune recette courante et de prévisions raisonnables ne peut équilibrer[1].

L'ambition était ainsi clairement formulée : il s'agissait d'ouvrir un Théâtre-Français populaire, qui se passerait de tout « frais de mise en scène[2] », qui engagerait des acteurs en dehors des circuits habituels, et dont la présence, en plein cœur de Paris, attirerait les spectateurs moins fortunés de façon à recomposer ce public composite qui peuplait les salles du Boulevard du Temple : « On reconstituerait en quelque sorte – ajoute Aderer – ce qui existait, il y a cent ans, au boulevard du Temple, au boulevard du Crime[3]. » L'industrialisation des spectacles ne paraissait

1 *Ibid.*, p. 194-196.
2 *Ibid.*, p. 199. – Pour appuyer son propos, Aderer fait une comparaison des tarifs engagés pour les mises en scène du *Roi s'amuse* et du *Bourgeois gentilhomme* : « La dépense occasionnée par la mise en scène du *Roi s'amuse* est autorisée [en 1832] jusqu'à concurrence d'une somme de 3,183 francs. Lorsque M. Perrin reprend *le Roi s'amuse*, la dépense s'élève à 69,144 F 20. Les costumes coûtent 35,800 francs ; les décors, 27,767 francs ; les lustres seuls, 2,818 francs. [...] le comité arrête [en 1840] à la somme de 267 F 60 l'état de la dépense nécessaire à la remise du *Bourgeois gentilhomme*. Et ce même *Bourgeois gentilhomme* coûte en 1889, 15,993 F 90 à remonter. Costumes : 14,762 francs et 232 francs d'accessoires. » (p. 199-200). – Aderer donne aussi la liste des œuvres composant le répertoire du Théâtre-Français populaire : on y trouve les pièces de Vigny, Hugo, Delavigne, Dumas père, Soulié, Meurice, Augier, Sardou, Zola. C'était donc toujours les mêmes auteurs qui demeuraient évoqués : c'est dire qu'il existe bien une continuité revendiquée entre les réformes des années 1830 et celles portées par les artistes dramatiques de la fin du siècle.
3 *Ibid.*, p. 215.

pouvoir être enrayée qu'en reconstituant un paysage théâtral similaire à celui antérieur à la loi de 1864. Le Théâtre-Libre, souvent évoqué par Aderer, s'offrait comme un modèle : Antoine formait lui-même ses acteurs, programmait de jeunes auteurs exclus de la SACD, composait des spectacles à faible coût. C'est dire si le directeur du Théâtre-Libre avait su créer un outil efficace pour déjouer les contraintes auxquelles se bornaient ses confrères. Conçu très probablement comme un instrument de conquête dès sa fondation, le Théâtre-Libre avait permis d'édifier une esthétique scénique qu'Antoine allait pouvoir ensuite porter sur les scènes subventionnées.

Il ne s'agit nullement de contredire ici les réformes initiées par Antoine, qui sont bien réelles. Leur mise en perspective peut toutefois s'avérer fructueuse pour l'historiographie théâtrale, dans la mesure où elle permet de réhabiliter des artistes injustement oubliés, dont le rôle a été essentiel dans la constitution d'un art de la mise en scène indépendant. Adolphe Lemoine, dit Montigny, fut de ceux-là[1]. En 1892, Albert Lambert décrivait ainsi son travail :

---

1   Sur les innovations de Montigny en matière de mise en scène, voir : M. Carlson, « French Stage composition from Hugo to Zola », *Educational Theatre Journal*, vol. 23, n° 4, décembre 1971, p. 363-378 ; J.-C. Yon, « Une triade et un vétéran : Augier-Dumas fils-Sardou et Scribe sous le Second Empire », *in* J.-C. Yon (dir.), *Les Spectacles sous le Second Empire*, *op. cit.*, p. 132 ; R. Alonge, « Le charme irrésistible du brutal militarisme allemand », *in* J.-P. Sarrazac & M. Consolini (dir.), *Avènement de la mise en scène / Crise du drame : continuités-discontinuités*, *op. cit.*, p. 3-14. – À son sujet, Jean-Claude Yon écrit : « Bon nombre des innovations traditionnellement attribuées à André Antoine à la fin des années 1880 sont en fait, à des degrés divers, dues à Montigny, ce qui fait de lui le père de la mise en scène moderne et un personnage capital pour l'histoire théâtrale du Second Empire ». (*Ibid.*). – On trouve aussi, dans l'*Essai sur l'histoire du théâtre* de Germain Bapst (*op. cit.*, p. 583-584), cette intéressante anecdote : « Victorien Sardou était candidat à l'Académie française, et M. Thiers lui avait donné rendez-vous dans son cabinet de la place Saint-Georges, avant sept heures du matin. Quand les compliments d'usage eurent été échangés, M. Thiers s'accouda à la cheminée et, s'adressant à son visiteur : "Je ne vais plus du tout au théâtre, dit-il ; j'en suis resté aux pièces de Casimir Delavigne... Vous avez fait bien des changements depuis, monsieur Sardou ! On dit que, dans vos pièces, on prend du véritable thé et qu'on met du véritable sucre dans les tasses ! – Oui, monsieur le Président, nous avons beaucoup changé depuis Casimir Delavigne. – Si vous m'expliquez cela ? reprit Thiers. – Cela est fort simple ! Je suis venu ici il y a vingt-cinq ans : votre cabinet était une grande pièce rectangulaire, avec, au centre, une grande table couverte de papiers, un fauteuil devant, et tout autour, alignés le long du mur, des chaises... Regardez votre cabinet aujourd'hui ! Les chaises ne sont plus au mur ; les fauteuils sont devant la cheminée ; à droite et à gauche, de-ci de-là, il y a des poufs, des bergères, des crapauds, des tabourets, éparpillés, disséminés, se regardant, se tournant le dos, formant

Il voulait assujettir les artistes aux difficultés d'un décor très meublé. Il emplissait toute la scène au hasard : table au milieu, chaises, canapés, causeuses, piano, tabourets, poufs, consoles, etc. à peine restait-il quelque ruelle parmi cet encombrement. Là-dedans, il fallait se dépêtrer, jouer la comédie. Montigny prétendait – avec raison – que dans la vie, il en était ainsi, et qu'on vivait, marchait dans des salons, dans des appartements surchargés de meubles, de bibelots, d'accessoires abondants, et qu'on y jouait toutes les scènes possibles en se servant de ces mêmes obstacles. Absolument vrai ! Et il donnait, disait-il ainsi, l'impression exacte de la nature, et un grand effet de vérité à la comédie moderne. Mais il débrouillait bien vite cet amoncellement, et, après quelques jours d'études, il disposait son salon artistiquement avec les meubles utiles à l'action seulement. Il établissait ses scènes, les faisait mouvoir, en tirait des tableaux d'une très juste observation, et, en un tour de main, la pièce était sur ses pieds[1].

Directeur du Gymnase (de 1844 à 1881 ; il avait succédé à Delestre-Poirson), Montigny avait pour beaucoup contribué aux succès des pièces de Sardou, de Dumas fils et d'Augier, ce qui explique sans doute pourquoi Antoine cite les pièces de ce dernier comme des illustrations significatives de cet « art qui vient de naître[2] ». La pratique de Montigny s'est d'ailleurs très probablement constituée en école ; la comédie réaliste a entériné son savoir-faire scénique, au point d'imposer sur de nombreux théâtres de Paris un « art de tourner autour des tables », formule redondante sous la plume des critiques pour railler les mises en scène d'un Porel ou d'un Perrin. C'est Perrin surtout, sans doute parce qu'il administrait la Comédie-Française, qui faisait l'objet des plus vives contestations. Les diatribes contre la mise en scène « naturaliste » sont pléthores dans les années 1880 : on compte, parmi elles, celle de Louis Becq de Fouquières par exemple, précisément analysée par Catherine Naugrette-Christophe[3],

---

comme des groupes de personnages qui devisent entre eux ! Nous n'avons pas fait autre chose au théâtre. Du temps de Scribe, la porte était au fond de la scène, en face du trou du souffleur ; de chaque côté, il y avait, comme autrefois dans votre cabinet, des chaises alignées. Aujourd'hui, la scène représente un véritable salon meublé comme l'est cette chambre, comme le sont les salons élégants de notre temps. Ce n'est pas moi d'ailleurs qui ai le mérite de cette transformation, mais bien Montigny, l'habile directeur du Gymnase depuis vingt ans. »

1   A. Lambert, « Sur les planches : Études de mise en scène (suite) », *Revue d'art dramatique*, 15 novembre 1892, rééd. Genève, Slatkine reprints, 1971, t. 28, p. 214.

2   Voir *supra*, p. 190.

3   Voir C. Naugrette-Christophe, « La mise en crise du drame par la mise en scène », *Études théâtrales*, 1999, n° 15-16, p. 130-140. – L. Becq de Fouquières, *L'Art de la mise en scène, essai d'esthétique théâtrale*, Paris, Charpentier & Cⁱᵉ, 1884.

mais aussi celles de Francisque Sarcey[1], d'Edmond Villetard[2] et d'André Antoine lui-même : « Perrin n'était pas, au sens propre du mot, metteur en scène. Cette habitude de tourner autour des meubles, de faire passer les personnages de droite à gauche et de gauche à droite, si elle ne lui était pas inconnue, offrait pourtant à ses yeux un intérêt secondaire ; là-dessus, il s'en remettait soit à l'auteur soit au semainier[3]. » Émile Perrin, peintre de formation, attachait vraisemblablement davantage de soins à l'élaboration des images : de la scène comme d'un tableau. Le mouvement, sans doute, lui manquait[4] ; c'est pourquoi il restait à imposer sur la scène d'un théâtre subventionné cette esthétique de la mise en scène « naturaliste », mise au point sur la scène du Théâtre-Libre.

Comme le souligne Jean-Pierre Sarrazac, Antoine visait de longue date la direction de la Comédie-Française ou de l'Odéon[5]. La publication de la « Causerie » en 1903, puis la mise en scène du *Roi Lear* au Théâtre-Antoine en 1904, lui ouvrirent les portes du Second Théâtre-Français (fig. 5). Les documents d'archives révèlent la direction d'Antoine comme initiant une véritable révolution dans l'administration de ce théâtre : rénovation de la salle, installation d'une rampe électrique mobile, suppression du poste de directeur de la scène, accélération du rythme de fonctionnement du comité de lecture, autoritarisme à peine camouflé

---

1   Voir *supra*, n. 3, p. 189.

2   E. Villetard, « La question de la mise en scène », *Revue d'art dramatique*, rééd. Genève, Slatkine reprints, 1971, t. 10, avril-juin 1888, p. 327-335.

3   A. Antoine, *Le Théâtre*, Paris, Les éditions de France, 1932, « année 1885 », p. 176.

4   La maîtrise du mouvement était précisément la marque d'Antoine si l'on en juge d'après Joseph-Henri Rosny qui, dans son roman *La Fauve*, décrivait ainsi une répétition au Théâtre-Libre à laquelle assistaient auteurs et badauds : « S'étant remis en place, les acteurs commencèrent de marcher et dialoguer à travers des accessoires et des décors fictifs. Antoine arrêta tout l'intérêt sur une scène où l'on voyait un personnage auprès d'un berceau. Il en tira des effets remarquables. Un silence doublé du comédien aux spectateurs régna dans la salle. Les gestes, les mots, les moindres choses baignèrent dans cet extraordinaire silence. C'était comme le tissage d'une toile d'araignée, une œuvre compliquée et muette, forte et subtile, d'un goût très délicat, non seulement le comptage classique des distances, mais une sorte d'architecture des mouvements et des inflexions, où les vides et les pleins, les saillies et les retraits, s'accordaient magnétiquement à cette force obscure qu'est un public. » (J.-H. Rosny, *La Fauve*, roman, mœurs de théâtre, Paris, Éditions de la Revue blanche, 1899, p. 16-17).

5   Voir son « Introduction » à *Antoine, l'invention de la mise en scène, op. cit.*, p. 11. Rappelons qu'Antoine avait déjà partagé la direction de l'Odéon avec Paul Ginisty en 1896, quelques semaines seulement avant de démissionner (voir *supra*, n. 1, p. 10).

dans la direction des acteurs[1]. Mais là où Antoine fit preuve d'une audace
plus certaine, c'est en montant les classiques de manières différentes :
« comme au temps de Louis XIV » et « dans la tradition comme à la

---

1   Les archives de l'Odéon sont conservées aux Archives Nationales (voir : *Archives du Théâtre
    de l'Odéon, 1809-1983, Répertoire numérique détaillé de la sous-série 55 AJ*, Paris, Archives
    Nationales, 2009). – Sous la direction de Paul Ginisty (saison 1905-1906), le poste de
    directeur de la scène était occupé par Abel Tarride, dramaturge, comédien et ex-directeur
    de la scène aux Escholiers (1897-1898). Le nom de Ginisty n'apparaît d'ailleurs pas dans
    le conseil d'administration à cette date ; c'est donc bien Tarride qui assure la gestion du
    théâtre au quotidien (voir AJ^{55} 21). André Antoine supprime le poste de directeur de la
    scène dès sa nomination : son nom apparaît comme seul « directeur » dans le conseil
    d'administration de la saison 1906-1907. La fonction est toutefois rétablie en 1908, et confiée
    à Adrien Caillard, prix de comédie au Conservatoire de Paris, professeur d'art dramatique
    au Conservatoire de Bordeaux (c'est lui qui forme Max Linder), régisseur de la scène à
    l'Ambigu-Comique (1904-1907), puis scénariste et réalisateur aux studios Pathé dès 1909.
    La fonction de directeur de la scène disparaît du conseil d'administration de l'Odéon en
    1912 avec le départ de Caillard (voir AJ^{55} 21 & 22). – Les transformations du théâtre sont
    nombreuses : « On supprime le lustre et on renouvelle entièrement l'installation électrique
    du théâtre et de la scène – Suppression dans la salle d'un rang de fauteuils de balcons, de
    l'ancien parterre qui devient découvert et des baignoires du fond – C'est la disparition
    de 300 places. La salle est tapissée à neuf du haut en bas & tous les sièges sont établis en
    cuir. – On établit des vestiaires et des lavabos pour ce public au rez-de-chaussée ; – on
    installe une rampe électrique mobile ; des lampes à arc sur le pérystile [*sic*] du théâtre et
    un système nouveau pour la vente des billets. – Établissement d'un fumoir tapissé & le
    décorateur Tusseaume brosse un nouveau rideau & des draperies d'avant-scène. Ces travaux
    s'élèveront à 180 000 frs. » (voir AJ^{55} 21). – On note aussi, sous la direction d'Antoine,
    une nette accélération du travail du comité de lecture, ce qui vaudra au directeur de
    vives contestations. En 1915 par exemple, le comité estime 133 pièces, tandis qu'il en a
    évaluées 352 en 1913, 770 en 1907. Sous la direction de Ginisty, seule une vingtaine de
    pièces par an était lue (voir AJ^{55} 97). Les rapports sont soumis à André Antoine qui appose
    ses initiales sur les pièces admises par lui ; il en annote parfois certains, comme celui-ci,
    rédigé à propos d'une pièce en 3 actes d'Edmond Leydet, intitulée *Les Fils de ses œuvres*,
    et pour laquelle le rapporteur avait conclu : « Cette pièce est une sorte de transposition
    de certains passages du Théâtre de Corneille. Œuvre intéressante et consciencieuse mais
    qui gagnerait à être resserrée et ferait alors un à-propos d'un genre original et nouveau » ;
    Antoine ajoute : « Assez dangereux pour un théâtre subventionné & en particulier pour
    l'Odéon dont le public paisible et bourgeois semble peu disposé à faire accueil à des
    œuvres traversées de préoccupations sociales ou politiques » (*Rapport à M. le Directeur du
    Théâtre National de l'Odéon*, Paris, le 26 avril 1907, AJ^{55} 83). – L'autoritarisme d'Antoine
    transparaît nettement dans les notes portées chaque jour par lui sur le registre du théâtre ;
    aussi, sur celui du 26 avril 1911, peut-on lire : « On recommence à plaisanter en scène
    malgré tout ce que j'ai pu dire. Notamment au 1er acte de *Vers l'amour* dont la mise en
    scène et le mouvement se déforment. M. Caillard a reçu l'ordre formel de signaler sous
    sa responsabilité et par écrit au Rapport journalier les auteurs de ces graves incidents.
    J'assignerai immédiatement en résiliation avec dommages-intérêts ceux qui me seront
    signalés, car je suis absolument décidé à faire disparaître de l'Odéon tout élément de
    désordre ou d'indiscipline. » (AJ^{55} 22).

Comédie-Française[1] ». Après avoir mis en scène *Andromaque*[2], Antoine réitère l'expérience avec *Le Cid* monté dans une mise en scène voulue conforme à celle donnée au Théâtre du Marais en décembre 1636[3]. Pour *Britannicus*, dont la première est donnée le 16 novembre 1911, Antoine fait jouer les personnages de Néron et de Britannicus par des actrices (Marie Ventura et Andrée Pascal), ce qui lui permet d'introduire un jeu de commentaire entre une tradition théâtrale (le travestissement) et les codes de réception du public contemporain (fig. 6). Une première tentative de monter la pièce avait déjà été menée au Théâtre Antoine en 1898, au terme de laquelle le directeur confessait :

> Comme j'avais dû engager de Max pour remplacer Taillade dans la *Judith Renaudin* de Loti, j'en profite, puisque Marie Laurent est également des nôtres, pour donner une curieuse représentation de *Britannicus*. Gémier s'essaye dans Narcisse, mais malgré la curiosité de cette distribution, la puissance magnifique de Marie Laurent dans Agrippine, l'originalité de de Max en Néron, on sent que le classique n'est pas à sa place chez nous, et que notre clientèle s'en soucie fort peu[4].

L'ambition de proposer une lecture renouvelée du répertoire classique était donc en germe depuis plusieurs années. Dans cette perspective, on comprend combien la démarche artistique d'Antoine a été fortement imprégnée par les histoires du théâtre écrites à partir des années 1830. La mise en scène s'élabore comme un discours sur l'Histoire et un outil de patrimonialisation des classiques. Comme l'écrit Karel Vanhaesebrouck au sujet du *Britannicus* de 1911 :

> Bien qu'il ne vise pas avec son interprétation à recréer littéralement la première représentation (comme il l'a fait avec *Andromaque*), Antoine relie son *Britannicus* de manière directe à ce qu'on pourrait appeler le modèle classique, modèle dit « authentique » – à la fois historique et psychologique – qui s'est développé au cours des XVIIIe et XIXe siècles à travers la construction du mythe racinien. [...] Antoine ambitionne donc une ré-interprétation « authentique »

---

1   Cité par J.-P. Sarrazac : « Introduction », *Antoine, l'invention de la mise en scène, op. cit.*, p. 21.
2   Les photos de scène des 2 mises en scène d'*Andromaque*, « reconstituée comme au temps de Louis XIV » et « jouée dans les traditions de décor et de costumes des Français et de l'Odéon » sont reproduites par David G. Muller dans son article « Bajazet'37 : Jacques Copeau's Palais à Volonté at the Comédie-Française », *Theatre Journal*, vol. 64, n° 1, mars 2012, p. 1-24 (consultable sur le site muse.jhu.edu).
3   Voir l'affiche aux AN, cote AJ[55] 22.
4   A. Antoine, *Mes souvenirs sur le Théâtre Antoine et sur l'Odéon (première Direction), op. cit.*, p. 137.

de ce modèle idéal, qui est à son tour une construction et non une réalité historique (puisqu'elle est largement basée sur la perspective hellénisée du XIXᵉ siècle sur l'Antiquité). Afin d'atteindre ce but, il tente de recréer une illusion parfaite, en développant un code théâtral à caractère intégral, et d'éliminer les facteurs comme le vedettariat qui gênent ou brouillent cette illusion. Il essaie donc de rompre avec la réception traditionnelle du répertoire classique jusqu'alors largement orienté vers les *performances* d'acteurs individuels, en vue d'atteindre une interprétation consistante et cohérente. Pour cette raison, il désire développer un langage de mise en scène autonome qui devrait lui permettre de mettre en pratique ses ambitions de reconstruction[1].

C'est dire si les ambitions du metteur en scène, exprimée dans la « Causerie » en 1903, avaient pu se concrétiser. Le renouvellement de la mise en scène des œuvres du répertoire dramatique national, en chantier depuis la décennie révolutionnaire, était cette fois-ci durablement entériné.

Après la proclamation de la loi sur la liberté industrielle des spectacles, le paysage théâtral français demeure dominé par des contraintes économiques fortes ; mercantilisme et vedettariat s'imposent comme les maîtres-mots d'une création scénique que nombre de directeurs de troupe, jusqu'à la Seconde Guerre mondiale, condamneront sévèrement, au point d'en faire l'argument essentiel de leur tentative de rénovation dramatique. Les premières pages de l'*Essai* de Jacques Copeau publié dans *La Nouvelle Revue Française* à la vieille de la Grande Guerre sont bien connues aujourd'hui :

> Une industrialisation effrénée qui, de jour en jour plus cyniquement, dégrade notre scène française et détourne d'elle le public cultivé ; l'accaparement de la plupart des théâtres par une poignée d'amuseurs à la solde de marchands éhontés ; partout, et là encore où de grandes traditions devraient sauvegarder quelque pudeur, le même esprit de cabotinage et de spéculation, la même bassesse ; partout le bluff, la surenchère de toute sorte et l'exhibitionnisme de toute nature parasitant un art qui se meurt, et dont il n'est même plus question ; partout veulerie, désordre, indiscipline, ignorance et sottise, dédain du créateur, haine de la beauté ; une production de plus en plus folle et vaine,

---

1   K. Vanhaesebrouck, *Le Mythe de l'authenticité, Lectures, interprétations, dramaturgies de Britannicus de Jean Racine en France (1669-2004)*, New York, Amsterdam, Rodopi, 2009, p. 271-272. – La première de *Britannicus* est annoncée sur l'affiche comme un « essai d'interprétation nouvelle » (voir AJ⁵⁵ 22), tout comme la mise en scène d'*Andromaque* avait été décrite sur le programme : « Essai de mise en scène – décorations et costumes du XVIIᵉ siècle » (voir AJ⁵⁵ 46/1).

une critique de plus en plus consentante, un goût public de plus en plus égaré : voilà ce qui nous indigne et nous soulève[1].

Quelques décennies plus tard, aux lendemains de la Libération de Paris, Jean Vilar dressait le même constat :

> Il faut espérer que ceux qui ont à la charge la défense de l'art théâtral voudront bien ne pas s'en tenir à la situation de cet art au cours des quatre dernières années, mais remontant plus haut dans le siècle, exerceront leur mémoire et leur clairvoyance sur des faits et des vices fondamentaux à notre société. Certes, il n'y a pas encore un mois, si les recettes d'exploitation réjouissaient la bonne mine des marchands du temple, le grand public ne montrait ni goût, ni sagesse. Les critiques étaient insensibles ou ignares. Les interprètes, mal défendus, étaient affamés et irascibles. Les auteurs recherchaient dans la représentation de leurs œuvres la double importance du prestige et du profit. Les commanditaires et les mécènes se ruinaient chichement en aidant à naître le chef-d'œuvre et l'ordure. À cette liste de condamnés et de tueurs aimables, ajoutons la liste des directeurs de salle sous-louant leurs « maisons » à des conditions impitoyables. N'oublions pas l'activité tortionnaire du C. O. E. S. [Comité d'Organisation des Entreprises de Spectacles]. Il y a un mois de cela et on peut mettre ce bilan moral désastreux au compte de l'occupation nazie. Mais il y a cinq ans, il y a dix ans, en 1934, comme en 1939, le théâtre français, alors « libre » état muni de maux évidents dont chaque artiste donnait une explication toujours différente et plausible. Quoiqu'il en soit, si le public était alors libre de manifester son déplaisir et son dégoût, notons, pour commencer, qu'il n'en témoignait pas. Que l'interprète, pauvre bouc émissaire, jouait une difficile partie entre un art qu'il aimait et une entreprise commerciale qui le nourrissait, l'exploitait ou l'enrichissait. Que l'art théâtral français, à deux ou trois exceptions, était ivre de bassesse, de vices sans grandeurs et de vertus galvaudés. Que l'État se plaisait à jouer vis-à-vis de cet art le rôle qu'il jouait vis-à-vis de celui de la prostitution et que dans la mesure où les impôts dits de « luxe » (ô dérision) était versés par les théâtres, tout allait pour le mieux dans le plus hypocrite des mondes possibles. L'État jouait enfin ce rôle souverain de permettre, voire de faciliter l'exportation de ces ordures représentatives sur les scènes étrangères[2].

Suffisamment redondant dans les discours des « réformateurs » du théâtre des premières décennies du XXe siècle, l'argument d'une création scénique

---

1   J. Copeau, « Un essai de rénovation dramatique : le Théâtre du Vieux-Colombier », *La Nouvelle Revue Française*, 5e année, n°57, 1er septembre 1913, rééd. *in* J. Copeau, *Critiques d'un autre temps*, Paris, Éditions de la Nouvelle Revue Française, 1923, p. 233-234.
2   « J. Vilar : texte inédit (septembre 1944) », publié par Paul-Louis Mignon, *Revue d'Histoire du Théâtre*, n° 256, 2012-4, p. 346-347.

paralysée par les contraintes marchandes a fini par être admis par les historiens du théâtre, et par infléchir une réflexion théorique fondée sur une partition binaire entre « théâtres d'art » et théâtres mercantiles et de pur divertissement. Cette scission, pourtant, ne tient pas lorsque l'on considère la pratique scénique du temps ; non seulement les contraintes économiques n'empêchent nullement les audaces artistiques ponctuelles, mais de fructueuses collaborations s'opèrent aussi entre les directeurs, acteurs et régisseurs des théâtres subventionnés, privés et amateurs. La circulation des artistes sur les différentes scènes parisiennes (mais aussi au sein des studios du cinématographe naissant) n'a sans doute pas été suffisamment prise en compte par l'historiographie ; elle permet pourtant de lever le voile sur les enjeux des théorisations de la mise en scène au tournant des XIXe et XXe siècles, et surtout de comprendre que la revendication du metteur en scène comme artiste ne se loge pas au cœur de l'antagonisme théâtre d'art / théâtre de divertissement.

L'art de la mise en scène est de toute façon promu et pratiqué depuis plusieurs décennies au moment où Antoine publie sa « Causerie » ; on a souligné précédemment le rôle d'un Montigny dans le façonnement d'un « art de tourner autour des tables », mais on aurait pu tout autant mettre en lumière les talents d'un Marc Fournier à la Porte-Saint-Martin ou d'un Félix Duquesnel à l'Odéon puis à la Porte-Saint-Martin. À propos de ce dernier, Henry Buguet d'ailleurs écrivait :

> M. Duquesnel est un prince régnant qui a un budget considérable, moins à cause des émoluments qu'il donne à ses artistes qu'en raison de son goût pour les pompes de la mise en scène. Il pousse aussi loin que personne l'amour de ces pompes-là, et je suis sûr que son regret est de ne pouvoir dépenser cent mille francs pour monter le *Tartuffe* en féerie[1].

---

1 H. Buguet, *Foyers et Coulisses : histoire anecdotique des théâtres de Paris, Odéon*, Paris, Tresse, 1880, p. 51-52. Le parti-pris de l'auteur pour la mise en scène « à grand spectacle » se précise dans les propos qu'il tient sur Marc Fournier : « Pour lui l'art de la mise en scène est bien loin d'être dans la profusion des décors et dans le miroitement des costumes. À plusieurs reprises il a donné la preuve d'un art véritable de metteur en scène dans lequel alors il n'avait d'autres rivaux qu'Alexandre Dumas père et M. Montigny. Deux circonstances surtout qu'il aime à rappeler furent pour lui deux occasions de montrer ce qu'il pouvait faire sur le terrain de l'art proprement dit. En 1855 la Commission d'examen après avoir assisté à la répétition générale d'une grande pièce de Paul Meurice, intitulée : PARIS déclara l'un des tableaux impossible et en ordonna la suppression. Ce tableau représentait l'un des quais de la Seine devant le vieux Louvre et le massacre de la Saint-Barthélemy. L'auteur furieux menaçait de retirer la pièce. "Voyons, dit M. Marc-Fournier

Et c'est là en effet que se cristallisaient les débats depuis près d'un siècle : l'art de la mise en scène posait problème lorsqu'il était appliqué aux œuvres « classiques ». Ce facteur peut aider à mieux contextualiser les prises de plume théoriques ; d'Antoine à Vilar, la mise en scène se pense comme un outil historiographique ; elle joue un rôle de patrimonialisation des chefs-d'œuvre de la littérature dramatique en réinscrivant leur interprétation dans l'Histoire. C'est pourquoi, sans doute, la question du sens est devenue aussi centrale dans les définitions de la mise en scène à partir de la fin du XIXᵉ siècle. Bien plus que de favoriser la reconnaissance d'un art nouveau, il s'agissait de réactiver un idéal révolutionnaire, c'est-à-dire de réaffirmer le rôle de l'État dans le façonnement d'un art théâtral pensé comme outil de démocratisation de la culture et de fabrique de l'identité nationale. Vilar l'avait clairement dit : « La pureté du théâtre dans une société donnée est avant tout un problème d'autorité. C'est – le mot est si facile – une question d'État. On nous comprendra mieux peut-être en ajoutant que, si l'épuration politique est une chose nécessaire, l'épuration artistique l'est tout autant sur le plan national[1]. » On saisit mieux dans cette perspective pourquoi l'idée de répertoire s'est logée au cœur des théories des « réformateurs » du théâtre ; le metteur en scène revendique ce rôle d'éclairer le sens historique d'une œuvre et

---

à l'un des censeurs, cherchons ensemble s'il n'y a pas un moyen de sauver le tableau. – Je n'en vois qu'un, répondit sèchement le fonctionnaire aux grands ciseaux, c'est de montrer le décor qui est fort beau et d'enlever tout le reste. – Y compris le dialogue ? demanda M. Fournier. – Surtout le dialogue ! – C'est bien répondit le jeune impresario il sera fait comme vous le demandez. Je vous ajourne à trois jours." Paul Meurice pensa que Marc-Fournier devenait fou (et il y avait que quoi), mais celui-ci avait déjà son idée. Trois jours après il y avait 300 personnes dans la salle parmi lesquelles figurait au grand complet toute la commission d'examen. On lève la toile sur le fameux tableau. Il est nuit, la Seine charrie des flots noirs, sur ses bords. Le Louvre étincelle de lumières ; tout à coup et dans un profond silence, Catherine de Médicis, qui échappe à la foule des courtisans qui osent applaudir à sa sanglante victoire apparaît sur le balcon historique de Charles IX, pâle, sombre, sinistre ! Elle ne dit pas un mot, minuit sonne au beffroi du Louvre et à ce tintement lugubre, émergent aussitôt de la rivière les cadavres effrayants des huguenots massacrés. La foule en est compacte. Les poses en sont dramatiques, l'arrangement de toute cette figuration aidé par la peinture est d'un effet puissant. La reine sanglante, se penche, regarde, reconnaît ses victimes, pousse un cri épouvantable et tombe évanouie. M. Marc-Fournier avait obéi à la Censure. Il ne s'était pas dit un seul mot durant ce tableau où avait triomphé l'art du véritable metteur en scène. » (H. Buguet, *Foyers et Coulisses : histoire anecdotique des thé*âtres de Paris, Porte-Saint-Martin, Paris, Tresse, 1877, p. 22-24).
1   « J. Vilar : texte inédit (septembre 1944) », art. cit., p. 348. Voir aussi, dans ce même numéro de la *Revue d'Histoire du Théâtre*, l'article de Laurent Fleury : « Le "théâtre, service public" : l'invention d'une tradition », p. 367-382.

de conditionner son effet moral, social, politique sur le public[1]. Il n'est donc pas anodin que la reconnaissance juridique du droit d'auteur du metteur en scène ait été actée au moment même où, sous l'influence des membres du Cartel, l'État engageait une politique culturelle favorable à la Décentralisation théâtrale. On pourrait ainsi s'interroger sur les motifs qui ont poussé un Georges Clémenceau par exemple à mission-ner la troupe du Vieux-Colombier pour faire valoir le théâtre français et neutraliser la propagande allemande à New York en 1917, ou encore un Jean Zay qui, sous le Front populaire, a accordé des fonds publics aux metteurs en scène du Cartel tout en cherchant à convaincre Louis Jouvet de prendre la direction de la Comédie-Française. Entre les deux guerres, les enjeux politiques et juridiques de la reconnaissance de la mise en scène comme pratique auctoriale, déjà repérables sous la Révolution, s'infléchissent dans une nouvelle conjoncture historique et sociale. Ce n'est donc pas tant à l'avènement d'un art nouveau auquel on assiste au tournant des XIXᵉ et XXᵉ siècles, mais à l'émergence d'une réflexion renouvelée sur la place et le rôle du théâtre au cœur de la société.

---

1   Voir, sur ce point, les propos d'André Antoine cités *supra*, p. 9.

CONCLUSION

Une analyse attentive des enjeux qui ont innervé la réflexion sur la mise en scène tout au long du XIXᵉ siècle permet finalement de s'accorder sur un point : la pratique théâtrale française a été l'objet de divisions, de combats d'école ; la matière scénique, revendiquée comme une composante essentielle du drame par les philosophes des Lumières, a suscité l'intérêt des auteurs, des artistes dramatiques et du public au point d'encourager le développement des techniques de l'illusion qui, depuis les édifiants changements à vue du mélodrame jusqu'aux grandioses « clous » de la féerie et de l'opérette, ont accordé au metteur en scène des outils pour s'exprimer, un rôle au sein de l'entreprise théâtrale à faire valoir. Si l'esthétique du « grand spectacle », qui s'impose avec force dès la Révolution, a très certainement aidé le façonnement de la mise en scène comme art indépendant, il s'agit toutefois de percevoir combien sa définition se loge chaque fois dans les creux d'une réflexion sur les enjeux politiques et sociaux du théâtre, sur son rôle éducatif. Pixerécourt, Hugo, Dumas, Vacquerie, Antoine, pour ne citer qu'eux, ont cherché, par le maniement des éléments scéniques, à véhiculer du sens et des valeurs susceptibles de réformer la société contemporaine. Le rapport à l'Histoire est également prégnant. Qu'il s'agisse de réactualiser les œuvres du répertoire afin d'en proposer une lecture républicaine ou révolutionnaire, d'en appeler à l'« exactitude historique » afin de dénoncer les grands problèmes sociaux du temps, de reconstituer les tragédies grecques ou de mettre en comparaison deux esthétiques de la mise en scène comme le fait Antoine en montant Racine « comme au temps de Louis XIV » et « dans la tradition comme à la Comédie-Française », la mise en scène s'élabore comme un discours historiographique. C'est dire si sa définition mérite d'être élargie. Le traditionnel couple « texte/ scène » par l'intermédiaire duquel on l'interroge systématiquement ne paraît pas pouvoir couvrir l'ensemble des pratiques.

Or, c'est précisément sur une scission entre texte et scène, entre pratiques auctoriale et scénique, que se fonde la définition de la mise en scène dite « moderne ». Comme l'écrit Isabelle Moindrot :

> [...] d'un certain point de vue, la naissance artistique de la mise en scène peut se lire aussi comme une célébration littéraire. Contre la pratique courante des adaptations, pots-pourris et récitals, qui avaient par ailleurs de multiples fonctions fort estimables dans le système théâtral du XIXᵉ siècle, les metteurs en scène vont d'abord s'attacher à restaurer l'unité et l'intégrité des textes dramatiques – quitte à s'en détacher ensuite –, imposant par là une relation forte à l'objet textuel, créatrice et critique[1].

Cette volonté de « restaurer » l'unité d'un texte, de « reconstituer » l'œuvre ancienne, de la resituer dans son contexte de création par les outils du spectacle[2], est une manière de s'approprier un patrimoine littéraire afin de positionner le théâtre comme un outil majeur de la vie sociale et politique, c'est-à-dire à même de donner une signification contemporaine aux grands chefs-d'œuvre de l'humanité et de construire, par ce biais, la « chaîne d'or sans fin[3] » qui forme l'identité culturelle d'une nation. Les enjeux du théâtre populaire, qui constituent une large part des réflexions sur l'art théâtral (et partant sur celui de la mise en scène) à partir de la dernière décennie du XIXᵉ siècle, sont pour beaucoup à interpréter en fonction de cette nécessité. Elle trouve d'ailleurs un écho direct avec les objectifs des dirigeants révolutionnaires qui avaient souhaité mettre le répertoire dramatique national à la portée du plus grand nombre tout en s'assurant que les valeurs véhiculées par leur « mise en scène » soient conformes avec l'idéologie de la Révolution. Ce facteur est essentiel à prendre en compte pour circonscrire cette notion de « mise en scène » qui apparaît dans le contexte révolutionnaire et conduit peu à peu à l'émergence, puis à l'autonomie du metteur en scène.

Dès sa première formulation en tant que substantif, la « mise en scène » est intimement liée aux enjeux politiques et aux dangers que peut représenter le théâtre pour la formation du corps social. De fait, la

---

1   I. Moindrot, *Le Spectaculaire dans les arts de la scène, op. cit.,* p. 7-8.
2   Notons que ces « restaurations » ou « reconstitutions » s'opèrent chaque fois par d'imposantes modifications structurelles du texte originel, pour preuve : l'*Antigone* de Vacquerie et Meurice, ou le *Jules César* de Shakespeare, largement remodelé pour les besoins de la mise en scène d'Antoine par Émile Vedel et Pierre Lotti.
3   C'est par cette formule qu'André Antoine conclut sa « Causerie » (*op. cit.,* p. 120).

« mise en scène » n'engage pas seulement, tout au long du XIXᵉ siècle, une façon d'organiser les éléments de la représentation et d'agencer les déplacements des comédiens en scène. Elle est davantage assimilable à une écriture scénique qui complète le drame, lui accorde une portée sociale, esthétique, politique immédiate, et qui se voit placée tantôt sous le contrôle de l'auteur, tantôt sous celui de l'acteur, maître de ballet, directeur de théâtre ou régisseur amenés à remplir les fonctions de metteur en scène au sein de l'entreprise théâtrale. Les difficultés rencontrées par ces derniers pour faire valoir leur participation à l'élaboration du spectacle révèlent combien la pratique scénique s'est fait l'objet de vives oppositions entre deux corporations. Les auteurs dramatiques, défendus par La Harpe à l'Assemblée en 1790, sont parvenus à faire voter une loi sur la propriété littéraire et artistique bâtie, pour l'essentiel, sur leurs intérêts. Si le décret proclamant la liberté des théâtres a pu, dans un premier temps, compromettre l'autorité et le plein pouvoir de l'auteur sur la réalisation scénique de ses œuvres, le retour des privilèges dramatiques, en 1806-1807, lui a permis de concrétiser ce qui avait été porté en germe dans les drames des philosophes des Lumières, à savoir une écriture théâtrale construite sur une association étroite entre expressions pantomimique, verbale, scénographique et musicale. Cette écriture dramatique nouvelle, circonscrite après 1807 au genre du mélodrame essentiellement (pour la simple raison que la politique culturelle mise en place par Napoléon n'autorisait plus le « mélange des genres » sur les scènes subventionnées), a servi de matrice aux réformes « romantiques ». La rencontre de l'écriture dramatique et de la mise en scène s'est offerte, pour eux, comme un moyen de brouiller les catégories génériques et de conquérir les scènes officielles. Sous leur impulsion, les drames proposés à la Comédie-Française se sont offerts comme un lieu de fusion entre les éléments du littéraire et du spectaculaire. Le metteur en scène s'est ainsi imposé comme un personnage essentiel de l'activité théâtrale ; il était fort d'un savoir-faire scénique sur lequel l'auteur pouvait s'appuyer pour bâtir sa dramaturgie.

La loi de 1864 a considérablement changé la donne ; la nouvelle géographie des théâtres parisiens, conditionnée par les travaux haussmanniens de rénovation urbaine, a également modifié la nature des publics. Après cette date, la pratique théâtrale demeure assujettie à des contraintes économiques fortes ; un réseau entre directeurs, acteurs et dramaturges domine également, comme le rappelle Antoine, le système de production et de réception des spectacles :

> Tout l'horizon, occupé par une trinité formidable et toute-puissante : Augier, Dumas, Sardou. Les trois maîtres tenaient tous les théâtres, occupaient tous les débouchés. Vingt ans de succès avaient mis tous les directeurs à leur dévotion et M. Perrin, l'administrateur de la Comédie-Française, déclarait en 1879, qu'avec un ouvrage de Dumas une année et une pièce d'Augier pour la suivante, il n'avait pas besoin d'autre chose. Meilhac et Halévy tenaient triomphalement les scènes de genre, tandis que, plus bas, Feuillet, Pailleron, Gondinet, se chargeaient de prendre immédiatement, et avec un succès presque certain, les rares places laissées accidentellement vides sur nos affiches[1].

La réforme ne pouvait donc passer que par les théâtres de l'à-côté qui, parce qu'ils n'étaient soumis, ni au pouvoir de contrôle de la SACD, ni aux taxes, baux locatifs et salaires exorbitants demandés par les acteurs, pouvaient mettre sur pied une esthétique scénique apte ensuite à être appliquée sur les scènes subventionnées. Car c'est là finalement que s'ancre tout l'enjeu des débats sur l'art théâtral depuis le début du siècle. La Révolution avait accordé au théâtre une place centrale au sein de la société. La mise en scène s'est développée comme un langage susceptible de diffuser les valeurs et les images par l'intermédiaire desquelles il devenait possible d'avoir un impact fort et immédiat sur un public élargi au populaire. C'est pourquoi il n'est pas tout à fait juste de percevoir avec Antoine le signe d'une rupture nette entre les pratiques scéniques antérieure et postérieure à la fondation du Théâtre-Libre. Certes, la réforme est bien portée par le metteur en scène dans la deuxième moitié du XIXe siècle, alors qu'elle était placée, en amont, entre les mains du dramaturge, aidé parfois par le régisseur de la scène du théâtre. Mais il s'agit bien, dans les deux cas, de manipuler la matière scénique de manière à véhiculer de l'émotion, à bouleverser le spectateur afin de l'engager à réfléchir autrement le monde contemporain. Antoine précisait clairement cet objectif :

> Nous acceptons le vaudeville, l'opérette, la fantaisie, les grivoiseries comme nous jetons volontiers les yeux dans des miroirs amusants où nous nous

---

1   A. Antoine, « Conférence de Buenos Aires » (août 1903), rééd. *in* J.-P. Sarrazac & Ph. Marcerou (dir.), *Antoine, l'invention de la mise en scène, op. cit.*, p. 126-127.

reflétons arrondis ou allongés et qui n'inquiètent pas notre gaieté. Là, nous nous sentons pleinement rassurés : nous savons que c'est la glace qui nous déforme ; mais la vision vraie, la ressemblance fidèle, aiguë, implacable, détaillée, qui révèle notre état exact, nos tares, nos vices, nos maladies dont les imperceptibles symptômes apparaissent sur nos faces, nous épouvante. Ainsi la foule, tout de suite, manquant de courage et de confiance, se ligue contre des artistes assez hardis pour lui crier : ose te regarder pour te guérir s'il est encore temps[1] !

Bouleverser le spectateur relève bien d'une esthétique nouvelle, qui marque l'écart avec les pratiques scéniques antérieures. Mais l'intention reste similaire à celles exprimées au préalable par un Pixerécourt, un Hugo, un Vacquerie ou un Sébastien Rhéal. C'est pourquoi la prise en considération de la pratique théâtrale du XIXᵉ siècle dans son ensemble peut s'avérer utile pour la réflexion sur la notion de « mise en scène » : dans un premier temps, elle permet de mieux saisir les critiques de Jacques Copeau qui, réactivant un vieux débat afin de mettre en exergue sa propre réforme, associe l'esthétique du Théâtre-Libre à celle du mélodrame[2] ; dans un deuxième temps elle favorise l'élargissement de la définition de la « mise en scène » en révélant que celle-ci ne repose pas uniquement sur la figure centrale du metteur en scène.

Dans son ouvrage sur les *Théâtres contemporains*, Isabelle Barbéris montre clairement combien cette définition n'est plus applicable aux scènes actuelles : « Mettre en scène aujourd'hui consiste à rapprocher des éléments hétérogènes, séparés par la géographie, l'histoire et les cultures, et à produire du sens par un jeu de relations intempestives[3]. » De fait, c'est bien l'absence apparente d'unité qui conduit à s'interroger actuellement sur une possible disparition, ou redéfinition de la « mise en scène ». Le sens était jusqu'alors porté par une matière scénique façonnée dans le but de concrétiser la vision poétique et esthétique, la vérité philosophique et/ou politique de l'artiste-auteur-metteur en scène. Désormais, le sens jaillit de la rencontre hasardeuse entre des

---

1   *Ibid.*, p. 133-134.
2   À propos de *Samson*, d'Henry Bernstein, joué à la Renaissance, Copeau écrit : « Hurlements, grincements de dents, pugilat ; le public est enchanté, il applaudit, retrouvant enfin la sorte d'émotion qu'il est venu chercher, l'allure et l'accent de ces vieux mélodrames qui dilataient nos pères et que viennent de rajeunir pour lui quelques réminiscences du feu théâtre libre. » (*La Grande Revue*, 25 novembre 1907, rééd. *in Critiques d'un autre temps, op. cit.*, p. 125).
3   I. Barbéris, *Théâtres contemporains, Mythes et Idéologies*, Paris, P.U.F., 2010, p. 27.

corps et des objets, représentations emblématiques d'un monde pour lequel le « vivant » est devenu marchandise. Comme l'écrit Tiphaine Karsenti :

> [C]e qui est montré, ce n'est plus une succession cohérente, mais une profondeur de strates superposées, agglutinées par le mouvement et parfois la parole de l'acteur. Ce dernier n'incarne plus un personnage, mais il assure une médiation entre des spectateurs et un univers de sens à construire[1].

Pour (re)définir la mise en scène, il s'agit alors de prendre en compte l'espace du spectateur. C'est à lui finalement qu'est confiée la tâche d'interpréter, c'est-à-dire de rendre signifiant un espace de jeu qui se présente délibérément comme le lieu de l'informe et du non-linéaire.

Pour appliquer la notion de « mise en scène » à ce type de spectacle, il convient alors d'amputer la définition d'Antoine d'un de ses éléments fondateurs, à savoir la responsabilité du sens confiée au metteur en scène :

> Le fondement même de ce qui constituait la fonction du metteur en scène dans les théâtres d'art du XXᵉ siècle – ajoute Tiphaine Karsenti – a d'une certaine façon disparu : ni réel à imiter, ni idée à matérialiser, ni lecture à actualiser. Et pourtant, il y a bien mise en scène, puisqu'il y a production d'expérience et d'effets de sens à partir de l'organisation d'une coprésence entre acteur et spectateur[2].

La mise en scène « moderne », si l'on en juge d'après ces propos, a donc fini son histoire. On comprend dans cette perspective qu'il importe de réévaluer une historiographie de la mise en scène construite de toute pièce sur la pratique des réformateurs des premières décennies du XXᵉ siècle, plutôt que de nier toutes les autres initiatives, passées ou actuelles, parce qu'elles ne satisfont pas cette définition. Le détour par les scènes du XIXᵉ siècle l'a montré : la « mise en scène » ne désigne pas seulement une façon d'agencer la scène, d'organiser le spectacle ; le terme « mise en scène » est apparu dans le vocabulaire dramatique français au moment même où s'exprimait le besoin de gratifier le théâtre d'un rôle social, politique, pédagogique ; c'est un concept, inventé de toute pièce pour réfléchir la relation entre une œuvre, un public, et l'image qu'il se fait de son identité culturelle.

---

1   T. Karsenti, « Le théâtre est-il toujours un art "vivant" ? », *Critique, op. cit.*, p. 852-853.
2   *Ibid.*, p. 853.

C'est pourquoi la prise en considération des enjeux politiques, mais aussi des présupposés intellectuels et culturels qui fondent les réflexions sur le théâtre tout au long du XIXᵉ siècle, semble nécessaire aujourd'hui. Au-delà du simple antagonisme texte/scène, elle révèle combien la réflexion théorique française s'est appuyée (et continue de le faire) sur une catégorie implicite, qui détermine l'angle des regards portés sur la création scénique. La notion d' « auteur » conditionne en effet l'ensemble des analyses, au-delà même des conflits d'école et des partis-pris esthétiques. Incarnée par la figure du « dramaturge » d'abord (sous l'impulsion des philosophes des Lumières), puis du « metteur en scène » ensuite (avec les réformateurs des années 1900-1960), elle entérine une vision très française (que le XIXᵉ siècle s'est chargé de construire) de l'homme providentiel, de l'éclaireur des peuples, du « mage romantique », du « metteur en scène-roi », auquel est confié la tâche de fabriquer le sens, c'est-à-dire de constituer de l'unité là où il n'y avait que de l'informe, de dégager des perspectives à partir d'une matière profuse et difficile à interpréter, bref de montrer la voie à suivre afin que l'individu-spectateur trouve sa place dans le collectif-nation. Or, c'est précisément cette catégorie qui semble aujourd'hui remise en cause. La mondialisation et l'usage d'internet ont modifié à la fois les méthodes de fabrication, de production et de diffusion des œuvres artistiques, et le rapport du consommateur/lecteur/spectateur à l'œuvre artistique. Les débats philosophiques que soulève l'établissement d'une juridiction nouvelle afin de préserver le droit d'auteur le révèle ; tandis que certains artistes cherchent à maintenir, par le biais des lois « Hadopi » et autres, une législation de la propriété intellectuelle fondée sur le « droit d'auteur », d'autres prônent l'abolition totale de ce droit, considérant non seulement les œuvres « immatérielles » comme le bien de tous, mais aussi comme le « produit » de tous, le « consommateur » pouvant se faire à la fois contributeur et spectateur. Et c'est bien cet effacement de la frontière entre les catégories d'auteur et de spectateur qui fonde l'analyse d'Isabelle Barbéris. C'est pourquoi il convient de renouveler les outils méthodologiques afin de mieux circonscrire la mise en scène dans toutes les variétés de son expression : le triangle « monde réel / représentation scénique / interprétation du spectateur » peut s'avérer un outil opérant. Cette étude aura permis de le mettre en perspective : la notion de mise en scène, chaque fois qu'elle a été convoquée au cœur de la réflexion théorique, a été utilisée pour faire valoir le rôle du théâtre dans la fabrique d'une mémoire collective, autant dire dans la constitution d'un *dèmos* régi par une identité culturelle commune. La place qu'elle occupe dans les créations scéniques d'aujourd'hui reste donc à définir, à l'aune des changements de paradigme que nous avons tenté ici de mettre en perspective.

BIBLIOGRAPHIE

OUVRAGES À CARACTÈRE DE SOURCE

DICTIONNAIRES ET USUELS

ALHOY, Maurice, HAREL, François-Antoine, JAL, Auguste, *Dictionnaire théâtral, ou mille-deux-cent-trente-trois vérités sur les directeurs, régisseurs, acteurs, actrices*, Paris, Barba, 1824.

Annales dramatiques, ou dictionnaire général des théâtres, s. l., Babault, 1808, 9 vol.

Archives du Théâtre de l'Odéon, 1809-1983, Répertoire numérique détaillé de la sous-série 55 AJ, Paris, Archives Nationales, 2009.

AULARD, Alphonse, *Paris pendant la réaction thermidorienne et sous le Directoire, Recueil de documents pour l'histoire de l'esprit public à Paris*, Paris, Léopold Cerf, Noblet, Quantin, 1899-1902, 4 vol.

BERTHELOT, Marcelin, DERENBOURG, Hartwig, DREYFUS, Camille, *et al.*, *La Grande encyclopédie, inventaire raisonné des sciences, des lettres et des arts, par une société de savants et de gens de lettres*, Paris, H. Lamirault et Cie, [1885-1902], 31 vol.

BOUCHARD, Alfred, *La Langue théâtrale, vocabulaire historique, descriptif et anecdotique des termes et des choses du théâtre*, Paris, Arnaud et Labat, 1878.

CARRÈRE-SAUCÈDE, Christine, « Bibliographie de la vie théâtrale en province au XIXe siècle », *in Bibliographies*, Publications numériques du CÉRÉdI, « Ressources », 2012.

Catalogue général des œuvres dramatiques et lyriques faisant partie du répertoire de la Société des Auteurs et Compositeurs dramatiques, Paris, Guyot & Peragallo, 1863.

Dictionnaire des coulisses, ou Vade-mecum à l'usage des habitués des théâtres, Paris, Chez tous les libraires, 1832.

Dictionnaire des Girouettes, ou Nos contemporains peints d'après eux-mêmes, Paris, Eymery, 1815.

FAUQUET, Joël-Marie (dir.), *Dictionnaire de la musique en France au XIXe siècle*, Paris, Fayard, 2003.

KENNEDY, Emmet, NETTER, Marie-Laurence, MC GREGOR, James P., *et al.*, *Theatre, Opera, and Audiences in Revolutionary Paris : Analysis and Repertory*, Westport, Greenwood Press, 1996.

KRAKOVITCH, Odile, *Censure des répertoires des grands théâtres parisiens, 1835-1906 : inventaire des manuscrits des pièces (F^{18} 581 à 668) et des procès-verbaux des censeurs (F^{21} 966 à 995)*, Paris, Centre historique des Archives Nationales, 2003.

KRAKOVITCH, Odile, *Les Pièces de théâtre soumises à la censure 1800-1830 : inventaire des manuscrits des pièces (F^{18} 581 à 688) et des procès-verbaux des censeurs (F^{21} 966 à 995)*, Paris, Archives Nationales, 1982.

LAROUSSE, Pierre, *Grand dictionnaire universel du XIXe siècle*, Paris, 1866-1876, rééd. Genève, Slatkine, 1982, 34 vol.

LYONNET, Henry, *Dictionnaire des comédiens français (ceux d'hier), biographie, bibliographie, iconographie*, Paris, 1902, rééd. Genève, Slatkine, 1969, 2 vol.

MANNE, Edmond-Denis, *Galerie historique des comédiens de la troupe de Talma, notice sur les principaux sociétaires de la Comédie française depuis 1789 jusqu'aux trente premières années de ce siècle*, Lyon, N. Scheuring, 1866.

MANNE, Edmond-Denis, MÉNÉTRIER, Charles, *Galerie historique des comédiens de la troupe de Nicolet, notice sur certains acteurs qui se sont fait un nom dans les annales des scènes secondaires depuis 1760 jusqu'à ce jour*, Lyon, Scheuring, 1869.

POUGIN, Arthur, *Dictionnaire historique et pittoresque du théâtre et des arts qui s'y rattachent*, Paris, Firmin-Didot, 1885.

TISSIER, André, *Les Spectacles à Paris pendant la Révolution, Répertoire analytique, chronologique et bibliographique*, Genève, Droz, 1992 et 2002, 2 vol.

VAPEREAU, Gustave, *Dictionnaire universel des contemporains*, Paris, L. Hachette, 1893.

WELSCHINGER, Henri, *Le Théâtre de la Révolution, 1789-1799, avec documents inédits*, rééd. Genève, Slatkine reprints, 1968.

WICKS, Charles Beaumont, *The Parisian Stage*, Alabama, University of Alabama Press, 1950-1979, 5 vol.

WILD, Nicole, *Dictionnaire des théâtres parisiens au XIXe siècle, les Théâtres et la Musique*, Paris, Aux Amateurs de livres, 1989.

FONDS D'ARCHIVES

Archives du Théâtre de l'Odéon, 1809-1983, Archives Nationales, sous-série 55AJ.

Archives du Théâtre National de l'Opéra, XVIIIe siècle-1944, Archives Nationales, sous-série AJ^{13}.

Fonds « Censure dramatique », 1800-1906, Archives Nationales, sous-série F^{18} (581-668) et F^{21} (966-995).

Fonds « Eugène Bertrand et Nestor Roqueplan », Archives Nationales, AB XIX 4126-4129.

Fonds « Police des spectacles », période révolutionnaire, Archives Nationales, sous-série F^7 (F^7 3491, F^7 3492, F^7 3493, F^7 4334).

Fonds « Théâtre de la Gaîté », *Ordonnances de payement*, 3 dossiers cartonnés, ms., 250 x 190 mm, 248, 301 et 121 feuillets, Bibliothèque Municipale de Nancy, 1117-1119[580].

Fonds « Théâtres royaux », 1815-1830, Archives Nationales, sous-série O^3 (O^3 1599-1870).

ANNUAIRES, ALMANACHS

Almanach chantant des théâtres de Paris, Paris, Chez l'auteur, 1854.

Almanach des coulisses, annuaire des théâtres, 1842-1843, 2 vol.

Almanach des spectacles par K. Y. Z., Paris, Chez Janet, 1818-1825, 8 vol.

Almanach des spectacles, continuant l'ancien Almanach des spectacles publiés de 1752 à 1815, Paris, Librairie des bibliophiles, 1875-1915, 44 vol.

Almanach des théâtres, analyse des pièces en vogues et biographies, Paris, Chez Roger, 1864.

Almanach des théâtres, Paris, Dechaume, 1852-1853, 2 vol.

Almanach des théâtres, revue des contemporains, Paris, impr. Massot, 1891.

Annuaire de la Société des auteurs et compositeurs dramatiques, Paris, Commission des Auteurs et Compositeurs Dramatiques, 1866-1914, 42 vol.

Annuaire dramatique, ou étrennes théâtrales, Paris, Cavanagh, 1805-1809, 1814-1816, 1818, 10 vol.

BEFFROY DE REIGNY, Louis-Abel, MAYEUR DE SAINT-PAUL, François-Marie, et al., *Almanach général de tous les spectacles de Paris et des provinces*, Paris, Froullé, 1791-1792, 2 vol.

L'indicateur général des spectacles de Paris, des départements de la France et des principales villes étrangères, Paris, Bureau de l'Almanach du commerce, 1819-1822.

PALIANTI, Louis (dir.), *Almanach des spectacles*, Paris, E. Brière, 1852-1853, 2 vol.

PÉRIODIQUES

Affiches, annonces et avis divers, ou Journal général de France, 1783-1811.

Album des Théâtres, 1836-1837.

Album illustré des théâtres, 1905-1908.

Album, Journal des arts, de la littérature, des mœurs et des théâtres (L'), 1821-1823.

Ancien Album, Journal des arts, de la littérature, des mœurs et des théâtres (L'), 1828-1829.

Annales dramatiques, archives des théâtres, 1843.

Année littéraire et dramatique, ou Revue annuelle des principales productions de la littérature (L'), 1859-1868.

Art du théâtre (L'), 1901-1906.

Art et critique, revue littéraire, dramatique, musicale et artistique, 1889-1892.

Art et la scène (L'), 1897.

Boulevard (Le), 1861-1862.

Camp volant, Journal des spectacles de tous les pays (Le), 1818-1820.

Censeur dramatique, ou Journal des principaux théâtres de Paris et des départements (Le), 1797-1798.

Charivari (Le), 1832-1937.

Chronique de Paris (La), 1789-1793.

Chronique de Paris, journal politique et littéraire (La), 1834-1836.

Chronique de Paris, ou le Spectateur moderne, 1812-1819.

Coin du feu, Journal littéraire, dramatique et musical (Le), 1834.

Comédie (La), 1863-1884.

Comœdia, 1907-1944.

Constitutionnel, journal du commerce, politique et littéraire (Le), 1819-1914.

Correspondant, ou le Petit Mercure du XIXe siècle, Journal des théâtres, de la littérature, des mœurs et des arts (Le), 1824-1825.

Corsaire, Journal des spectacles, de la littérature, des arts, des mœurs et des modes (Le), 1823-1844, 1847-1852.

Coulisses, Petit journal des théâtres (Les), 1840-1844.

Coureur des spectacles (Le), 1842-1849.

Courrier de l'Europe et des Spectacles (Le), 1807-1811.

Courrier des artistes (Le), 1903.

Courrier des arts, revue des théâtres et des intérêts artistiques (Le), 1898.

Courrier des spectacles (Le), 1797-1807.

Courrier des spectacles de Paris (Le), 1818-1823.

Courrier des spectacles et des concerts de Paris (Le), 1850-1854.

Courrier des théâtres (Le), 1823-1842.

Courrier des théâtres et des concerts (Le), 1908.

Courrier dramatique, 1859-1860.

Daguerréotype théâtral, journal artistique et littéraire : illustration des pièces à succès (Le), 1849-1853.

Diable boiteux, Journal des spectacles, des mœurs et de la littérature (Le), 1823-1826.

Drapeau blanc, journal de la politique, de la littérature et des théâtres (Le), 1819-1827.

Esprit des journaux français et étrangers (L'), 1772-1803, 1804-1814, 1817-1818.

Feuilleton des spectacles, Supplément à la Quotidienne, 1796-1797.

Feux de la rampe (Les), 1895-1897.

Figaro (Le), 1854 (à partir de).

Foudre, journal de la littérature, des spectacles et des arts (La), 1821-1823.

Foyer dramatique, Revue critique des théâtres (Le), 1848.

Gazette des théâtres, journal des comédiens (La), 1831-1838.

Gazette nationale, ou le Moniteur universel, 1789-1810.

Illustration, Journal universel (L'), 1843-1944.

Indépendant théâtral (L'), 1888.

Journal de l'Empire (Le), 1805-1814.

Journal de Paris (Le), 1792-1795, 1811-1827.

Journal des Débats et des décrets, 1789-1805.

Journal des débats, politiques et littéraires, 1814-1944.

Journal des spectacles, 1793-1794.

Journal des théâtres et des Fêtes Nationales, 1794.

Journal des théâtres, de la littérature et des arts, 1798-1799.

Journal des théâtres, de la littérature et des arts, 1820-1823.

Journal général des théâtres, 1816-1818, continué par *Les Archives de Thalie*, 1818-1822.

Lorgnette, Journal des théâtres, de la littérature, des arts, des mœurs, des modes (La), 1824-1826.

Magasin pittoresque (Le), 1833-1899.

Mercure du XIXe siècle (Le), 1823-1825.

Minerve française (La), 1818-1820.

Minerve littéraire (La), 1820-1822.

Miroir des spectacles (Le), suivi par *Le Sphinx* et *Le Pandore*, 1821-1823.

Monde dramatique (Le), 1835-1841.

Monde dramatique, revue théâtrale, artistique et littéraire (Le), 1857-1864.

Moniteur des théâtres (Le), de mars 1836 à juillet 1842.

Musard, Journal des théâtres (Le), 1831.

Nouveauté, Journal du commerce, de l'industrie, des sciences, de la littérature, des théâtres et des arts (La), fusionne avec *L'Opinion* et *L'Écho*, et devient *La Réunion*, 1825-1826.

Nouvelle année littéraire, ou correspondance théâtrale, critique et littéraire (La), 1826-1828.

Opinion du Parterre, ou Censure des acteurs, auteurs et spectateurs du Théâtre français (L'), 1803-1813.

Pandore (La), 1823-1830.

Premières illustrées (Les), 1882-1888.

Presse théâtrale, Revue artistique et littéraire (La), 1855-1856.

Rampe (La), 1899-1908.

Rampe illustrée (La), 1890.

Régisseur des théâtres, revue hebdomadaire des théâtres de Paris, des départements et de l'étranger (Le), 1832-1833.

Revue d'art dramatique, 1886-1909.

Revue des deux mondes, 1829-1971.

Revue des théâtres, de la France et de l'étranger, 1833-1834.

Revue des théâtres, ou Suite de Melpomène et Thalie vengées (La), 1799.

Revue du théâtre, 1834-1838.

Revue et gazette des théâtres, journal des auteurs, des artistes et des gens du monde, 1838-1913.

Revue théâtrale illustrée (La), 1869-1894.

Revue théâtrale, journal littéraire, non romantique (La), 1833.

Revue théâtrale, littéraire et artistique, 1862

Satan, Journal littéraire et théâtral, 1843-1844.

Silhouette, album lithographique, beaux-arts, dessins, mœurs, théâtres, caricatures (La), 1829-1831.

Spectateur, Journal de la littérature et des beaux-arts (Le), 1826.

Succès, Journal des illustrations dramatiques (Le), 1848.

Théâtre (Le), 1848-1867.

Théâtre illustré, Album des théâtres (Le), 1868-1870.

Tribune dramatique (La), 1841-1847.

Vie théâtrale (La), 1894.

LOIS, DÉCRETS, RAPPORTS DE POLICE

BASTIDE, Jules, BUCHEZ, Philippe-Joseph-Benjamin, *et al.*, *Histoire parlementaire de la Révolution française, ou Journal des Assemblées nationales depuis 1789 jusqu'en 1815*, Paris, Hetzel, 1846, 6 vol.

CHAMBRE DES DÉPUTÉS, *Impressions ordonnées par la Chambre*, Paris, impr. de Hacquart, 1814-1848.

Choix de rapports, opinions et discours prononcés à la tribune nationale depuis 1789 jusqu'à ce jour, recueillis dans un ordre chronologique et historique, Paris, Eymery, 1818-1825, 23 vol.

Copie conforme et littérale de toutes les lois relatives aux spectacles et à la Propriété des auteurs, s. l. n. d.

DUVERGER, Jean-Baptiste, *Collection complète des lois, décrets, ordonnances, règlements, avis du Conseil d'État (de 1788 à 1824 inclusivement, par ordre chronologique)*, publiée sur les éditions officielles, continuées depuis 1824, et formant un volume chaque année, Paris, Guyot & Scribe, puis L. Larose, puis J.-B. Sirey, 1824-1949.

MINISTÈRE DE L'INTÉRIEUR, *Circulaires, instructions et autres actes émanés du ministère de l'Intérieur ou relatifs à ce département, de 1797 à 1821 inclusivement*, Paris, Imprimerie Royale, 1821-1834, 6 vol.

Réimpression de l'Ancien Moniteur, seule histoire authentique et inaltérée de la Révolution française depuis la réunion des États-Généraux jusqu'au Consulat, Paris, Henri Plon, 1860.

SCHMIDT, Adolphe, *Tableaux de la Révolution française, publiés sur les papiers inédits du département et de la police secrète de Paris*, Leipzig, Veit, 1867-1871, 4 vol.

DROITS D'AUTEUR, PROPRIÉTÉ ARTISTIQUE ET LITTÉRAIRE

Discours sur la liberté des théâtres prononcé par M. de la Harpe le 17 décembre 1790 à la Société des amis de la Constitution, Paris, Imprimerie Nationale, 1790.

GUILBERT DE PIXERÉCOURT, René-Charles, *Mémoire sur la propriété littéraire en général, et spécialement sur celle des auteurs dramatiques*, s. l. n. d.

HAPDÉ, Jean-Baptiste, *De la propriété dramatique, du plagiat et de l'établissement d'un jury littéraire*, Paris, Boucher, 1819.

Le Droit d'auteur, revue mensuelle du Bureau de l'Union internationale pour la protection des œuvres littéraires et artistiques, 1888-1994, 107 vol.

MINISTÈRE DES AFFAIRES ÉTRANGÈRES, UNION INTERNATIONALE POUR LA PROTECTION DES ŒUVRES LITTÉRAIRES ET ARTISTIQUES, *Conférence de Berlin, rapport présenté à la Commission interministérielle chargée de préparer la participation de la France*, Paris, Imprimerie nationale, 1898.

Observations pour les Comédiens Français, sur la pétition adressée par les auteurs dramatiques, à l'Assemblée Nationale, Paris, Prault, 1790.

PROUST, Sophie (dir.), *Mise en scène et droits d'auteur*, Paris, L'Entretemps, 2012.

Pétition à l'Assemblée Nationale par Pierre-Auguste Caron Beaumarchais, contre l'usurpation des propriétés des Auteurs, par les Directeurs de spectacles, lue par l'Auteur, au Comité d'institution [sic] publique, le 23 décembre 1791, impr. de Du Pont, s. d.

Pétition des auteurs dramatiques qui n'ont pas signé celle de M. de La Harpe, Lille, L. Potier, 1790.

Rapport approuvé par le Comité d'instruction publique de l'Assemblée législative, sur les réclamations des Directeurs de théâtre, & la propriété des Auteurs dramatiques, par Antoine Quatremère [de Quincy], impr. de Lottin, 1792.

Revue pratique de droit français, jurisprudence, doctrine, législation, Paris, A. Marescq & E. Dujardin, 1856-1884.

SCRIBE, Eugène, *et al.*, *L'Association des Auteurs Dramatiques à ses adversaires*, [Paris], A. Guyot, s. d.

DÉCORS, COSTUMES, COLLECTIONS DE MISES EN SCÈNE, ICONOGRAPHIES

Album de l'Opéra, principales scènes et décorations les plus remarquables des meilleurs ouvrages représentés sur la scène de l'Académie royale de musique, s. l. n. d. [1844].

Album dramatique, Souvenirs de l'ancien Théâtre français, gravures coloriées d'après les miniatures originales de Foech de Basle et Whirsker, Paris, 1820.

Ancienne Maison Martinet, Catalogue des collections des costumes de théâtres, de fantaisies, historiques et nationaux, publiées par Alfred Hautecœur, Paris, Hautecœur, [1875].

COHEN, Robert H., GIGOU, Marie-Odile, *Cent ans de mise en scène lyrique en France, Catalogue descriptif des livrets de mise en scène, des libretti annotés et des partitions annotées dans la Bibliothèque de l'Association de la régie théâtrale*, New York, Pendragon Press, 1986.

Costumes et annales des grands théâtres de Paris accompagnés de notices intéressantes et curieuses, Paris, 1786-1789, 7 vol.

PALIANTI, Louis, *Collection des mises en scène d'opéras et d'opéras-comiques*, 11 vol.

Recueil des costumes de tous les ouvrages dramatiques représentés avec succès sur les grands théâtres de Paris, Paris, Martinet, Engelmann, Bance, Decle, 1820-1830.

Théâtres romantiques à Paris, Collections du musée Carnavalet, catalogue d'exposition, Musée de la vie romantique, Paris musées, 2012.

TÉMOIGNAGES, SOUVENIRS, CORRESPONDANCES

AMAURY-DUVAL, *Souvenirs (1829-1830)*, Paris, Plon, 1885.

ANTOINE, André, « *Mes souvenirs* » *sur le Théâtre-Libre*, Paris, Fayard, 1921.

ANTOINE, André, *Mes souvenirs sur le Théâtre Antoine et sur l'Odéon (première direction)*, Paris, Grasset, 1928.

BARBA, Jean-Nicolas, *Souvenirs de Jean-Nicolas Barba*, Paris, Ledoyen & Giret, 1846.

BOUFFÉ, *Mes souvenirs, 1800-1880*, Paris, Dentu, 1880.

COMTESSE DASH, *Mémoires des autres*, Paris, Librairie illustrée, 1896-1898, 6 vol.

DUMAS, Alexandre, *Mes mémoires*, 1830-1833, Paris, Robert Laffont, 1989.

FOUCHER, Paul, *Entre cour et jardin, Études et souvenirs du théâtre*, Paris, Amyot, 1867.

GAUTIER, Théophile, *Portraits contemporains : littérateurs, peintres, sculpteurs, artistes dramatiques*, Paris, Charpentier, 1886.

HOSTEIN, Hippolyte, *Historiettes et Souvenirs d'un homme de théâtre*, Paris, Dentu, 1878.

JOUSLIN DE LA SALLE, Armand-François, *Souvenirs sur le Théâtre-Français*, Paris, Émile Paul, 1900.

LAUGIER, Eugène, *De la Comédie-Française depuis 1830, ou Résumé des événements survenus à ce théâtre depuis cette époque jusqu'en 1844*, Paris, Tresse, 1844.

MAURICE, Charles, *Le Théâtre-Français, Monuments et Dépendances*, Paris, Garnier frères, 1860.

MEYERBEER, Giacomo, *The Diaries of Giacomo Meyerbeer*, R. I. Letellier (éd.), London, Associated of University Presses, 1999, 4 vol.

PONTMARTIN, Armand de, *Souvenirs d'un vieux critique*, Paris, Calmann-Lévy, 1881-1889, 10 vol.

ROCHEFORT, Edmond, *Mémoires d'un vaudevilliste*, Paris, Charlieu & Huillery, [1863].

SANDERS, James B. (éd.), *La Correspondance d'André Antoine*, Longueil, Éditions du Préambule, 1987.

SÉCHAN, Charles, *Souvenirs d'un homme de théâtre, 1831-1855*, recueillis par Adolphe Badin, Paris, Calmann-Lévy, 1883.

CRITIQUES DRAMATIQUES

ANTOINE, André, *Le Théâtre*, Paris, Les éditions de France, 1932.

COPEAU, Jacques, *Critiques d'un autre temps*, Paris, Éditions de la Nouvelle Revue Française, 1923.

DAUDET, Alphonse, *Pages inédites de critique dramatique 1874-1880*, Paris, Flammarion, s. d.

DELAFOREST, A., *Théâtre moderne, Cours de littérature dramatique*, Paris, Allardin, 1836.

GAUTIER, Théophile, *Œuvres complètes, Critique théâtrale*, P. Berthier (éd.), Paris, Honoré Champion, 2007-2012, 4 t.

GEOFFROY, Julien-Louis, *Cours de littérature dramatique*, Paris, P. Blanchard, 1825.

HALÉVY, Léon, *Le Théâtre français, épître-satire à M. le baron Taylor*, Paris, Delaforest, 1828.

JANIN, Jules, *Histoire de la littérature dramatique*, Paris, Michel Lévy frères, 1853-1858, 6 vol.

NERVAL, Gérard de, *La Bohème galante*, Paris, Lévy frères, 1856.

SAINT-MARC GIRARDIN, *Cours de littérature dramatique*, Paris, Charpentier, 1852-1868, 5 vol.

SARCEY, Francisque, *Quarante ans de théâtre (feuilletons dramatiques)*, Paris, Bibliothèque des Annales politiques et littéraires, 1900-1902, 8 vol.

SCHLEGEL, August Wilhem von, *Cours de littérature dramatique*, traduit de l'allemand par Mme Necker de Saussure, Paris, Lacroix, Verboeckoven, 1865, 2 vol.

VACQUERIE, Auguste, *Profils et Grimaces*, Paris, Michel Lévy frères, 1856.

VICTOR, Pierre, *Mémoire contre le baron Taylor*, Paris, Ponthieu, 1827.

ZOLA, Émile, *Le Naturalisme au théâtre*, Ch. Meyer-Plantureux [éd.], Bruxelles, Éditions Complexe, 2003.

HISTOIRE DU THÉÂTRE DE LA RÉVOLUTION
À LA GRANDE GUERRE[1]

AUTOUR DE LA MISE EN SCÈNE

ALBOIZE DE POUJOL, Jules-Édouard, « Intérieur des théâtres. Mise en scène », *Le Monde dramatique*, 27 février 1836.

ALLÉVY, Marie-Antoinette (Akakia-Viala), *La Mise en scène en France dans la première moitié du XIXᵉ siècle*, Genève, Droz, 1938.

ALONGE, Roberto, *Il teatro dei registi*, Roma-Bari, Editori Laterza, 2006.

BARA, Olivier, « Les livrets de mise en scène, *commis voyageurs* de l'opéra-comique en province », disponible sur le site du CÉRÉdI (ceredi.labos.univ-rouen.fr).

BARON, Philippe, « La mise en scène avant le Théâtre-Libre », *Revue d'Histoire du théâtre*, nᵒ 1-2, 2002, p. 35-58.

BECQ DE FOUQUIÈRES, Louis, *L'Art de la mise en scène, essai d'esthétique théâtrale*, Paris, Charpentier & Cⁱᵉ, 1884.

BERGMAN, Gösta M., « Les Agences théâtrales et l'impression des mises en scène aux environ de 1800 », *Revue d'Histoire du Théâtre*, 1956, nᵒ 8, p. 228-240.

BERGMAN, Gösta M., *Regihistoriska studier*, Skrifter utgivna av Föreningen Drottningholmsteaterns Vänner, nᵒ IX, Norstedt & Söner, Stockholm, 1952.

BLANCHARD, Paul, *Histoire de la mise en scène*, Paris, P. U. F., coll. « Que sais-je ? », 1948.

BOISSON, Bénédicte, FOLCO, Alice, MARTINEZ, Ariane, *La Mise en scène théâtrale de 1800 à nos jours*, Paris, P. U. F., 2010.

BOURGEAT, Fernand, « L'art de la mise en scène », *Le Théâtre, revue bimensuelle*, nᵒ 4, 15 janvier 1875, p. 129-133.

CARLSON, Marvin, « French Stage Composition from Hugo to Zola », *Educational Theatre Journal*, vol. 23, nᵒ 4, décembre 1971, p. 363-378.

CELLER, Ludovic, LECLERC, Louis, *Les Origines de l'Opéra et le Ballet de la Reine (1581) : étude sur les danses, la musique, les orchestres et la mise en scène au XVIᵉ siècle, avec un aperçu des progrès du drame lyrique depuis le XIIIᵉ siècle jusqu'à Lully*, Paris, Didier, 1868.

CELLER, Ludovic, *Les Décors, les costumes et la mise en scène au XVIIᵉ siècle, 1615-1680*, Paris, Liepmannssohn & Dufour, 1869.

COHEN, Robert H., « La conservation de la tradition scénique sur la scène lyrique en France au XIXᵉ siècle : les livrets de mise en scène et la Bibliothèque de

---

1 Les articles sont mentionnés uniquement s'ils ont paru dans un ouvrage qui n'est pas déjà répertorié dans cette bibliographie.

l'Association de Régie Théâtrale », *Revue de musicologie*, t. 64, n° 2, 1978, p. 253-267.

CONSOLINI, Marco, « Arsène Durec : un metteur en scène oublié du début du XXe siècle. Quelques réflexions à propos d'un métier qui ne laisse pas de traces », *in* L. Creton, M. Palmer, J.-P. Sarrazac (dir.), *Arts du spectacle, métiers et industries culturelles*, Paris, Presses Sorbonne Nouvelle, 2005, p. 187-206.

Critique, n° 774 : *La mise en scène : mort ou mutation ?*, Ph. Roger (dir.), novembre 2011.

DORT, Bernard, « Conditions sociologique de la mise en scène théâtrale », 1967, rééd. *in Théâtres*, Paris, Seuil, 1986, p. 143-159.

DORT, Bernard, « De l'artisan à l'artiste », *Les Cahiers de la Comédie-Française*, n° 10, hiver 1993-1994.

DORT, Bernard, « La mise en scène, art nouveau ? », *Théâtre public*, Paris, Seuil, 1967, p. 277-284.

FAZIO, Mara, FRANTZ, Pierre (dir.), *La Fabrique du théâtre, Avant la mise en scène (1650-1880)*, Paris, Desjonquères, 2010.

FAZIO, Mara, *Regie teatrali, Dalle origigi a Brecht*, Roma-Bologna, Editori Laterza, 2006.

FOLCO, Alice, « Images médiatiques du metteur en scène (1830-1900) », *in* O. Bara & M.-E. Thérenty, *Presses et scène au XIXe siècle*, revue en ligne, (http://www.medias19.org).

GIANNOULI, Angeliki, « *Antigone* de Sophocle : une première mise en scène », *Revue d'Histoire du Théâtre*, 2010-4, p. 405-424.

GUILLEMOT, Jules, « La mise en scène et le théâtre réaliste », *Revue d'art dramatique*, juillet-septembre 1887, rééd. Genève, Slatkine reprints, 1971, t. 7, p. 117-125.

LAMBERT, Albert, « Sur les planches : Études de mise en scène », série d'articles publiés dans la *Revue d'art dramatique* en 1892-1893, rééd. Genève, Slatkine reprints, 1971, t. 28 et t. 29.

LANGER, Arne, *Der Regisseur und die Aufzeichnungspraxis der Opernregie im 19. Jahrhundert*, Frankfurt, Peter Lang, 1997.

MAGNIN, Charles, « De la mise en scène chez les anciens », *Revue des deux mondes*, t. 23, 1840, p. 254-286.

MARTIN, Roxane, « La naissance de la "mise en scène" et sa théorisation », *in* R. Martin & M. Nordera (dir.), *Les Arts de la scène à l'épreuve de l'histoire*, Paris, Honoré Champion, 2011, p. 155-172.

MARTIN, Roxane, « Quand le merveilleux saisit nos sens : Spectaculaire et Féeries en France (XVIIe-XIXe siècles) », *Sociétés et Représentations*, n° 31, avril 2011, p. 19-33.

MARTIN, Roxane, « Le metteur en scène : un personnage-clé de la réforme romantique », *Revue d'Histoire du Théâtre*, n° spécial : « L'autre théâtre romantique » dirigé par B. T. Cooper et O. Bara, 2013-1, p. 27-40.

MORICE, Émile, *Histoire de la mise en scène depuis les mystères jusqu'au Cid*, Paris, Librairie Française, Allemande et Anglaise, 1836.

NAUGRETTE-CHRISTOPHE, Catherine, « La mise en crise du drame par la mise en scène », *Études théâtrales*, n° 15-16, 1999, p. 130-140.

PARIS, Paulin, *De la mise en scène des mystères et du mystère de la Passion*, Collège de France, Cours de littérature du Moyen Âge, Leçon du 7 mai 1855, Paris, P. Dupont, s. d.

PAVIS, Patrice, *La Mise en scène contemporaine*, Paris, Armand Colin, 2007.

PERRELLI, Franco, *La seconda creazione, Fondamenti della regia teatrale*, Torino, UTET Università, 2005.

PERRIN, Émile, *Étude sur la mise en scène, Lettre à M. Francisque Sarcey*, Paris, A. Quantin, 1883.

PEYRONNET, Pierre, *La Mise en scène au XVIIIᵉ siècle*, Paris, Nizet, 1974.

PICARD, Edmond, *Discours sur le Renouveau au théâtre*, Bruxelles, Larcier & Lacomblez, 1897.

QUILLARD, Pierre, « De l'inutilité absolue de la mise en scène exacte », *Revue* *d'art dramatique*, avril-juin 1891, rééd. Genève, Slatkine reprints, 1971, t. 23, p. 180-183.

RAZGONNIKOFF, Jacqueline, « Petite histoire de la mise en scène avant André Antoine », *Journal des trois théâtres*, nᵒˢ 18, 20 & 21, janvier, mai & août 2006.

ROBARDEY-EPPSTEIN, Sylviane, « Les mises en scène sur papier-journal : espace interactionnel et publicité réciproque entre presse et monde théâtral (1828-1865) », *in* O. Bara & M.-E. Thérenty (dir.), *Presse et scène au XIXᵉ siècle*, revue en ligne, (http://www.medias19.org).

SARRAZAC, Jean-Pierre & CONSOLINI, Marco (dir.), *Avènement de la mise en scène / Crise du drame : continuités-discontinuités*, Bari, Edizioni di Pagina, 2010.

SARRAZAC, Jean-Pierre & MARCEROU, Philippe (dir.), *Antoine, l'invention de la mise en scène, Anthologie des textes d'André Antoine*, Paris, Actes sud-Papiers / Centre National du Théâtre, 1999.

SARRAZAC, Jean-Pierre, « Genèse de la mise en scène moderne, une hypothèse », *Genesis*, n° 26, 2005, p. 35-49.

THOMASSEAU, Jean-Marie, « Le théâtre et la mise en scène au XIXᵉ siècle », *in* P. Berthier & M. Jarrety (dir.), *Histoire de la France littéraire, Modernités XIXᵉ-XXᵉ siècles*, Paris, P. U. F., 2006, p. 139-186.

THOMASSEAU, Jean-Marie, « Pour une génétique du théâtre non contemporain, Traces, objets, méthodes », *in* A. Grésillon, M.-M. Mervant-Roux & D. Budor (dir.), *Genèses théâtrales*, Paris, CNRS éd., 2010, p. 233-248.

UBERSFELD, Anne, « Hugo metteur en scène », *in Victor Hugo et les images*, textes réunis par M. Blondel & P. Georgel, Dijon, Aux Amateurs de Livres, 1989, p. 169-183.

VAN DEN BROECK, Ernest, *La Mise en scène au théâtre, notes critiques par un abonné au Théâtre royal de la Monnaie*, Bruxelles, J. Lebègue, 1889.

VEINSTEIN, André, *La Mise en scène théâtrale et sa condition esthétique*, Paris, Flammarion, 1955, rééd. Paris, Librairie théâtrale, 1992.

VILLETARD, Edmond, « La question de la mise en scène », *Revue d'art dramatique*, rééd. Genève, Slatkine reprints, 1971, t. 10, avril-juin 1888, p. 327-335.

WILD, Nicole, « La mise en scène à l'Opéra-Comique sous la Restauration », *in* H. Schneider & N. Wild (dir.), *Die Opéra comique und ihr Einfluss auf das europäische Musiktheater im 19. Jahrhundert*, Hildesheim, Olms, 1997, p. 183-196.

WOLFF, Helmuth Christian, « Die Regiebücher des Louis Palianti für die Pariser Oper 1830-1870 », *Maske und Kothurn*, n° 26, 1980, p. 74-84.

HISTOIRE DES SPECTACLES

AUTRAND, Michel, *Le Théâtre en France de 1870 à 1914*, Paris, Honoré Champion, 2006.

BAECQUE, Antoine de (dir.), *L'Odéon, un théâtre dans l'Histoire, 1782-2010*, Paris, Gallimard, 2010.

BAPST, Germain, *Essai sur l'histoire du théâtre, la mise en scène, le décor, le costume, l'architecture, l'éclairage, l'hygiène*, Paris, Charpentier, 1884.

BARA, Olivier (dir.), *Orages, Littérature et Culture 1760-1830*, n° 4 : « Boulevard du crime : le temps des spectacles oculaires », mars 2005.

BARA, Olivier, « Le Théâtre du Panorama-Dramatique, un laboratoire dramatique sous la Restauration », *Lingua romana, a journal of French, Italian and Romanian culture*, 2013, vol. 11, p. 35-48.

BARA, Olivier, *Le Théâtre de l'Opéra-Comique sous la restauration : enquête autour d'un genre moyen*, Hildesheim/Zürich/New York, Georg Olms Verlag, 2001.

BARA, Olivier, COOPER, Barbara T. (dir.), *Revue d'Histoire du Théâtre*, n° spécial : « L'autre théâtre romantique », 2013-1.

BARON, Philippe, MARCEROU, Philippe (dir.), *Le Théâtre libre d'Antoine et les théâtres de recherche étrangers*, Paris, L'Harmattan, 2007.

BIET, Christian, TRIAU, Christophe, *Qu'est-ce que le théâtre ?*, Paris, Gallimard, coll. « Folio essais », 2006.

BONNET, Jean-Claude (dir.), *L'Empire des Muses*, Paris, Belin, 2004.

BORGERHOFF, J. L., *Le Théâtre anglais à Paris sous la Restauration*, Paris, Hachette, 1912.

BOURDIN, Philippe & LA BORGNE, Françoise (dir.), *Costumes, décors et accessoires dans le théâtre de la Révolution et de l'Empire*, Clermont-Ferrand, Presses universitaires Blaise-Pascal, 2010.

BOURDIN, Philippe & LOUBINOUX, Gérard (dir.), *Les Arts de la scène et la Révolution française*, Clermont-Ferrand, Presses universitaires Blaise-Pascal, 2004.

BROOKS, Peter, *L'Imagination mélodramatique, Balzac, Henry James, le mélodrame et le mode de l'excès*, Paris, Classiques-Garnier, 2011.

CHAOUCHE, Sabine & MARTIN, Roxane, *European Drama and Performance Studies*, n° 1 : *Le Développement du « grand spectacle » en France : politiques, gestion, innovations (1715-1864)*, Paris, Classiques Garnier, 2013, 320 p.

CHARLE, Christophe, *Théâtres en capitales, naissance de la société du spectacle à Paris, Berlin, Londres et Vienne*, Paris, Albin Michel, 2008.

COMMENT, Bernard, *Le XIXᵉ siècle des panoramas*, Paris, Adam Biro, 1993.

DANIELS, Barry, RAZGONNIKOFF, Jacqueline, *Patriotes en scène. Le Théâtre de la République (1790-1799), un épisode méconnu de l'histoire de la Comédie-Française*, Vizille, Musée de la Révolution française, 2007.

DENIZOT, Marion (dir.), *Théâtre populaire et représentations du peuple*, Rennes, P. U. R., 2010.

DUFIEF, Anne-Simone, *Le Théâtre au XIXᵉ siècle, du romantisme au symbolisme*, Paris, Bréal, 2001.

DUMUR, Guy (dir.), *Histoire des spectacles*, Paris, Gallimard, coll. « Encyclopédie de la Pléiade », 1965.

EL NOUTY, Hassan, *Théâtre et Pré-cinéma, essai sur la problématique du spectacle au XIXᵉ siècle*, Paris, Nizet, 1978.

ÉTIENNE, Charles-Guillaume, MARTAINVILLE, Alphonse-Louis-Dieudonné, *Histoire du théâtre français depuis le commencement de la Révolution jusqu'à la réunion générale*, Paris, Barba, 1802.

FAZIO, Mara, *François-Joseph Talma, Le Théâtre et l'Histoire de la Révolution à la Restauration*, trad. de l'italien par J. Nicolas, Paris, CNRS éd., 2011.

FÉRET, Romuald, *Théâtre et Pouvoir au XIXᵉ siècle, l'exemple de la Seine-et-Oise et de la Seine-et-Marne*, Paris, L'Harmattan, 2009.

FONT-RÉAULX, Dominique de, « Le vrai sous le fantastique. Esquisse des liens entre le daguerréotype et le théâtre de son temps », *Études photographiques*, n° 16, mai 2005, p. 152-165.

FRANTZ, Pierre, *L'Esthétique du tableau dans le théâtre du XVIIIᵉ siècle*, Paris, P. U. F., 1998.

FRANTZ, Pierre, MARCHAND, Sophie (dir.), *Le Théâtre français du XVIIIᵉ siècle*, Paris, L'Avant-Scène Théâtre, 2009.

GENGEMBRE, Gérard, *Le Théâtre français au XIXᵉ siècle*, Paris, Armand Colin, 1999.

GOETSCHEL, Pascale, YON, Jean-Claude (dir.), *Directeurs de théâtre XIXe-XXe siècles, Histoire d'une profession*, Paris, Publications de la Sorbonne, 2008.

GOIZET, J., *Histoire anecdotique de la collaboration au théâtre*, Paris, Au bureau du dictionnaire du théâtre, 1867.

HAMON-SIRÉJOLS, Christine & GARDIES, André (dir.), *Le Spectaculaire*, Lyon, Cahiers du GRITEC/Aléas, 1997.

HEMMINGS, F. W. J., *The Theater Industry in Nineteenth Century*, Cambridge, Cambridge University Press, 1993.

JOMARON, Jacqueline de (dir.), *Le Théâtre en France*, Paris, Armand Colin, 1992.

KARRO-PÉLISSON, Françoise, *L'Association des régisseurs de théâtre et la Bibliothèque de mises en scène, 1911-1939*, Université Paris III-Sorbonne nouvelle, 1980, 2 vol.

L'Envers du décor à la Comédie-Française et à l'Opéra de Paris au XIXe siècle, catalogue d'exposition du Centre national du costume de scène et de la scénographie, Montreuil, Gourcuff Gradenigo, 2012.

LAHOUATI, Gérard, MIRONNEAU Paul (dir.), *Figures de l'Histoire de France dans le théâtre au tournant des Lumières 1760-1830*, Oxford, Voltaire Foundation, 2007.

LANDRIN, Jacques, « Jules Janin, témoin du théâtre romantique », *Cahiers de l'Association internationale des études françaises*, 1983, n° 35, p. 155-168.

LAPLACE-CLAVERIE, Hélène, LEDDA, Sylvain, NAUGRETTE, Florence (dir.), *Le Théâtre français du XIXe siècle*, Paris, L'Avant-Scène Théâtre, 2008.

LE HIR, Marie-Pierre, *Le Romantisme aux enchères : Ducange, Pixérécourt, Hugo*, Amsterdam, John Benjamins, 1992.

LEDDA, Sylvain, *Des feux dans l'Ombre, La représentation de la mort sur la scène romantique (1827-1835)*, Paris, Honoré Champion, 2009.

LEROY, Dominique, *Histoire des arts du spectacle en France*, Paris, L'Harmattan, 1990.

LONCLE, Stéphanie, *Libéralisme et théâtre, Pratiques économiques et pratiques spectaculaires à Paris (1830-1848)*, thèse d'études théâtrales, Ch. Biet (dir.), Université de Paris Ouest-Nanterre La Défense, 2010.

LUCAS, Hippolyte, *Histoire philosophique et littéraire du Théâtre-Français des origines jusqu'à nos jours*, Paris, Jung-Treuttel, 1863.

MARCEROU, Philippe, *André Antoine, fondateur et directeur du Théâtre Antoine, 1897-1906*, Lille, Atelier national de reproduction des thèses, 2002.

MARTIN, Roxane, « *Hernani* : un mélodrame ? Analyse comparative de la fonction dramatique de la musique de scène dans les dramaturgies mélodramatique et hugolienne », *Méthode ! Revue de littératures*, n° 14, 2009, p. 217-224.

MARTIN, Roxane, « Introduction », *in* René-Charles Guilbert de Pixérécourt, *Mélodrames*, t. 1 : *1792-1800*, Paris, Classiques-Garnier, 2013, p. 11-79.

MARTIN, Roxane, *La Féerie romantique sur les scènes parisiennes (1791-1864)*, Paris, Honoré Champion, 2007.

MEYER-PLANTUREUX, Chantal (éd.), *Théâtre populaire, enjeux politiques, De Jaurès à Malraux*, Bruxelles, Éditions Complexe, 2006.

MOINDROT, Isabelle (dir.), *Le Spectaculaire dans les arts de la scène du romantisme à la Belle Époque*, Paris, CNRS éd., 2006.

MOINDROT, Isabelle (dir.), *Victorien Sardou, le théâtre et les arts*, Rennes, P. U. R., 2010.

NAUGRETTE, Florence, « La périodisation du romantisme théâtral », *in* R. Martin & M. Nordera (dir.), *Les Arts de la scène à l'épreuve de l'Histoire*, paris, Honoré Champion, 2011, p. 145-154.

NAUGRETTE, Florence, « Le devenir des emplois comiques et tragiques dans le théâtre de Hugo », *Littératures classiques*, n° 48 : « Jeux et enjeux des théâtres classiques (XIXᵉ-XXᵉ siècles) », M. Bury & G. Forestier (dir.), printemps 2003, p. 215-225.

NAUGRETTE, Florence, « Le mélange des genres dans le théâtre romantique français : une dramaturgie du désordre historique », *Revue internationale de philosophie*, 2011/1, n° 255, p. 27-41.

NAUGRETTE, Florence, *Le Théâtre romantique, Histoire, écriture, mise en scène*, Paris, Seuil, 2001.

POIRSON, Martial (dir.), *Le Théâtre sous la Révolution, politique du répertoire (1789-1799)*, Paris, Desjonquères, 2008.

PRZYBÓS, Julia, *L'Entreprise mélodramatique*, Paris, José Corti, 1987.

SANDERS, James B., *André Antoine directeur de l'Odéon, dernière étape d'une odyssée*, Paris, Minard, 1978.

THOMASSEAU, Jean-Marie, *Drame et Tragédie*, Paris, Hachette, 1995.

THOMASSEAU, Jean-Marie, *Le Mélodrame sur les scènes parisiennes de Cœlina (1800) à L'auberge des Adrets (1823)*, Lille, Service de reproduction des thèses, 1974.

THOMASSEAU, Jean-Marie, *Le Mélodrame*, Paris, P. U. F., coll. « Que sais-je ? », 1984

THOMASSEAU, Jean-Marie, *Mélodramatiques*, Saint-Denis, Presses Universitaires de Vincennes, 2009.

YON, Jean-Claude (dir.), *Les Spectacles sous le Second Empire*, Paris, Armand Colin, 2010.

YON, Jean-Claude, *Une histoire du théâtre à Paris, De la Révolution à la Grande Guerre*, Paris, Aubier, 2012.

THÉÂTRES DE PARIS ET ARCHITECTURE

BRAZIER, Nicolas, *Histoire des petits théâtres de Paris depuis leur origine*, nouvelle édition, corrigée et augmentée de plusieurs chroniques, Paris, Allardin, 1838.

BUQUET, Henry, *Foyers et Coulisses, histoire anecdotique des théâtres de Paris*, Paris, Tresse, 1873-1885, 18 vol.

DONNET, Alexis, *Architectonographie des théâtres de Paris, ou Parallèle historique et critique de ces édifices, considérés sous le rapport de l'architecture et de la décoration*, Paris, impr. Didot l'aîné, 1821.

FOUQUE, Octave, *Histoire du Théâtre-Ventadour, 1829-1879, Opéra-Comique, Théâtre de la Renaissance, Théâtre-Italien*, Paris, G. Fischbacher, 1881.

FRANTZ, Pierre, SAJOUS D'ORIA, Michelle, *Le Siècle des théâtres, Salles et scènes en France (1748-1807)*, Paris, Paris bibliothèques, 1999.

KAUFMANN, Jacques-Auguste, *Architectonographie des théâtres, ou Parallèle historique et critique de ces édifices, considérés sous le rapport de l'architecture et de la décoration, seconde série : Théâtres construits depuis 1820*, Paris, L. Mathias, 1840.

LECOMTE, Henry, *Histoire des théâtres de Paris*, 1402-1911, Paris, H. Daragon, 1905, rééd. Genève, Slatkine reprints, 1973, 10 vol.

Les Cahiers Dumas, n° 35 : « Le Théâtre-Historique d'Alexandre Dumas I. Le répertoire et la troupe », 2008, et n° 36 : « Le Théâtre-Historique d'Alexandre Dumas II. Directeurs, décorateurs, musique, correspondances, censure », 2009.

NAUGRETTE-CHRISTOPHE, Catherine, *Paris sous le Second Empire, le théâtre et la ville*, Paris, Librairie théâtrale, 1998.

SAJOUS D'ORIA, Michelle, *Bleu et or, la scène et la salle en France au temps des Lumières (1748-1807)*, Paris, CNRS éd., 2007.

CENSURE DRAMATIQUE ET LÉGISLATION DES THÉÂTRES

GRANATA, Veronica, *Politica del teatro et teatro della politica, Censura, partiti e opinione pubblica a Parigi nel primo Ottocento*, Milan, Edizioni Unicopli, 2008.

HALLAYS-DABOT, Victor, *Histoire de la censure théâtrale en France*, Paris, Dentu, 1862.

HEMMINGS, F. W. J., *The Theatre and State in France 1760-1905*, Cambridge, Cambridge University Press, 1994.

KRAKOVITCH, Odile, « La censure théâtrale sous le Premier Empire (1800-1815) », *Revue de l'Institut Napoléon*, n°ˢ 158-159, 1992 (III), p. 9-105.

KRAKOVITCH, Odile, *Hugo censuré, la liberté au théâtre au XIX° siècle*, Paris, Calmann-Lévy, 1985.

NICOLLE, Sylvain, *Les Théâtres parisiens et le pouvoir sous la Restauration : quelle politique théâtrale ? (1814-1830)*, mémoire de master 2 d'histoire, J.-Y. Mollier et J.-C. Yon (dir.), Université de Versailles / Saint-Quentin en Yvelines, 2010.

INDEX DES NOMS

TABLE DES ILLUSTRATIONS

TABLE DES MATIÈRES

Achevé d'imprimer par Corlet Numérique,
à Condé-sur-Noireau (Calvados), en juin 2015
N° d'impression : 119263 – Dépôt légal : juin 2015
Imprimé en France